TACITUS

ANNALEN I-VI

ÜBERSETZUNG, EINLEITUNG
UND ANMERKUNGEN VON
WALTHER SONTHEIMER

PHILIPP RECLAM JUN. STUTTGART

Originaltitel: Ab excessu divi Augusti

Universal-Bibliothek Nr. 2457-60
 Gesetzt in Petit Garamond-Antiqua. Printed in Germany 1974. Herstellung: Reclam Stuttgart
ISBN 3-15-002457-9

EINLEITUNG

Kaum eine Persönlichkeit der Antike hat eine so vielfache und zumeist widerspruchsvolle Beurteilung und Deutung erfahren wie der Geschichtsschreiber Tacitus. Wenn ihm Mommsen seine Berufung und Befähigung zum Historiker überhaupt abgesprochen hat, so haben andere Gelehrte mit weniger scharfer Stellungnahme ihm wenigstens die Kunst einer packenden, dramatischen Darstellung bescheinigt. Wieder andere haben versucht, seinen politischen Standort festzulegen und ihn sich von einem die Staatsform des Prinzipats gläubig bejahenden Römer zu einem Vertreter der alten res publica entwickeln lassen, oder sie haben in seinen Werken ein Bekenntnis zu dem imperialistischen Reichsgedanken gefunden. Allein schon diese Betrachtungsweise von den verschiedensten Standorten zeigt, wie schwierig es ist, dem Phänomen Tacitus beizukommen und gerecht zu werden. Vor allem seine Glaubwürdigkeit, seine Versicherung, die er am Beginn seines Historienwerkes gibt, er werde in seiner Darstellung den Grundsatz des „sine ira et studio“ walten lassen, ist immer wieder überprüft und vor allem an dem von ihm in den „Annalen“ gezeichneten Bild des Tiberius gemessen worden.

Die Frage taucht auf, ob es ihm überhaupt möglich gewesen ist, eine leidenschaftslose Darstellung zu geben von Herrschern und Mächten, bei deren rückschauender Beurteilung er noch ganz unter dem Eindruck eben erst überstandener, schwerer Erlebnisse in einer düsteren Tyrannenepoche römischer Geschichte stand, und ob vielleicht das „sine ira et studio“ nur eine literarische Floskel überkommener römischer Geschichtsschreibung ist, die so gerne das verum dicere, wie auch Sallust zeigt, für sich in Anspruch nahm und hier bei Tacitus ihre besondere Ausprägung gefunden hatte, indem er im Einzelgeschehen Tatsachen und Gerüchte, Wirklichkeit und Gerede, Wahrheit und Heuchelei der agierenden Persönlichkeiten vor dem Leser ausbreitet, um ihn ohne eigene Stellungnahme mit all den widersprüchlichen Möglichkeiten sich selbst zu überlassen. Bei allem geht aber das eine aus seinen Werken hervor, daß sein persönliches Erleben in der Zeit des Domitian, das „Domitianerlebnis", wie es in der gelehrten Forschung bezeichnet wird, seine Darstellung nachhaltig beeinflußt und geprägt hat.

Halten wir uns zuerst seine Lebensdaten vor Augen! Wir haben von ihm keine Vita, und die Nachrichten, die zeitgenössische Schriftsteller überliefern, insbesondere Plinius d. Jüngere, sind sehr spärlich. Tacitus selbst vermeidet es, in seinen Werken auf seine persönlichen Verhältnisse anzuspielen, auch wo es, wie in dem „Agricola", um die laudatio seines Schwiegervaters geht. Wir kennen sein Geburtsjahr nicht genau und können nur aus einem Brief des jüngeren Plinius (VII 20, 3) auf dieses schließen. Plinius sagt in diesem Brief: erit rarum et insigne duos homines aetate, dignitate propemodum aequales, alterum alterius studia fovisse (es wird eine besondere Seltenheit sein, daß zwei Menschen, mit fast gleichem Alter und Rang, sich gegenseitig in ihren Studien gefördert haben), und fährt dann fort: equidem adulescentulus, cum iam tu fama gloriaque floreres, te sequi, tibi longo, sed proximus intervallo et esse et haberi concupiscebam (in meiner frühen Jugend, als Du schon einen berühmten Namen hattest, wünschte ich sehnlichst, Dir zu folgen und, wenn auch in weiter Entfernung, der Nächste nach Dir zu sein und als solcher zu gelten). Wenn Plinius, der im Jahre 62 geboren wurde, von sich als adulescentulus spricht, der er zu einer Zeit war, als Tacitus bereits Ruhm und Ansehen genoß, und wenn wir diese Äußerung mit der vorausgehenden, daß sie aetate, dignitate propemodum aequales waren, verbinden, so können wir das Geburtsjahr etwa in die Mitte der fünfziger Jahre ansetzen. Auch der Gentilname Cornelius liegt nicht eindeutig fest. Einige Handschriften nennen ihn Publius oder Gaius, aber diejenige der letzten Bücher der „Annalen" und der Historien sowie die besseren Handschriften der „Kleinen

Schriften" geben den Namen Cornelius Tacitus. Seine Familie scheint dem Ritterstande angehört zu haben. Tacitus war also ein homo novus. Über seine politische Laufbahn schreibt er in dem 1. Kapitel seiner Historien: mihi Galba, Otho, Vitellius nec beneficio nec iniuria cogniti. Dignitatem nostram a Vespasiano incohatam, a Tito auctam, a Domitiano longius provectam non abnuerim (mir sind Galba, Otho und Vitellius weder durch wohltätiges noch durch ungerechtes Handeln bekannt geworden. Daß ich unter Vespasian in Amt und Würden eingesetzt, unter Titus befördert und unter Domitian noch weiter erhöht worden bin, das möchte ich nicht ableugnen). Was unter dieser dignitas im einzelnen zu verstehen ist, liegt nicht fest. Nach seinen eigenen Angaben im 11. Kapitel des 11. Annalenbuches war er im Jahr 88 Prätor und Quindecimvir sacris faciundis, ein Amt, das für die Aufsicht über die auswärtigen Kulte und die Befragung der Sibyllinischen Bücher zuständig war. In Vereinigung der beiden Ämter war er bei der Leitung der von Domitian veranstalteten Säkularspiele maßgeblich beteiligt. Um das Jahr 90 verließ Tacitus Rom und weilte vier Jahre in den Provinzen, wobei er offenbar hohe Ämter bekleidete. Im Jahre 77 hatte er die Tochter des Iulius Agricola geheiratet. Dieser war im Jahre 77 Consul suffectus gewesen und wurde als Befehlshaber nach Britannien geschickt, aber im Jahre 84 von dort zurückgerufen und fiel in Ungnade, was ihn zwang, unter stetiger Lebensgefahr, in völliger Zurückgezogenheit zu leben. Als sein Schwiegervater im Jahr 93 starb, war Tacitus nicht in Rom anwesend. Im „Agricola" (Kap. 45) sagt Tacitus von seinem Schwiegervater: nobis tam longae absentiae condicione ante quadriennium amissus est (uns ist er durch das Verhängnis einer so langen Abwesenheit vier Jahre früher entrissen worden). Agricola hatte in seinem Testament Domitian zum Miterben seiner Frau eingesetzt, vermutlich nicht nur, um einer damaligen Gepflogenheit zu entsprechen, sondern vornehmlich, um seine Hinterbliebenen gegen die Grausamkeit des Tyrannen zu sichern.

Erst als mit dem Tode des Domitian und dem Regierungsantritt Nervas im Jahre 96 die Zeit der Tyrannei zu Ende ging und für die politische und geistige Betätigung sich wieder freie Bahn eröffnete, begann Tacitus seine schriftstellerische Tätigkeit, stieg aber zugleich im Jahre 97 zu der höchsten Würde des Konsulats auf. In diesem hielt er die Leichenrede bei dem Staatsbegräbnis des Verginius Rufus, der am Ende der Regierungszeit Neros durch die Besiegung des Vindex und durch seine Wahl zum Princeps durch die Legionen sowie durch die Ablehnung dieser Wahl berühmt geworden war. Wir können uns vorstellen, wie Tacitus in ihm den glänzenden Vertreter der altrömischen virtus gefeiert hat. Von seinem weiteren politischen Wirken ist uns schließlich nur durch eine im Jahr 1890 in Mylasa (Kleinasien) gefundene Inschrift bekannt, die besagt, daß er in den Jahren 112/113 Prokonsul von Asien gewesen ist.

Mit Äußerungen über sich selbst und seine persönlichen Verhältnisse ist Tacitus, wie oben bemerkt, in seinen Schriften überaus zurückhaltend. So erwähnt er nur mit kühler Feststellung den Tod der Mutter des Agricola, die von plündernden Soldaten des Otho in Intimilium (Ventimiglio) im Jahre 69 ermordet worden war. Daß er einem Freundeskreis angehörte, zu dem Fabius Iustus (ihm ist der „Dialogus de oratoribus“ gewidmet) und Asinius Rufus, beides Freunde des jüngeren Plinius, und vor allem dieser selbst zählten, ist dessen Briefen an Tacitus zu entnehmen. Sie stellen zugleich Dokumente einer engen geistig-literarischen Verbundenheit des Tacitus mit diesem Kreise dar. Besonders interessant sind die beiden Briefe, Buch VII 16 und 20 (wohl aus dem Jahre 106), in denen Plinius auf die Bitte des mit der Ausarbeitung der Historien beschäftigten Tacitus um Auskunft über die näheren Umstände des Todes seines Oheims eingeht. Dieser, der Verfasser der „Historia naturalis“ und anderer Werke, wie der leider verlorenen 20 Briefe über die Germanenkriege, einer wichtigen Quelle des Tacitus, war bei dem Vesuvausbruch im Jahre 79 ums Leben gekommen. Dem oben angeführten Brief des Plinius (VII 20) können wir ferner entnehmen, daß sich Tacitus, entsprechend der schon in der republikanischen Zeit bestehenden Übung, als Vorstufe künftiger politischer Laufbahn rednerischer Betätigung zugewendet und sich zugleich an die bedeutendsten Redner seiner Zeit angeschlossen hatte. Als solche wirkliche Redner nennt er am Anfang des „Dialogus" den M. Aper und Iulius Secundus: celeberrima ingenia fori nostri. Auf seine eigene Tätigkeit auf diesem Gebiet wirft ein weiterer Brief des Plinius (VI 13) ein Licht, der Tacitus bittet, ihm Lehrer für eine in Novum Comum zu errichtende Schule zu empfehlen. Der Brief ist in die Jahre zwischen 102 und 105 zu datieren.

Während der Regierungszeit des Domitian hat Tacitus nichts geschrieben. Dies bekundet er selbst am Anfang des „Agricola" mit dem Hinweis auf die verlorenen Jahre seines Lebens, die er per silentium zugebracht habe. Erst zu Beginn der Regierung des Traian im Jahre 98 hat er die Schrift „Agricola" verfaßt, die ebenso ein Denkmal der Pietät gegenüber seinem Schwiegervater ist, wobei er besonders dessen Verdienste um die Eroberung Britanniens gegenüber den angemaßten Ansprüchen des Domitian hervorhebt, wie der erste Aufschrei eines nach der bedrückenden Not der Tyrannei die wiedergewonnene Freiheit begrüßenden Menschen. „Fast hätten wir mit der Stimme auch das Gedächtnis verloren, wenn das Vergessen uns ebenso anheimgestellt wäre wie das Schweigen. Geist und Wissenschaft lassen sich leichter ersticken als wieder beleben. Selbst die Tatenlosigkeit, anfangs verhaßt, gewinnt man im Laufe der Zeit lieb. Sind nicht viele in den fünfzehn Jahren [der Regierung Domitians], ein beträchtlicher Zeitraum in einem Menschenleben, durch Schicksalsschläge, die tatkräftigsten Männer durch die Grausamkeit des Herrschers umgekommen? Wenige von uns haben sozusagen nicht nur andere, sondern sich selbst überlebt, wobei uns mitten aus dem Leben alle die Jahre herausgerissen wurden, da der junge Mann ins Greisenalter, der Greis beinahe an das Ende seines Lebens gewissermaßen schweigend hinübergeschritten ist." Das ist die Bilanz, die er aus der jüngsten Vergangenheit zieht, zugleich mit der Überprüfung der Möglichkeiten und Bedingungen eines Neuanfangs im Zeichen der Freiheit. Und er zieht sie nicht nur für die Allgemeinheit, sondern auch für seine eigene Person, wobei er sich wohl nicht der Selbstbefragung entziehen konnte, welche Rolle er persönlich in dieser Tyrannenzeit gespielt und wie er sie überstanden habe. Wir haben gesehen, daß er im Jahre 88 Prätor gewesen ist, und wenn auch dieses Amt gegenüber dem wachsenden Einflußbereich der kaiserlichen Verwaltung erheblich an Bedeutung verloren hatte, so ist doch nicht anzunehmen, daß der Inhaber dieses Amtes in Verbindung mit dem Quindecimvirat nicht des Vertrauens des Tyrannen bedurft hätte. Von seiner Stellung sagt Tacitus, wie oben S. 5 bemerkt: dignitatem a Domitiano longius provectam non abnuerim, und dieses „non abnuerim" bezieht sich ganz speziell eben auf das Amt und die Würde in der Domitianzeit. Er will und kann es nicht ableugnen, daß diese Zeit seiner Staatslaufbahn nicht abträglich, sondern förderlich gewesen sei. War es politische Klugheit, die Kunst des Sichdurchlavierens oder eine gewisse Selbstbeherrschung, die ihn eben ertragen ließ, was er doch nicht zu ändern vermochte, und die ihn zum Schweigen als dem klügeren Weg veranlaßte? Heute, da wir durch das eigene Erlebnis einer Tyrannis für solche Situationen einen geschärften Blick haben, drängt sich uns, um moderne Ausdrücke zu gebrauchen, die Frage auf: War er Mitläufer und Nutznießer? Wie dem auch sein mag, wir können annehmen, daß der Tag der wiedererstandenen Freiheit, der auch der Beginn seines literarischen Schaffens war, im Zeichen einer inneren Zerrissenheit stand und daß diese Zwiespältigkeit ihre Schatten auf sein ganzes literarisches Werk warf. Ihm war es, wie schon dem von ihm hochgeschätzten Sallust, vordringlich darum zu tun, in einer niedergehenden Welt der Knechtseligkeit, wobei er besonders den Blick auf das stadtrömische Geschehen richtete, nach Zeugnissen der virtus und der damit untrennbar verbundenen libertas zu suchen. Daß er selbst nicht zu den Kronzeugen dieser virtus, zu den „promptissimi viri", die ihr Leben um der Freiheit und der Wahrheit willen aufs Spiel setzten, gehörte, muß er sich bewußt gewesen sein. Und vielleicht ist die düstere Darstellung der vitia der vergangenen Diktatorenzeit für ihn eine Art Selbstbefreiung von einer ideellen Last und, zugleich mit der warnenden Mahnung an die kommenden Geschlechter, eine Form der inneren Wiedergutmachung eigenen Verhaltens gewesen. Seinem „Agricola" hat er gleichsam thematisch für alle seine Werke das Wort von den facta moresque clarorum virorum vorangesetzt, die für die Nachwelt zu schildern eine alte, trotz der Gleichgültigkeit der gegenwärtigen Generation noch nicht vergessene Sitte sei. Und in den „Annalen" (III 65) bezeichnet er es als eine vordringliche Aufgabe der Geschichtsschreibung, die virtutes nicht zu verschweigen und dafür zu sorgen, daß Schlechtigkeit im Reden und Handeln sich vor übler Nachrede fürchten muß.

In der „Germania", die um die gleiche Zeit wie der „Agricola" entstand und die wir als eine ethnographisch-historische Studie, vielleicht als Exkurs zu den historischen Werken betrachten dürfen, tritt dieser Virtus-Gedanke natürlicherweise zurück hinter der Hervorhebung des Gegensatzes zwischen dem alternden, von sittlichem Niedergang bedrohten Rom und der unverbrauchten Naturkraft des germanischen Bauernvolkes, das drohend vor den Toren des römischen Imperiums steht (Kap. 33: urgentibus imperii fatis). Als Tacitus den „Agricola" schrieb, hatte er bereits den Plan gefaßt, die Geschichte der Regierung Domitians und der Anfänge Nervas und Traians zu verfassen (Agric. 3: nec tamen non pigebit vel incondita ac rudi voce memoriam prioris servitutis ac testimonium praesentium bonorum composuisse — doch soll es mich nicht verdrießen, wenn auch in ungeschmücktem und kunstlosem Vortrag, eine Schrift verfaßt zu haben, die an die vergangene Knechtschaft erinnert und für die glückliche Gegenwart zeugt). Er hat den Plan, die neu angebrochene, gute Zeit, wo „man denken darf, was man will, und sagen, was man denkt", darzulegen, nicht ausgeführt. Warum, wissen wir nicht. Er hat den Blick rückwärts gerichtet, um statt der Geschichte der wiedergewonnenen Freiheit die des durchlebten servitium zu schreiben. Dies geschah in den „Historiae", die in zwölf oder vierzehn Büchern die Zeit von dem Jahre 69 bis zum Tode Domitians umfaßten, von denen aber nur Buch 1-4 und ein Teil des 5. Buches erhalten ist, ein Werk, das mit seiner wechselnden Szenerie und seiner dramatisch gespannten Darstellung den Leser besonders tief beeindruckt. Aber Tacitus hat mit seiner Geschichtsschreibung noch weiter rückwärts in die Zeit des servitium gegriffen und in das den „Historiae" folgende Werk, die „Annalen" (mit dem Titel „ab excessu divi Augusti"), als Bestandteil des servitium auch noch das Prinzipat des Augustus einbezogen. „Sub nomine principis imperium accepit", sagt er von Augustus zu Beginn der „Annalen" und charakterisiert ihn als „consulem se ferens et ad tuendam plebem tribunicio iure contentum" (I 2), seiner Abneigung in ironischer Form Ausdruck gebend. Auch von den „Annalen" ist nur ein Teil erhalten, von den ursprünglich 16 Büchern 1-6 (mit einer großen Lücke zwischen 5 und 6), die Herrschaft des Tiberius, und 11 (am Anfang verstümmelt) bis 16 (am Schluß verstümmelt), die Regierungszeit des Claudius vom Jahr 47 an und die des Nero bis zu dem Tode des Thrasea Paetus im Jahre 66 umfassend. Welch schwierige und im Grunde undankbare Aufgabe er damit übernahm, bringt er selbst zum Ausdruck (IV 33: situs gentium, varietates proeliorum, clari ducum exitus retinent ac redintegrant legentium animum; nos saeva iussa, continuas accusationes, fallaces amicitias, perniciem innocentium et easdem exitii causas coniungimus, obvia rerum similitudine et satietate). Mit dem lapidaren Satz (I 7) „at Romae ruere in servitium consules, patres, eques" gibt er das Leitmotiv seiner Darstellung. Sie ist die Geschichte der widerstandslosen Knechtschaft. Die einstige Zeit der Senatsrepublik ist unwiederbringlich dahin, weil die freiheitsbewußten Männer, die sie einst repräsentierten, nicht mehr vorhanden sind und weil man sich schon allzusehr an das neue Regime gewöhnt hat. Wahrheit und Aufrichtigkeit ist der simulatio und der adulatio gewichen, den beiden Hauptlastern der Tyrannenzeit, die es nun zu entlarven gilt, um zugleich das dem menschlichen Wesen allgemein anhaftende

Hintergründige und Abgründige bloßzustellen. Nur in seltenen Ausnahmefällen, wie in dem von ihm als Lichtgestalt dargestellten Germanicus, verkörpert sich noch echte virtus. Zu der Erkenntnis, daß die vitia das geschichtliche Geschehen bestimmen, tritt noch die Auffassung, die immer mehr ihn erfüllte, daß in allen menschlichen Angelegenheiten das launenhafte Spiel des Zufalls wirke. Überall tun sich ihm Widersprüche auf, die nicht zu überbrücken sind. So führt er auch gegensätzliche Versionen über Menschen und Dinge ohne eigene Stellungnahme an; Gerüchte und Tatsachen, nebeneinander gestellt, verschleiern das Bild. Auch das Tiberiusbild, das Tacitus entwirft, ist durchaus zwiespältig und höchst anfechtbar. Neben dem umsichtigen, fürsorglichen Herrscher steht bei Tacitus der im Alter bösartig gewordene, einsame und blutrünstige Misanthrop, der aus der Ferne seine Blutbefehle gibt, um sie von dem nur allzu willfährigen Senat durchführen zu lassen, und dessen positivem Wirken gerne abwegige Motive oder eine gerissene Heuchelei unterschoben werden. Es liegt nahe, gerade hier anzunehmen, daß die selbst erlebte Tyrannenzeit ihre Nachwirkung zeitigte und ihn zugleich veranlaßte, zeitgenössischen, Tiberius feindlichen Quellen (Memoiren der jüngeren Agrippina) bereitwillig Gehör zu schenken.

Daß die „Annalen" des Tacitus keine beschauliche Unterhaltungslektüre sind, hat er, wie wir oben gesehen haben, selbst betont. Aber jene Gleichförmigkeit des Geschehens ist mit einer dramatischen Wucht, vielfach begleitet von einer bitteren Ironie und einem Sarkasmus, der nichts mehr mit Humor zu tun hat, geschrieben, wie sie nur aus einem verwundeten Herzen kommen können, und dazu von einzelnen Bildern belebt, die — wie zum Beispiel die Rückfahrt der Agrippina mit der Asche des Germanicus (III 11) oder die Todesstunde des Tiberius (VI 50) — von unauslöschlicher Einprägsamkeit sind.

Auch auf dem Gebiet der Außenpolitik begegnen wir diesen Widersprüchen. Auswärtige Kriege sind ihm einerseits das einzige noch übriggebliebene Betätigungsfeld für die virtus, und die pax bedenkt er gerne mit Ausdrücken wie saeva (grausam) oder languida (faul) und marcescens (absterbend), und zugleich gibt er in thukydideischer Formulierung dem Gedanken Ausdruck, daß es, wo die Faust entscheidet, Maßhalten und Redlichkeit (modestia ac probitas) nur vom Standpunkt des Stärkeren aus gibt und nur dieser es sich leisten kann, friedfertig zu sein. Auf der anderen Seite hat aber kein römischer Historiker im Gegensatz zu der von Cicero vertretenen, sanktionierten Staatstheorie so gründlich mit dem römischen Imperialismus abgerechnet, wie dies Tacitus in der Rede tut, die er im „Agricola" dem britannischen Häuptling Calgacus in den Mund legt.

Schließlich noch ein Wort über die kleine Schrift „Dialogus de oratoribus", die sich von den historischen Werken thematisch wie stilistisch abhebt und als das früheste Werk des Tacitus angesprochen worden ist. Es ist ein Gespräch, in dem die damaligen Größen der Redekunst auftreten und die Frage des Vorranges der Poesie oder der Rhetorik erörtern, wobei die Gründe für den Verfall der Redekunst dargelegt werden. Das Gespräch selbst wird in die Zeit des Vespasian gesetzt. Die Schlußrede läuft auf die Feststellung hinaus, daß es die Redekunst nicht mehr gibt, weil die Freiheit und damit die Möglichkeit der freien Entfaltung verlorenging. Da aber die Freiheit die Auflösung der gewonnenen Ordnung bedeuten würde, bleibt nur als Rettung der Rückzug in das Reich der Poesie und die Betrachtung der Virtus-Exempla der alten Zeit. Daß der Versuch, aus dieser Schrift eine Entwicklung des Tacitus vom gläubigen Anhänger des Prinzipats zum Bekenner der alten res publica abzuleiten, auf schwacher Grundlage steht, hat Friedrich Klingner in seiner gründlichen und überaus einleuchtenden Studie „Tacitus" in dem Buch „Römische Geisteswelt" überzeugend dargelegt, indem er darauf hinweist, daß Maternus, der Redner dieses Schlußteiles, nicht seine ganze Überzeugung und erst recht nicht die des Tacitus selbst aussprechen kann, da er die alten und die gegenwärtigen politischen Zustände nur an einer beschränkten Wertgruppe, nämlich an Ordnung, Friede und

Ruhe, messe und hinter der einseitigen Überbetonung der glücklichen Prinzipatsverhältnisse hintergründig ein gebrochenes Fühlen und ein gespaltenes Bewußtsein stehe. Zudem ist die Frage, wann der „Dialogus" abgefaßt ist, immer noch offen, und die Wahrscheinlichkeit, daß er nicht das erste Werk ist, sondern hinter die kleinen historischen Schriften gestellt werden muß, liegt näher.

BUCH I

(1) In der Stadt Rom[1] regierten anfangs Könige. L. Brutus brachte die Freiheit und führte das Konsulat ein. Wenn man zu Diktaturen griff, geschah dies nur auf Zeit. Auch die Amtsgewalt der Dezemvirn dauerte nicht länger als zwei Jahre, wie auch die konsularische Befugnis der Militärtribunen nur von kurzer Dauer war. Nicht Cinnas, nicht Sullas Gewaltherrschaft erstreckte sich auf einen längeren Zeitraum, des Pompeius und des Crassus Macht ging rasch auf Caesar, des Lepidus und des Antonius militärische Gewalt auf Augustus über, der die ganze durch den bürgerlichen Hader erschöpfte Welt unter dem Namen eines Princeps seiner Herrschaft unterstellte. Doch des alten römischen Volkes glückliche oder auch unglückliche Geschichte haben ja berühmte Schriftsteller dargestellt[2], und auch bei der Schilderung der augusteischen Zeiten haben es rühmliche Talente so lange nicht an sich fehlen lassen, bis sie sich durch das überhandnehmende Kriechertum abschrecken ließen; des Tiberius, des Gaius, des Claudius und des Nero Regierung fanden während ihrer Lebenszeit, weil man sie fürchtete, eine verfälschte und nach ihrem Tode eine noch die frischen Haßgefühle atmende Darstellung. Daher habe ich mich entschlossen, kurz über Augustus, und zwar über seine letzten Lebensjahre zu berichten, dann das Principat des Tiberius und alles weitere darzulegen ohne Abneigung und Zuneigung, wozu ich entfernt keinen Grund habe.

(2) Nach dem gewaltsamen Tod des Brutus und des Cassius gab es keine inneren Konflikte mehr, die mit den Waffen ausgetragen wurden: Pompeius war bei Sizilien erledigt, Lepidus seiner Macht entkleidet, Antonius umgebracht. Auch die iulianische Partei verfügte, abgesehen von Caesar, über keinen Führer mehr. Er legte den Titel eines Triumvirs ab, trat als Konsul auf[3] und begnügte sich, um für die Sache der

Plebs einzutreten, mit dem tribunizischen Recht. Sobald er das Militär mit Geschenken, das Volk durch Getreidespenden[4], alle miteinander durch die Annehmlichkeit einer Friedenszeit für sich gewonnen hatte, erhob er allmählich höher sein Haupt und zog die Befugnisse des Senats, der Staatsverwaltung und der Gesetzgebung[5] an sich. Dabei fand er keinen Widersacher, da die tatkräftigsten Männer auf den Schlachtfeldern geblieben oder den Proskriptionen zum Opfer gefallen waren, während die übriggebliebenen Angehörigen der Nobilität bereitwillig das Joch der Knechtschaft auf sich nahmen und dafür um so höher an Reichtum und Ehren stiegen, ja die neue Lage sich zunutze machten und die sichere Gegenwart einer gefahrvollen Vergangenheit vorzogen. Auch die Provinzen lehnten sich gegen diesen Stand der Dinge nicht auf, da das Regiment des Senats und des Volkes wegen der Streitigkeiten der Machthaber und der Habsucht der Beamten in Mißkredit gekommen war, wobei man von den Gesetzen, die durch Gewalttat und Parteilichkeit, ja zuletzt durch Bestechung unwirksam gemacht wurden, keine wirksame Hilfe zu erwarten hatte.

(3) Im übrigen erhob Augustus zur Unterstützung seiner Alleinherrschaft seinen noch sehr jungen Schwestersohn Claudius Marcellus[6] zum Pontifex und kurulischen Ädil, den nichtadeligen M. Agrippa, einen tüchtigen Kriegsmann, der der Gefährte auf seiner Siegeslaufbahn gewesen war, zweimal hintereinander zum Konsul. Nach dem Ableben des Marcellus nahm er ihn dann zum Schwiegersohn. Seine Stiefsöhne Tiberius Nero und Claudius Drusus zeichnete er mit dem Imperatorentitel aus, zu einer Zeit, da alle Mitglieder seiner Familie noch am Leben waren. Denn er hatte Agrippas Söhne, Gaius und Lucius, in die Familie der Caesaren aufgenommen und, obwohl sie das Knabenkleid noch nicht abgelegt hatten, ihre Ernennung zu „Führern der Jugend“ und ihre Nominierung als Konsuln dringendst gewünscht, wobei er so tat, als ob er dies ablehne. Als Agrippa aus dem Leben geschieden war, raffte den L. Caesar während einer Reise zu den spanischen Heeren und den an einer Verwundung lei-

denden Gaius auf dem Rückwege von Armenien ein frühzeitiges Todesgeschick – oder auch ein hinterhältiger Anschlag ihrer Stiefmutter Livia – hinweg. Da Drusus schon lange gestorben war, war Tiberius Nero allein von den Stiefsöhnen noch übrig, und damit fiel ihm alles zu. Er wurde adoptiert, zum Mitregenten und Mitinhaber der tribunizischen Gewalt gemacht und sämtlichen Heeren vorgestellt, wobei seine Mutter nicht mehr, wie früher, zu dunklen Machenschaften griff, sondern in aller Öffentlichkeit die treibende Kraft war. Denn sie hatte den greisen Augustus derart in ihren Bann gezogen, daß er seinen einzigen noch lebenden Enkel Agrippa Postumus, der zwar recht ungebildet war und auf seine körperlichen Kräfte dummdreist pochte, dem man jedoch keine einzige ehrlose Handlung nachweisen konnte, auf die Insel Planasia[7] verstieß. Aber, wahrhaftig[8], Germanicus, den Sohn des Drusus, machte er zum Befehlshaber über die acht Legionen, die am Rhein standen, und befahl Tiberius, ihn zu adoptieren, obgleich in der Familie des Tiberius ein jugendlicher Sohn[9] war. Doch Augustus wollte über eine vermehrte Zahl von Stützen verfügen.

Der einzige Krieg, der in dieser Zeit noch andauerte, war der gegen die Germanen; er sollte mehr die Schande des unter Quintilius Varus verlorenen Heeres tilgen als dem Wunsch nach Ausdehnung des Reiches oder sonst einem den Einsatz lohnenden Preise dienen. Im Innern war die Lage ruhig. Die Staatsämter hatten noch die gleichen Bezeichnungen, die Jungen waren nach dem Sieg bei Actium und auch die Alten zum größten Teil noch während der Bürgerkriege geboren. Wie wenige gab es da, die das freie Gemeinwesen erlebt hatten!

(4) So hatte sich denn die Staatsform gewandelt, und nirgends hatte diese Wandlung eine Spur der alten Sittenreinheit hinterlassen. Die Gleichheit der Staatsbürger war beseitigt, und alle schauten nur noch auf die Befehle des Princeps, ohne daß für den Augenblick Anlaß zu Befürchtungen gewesen wäre. Denn Augustus stand noch in rüstigem Alter und erhielt sich und sein Haus und damit den Frieden auf-

recht. Als er dann in vorgerücktem Alter stand, Krankheit ihn körperlich schwächte und sein nahes Ende neue Hoffnungen erweckte, da fand sich eine Minderheit, die sich in leerem Gerede über das Gut der Freiheit erging; die Mehrzahl zitterte vor einem Kriege, andere wieder wünschten ihn. Der weitaus größte Teil stellte in allem möglichen Gerede Vermutungen über die kommenden Herren an. Brutal sei Agrippa und erbittert über die entehrende Behandlung, die ihm zuteil geworden sei; weder nach seinem Alter noch nach seiner Lebenserfahrung sei er einer so schweren Aufgabe gewachsen. Tiberius Nero sei zwar reif an Jahren und kriegserprobt, aber in ihm lebe der alte, der claudischen Familie angeborene Hochmut, und sein grausames Wesen künde sich in vielfacher Form an; zwar werde es noch unterdrückt, aber eines Tages werde es plötzlich hervorbrechen. Auch sei er von frühester Kindheit an in einem Herrscherhause aufgewachsen, in seinen Jugendjahren habe man ihn mit Konsulaten, Triumphen überhäuft, und auch in den Jahren, die er unter dem Schein freiwilliger Zurückgezogenheit, in Wirklichkeit als Verbannter, in Rhodus zugebracht habe[10], sei sein Sinn lediglich auf Rache, Verstellung und Befriedigung geheimer Sinnenlust gerichtet gewesen. Dazu komme noch seine Mutter mit ihrer weiblichen Unbeherrschtheit: Man müsse den Sklaven einer Frau und obendrein noch zweier Jünglinge spielen, die für das Gemeinwesen einstweilen noch eine drückende Last bilden, es später aber einmal in Stücke reißen.

(5) Während dieser und ähnlicher Betrachtungen verschlimmerte sich der Gesundheitszustand des Augustus. Manche argwöhnten, es stecke ein Verbrechen seiner Gemahlin dahinter. Denn es war das Gerücht aufgekommen, vor einigen Monaten sei Augustus nach Planasia zu einem Besuch des Agrippa gefahren; eine Anzahl ausgewählter Leute sei in die Sache eingeweiht und Fabius Maximus als einziger Begleiter mitgenommen worden. Dort habe es auf beiden Seiten viele Tränen und viele Bekundungen der Liebe gegeben, und man habe in Aussicht genommen, den Jüngling dem großväterlichen Hause wieder zurückzugeben. Dies habe Ma-

ximus seiner Gattin Marcia mitgeteilt, die es an Livia weitergegeben habe. Dies sei dann auch dem Caesar zu Ohren gekommen. Und als bald darauf Maximus starb — man weiß nicht, ob Selbstmord vorlag —, habe man bei seiner Beisetzung Marcia jammern hören, die sich selbst vorwarf, die Schuld an dem Tod ihres Mannes zu haben. Mag dies nun geschehen sein, wie es will, kaum hatte Tiberius Illyricum betreten[11], als er durch einen Eilbrief seiner Mutter zurückberufen wurde. Es ist nicht einwandfrei festgestellt, ob er Augustus noch atmend oder schon tot in Nola[12] angetroffen hat; denn Livia hatte das Haus und die Straßen unter scharfe Bewachung stellen und absperren lassen, und von Zeit zu Zeit verbreitete man günstige Krankheitsberichte, bis die erforderlichen Vorkehrungen getroffen waren und gleichzeitig das Ableben des Augustus und der Regierungsantritt des Tiberius bekannt wurde.

(6) Das erste Verbrechen des neuen Principats war die Ermordung des Postumus Agrippa: er ahnte nichts und war ohne Waffen, als ihn ein Centurio — trotz aller Beherztheit nur mit Mühe — umbrachte. Tiberius gab über diese Angelegenheit vor dem Senat keine weitere Erklärung ab. Er gab vor, es handle sich um einen Befehl seines Vaters, in dem dieser dem zur Bewachung beigegebenen Tribunen die Weisung gegeben habe, unverzüglich Agrippa umzubringen, sobald er selbst verschieden sei. Allerdings hatte Augustus sich vielfach erbittert über das Benehmen des Jünglings beklagt und durchgesetzt, daß seine Verbannung durch einen Senatsbeschluß bestätigt wurde. Aber seine Härte ging nie so weit, daß er den gewaltsamen Tod irgendeines seiner Angehörigen veranlaßt hätte. Es wäre auch nicht glaubhaft gewesen, daß er seinen Enkel umbringen ließ, um seinen Stiefsohn sicherzustellen. Näher der Wahrheit kommt es, zu glauben, daß Tiberius und Livia die beschleunigte Ermordung des beargwöhnten und verhaßten Jünglings veranlaßt haben, der eine aus Furcht, die andere in stiefmütterlichen Haßgefühlen. Dem Centurio, der nach militärischem Brauch meldete, der Befehl sei durchgeführt, gab er den Bescheid, er habe keinen

14 n. Chr.

Befehl gegeben und die Tat müsse vor dem Senat verantwortet werden. Als dies Sallustius Crispus, der in sein geheimes Treiben eingeweiht war (er war es, der an den Tribunen das Handschreiben geschickt hatte), erfuhr, fürchtete er, als Schuldiger vorgeschoben zu werden, wobei etwaige falsche Aussagen gleich gefährlich seien wie wahre. Darum warnte er Livia, Familiengeheimnisse, Ratschläge von Freunden und militärische dienstliche Aufträge der Öffentlichkeit preiszugeben. Tiberius solle die Machtstellung des Principats nicht dadurch untergraben, daß er alles vor den Senat bringe. Denn der Grundsatz jeder herrscherlichen Gewalt sei es, daß ein Rechenschaftsbericht nur dann in Ordnung sei, wenn er allein dem Herrscher erstattet werde.

(7) Aber in Rom stürzte sich alles in die Knechtschaft: Konsuln, Väter, Ritter. Je höher sie standen, um so falscher und eilfertiger traten sie mit verstellter Miene auf, und um nicht über den Tod des alten Princeps Freude oder bei dem Regierungsantritt des neuen zu große Trauer zu verraten, zeigten sie ein Gemisch von Tränen und Freude, Klagen und Schmeichelei. Die Konsuln Sex. Pompeius und Sex. Appuleius[13] waren die ersten, die den Treueid auf Tiberius Caesar leisteten. In ihre Hände legten dann Seius Strabo und G. Turranius, jener als Befehlshaber der Prätorianerkohorten, dieser als Präfekt der Getreideversorgung, den Eid ab[14]. Ihnen folgten der Senat, das Militär und das Volk. Denn alle Amtshandlungen ließ Tiberius durch die Konsuln einleiten, als ob die alte republikanische Verfassung noch bestünde und er selbst unschlüssig wäre, ob er die Zügel der Regierung persönlich übernehmen solle. Auch das Edikt, durch das er die Väter in die Kurie berief, erließ er nur als Inhaber der tribunizischen Macht, die er unter Augustus erhalten hatte. Das Edikt war in einer knappen Form und in einem recht zurückhaltenden Ton abgefaßt: hinsichtlich der letzten Ehren für seinen Vater wolle er den Senat befragen; er übe die Totenwache aus, und dies sei das einzige öffentliche Amt, das er für sich in Anspruch nehme. Und doch hatte er nach dem Tode des Augustus den Prätorianerkohorten die Parole als Impe-

rator ausgegeben; die Wachen zogen in Waffen auf, und auch alles übrige trug das Gepräge eines fürstlichen Hofes; Militär bildete das Geleit zum Forum, Militär zu der Kurie. Er schickte schriftliche Erlasse zu den Heeren, als ob er das Principat angetreten habe; nirgends zeigte er Hemmungen, außer wenn er im Senat sprach. Sein hauptsächlicher Beweggrund war die Befürchtung, Germanicus, in dessen Hand so viele Legionen und zahllose bundesgenössische Hilfstruppen waren, der eine erstaunliche Beliebtheit beim Volke genoß, möchte lieber die Regierung in Händen haben als auf sie warten. Auch auf seinen Ruf nahm er Rücksicht, indem er lieber den Anschein erwecken wollte, von dem Gemeinwesen berufen und auserwählt zu sein, als durch das Ränkespiel einer Frau und die Adoption eines Greises sich eingeschlichen zu haben. Später erkannte man, daß er die Rolle des Zaudernden auch zu dem Zweck gespielt habe, in die Gesinnung der adeligen Kreise Einblick zu gewinnen. Denn die Worte, die er hörte, und die Mienen, die er sah, pflegte er in seinem Innern zu verbergen und als Verbrechen zu mißdeuten.

(8) Am ersten Tag ließ er im Senat keinen anderen Verhandlungsgegenstand zu als die Leichenfeierlichkeiten für Augustus. In seinem Testament, das von den Jungfrauen der Vesta[15] hereingetragen wurde, waren Tiberius und Livia als Erben[16] eingesetzt. Livia wurde in die iulische Familie aufgenommen und erhielt den Titel Augusta. Als Erben zweiten Grades hatte Augustus seine Enkel und Urenkel, als solche dritten Grades die ersten Männer der Bürgerschaft eingesetzt, obwohl ihm sehr viele von ihnen verhaßt waren. Aber er tat dies, um zu prahlen und um bei der Nachwelt Ruhm zu ernten. Die Vermächtnisse überstiegen nicht die übliche Höhe, nur daß er dem Staatsvolk und der Plebs dreiundvierzig Millionen fünfhunderttausend Sesterzen[17], den Prätorianerkohorten Mann für Mann tausend, den städtischen Kohorten je fünfhundert, den Legionssoldaten oder den Soldaten der römischen Bürgerkohorten[18] je dreihundert Sesterzen vermachte. Dann trat man in die Beratung über die Ehrungen ein: die hervorstechendsten unter den Anträgen, die gestellt

wurden, waren der des Gallus Asinius, der Leichenzug solle durch ein Triumphtor geleitet werden, und der des L. Arruntius, es sollen die Titel der von Augustus erlassenen Gesetze sowie die Namen der von ihm besiegten Völker vorausgetragen werden. Messala Valerius fügte hinzu, jährlich solle der Eid auf den Namen des Tiberius neu geleistet werden. Von Tiberius befragt, ob er auf seine Anweisung hin diesen Antrag eingebracht habe, erklärte er, er habe dies von sich aus gesagt und er werde auch bei allen Staatsangelegenheiten lediglich seiner eigenen Erkenntnis folgen, selbst unter der Gefahr, Anstoß zu erregen. Dies war die einzige Art von Kriechertum, die es bisher nicht gab. Im Chor riefen die Väter, man solle den Leichnam auf den Schultern der Senatoren zu dem Scheiterhaufen tragen. Der Caesar zeigte sich nachgiebig, anmaßend und bescheiden zugleich. Er ermahnte das Volk in einem Erlaß, nicht so, wie sie einst allzu leidenschaftlich das Leichenbegängnis des göttlichen Iulius gestört hätten, jetzt zu wünschen, daß Augustus auf dem Forum anstatt auf dem Marsfeld, an dem vorbestimmten Ruheplatz, verbrannt werde. Am Tage des Leichenbegängnisses standen die Soldaten gleichsam als Sicherungstruppe da. Es wurde lebhaft von denen gespottet, die noch selbst jenen Tag erlebt oder auch durch ihre Eltern von ihm gehört hatten, an dem die Knechtschaft erst im Werden war und die Freiheit unter einem unglücklichen Stern wiedererstrebt wurde; damals, als die Ermordung des Diktators Caesar den einen als die verwerflichste, den andern als die herrlichste Tat erschien. Jetzt müsse man dem greisen Princeps, der so lange an der Macht gewesen sei und vorsorglich seinen Erben die Machtmittel, um sie gegen das Gemeinwesen zu gebrauchen, hinterlassen habe, natürlich mit militärischer Hilfe schützen, damit seine Beisetzung in Ruhe vor sich gehe.

(9) Ein vielfaches Gerede über Augustus selbst knüpfte sich daran, wobei man sich meistens über nichtige Dinge wunderte: daß der Tag seiner einstigen Regierungsübernahme[19] mit seinem letzten Lebenstag zusammengefallen sei, daß er in Nola in dem gleichen Haus und Schlafgemach, wie sein

Vater Octavius[20], sein Leben beendet habe. Auch die Zahl seiner Konsulate, mit der er die von Valerius Corvus und C. Marius[21] zusammen erreicht hatte, hob man hervor, ferner die während siebenunddreißig Jahren ununterbrochen ausgeübte tribunizische Macht[22], den einundzwanzigmal erworbenen Titel Imperator[23] und andere Ehrungen, die ihm vielfach erwiesen oder auch zum Teil neu für ihn geschaffen worden waren. Aber die gebildeten Leute ergingen sich über sein Leben bald in Lob, bald in Tadel. Die einen hoben rühmend hervor, er sei aus Pflichtgefühl gegenüber seinem Vater[24] und durch die Notlage des Gemeinwesens, in dem damals die Gesetze nichts mehr galten, zum Bürgerkrieg getrieben worden, den man freilich mit anständigen Mitteln weder vorbereiten noch durchführen konnte. Vielfach habe er dem Antonius, in dem Wunsche, sich an den Mördern seines Vaters zu rächen, nachgegeben, weithin auch dem Lepidus. Nachdem dieser alt und schlaff geworden und jener seinen sinnlichen Ausschweifungen zum Opfer gefallen sei, habe es für die in Zwietracht zerfallene Vaterstadt nur noch das Heilmittel der Monarchie gegeben. Dennoch habe er das Gemeinwesen nicht auf eine monarchische oder diktatorische Grundlage gestellt, sondern ihm den Namen „Principat" gegeben. Durch den Ozean oder durch fern liegende Flüsse sei das Reich abgeschirmt, Legionen, Provinzen, Flotten, alles sei eng untereinander verbunden. Recht werde gegen die Bürger, Rücksichtnahme gegen die Bundesgenossen geübt. Die Hauptstadt selbst stehe in prächtigem Schmuck da. Nur in ganz seltenen Fällen habe man Gewalt angewendet und nur, damit die anderen in Ruhe leben konnten.

(10) Von der Gegenseite wurde eingewendet: Das Pflichtgefühl gegenüber seinem Vater und die Notzeiten des Gemeinwesens habe er nur als Vorwand benutzt, in Wirklichkeit habe er aus Herrschsucht durch freigebige Spenden die Veteranen unter die Waffen gerufen, als Jüngling ohne eine amtliche Stellung ein Heer ausgerüstet, die Legionen des Konsuls verführt[25] und Sympathie für die pompeianische Partei vorgetäuscht. Als er dann auf Grund eines Beschlusses

der Väter die Rutenbündel[26] und die prätorische Rechtsbefugnis[27] an sich gerissen, habe er nach dem Tode des Hirtius und Pansa – mögen nun beide ihren Feinden oder Pansa dem Gift, das man in seine Wunde geträufelt hatte, und Hirtius seinen eigenen Soldaten und dem Caesar, als dem Anstifter des hinterlistigen Anschlags, zum Opfer gefallen sein[28] – deren Truppen beschlagnahmt. Dem Senat sei trotz seinem Sträuben das Konsulat abgerungen worden, und die Waffen, die der Caesar gegen Antonius erhalten habe, habe er gegen das Gemeinwesen gekehrt[29]. Die Ächtungen der Bürger, die Landaufteilung hätten nicht einmal die gelobt, von denen sie durchgeführt wurden. Wohl gehe der Tod des Cassius und der beiden Brutus auf deren Feindschaft gegen seinen Vater zurück – obwohl es sich gehöre, persönliche Haßgefühle zugunsten des Gemeinwesens zurückzustellen –, aber Pompeius sei durch das Trugbild eines Friedens, Lepidus durch die Vorspiegelung von Freundschaft getäuscht worden. Später habe dann Antonius, durch das Bündnis von Tarent und Brundisium und die Heirat mit seiner Schwester verlockt, die hinterlistige Verschwägerung mit dem Tode bezahlen müssen[30]. Freilich habe dann zweifellos Frieden geherrscht, aber ein blutiger. Lollius und Varus hätten Niederlagen erlitten[31], in Rom seien Männer wie Varro, Egnatius und Iullus hingerichtet worden[32]. Auch an seinen häuslichen Verhältnissen ging die Kritik nicht vorüber: er habe Nero seine Frau entführt und höhnisch die Priester gefragt, ob eine Ehe gültig sei, die eine schwangere Frau vor ihrer Entbindung eingehe[33], ferner wies man auf das Schlemmerleben eines Q. Vitellius und Vedius Pollio[34] hin, zuletzt auf Livia, die als Mutter schwer auf dem Gemeinwesen, als Stiefmutter auf dem Haus der Caesaren laste. Nichts sei für die Verehrung der Götter übriggeblieben, da er in Tempeln und im Götterbild durch Flamines und sonstige Priester verehrt werden wollte[35]. Auch Tiberius habe er nicht aus Liebe oder aus Fürsorge für das Gemeinwesen als Nachfolger bestimmt; sondern weil er in seine anmaßende und grausame Wesensart Einblick gewonnen habe, habe er für sich selbst Ruhm durch das Gegenbild eines Scheusals gesucht. Augustus hatte nämlich wenige Jahre zuvor, als er von den Vätern für Tiberius die erneute Übertragung der tribunizischen Gewalt verlangte[36], in einer zwar ehrenden Ansprache doch einige abfällige Bemerkungen über seine Haltung, sein Benehmen und seine Lebensgewohnheiten gemacht, die wie Entschuldigungen klangen, aber in Wirklichkeit Vorwürfe waren. Indessen erfolgte die Beisetzung dem Herkommen entsprechend, worauf für Augustus die Errichtung eines Tempels und göttlicher Kult beschlossen wurden.

(11) Dann wandte man sich an Tiberius mit Bitten. Seine Ausführungen liefen in verschiedenen Richtungen: er sprach über die Größe des Reichs und über seine eigene Unzulänglichkeit. Allein der Verstand des göttlichen Augustus sei einer so schweren Aufgabe gewachsen gewesen. Von Augustus zur Teilnahme an den Regierungsgeschäften berufen, habe ihn die Erfahrung gelehrt, wie schwierig, wie abhängig vom Glück die Last einer Gesamtregierung sei. Darum solle man in einer Bürgerschaft, die sich auf so viele erlauchte Männer stützen könne, nicht einem einzigen alles aufbürden. Eine größere Anzahl werde mit vereintem Bemühen die Staatsgeschäfte leichter erledigen. In einer solchen Art zu reden lag mehr edler Anstand als Aufrichtigkeit. Tiberius gebrauchte sogar da, wo er nichts verheimlichte, mag dies nun Veranlagung oder Gewohnheit gewesen sein, immer unverbindliche und hintergründige Worte. Jetzt, da er sich bemühte, seine Gedanken gänzlich zu verbergen, hüllten sich seine Worte vollends in eine vage Zweideutigkeit. Aber die Väter, die nur die einzige Angst hatten, er könnte ihnen anmerken, daß sie ihn durchschauen, ergingen sich in Klagen, Weinen und Bitten. Zu den Göttern, zu dem Bild des Augustus, ja zu seinen Knien streckten sie ihre Hände aus. Da befahl er, ein Schriftstück herbeizuholen und vorzulesen. Darin waren die Machtmittel des Reiches aufgeführt: die Zahl der unter Waffen stehenden Bürger und Bundesgenossen, ferner der Flotten, Königreiche[37] und Provinzen, die direkten und indirekten Steuern, die zwangsläufigen Ausgaben und die

Schenkungen. Alles dies hatte Augustus eigenhändig niedergeschrieben und den Rat hinzugefügt, das Reich auf seine jetzigen Grenzen zu beschränken, wobei es ungewiß ist, ob Besorgnis oder Mißgunst das Motiv gewesen ist.

(12) Während sich der Senat zu dem demütigsten Flehen herbeiließ, sagte Tiberius beiläufig, er sei zwar nicht der gesamten Staatsführung gewachsen, werde aber jedes Teilgebiet, das man ihm übertrage, in seine Obhut nehmen. Da sagte Asinius Gallus: „Ich frage, Caesar, welchen Teil der Staatsführung willst du dir übertragen wissen?“ Von der unerwarteten Frage betroffen, schwieg Tiberius eine Weile. Dann faßte er sich und antwortete, es stehe keineswegs seiner Bescheidenheit an, etwas von dem auszuwählen oder auch auszuschlagen, von dem als Ganzem er lieber verschont bleiben wolle. Gallus erwiderte (er hatte nämlich aus der Miene des Tiberius geschlossen, daß er Anstoß erregt hatte), nicht in der Absicht sei die Frage gestellt worden, ihn zu einer Teilung dessen zu veranlassen, das man doch nicht trennen könne, sondern er habe nur wollen, daß durch sein eigenes Zugeständnis klar erwiesen werde, das Gemeinwesen stelle einen einheitlichen Organismus dar und könne nur durch den Willen eines Mannes gelenkt werden. Er fügte ein Loblied auf Augustus hinzu und erinnerte Tiberius selbst an seine Siege und an seine hervorragenden langjährigen Leistungen im Frieden. Doch besänftigte er damit seinen Zorn nicht. Er war dem Tiberius schon von früher her verhaßt, da er seit seiner Vermählung mit Vipsania, der Tochter des M. Agrippa[38], der einstigen Gattin des Tiberius, bei diesem den Verdacht erweckte, höhere Ziele zu verfolgen, als sie einem Bürger zukommen, und an dem starren Stolz seines Vaters Pollio Asinius[39] festzuhalten.

(13) Darauf beleidigte ihn L. Arruntius mit einer Ansprache, die sich nicht viel von der des Gallus unterschied, obwohl Tiberius keinen Zorn gegen Arruntius von früher her hegte. Aber er betrachtete ihn, der ein reicher und entschlossener Mann war und über eine hervorragende Bildung verfügte, der auch sein Ruf in der Öffentlichkeit entsprach,

mit Mißtrauen. Denn als Augustus in seinen letzten Gesprächen die Frage aufwarf, welche Männer denn zu der Übernahme des Principats ausreichende Fähigkeit hätten ohne die Bereitschaft oder auch die Bereitschaft ohne ausreichende Fähigkeit oder beides zugleich, Fähigkeit und die Lust dazu, hatte er gesagt, M'. Lepidus habe zwar die Eignung für die Aufgabe, aber lehne sie ab, Gallus Asinius sei auf sie erpicht, aber ihr nicht gewachsen, L. Arruntius wäre ihrer nicht unwürdig und werde, wenn sich die Gelegenheit biete, das Wagnis versuchen. Hinsichtlich der ersten beiden ist man sich einig. An die Stelle des Arruntius haben manche Cn. Piso gesetzt. Alle außer Lepidus fielen in der Folge verschiedenen Anklagen auf Anstiften des Tiberius zum Opfer. Auch Q. Haterius und Mamercus Scaurus erregten bei seinem argwöhnischen Wesen Anstoß, Haterius mit der Frage: „Wie lange, Caesar, willst du es zulassen, daß dem Gemeinwesen sein Haupt fehlt?“ und Scaurus mit der Bemerkung, die Tatsache, daß er gegen den Vertrag der Konsuln[40] nicht auf Grund seiner tribunizischen Gewalt Einspruch erhoben habe, lasse hoffen, die Bitten des Senats werden nicht vergeblich sein. Gegen Haterius fuhr er sofort los; Scaurus, dem er unversöhnlicher grollte, überging er mit Stillschweigen. Der Zurufe von allen Seiten und der aufdringlichen Bitten einzelner Senatoren müde, lenkte er allmählich ein, zwar nicht so weit, daß er erklärte, die Regierung zu übernehmen, doch hörte er auf, abzulehnen und sich bitten zu lassen. Fest steht, daß Haterius, als er, um Abbitte zu leisten, ins Palatium[41] gegangen war und sich dem hin und her gehenden Tiberius zu Füßen warf, beinahe von den Soldaten umgebracht worden wäre. Tiberius war nämlich, zufällig oder durch die Hände des Haterius behindert, zu Boden gefallen. Doch stimmte ihn die Gefahr, in der ein solcher Mann schwebte, nicht milde. Haterius mußte erst die Augusta bitten, deren dringende Fürsprache ihn beschützte.

(14) Auch gegenüber der Augusta ergingen sich die Väter in vielfacher Schmeichelei: einige beantragten, sie „Parens“, andere, „Mater patriae“[42] zu nennen, eine große Zahl bean-

tragte, dem Namen des Caesar solle „Sohn der Iulia“[43] beigeschrieben werden. Tiberius wies nachdrücklich darauf hin, man müsse bei den Ehrungen von Frauen Maß halten; er für seine Person werde bei den ihm zugedachten Ehren ja die gleiche Zurückhaltung üben. Doch war er von ängstlicher Eifersucht erfüllt und betrachtete die Erhöhung einer Frau als eine Herabsetzung seiner Person. Er ließ ihr nicht einmal einen Liktor zuweisen[44] und verhinderte die Weihung eines Altars zur Erinnerung an ihre Adoption, und anderes dergleichen. Jedoch für Germanicus Caesar erbat er das prokonsularische Imperium[45]. Und es wurde eine Gesandtschaft abgeschickt, es ihm zu überbringen und ihm zugleich das Beileid wegen des Todes des Augustus auszusprechen. Daß er nicht die gleiche Forderung für Drusus erhob, daran war nur der Umstand schuld, daß Drusus designierter Konsul[46] und in Rom anwesend war. Für die Prätur benannte er zwölf Kandidaten, was der von Augustus überkommenen Zahl entsprach. Als der Senat ihn aufforderte, diese Zahl zu erhöhen, verpflichtete er sich eidlich, über sie nicht hinauszugehen.

(15) Damals wurden die Wahlversammlungen zum ersten Mal von dem Marsfeld auf den Senat übertragen[47]. Denn bis zu diesem Zeitpunkt entschied zwar der Princeps in den wichtigsten Fragen selbst, jedoch hatten die Tribus die Möglichkeit, manchmal noch ihren Einfluß zur Geltung zu bringen[48]. Doch beschwerte sich das Volk über diese Entrechtung nur in leerem Gerede, und der Senat, der Bestechungen und entwürdigenden Bitten enthoben, war wohl damit zufrieden, daß Tiberius sich darauf beschränkte, nicht mehr als vier Kandidaten zu empfehlen, die ohne Ablehnung und ohne Bewerbung ernannt werden sollten. Damals baten die Volkstribunen um die Genehmigung, auf eigene Kosten Spiele zu veranstalten, die unter dem Namen des Augustus in den Kalender aufgenommen und „Augustales“ genannt werden sollten. Doch die Geldmittel bewilligte man ihnen aus dem Staatsschatz, zugleich mit der Genehmigung, im Zirkus im Gewande des Triumphators aufzutreten. Auf dem Triumphwagen zu fahren gestattete man ihnen nicht[49]. In der Folge wurde die

Leitung der Spiele dem Prätor übertragen, dem die Rechtsprechung zwischen Bürgern und Fremden zugefallen war.

(16) So war die Lage in der Hauptstadt, als bei den in Pannonien[50] stehenden Legionen ein Aufstand ausbrach. Es lagen keine besonderen Beweggründe vor, es sei denn, daß der Regierungswechsel weiten Spielraum zu Unruhen bot und ein sich daran anschließender Bürgerkrieg die Aussicht auf Belohnungen eröffnete. Im gleichen Sommerlager standen drei Legionen unter dem Befehl des Iunius Blaesus, der auf die Kunde von dem Tode des Augustus und dem Regierungsantritt des Tiberius wegen der Staatstrauer — oder auch aus Freude — den üblichen Dienst eingestellt hatte. Dies führte zur Lockerung der militärischen Disziplin und zu Händeln und verschaffte dem Gerede der schlechtesten Elemente Gehör, kurz, man wünschte Wohlleben und Nichtstun und lehnte Zucht und anstrengenden Dienst ab. In dem Lager befand sich ein gewisser Percennius, einst der Anführer einer Theaterclaque, dann gemeiner Soldat, ein Mensch mit frechem Mundwerk, der sich dank seiner Betätigung im Theater darauf verstand, Menschenmassen aufzuwühlen. Dieser hetzte die unerfahrenen Leute, die in Ungewißheit über die Lage der Soldaten nach des Augustus Tode schwebten, allmählich in nächtlichen Gesprächen auf oder scharte bei Einbruch der Dunkelheit, wenn die anständigen Leute sich verzogen hatten, die minderwertigsten um sich.

(17) Zuletzt, als diese zum Losschlagen entschlossen waren und sich andere zur Mitwirkung an dem Aufstand zur Verfügung stellten, richtete er an sie wie vor versammelter Mannschaft die Frage, warum sie denn nur einigen wenigen Centurionen und einer noch geringeren Zahl von Tribunen[51], wie Sklaven, Gehorsam leisteten. Wann sie es denn wagen würden, Abhilfe zu fordern, wenn sie nicht in dem jetzigen Zeitpunkt den neuen und noch unsicheren Princeps mit Bitten oder auch mit Waffen angingen? Genug habe man so viele Jahre lang aus Feigheit Fehler gemacht, mit dem Ergebnis, daß sie dreißig oder vierzig Dienstjahre als Greise und größtenteils wegen der Verwundungen als Krüppel über sich er-

gehen lassen. Auch nach der Entlassung sei der Kriegsdienst noch nicht zu Ende; sie müßten ja weiterhin unter den Fahnen bleiben und die gleichen Strapazen ertragen, nur unter einer anderen Bezeichnung. Und wenn einer so viele Schläge überlebt habe, werde er noch obendrein in entlegene Länder verschleppt, wo er unter der Bezeichnung Ackerland morastige Sümpfe oder unkultiviertes Berggelände erhalte. Der Kriegsdienst an sich sei doch wahrhaftig schon schwer und bringe nichts ein. Auf zehn As[52] täglich veranschlage man Leib und Leben. Davon müsse man Bekleidung, Waffen und Zelte bestreiten, davon sich von der Mißhandlung durch die Centurionen loskaufen und sich Befreiung vom Dienst erkaufen. Aber wahrhaftig, Schläge und Wunden, harten Winter, strapaziöse Sommer, erbitterten Krieg oder ertraglosen Frieden gebe es dauernd. Da helfe nichts anderes, als unter bindenden Abmachungen den Dienst anzutreten: daß jeder einen Denar[53] Sold bekommt, mit dem sechzehnten Jahr die Dienstzeit[54] zu Ende ist, daß sie darüber hinaus nicht unter den Fahnen gehalten werden, sondern ihnen noch in dem gleichen Lager die Belohnung bar ausbezahlt wird. Ob denn die Prätorianerkohorten[55], bei denen jeder Mann zwei Denare Sold erhalten habe und die nach sechzehn Jahren in die Heimat entlassen werden, mehr Gefahren zu bestehen hätten? Er wolle den Wachdienst in der Hauptstadt nicht herabsetzen; doch sie hätten inmitten wilder Völker von ihren Zelten aus den Feind vor Augen.

(18) Die Menge zollte lärmenden Beifall. Jeden brachte etwas anderes in Erregung: die einen wiesen schimpfend auf die von Schlägen rührenden Striemen hin, andere auf ihr graues Haar, die meisten auf ihre abgeschabte Kleidung und ihren bloßen Körper. Zuletzt steigerten sie sich so sehr in ihre Wut hinein, daß sie den Plan erwogen, die drei Legionen in eine einzige zu verschmelzen. Doch brachte sie Eifersucht wieder davon ab, da jeder für seine Legion diese Ehre beanspruchte. Sie griffen zu einem anderen Mittel und stellten die drei Legionsadler und die Feldzeichen der Kohorten[56] zusammen. Zugleich schafften sie Rasenstücke herbei und errich-

teten eine Tribüne, damit der Standort der Fahnen deutlicher sichtbar sei. Während sie so eilig bei der Arbeit waren, kam Blaesus herbei. Er schalt und suchte den einen oder anderen zurückzuhalten, wobei er schrie: „Lieber befleckt mit meinem Blut eure Hände! Leichter wiegt das Verbrechen, wenn ihr einen Legaten ermordet, als wenn ihr von dem Oberfeldherrn abfallt. Entweder werde ich am Leben bleiben und die Legionen bei ihrer Treue erhalten, oder meine Ermordung wird sie beschleunigt zur Reue bringen."

(19) Trotzdem setzten sie das Aufhäufen der Rasenstücke fort, und schon hatte der Hügel Brusthöhe erreicht, als sie endlich den hartnäckigen Vorstellungen nachgaben und von ihrem Beginnen abließen. Blaesus erklärte mit großer Beredsamkeit, nicht durch aufrührerische Unruhen dürfe man die Wünsche der Soldaten vor den Caesar bringen. So unerhörte Forderungen seien weder von den alten Heeren an ihre einstigen Oberfeldherren noch von ihnen selbst an den vergöttlichten Augustus gestellt worden. Und ganz zur Unzeit würden die Regierungsgeschäfte des Princeps gleich zu Beginn belastet. Wenn sie dennoch darauf beharrten, im Frieden Forderungen zu erheben, die nicht einmal die Sieger in den Bürgerkriegen vorgebracht hätten, warum sie dann im Widerspruch zu dem herkömmlichen Gehorsam und zu der heiligen Pflicht, Disziplin zu wahren, an die Anwendung von Gewalt dächten? Sie sollten eine Abordnung bestimmen und dieser in seiner Anwesenheit ihre Aufträge erteilen. Sie zollten ihm lauten Beifall und forderten, der Sohn des Blaesus, der Tribun, solle die Führung dieser Abordnung übernehmen und für die Mannschaften die Entlassung nach einer Dienstzeit von sechzehn Jahren erbitten. Die weiteren Aufträge könnten sie ja erteilen, sobald sie mit den ersten Erfolg gehabt hätten. Nach der Abreise des jungen Mannes herrschte im allgemeinen Ruhe. Aber die Mannschaften ergingen sich in überheblichen Äußerungen: Daß der Sohn des Legaten als Fürsprecher ihres gemeinsamen Anliegens auftrete, erweise deutlich, wie durch Zwang erpreßt worden sei, was sie bei diszipliniertem Verhalten ja doch nicht erreicht hätten.

(20) Inzwischen vernahmen die Manipel, die vor dem Beginn der Meuterei nach Nauportus zum Straßen- und Brükkenbau und zu anderen Zwecken abkommandiert worden waren, von den im Lager ausgebrochenen Unruhen. Sie rissen ihre Fahnen aus dem Boden, plünderten die zunächstliegenden Dörfer und Nauportus[57] selbst, das die Stellung eines Municipiums[58] hatte, fielen über die Centurionen, die die Leute zurückzuhalten suchten, mit Spott und Schmähungen her und verprügelten sie zuletzt. Vornehmlich richtete sich die Erbitterung gegen den Lagerkommandanten Aufidienus Rufus. Sie rissen ihn von seinem Wagen herunter, luden ihm schweres Gepäck auf und ließen ihn an der Spitze der Kolonne marschieren, wobei sie ihn höhnisch fragten, ob es ihm Freude mache, so schwere Lasten zu tragen, so weite Märsche mitzumachen. Denn Rufus, der lange gewöhnlicher Soldat gewesen war, dann Centurio und darauf Lagerkommandant wurde, suchte den alten, harten Dienst wieder einzuführen; alt geworden unter Mühsalen und Strapazen, war er um so unnachgiebiger, weil er ja selbst alles mitgemacht hatte.

(21) Bei ihrem Erscheinen im Lager brach die Empörung von neuem aus. Sie zogen in der Umgebung umher und plünderten. Blaesus ließ einige, die am schwersten mit Beute beladen waren, zur Abschreckung für die übrigen mit Stockschlägen bestrafen und befahl, sie einzusperren. Denn auch jetzt noch leisteten die Centurionen und die besten der Mannschaften dem Legaten Gehorsam. Die Festgenommenen widersetzten sich der Verhaftung, umfaßten die Knie der Umstehenden, wobei sie einzelne beim Namen anriefen oder auch die ganze Centurie, der sie als gewöhnliche Soldaten angehörten, die Kohorte, die Legion, und schrien, das gleiche Schicksal stehe allen bevor. Zugleich überhäuften sie den Legaten mit Schimpfworten, riefen Himmel und Götter als Zeugen an und ließen nichts unversucht, um Haß und Mitleid, Furcht und Zorn zu erregen. Da liefen sie von allen Seiten herbei, stürmten das Gefängnis, befreiten die Gefesselten und nahmen sogar Fahnenflüchtige und zum Tod Verurteilte in ihre Mitte auf.

(22) Nun flammte der Aufruhr noch heftiger auf, und die Zahl der Rädelsführer wuchs. Ein gewisser Vibulenus, ein gewöhnlicher Soldat[59], wurde vor dem Tribunal[60] des Blaesus von den Umstehenden auf die Schultern gehoben und hielt vor den Meuterern, die gespannt darauf warteten, was er tun werde, folgende Ansprache: „Ihr habt diesen unschuldigen und armen Menschen Licht und Leben wiedergegeben. Aber wer gibt meinem Bruder das Leben, wer gibt mir den Bruder wieder? Ihn, der zu euch von dem germanischen Heer um unserer gemeinsamen Anliegen willen geschickt worden war, hat er in der letzten Nacht durch seine Gladiatoren, die er zum Verderben der Soldaten bei sich hat und mit Waffen versieht[61], ermorden lassen. Antworte, Blaesus, wohin hast du den Leichnam geworfen? Auch die Feinde verweigern nicht die Bestattung. Wenn ich mit Küssen, wenn ich mit Tränen meinen Schmerz gestillt habe, gib Befehl, auch mich zu ermorden! Dann sollen uns diese Leute hier begraben, uns, die wir nicht wegen eines Verbrechens, sondern weil wir für das Wohl der Legionen eintraten, hingerichtet wurden!"

(23) Die Wirkung dieser Worte steigerte er noch dadurch, daß er unter Weinen Brust und Gesicht mit den Händen schlug. Dann stieß er die Leute, auf deren Schultern er stand, beiseite, sprang herab, warf sich einem nach dem andern vor die Füße und erregte eine solche Empörung und Erbitterung, daß die einen von den Mannschaften die Gladiatoren, die zum Dienstpersonal des Blaesus gehörten, die anderen seine übrige Dienerschaft fesselten, wieder andere wegrannten, um den Leichnam zu suchen. Und wenn nicht rasch bekanntgeworden wäre, daß überhaupt kein Leichnam aufzufinden sei, daß die Sklaven trotz Anwendung der Folter einen Mord in Abrede stellten und jener Mensch nie einen Bruder gehabt habe, hätte nicht viel gefehlt und der Legat wäre umgebracht worden. Die Tribunen jedoch und den Lagerkommandanten jagten sie davon und plünderten das Gepäck der Fliehenden. Auch wurde der Centurio Lucilius ermordet, dem der Soldatenwitz den Spitznamen „Noch einen" gegeben hatte. Denn hatte er einen Stock auf dem Rücken eines Soldaten entzwei-

geschlagen, pflegte er mit lauter Stimme nach einem zweiten und dritten zu rufen. Die übrigen hielten sich versteckt. Nur Clemens Iulius wurde festgehalten; man hielt ihn wegen seines entschlossenen Wesens für den geeigneten Mann, die Aufträge der Soldaten zu überbringen. Ja, sogar die achte und die fünfzehnte Legion machten Miene, aufeinander mit den Waffen loszugehen, da jene den Tod eines Centurio, namens Sirpicus, forderte, während ihn die Leute der fünfzehnten Legion in Schutz nahmen. Jedoch die Mannschaften der neunten Legion griffen mit Bitten und gegen die Widersetzlichen mit Drohungen ein.

(24) So verschlossen Tiberius sonst war und so sehr er gerade die schlimmsten Vorgänge möglichst verheimlichte, so veranlaßten ihn doch diese Nachrichten, seinen Sohn Drusus mit führenden Persönlichkeiten der Bürgerschaft und zwei Prätorianerkohorten abzusenden, ohne ihm genau bestimmte Aufträge mitzugeben. Er solle handeln, wie es die Lage erfordere. Auch wurden die Kohorten durch auserlesene Mannschaften außerordentlich verstärkt. Man gab ihnen einen großen Teil der prätorianischen Reiterei und die germanischen Kerntruppen bei, die damals die Leibwache des Imperators bildeten. Hinzu kam noch der Befehlshaber des Prätoriums, Aelius Seianus, der seinem Vater Strabo als Amtsgenosse beigegeben worden war, bei Tiberius in großem Ansehen stand und den jungen Drusus lenken sowie dem übrigen Gefolge zeigen sollte, wie man sich in Gefahren zu verhalten habe und wie man zu Belohnungen komme. Als Drusus sich dem Lager näherte, zogen ihm die Legionen gleichsam zur Ehrenbezeigung entgegen, aber nicht wie sonst in froher Stimmung und auch nicht im glänzenden Schmuck ihrer militärischen Abzeichen, sondern in entstellendem Schmutz und mit einer Miene, die zwar Trauer zum Ausdruck bringen sollte, aber eher Trotz widerspiegelte.

(25) Als er sich innerhalb der Verschanzungen befand, sicherten sie die Tore mit Posten und befahlen, bewaffnete Haufen sollten sich an bestimmten Punkten des Lagers bereithalten. Die übrigen umringten in einem riesigen Auf-

marsch das Tribunal. Drusus stand da, mit der Hand Ruhe gebietend. Sooft die Leute ihre Blicke auf die Menschenmasse richteten, lärmten sie mit wilden Zurufen, wenn sie dann wieder auf den Caesar sahen, wurden sie zaghaft. Zuerst hörte man unbestimmtes Murren, dann ein wildes Geschrei, worauf plötzlich wieder Stille eintrat. In wechselnder Stimmung zeigten sie bald Angst, bald suchten sie ihrerseits einzuschüchtern. Endlich brachte der Caesar die Lärmenden zum Schweigen und benützte die Pause, die Botschaft seines Vaters vorzulesen, in der es hieß, seine vornehmliche Fürsorge gelte seinen tapferen Legionen, mit denen er so viele Kriege durchgestanden habe. Sobald er sich von dem Leid erholt habe, werde er ihre Forderungen zur Verhandlung vor die Väter bringen. Einstweilen habe er seinen Sohn geschickt, der unverzüglich das bewilligen solle, was man sofort zubilligen könne. Das übrige müsse man dem Senat vorbehalten, der billigerweise nicht von der Möglichkeit ausgeschlossen werden dürfe, Güte oder auch Strenge walten zu lassen.

(26) Von der Soldatenversammlung wurde geantwortet, der Centurio Clemens habe Aufträge erhalten, die er überbringen solle. Dieser begann zu sprechen und forderte Entlassung nach sechzehn Dienstjahren, Belohnungen nach Beendigung der Dienstzeit, täglichen Sold in Höhe eines Denars, ferner, daß die Veteranen nicht weiter unter den Fahnen gehalten werden. Als Drusus angesichts dieser Forderungen sich auf die Zuständigkeit des Senats und seines Vaters berief, wurde er niedergeschrien. Warum er denn gekommen sei, wenn er keine Vollmacht habe, den Sold der Mannschaften zu erhöhen und ihren mühevollen Dienst zu erleichtern, kurz, überhaupt etwas Gutes zu tun. Dagegen stehe es wahrhaftig jedem frei, geprügelt und hingerichtet zu werden. Früher sei es Tiberius gewesen, der gewöhnlich unter Berufung auf Augustus die Wünsche der Legionen vereitelt habe. Die gleichen Kunstgriffe habe Drusus wieder eingeführt. Werden denn zu ihnen immer nur die unselbständigen Söhne[62] kommen? Es sei etwas gänzlich Neues, daß der Imperator nur das an den Senat verweise, was dem Wohl der Soldaten

diene. Daher müsse auch der Senat befragt werden, sooft man Hinrichtungen oder eine Schlacht ankündige. Ob Belohnungen den Gebietern vorbehalten, Strafen der Willkür überlassen würden?

(27) Zuletzt liefen sie von dem Tribunal weg und drohten, wo sie einem von den Prätorianern oder Freunden des Caesars begegneten, mit den Fäusten, was zu Händeln führte und den Beginn bewaffneter Auseinandersetzungen bildete. Ihre Erbitterung richtete sich in erster Linie gegen Cn. Lentulus; denn sie glaubten, er, der anderen an Lebensalter und Kriegsruhm voranging, bestärke Drusus in seiner Haltung und trete solchen militärischen Dienstvergehen mehr als alle anderen entgegen. Als er bald darauf mit dem Caesar sich entfernte und, da er die Gefahr voraussah, in das Winterlager zurückkehren wollte, umringten sie ihn und fragten, wohin er gehen wolle. Zu dem Imperator oder zu den Vätern? Um auch dort sich den Wünschen der Legionen entgegenzustellen? Zugleich drangen sie auf ihn ein und warfen mit Steinen. Schon blutete er, von einem Stein getroffen, und hatte den Tod vor Augen, als die vielen Leute, die mit Drusus gekommen waren, herbeieilten und ihn in Sicherheit brachten.

(28) Eine gefahrdrohende Nacht stand bevor, und es war damit zu rechnen, daß sie zu verbrecherischen Ausschreitungen ausgenützt werde. Da brachte ein Zufall Beruhigung. Man sah den Mond plötzlich am sternklaren Himmel sich verdunkeln[63]. Die Mannschaften, die sich den Vorgang nicht erklären konnten, bezogen ihn auf ihre augenblickliche Lage, und da sie die Verfinsterung des Gestirns mit ihren Mühsalen in Zusammenhang brachten, glaubten sie, der von ihnen beschrittene Weg werde zum Erfolg führen, wenn Glanz und Klarheit der Göttin wiedergegeben werde. Deshalb schlugen sie mit Getöse ihre Waffen aneinander und bliesen zusammen die Trompeten und die Hörner[64]. Je nachdem der Mond heller oder dunkler war, gaben sie ihrer Freude oder ihrer Betrübnis Ausdruck, und als aufziehende Wolken die Sicht nahmen und sie glaubten, der Mond sei ganz in Finsternis

gehüllt, da jammerten sie, wie nun einmal erschütterte Gemüter leicht zum Aberglauben neigten, ewige Mühsal werde ihnen prophezeit und von ihren Untaten wenden sich die Götter ab. Der Caesar glaubte, er müsse diesen Stimmungswechsel ausnützen und dem, was der Zufall schenke, klug Rechnung tragen. Und so befahl er, in den Zelten herumzugehen. Man rief den Centurio Clemens herbei und wer sonst noch wegen seiner guten Eigenschaften bei den Mannschaften beliebt war. Diese machten sich an die Posten, Feld- und Torwachen heran. Sie erweckten Hoffnung und verstärkten die Furcht. „Wie lange werden wir noch den Sohn des Imperators umlagern? Wann sollen die Streitigkeiten endlich aufhören? Sollen wir einem Percennius und Vibulenus den Fahneneid leisten? Werden Percennius und Vibulenus den Mannschaften den Sold zahlen, Ländereien den Ausgedienten anweisen? Sollen sie an Stelle eines Nero und Drusus die Regierung über das römische Volk übernehmen? Wäre es nicht geratener, wie wir als letzte uns vergangen haben, so die ersten zu sein, wenn es zu bereuen gilt? Nur langsam findet Erfüllung, was man als gemeinsame Forderung aufstellt. Ein einzelner kann ohne weiteres sich in Gunst setzen, ohne weiteres deren Früchte ernten.“ Diese Vorstellungen machten Eindruck, und da man gegeneinander mißtrauisch war, trennten sich die jungen Mannschaften von den Veteranen, eine Legion von der anderen. Dann kehrte allmählich wieder die Liebe zum Gehorsam zurück. Sie gaben die Tore frei und brachten die Fahnen, die sie bei Beginn des Aufstandes zusammengestellt hatten, wieder an ihren alten Platz zurück.

(29) Bei Tagesanbruch berief Drusus eine Soldatenversammlung. Wenn er auch kein geübter Redner war, sprach er doch mit natürlicher Vornehmheit seinen Tadel über ihr bisheriges Verhalten und seine Billigung ihres jetzigen Betragens aus. Er erklärte, Einschüchterung und Drohungen werde er nicht nachgeben. Wenn er sehe, daß sie den Weg zur Disziplin zurückgefunden hätten, wenn er sie demütig bitten höre, werde er seinem Vater schreiben, er möge in versöhn-

lichem Geiste die Bitten der Legionen aufnehmen. Auf ihre Bitten wurde Blaesus noch einmal zusammen mit L. Aponius, einem römischen Ritter aus dem Gefolge des Drusus, und Iustus Catonius, einem Centurio der ersten Rangklasse, zu Tiberius abgesandt. Darauf kam es zu Meinungsverschiedenheiten; die einen meinten, man solle die Rückkehr der Abordnung abwarten und inzwischen die Mannschaften durch freundliches Entgegenkommen beruhigen, die anderen waren für ein Vorgehen mit wirksameren Mitteln. Bei den Mannschaften seien keine halben Maßnahmen am Platz. Sie schrekken andere, wenn sie selbst nicht Angst haben. Sobald sie in Furcht geraten, könne man sie unbesorgt verachten. Solange sie noch im Bann ihres Aberglaubens stehen, müsse der Befehlshaber sie dadurch in noch größere Angst versetzen, daß er die Rädelsführer beseitige. Drusus war seiner Veranlagung entsprechend für ein härteres Vorgehen. Er befahl, Vibulenus und Percennius herbeizuholen und hinzurichten. Nach der überwiegenden Überlieferung sind die beiden im Zelte des Befehlshabers verscharrt, nach anderen die Leichen allen zur Schau über den Wall geworfen worden.

(30) Dann wurden die Hauptschuldigen an der Meuterei zusammengesucht. Ein Teil, der sich außerhalb des Lagers herumtrieb, wurde von den Centurionen oder den Soldaten der Prätorianerkohorten erschlagen, ein anderer von den Manipeln selbst als Beweis ihrer Treue ausgeliefert. Die Besorgnis der Soldaten hatte der frühzeitige Einbruch des Winters noch vermehrt. Es regnete ununterbrochen, und zwar so heftig, daß sie die Zelte nicht verlassen, nicht miteinander zusammenkommen und kaum ihre Fahnen, die der Sturmwind und die Wassermassen fortzureißen drohten, schützen konnten. Auch hielt die Angst vor dem Zorn der Götter an: es sei nicht von ungefähr, daß die Gestirne sich vor den Frevlern verdunkeln und Unwetter losbrechen. Es gebe kein anderes Mittel gegen die Unbilden, als das entweihte Unglückslager zu verlassen und entsühnt in die einzelnen Winterlager zurückgeführt zu werden. Zuerst kehrte die achte, dann die fünfzehnte Legion zurück. Die Leute der neunten hatten ge-

schrien, man solle das Schreiben des Tiberius abwarten. Dann aber kamen sie, durch den Abzug der anderen allein gelassen, dem Zwang, mit dem sie zu rechnen hatten, aus eigenem Entschluß zuvor. Auch Drusus wartete die Rückkehr der Abordnung nicht ab, sondern kehrte, da sich nunmehr die Lage im allgemeinen beruhigt hatte, in die Hauptstadt zurück.

(31) Etwa in den gleichen Tagen brachen aus den gleichen Ursachen bei den germanischen Legionen Unruhen aus, die infolge deren größerer Zahl um so gewaltsamer waren. Auch hofften sie zuversichtlich, Germanicus Caesar werde die Regierung eines anderen sich nicht gefallen lassen können und sich den Legionen anvertrauen, die mit ihrem Schwung alles mit sich reißen würden. Zwei Heere standen an dem Rheinufer. Das sogenannte obere Heer befehligte der Legat C. Silius, das untere stand unter dem Kommando von A. Caecina[65]. Die oberste Führung lag in den Händen des Germanicus, der damals mit der Durchführung der Schätzung von Gallien beschäftigt war[66]. Während aber die unter dem Befehl des Silius stehenden Truppen unentschlossen waren und den Verlauf der Meuterei bei den anderen abwarten wollten, verfielen die Soldaten des unteren Heeres in den Zustand blinder Raserei. Diese nahm ihren Anfang bei der einundzwanzigsten und fünften Legion, und auch die erste und zwanzigste Legion wurde mit hineingerissen; denn sie lagen in dem gleichen Sommerlager im Gebiet der Ubier[67] in Ruhe oder hatten nur leichten Dienst. Und so redete auf die Kunde von dem Ende des Augustus die Menge des großstädtischen Pöbels, die kürzlich in Rom ausgehoben worden war, gewohnt, sich nicht im Zaum zu halten, und nicht imstande, Strapazen zu ertragen, auf ihre leichtgläubigen Kameraden ein: die Zeit sei gekommen, da die Veteranen rechtzeitige Entlassung, die jüngeren Mannschaften reichlichen Sold, alle zusammen Erleichterung in ihrem Elend fordern und sich an den Centurionen für ihre Grausamkeit rächen sollten. So sprach nicht ein einzelner, wie Percennius bei den pannonischen Legionen, und man sprach auch nicht vor Soldaten, die ängstlich auf andere stärkere Heere blickten, son-

dern vielstimmig erscholl der Ruf zum Aufruhr: in ihre Hand sei das Schicksal Roms gelegt, ihre Siege stärken das Gemeinwesen, sie seien es, nach denen die Oberfeldherren ihren Beinamen erhalten[68].

(32) Der Legat stellte sich dem nicht entgegen. Das wahnsinnige Gebaren — die Mehrheit beteiligte sich daran — hatte ihn seiner Fassung beraubt. In einer plötzlichen Raserei stürzten sie sich mit gezückten Schwertern auf die Centurionen. Ihnen galten ja seit Urzeiten die Haßgefühle der Mannschaften, und sie waren auch das erste Ziel ihres Wutausbruches. Die Rasenden warfen die Centurionen auf den Boden und verprügelten sie, je sechzig einen einzigen, um die Anzahl der Centurionen mit der ihrigen in Einklang zu bringen[69]. Dann schleiften sie die Centurionen umher und warfen sie, zerfleischt und zum Teil leblos, vor den Wall oder in den Rhein. Septimius hatte sich zu dem Tribunal geflüchtet, und obgleich er sich Caecina zu Füßen warf, forderten sie so lange seine Auslieferung, bis er seinen Mördern überantwortet wurde. Cassius Chaerea, der später durch die Ermordung des C. Caesar[70] Ruhm bei der Nachwelt erlangte — damals ein jugendlicher Draufgänger —, bahnte sich mit dem Schwerte durch den bewaffneten Haufen einen Weg. Kein Tribun, kein Lagerpräfekt setzte sich in der Folge mit seinem Befehlsrecht durch. Man stellte Posten und Wachen auf und teilte allen übrigen Dienst auf, soweit er im Augenblick erforderlich war. Wer in den Geist der Soldaten tieferen Einblick hatte, dem mußte dies als besonderes Kennzeichen einer schweren, nicht zu beschwichtigenden Gärung erscheinen, daß die Empörung nicht vereinzelt und auch nicht von einer kleinen Zahl geschürt, sondern gleichmäßig aufflammte und daß dann wieder alle gleichmäßig schwiegen, und zwar so einheitlich und unbeirrbar, als stünden sie unter *einem* Kommando.

(33) Während Germanicus, wie gesagt, in Gallien die Schätzung vornahm, erhielt er die Nachricht von dem Tode des Augustus. Er war mit des Augustus Enkelin Agrippina verheiratet und hatte von ihr mehrere Kinder. Er selbst war

ein Sohn des Drusus, des Bruders des Tiberius, und der Enkel der Augusta; aber er lebte in bedrückter Stimmung wegen des geheimen Hasses, den sein Oheim und seine Großmutter gegen ihn hegten und den seine Hintergründe noch verschärften, weil sie ungerecht waren. Denn Drusus stand bei dem römischen Volk in gutem Andenken, und man glaubte, er hätte, wenn er an die Regierung gekommen wäre, wieder die Freiheit hergestellt. Diese Beliebtheit übertrug sich auf Germanicus, von dem man das gleiche erwartete. Denn der junge Mann besaß ein umgängliches Wesen, eine ungewöhnliche Leutseligkeit, die sich weit von der Redeweise und der Miene des Tiberius, die beide anmaßend und undurchsichtig waren, abhob. Dazu kamen noch Unstimmigkeiten unter den Frauen. Livia war von stiefmütterlicher Eifersucht gegen Agrippina[71] beherrscht, und Agrippina selbst hatte ein etwas zu leidenschaftliches Temperament. Doch wußte sie in ihrer reinen Liebe zu ihrem Mann ihren unbändigen Sinn in gute Bahnen zu lenken.

(34) Aber je mehr für Germanicus die Aussicht, an die Herrschaft zu kommen, nahe rückte, um so nachdrücklicher setzte er sich für Tiberius ein. Er leistete für seine Person den Eid auf Tiberius und ließ ihn auch sein unmittelbares Gefolge sowie die Gemeinden der Belgier schwören. Als er dann von dem Aufruhr der Legionen hörte, brach er eilends auf. Sie kamen ihm außerhalb des Lagers entgegen und standen vor ihm, die Augen wie in Reue zu Boden geschlagen. Als er in die Festungsanlagen eingezogen war, hörte man anfangs nur ein verworrenes Klagen. Einige ergriffen seine Hand, als wenn sie diese küssen wollten, und steckten seine Finger in ihren Mund, damit er ihre Zahnlücken fühle. Andere wiesen auf ihre vom Alter gekrümmten Glieder hin. Weil er sah, daß in der Menge, die sich vor ihm versammelt hatte, alles durcheinander stand, befahl er in Manipeln anzutreten. So, wie sie stünden, könnten sie besser hören, lautete die Antwort. Dann sollten sie die Feldzeichen nach vorn bringen, damit er so wenigstens die Kohorten unterscheiden könne. Nur zögernd gehorchten sie. Darauf sprach

er zuerst von der Verehrung des Augustus und ging dann zu den Siegen und Triumphen des Tiberius über, wobei er mit besonderem Lob die herrlichen Taten hervorhob, die er in Germanien mit den dortigen Legionen vollbracht habe. Dann hob er die Einmütigkeit Italiens, die Treue Galliens hervor. Nirgends finde man Unruhe oder Zwietracht. Schweigend oder auch mit unterdrücktem Murren hörten sie es an.

(35) Sobald er aber die Meuterei berührte und fragte, wohin der militärische Gehorsam, wohin die alte rühmliche Disziplin gekommen seien, wohin sie denn die Tribunen, wohin die Centurionen verjagt hätten, entblößten sie insgesamt ihre Körper und wiesen unter Vorwürfen auf ihre von Verwundungen herrührenden Narben und auf die Striemen von den Schlägen hin. Dann schrien sie alle durcheinander und beschwerten sich über die hohen Kosten der Dienstbefreiungen, den schmalen Sold, den harten Arbeitsdienst, wobei sie besonders auf das Schanzen am Wall und auf das Graben sowie auf das Herbeischleppen von Futter und Holz, und was sonst dringend benötigt wird, hinwiesen oder auf die Maßnahmen, die gegen die Muße im Lager ergriffen werden. Das wildeste Geschrei erhoben die Veteranen, die dreißig oder mehr Dienstjahre zählten und baten, er solle den Erschöpften helfen, damit die gleichen Mühsale nicht bis zu ihrem Tode auf ihnen lasten, sondern der so anstrengende Kriegsdienst zu Ende gehe und ihnen ein auskömmlicher Ruhestand zuteil werde. Einige forderten auch die Ausbezahlung des von dem vergöttlichten Augustus vermachten Geldes unter Glück- und Segenswünschen für Germanicus[72], dem sie, falls er die Regierung übernehmen wolle, tatkräftige Unterstützung in Aussicht stellten. Da freilich sprang er, als ob man ihm ein schandbares Verbrechen zumute, in einem Satz von dem Tribunal herunter. Sie hielten ihm, als er weggehen wollte, ihre Waffen entgegen und bedrohten ihn, wenn er nicht umkehre. Doch er riß mit dem Rufe: „Lieber sterben als seine Treue preisgeben!“ sein Schwert von der Seite, hob es in die Höhe und hätte es sich in die Brust gestoßen, wenn nicht die ihm zunächst Stehenden seine Hand gefaßt und mit

Gewalt festgehalten hätten. Ganz hinten in dichtem Haufen stehende Teilnehmer der Versammlung und — es klingt kaum glaubhaft — auch einige vereinzelte Leute, die näher herzutraten, forderten ihn auf, er solle nur zustoßen. Ein Soldat namens Calusidius hielt ihm sein blankes Schwert hin mit der Bemerkung, dieses sei schärfer. Das erschien auch den Rasenden grausam und niederträchtig. Und so entstand eine Pause, in der der Caesar von seinen Freunden eilends in das Zelt entführt wurde.

(36) Dort beriet man über die Gegenmaßnahmen. Denn es kam die Nachricht, es werde eine Abordnung aufgestellt, die das obere Heer veranlassen solle, mit ihnen gemeinsame Sache zu machen. Die Stadt der Ubier sei zur Verwüstung ausersehen, und wenn man einmal mit dem Beutemachen begonnen hätte, würde man in Gallien einbrechen, um auch dieses auszuplündern. Der Umstand, daß der Feind von der Meuterei bei den Römern erfahren habe und im Falle der Preisgabe des Rheinufers[73] voraussichtlich einen Einfall mache, erhöhte noch die Furcht. Aber wenn die Hilfstruppen und die Bundesgenossen[74] gegen die abziehenden Legionen eingesetzt würden, bedeute dies den Ausbruch des Bürgerkrieges. Gefährlich ist Strenge, Zugeständnisse sind eine Schande. Ob man den Mannschaften alles oder nichts bewilligt, in beiden Fällen befindet sich das Gemeinwesen in einer mißlichen Lage. Nachdem man nun die verschiedenen Meinungen gegeneinander abgewogen hatte, beschloß man, im Namen des Princeps ein Schreiben mit folgenden Forderungen abzufassen: entlassen wird, wer zwanzig Dienstjahre hinter sich hat, in die Reserve wird übergeführt, wer sechzehn Jahre gedient hat. Dieser bleibt unter den Fahnen, jedoch befreit von allem anderen Dienst außer dem Kampf gegen die Feinde; die erbetenen Vermächtnisse werden in doppelter Höhe ausbezahlt.

(37) Die Soldaten merkten, daß es sich nur um Zugeständnisse handelte, die man für die augenblickliche Lage erfunden hatte, und verlangten ihre sofortige Erfüllung. Die Entlassung wurde von den Tribunen beschleunigt durchgeführt, die Ausbezahlung der Vermächtnisse für alle auf das Winter-

quartier aufgeschoben. Die fünfte und die einundzwanzigste Legion rückten nicht eher ab, bis man noch hier in dem Sommerlager das Geld ausbezahlte, das die Freunde des Caesars und dieser selbst aus ihrer Reisekasse zusammenlegten. Die erste und die zwanzigste Legion führte der Legat Caecina in die Stadt der Ubier zurück. Es war ein häßliches Bild, das die Kolonne bot, da die dem Imperator abgenommenen Geldkassen zwischen den Fahnen und zwischen den Adlern mitgeführt wurden[75]. Germanicus reiste zu dem oberen Heer ab und vereidigte[76] dort die zweite, dreizehnte und sechzehnte Legion, ohne daß diese irgendwie gezögert hätten. Die vierzehnte hatte eine Zeitlang eine schwankende Haltung eingenommen. Das Geld und die Entlassung wurden ihnen angeboten, ohne daß sie dies gefordert hätten.

(38) Aber im Lande der Chauker[77] begann die dort als Besatzung eingesetzte Vexillariertruppe[78] der aufrührerischen Legionen zu meutern; doch wurde die Meuterei durch die augenblickliche Hinrichtung von zwei Soldaten[79] vorläufig unterdrückt. Den Befehl dazu hatte der Lagerkommandant M. Ennius gegeben, um ein Exempel zu statuieren; aber es fehlte ihm die rechtliche Grundlage. Als dann der Aufruhr anschwoll, floh er. Er wurde aber aufgefunden, und als er keine Möglichkeit mehr sah, sich zu verstecken und in Sicherheit zu bringen, nahm er seine Zuflucht zu kühnem Auftreten: nicht gegen den Lagerkommandanten, sondern gegen den Feldherrn Germanicus, ja gegen den Imperator Tiberius richte sich ihre Gewalttätigkeit. Und in dem Augenblick, da er die Leute, die ihm in den Weg getreten waren, verblüfft dastehen sah, riß er die Fahne an sich, machte sich in Richtung auf das Rheinufer auf, und mit dem Ruf: „Wer aus Reih und Glied tritt, wird als Fahnenflüchtiger behandelt" führte er die Aufrührer, ohne daß sie etwas dagegen wagten, in die Winterquartiere zurück.

(39) Inzwischen traf eine Abordnung vom Senat bei Germanicus ein, der bereits nach „Ara Ubiorum" zurückgekehrt war. Dort[80] überwinterten zwei Legionen, die erste und die zwanzigste, und die erst kürzlich in die Reserve entlassenen

Veteranen. Die Leute, die aus Angst und Schuldbewußtsein ganz den Kopf verloren hatten, beschlich die Furcht, die Abordnung sei auf Befehl der Väter gekommen, um die Zusagen hinfällig zu machen, die sie durch Meuterei erpreßt hatten. Und wie es die Art des gemeinen Mannes ist, auch bei falschen Behauptungen einen Schuldigen vorzuschieben, beschuldigten sie den ehemaligen Konsul Munatius Plancus, den Führer der Abordnung, er habe den Senatsbeschluß veranlaßt. In tiefer Nacht begannen sie, die Herausgabe der Fahne[81], die in dem Hause des Germanicus verwahrt war, zu fordern. Es kam zu einer Zusammenrottung an der Türe, und sie sprengten die Türe auf. Dann rissen sie den Caesar aus seinem Bett und zwangen ihn unter Bedrohung mit dem Tode, die Fahne herauszugeben. Wie sie dann in den Lagerstraßen umherzogen, begegnete ihnen die Abordnung, die von dem Krawall gehört hatte und zu Germanicus eilte. Sie überhäuften die Abordnung mit Schmähungen und machten Miene, sie umzubringen, vor allem Plancus, den sein Gefühl für Würde an der Flucht gehindert hatte. Und in seiner gefährlichen Lage fand er lediglich in dem Lager der ersten Legion Zuflucht. Dort umklammerte er die Feldzeichen und den Adler und suchte sich durch deren Heiligkeit zu schützen. Und hätte nicht der Adlerträger Calpurnius die schlimmste Gewalttätigkeit verhindert, so hätte der Legat des römischen Volkes – eine Seltenheit sogar unter Feinden – in dem römischen Lager mit seinem Blut die Altäre der Götter befleckt. Erst mit Tagesanbruch, als man Vorgesetzte und Mannschaften unterscheiden und sich über das Geschehene klarwerden konnte, ging Germanicus in das Lager, befahl, Plancus zu ihm zu bringen, und nahm ihn auf das Tribunal mit. Dann schalt er das unselige Toben, dessen erneuter Ausbruch nicht dem Zorn der Soldaten, sondern dem der Götter zuzuschreiben sei, und gab bekannt, warum die Abordnung gekommen sei[82]. Er bedauerte in beredten Worten die Verletzung des Gesandtenrechtes und das schwere und unverdiente Geschick des Plancus selbst, zugleich die große Schande, die sich die Legion aufgeladen habe. Als die Versammlung eher verblüfft als beruhigt dastand, entließ er die Abordnung unter der Bedeckung von Reiterei aus den Hilfsvölkern.

(40) Darüber in Besorgnis, machten alle dem Germanicus Vorwürfe, daß er sich nicht zu dem oberen Heere begebe, wo er Gehorsam und Unterstützung gegen die Meuterer finde. Genug und übergenug habe man mit der Bewilligung der Entlassung und des Geldes und mit nachgiebigen Beschlüssen gefehlt. Wenn ihm selbst schon sein Leben nichts wert sei, warum er seinen kleinen Sohn[83], seine schwangere Gemahlin unter den Rasenden lasse, die jegliches menschliches Recht mit Füßen treten? Sie wenigstens solle er dem Großvater und dem Gemeinwesen wiedergeben. Lange zögerte er, bis er seine sich widersetzende Gattin, die sich auf ihre Abstammung von dem vergöttlichten Augustus berief und versicherte, sie würde sich ihrer in gefährlicher Lage nicht unwürdig erweisen, veranlaßte abzureisen, nachdem er zuletzt ihren Leib und ihren gemeinsamen Sohn unter vielen Tränen umschlungen hatte. So machte sich der jammervolle Zug von Frauen auf den Weg, die flüchtende Gattin des Heerführers, ihren kleinen Sohn auf den Armen tragend, umgeben von den klagenden Frauen der Freunde, die mitreisen mußten, wobei die Zurückbleibenden nicht weniger traurig waren.

(41) Nicht bot sich das Bild des in seinem Glück und in seinem eigenen Lager befindlichen Caesars, sondern es war, wie wenn man in einer besiegten Stadt wäre. Das Klagen und Jammern drang auch zu den Ohren der Soldaten. Sie kamen aus ihren Zelten heraus: „Was sollen diese Klagelaute? Was gibt es so Trauriges? Erlauchte Frauen, kein Centurio zu ihrem Schutz, kein Soldat, nichts, was der Gemahlin des Oberbefehlshabers zukommt, nichts von dem üblichen Geleit! Sie ziehen zu den Treverern[84], um sich in fremden Schutz zu begeben.“ Da erwachte Scham und Mitleid bei ihnen und die Erinnerung an den Vater Agrippa und an den Großvater Augustus. Sie dachten daran, daß Drusus ihr Schwiegervater, sie selbst Mutter einer ansehnlichen Kinderzahl und eine ganz besonders sittsame Frau sei; ferner, daß ihr kleiner Sohn im Feldlager geboren, in der Zeltkameradschaft der

Legionen groß geworden sei, den man in der Soldatensprache Caligula nannte, weil man ihm gewöhnlich, um die Sympathie der Mannschaften zu gewinnen, Soldatenschuhe anzog. Aber nichts trug gleichermaßen zu dem Stimmungsumschlag bei wie die Eifersucht auf die Treverer. Inständig baten sie Agrippina, sie solle umkehren und dableiben, während sie zum Teil sich ihr in den Weg stellten und zum größten Teil sich wieder zu Germanicus wandten. Dieser begann, schmerzbewegt und erbittert über das eben Erlebte, zu den Soldaten, die in Haufen um ihn herumstanden, folgendermaßen zu sprechen:

(42) „Nicht Gattin oder Sohn sind mir teurer als mein Vater und das Gemeinwesen. Aber meinen Vater[85] wird seine Hoheit, das römische Reich werden die übrigen Heere schützen. Meine Gemahlin und meine Kinder, die ich, wenn es um euren Ruhm ginge, freudig opfern würde, entferne ich jetzt weit von euch Rasenden, damit das Verbrechen, welches auch immer hier zu erwarten ist, nur mit meinem Blute gesühnt wird und euch nicht die Ermordung des Urenkels des Augustus, der Tod von Tiberius' Schwiegertochter in noch größere Schuld verstrickt. Wozu habt ihr euch in diesen Tagen nicht vermessen und was habt ihr unentweiht gelassen? Welche Bezeichnung soll ich dieser Menschenansammlung geben? Soll ich euch Soldaten nennen, die ihr gegen den Sohn eures Imperators die Waffen erhoben und im Lager ihn eingeschlossen habt? Oder Bürger, die ihr das Ansehen des Senats so in den Staub gezogen habt? Sogar das bei den Feinden gültige Recht und die heilige Unverletzlichkeit einer Gesandtschaft sowie das Völkerrecht habt ihr gebrochen. Der vergöttlichte Iulius hat die aufflammende Meuterei seines Heeres mit einem einzigen Wort erstickt: er redete es mit Quiriten an, als es ihm den geleisteten Fahneneid brechen wollte[86]. Der vergöttlichte Augustus hat durch seinen Gesichtsausdruck und den Blick, den er auf die Legionen von Actium richtete, diese in Schrekken versetzt[87]. Wenn mich, der ich zwar noch nicht ihresgleichen, aber ihr unmittelbarer Nachkomme bin, die Soldaten vom spanischen oder syrischen Heere ablehnen würden, so

wäre dies schon verwunderlich und empörend. Ihr von der ersten und ihr von der zwanzigsten Legion, ihr, die ihr von Tiberius die Fahnen empfangen habt, und ihr von der zwanzigsten, die ihr die Gefährten in so vielen Schlachten waret, die ihr so vielfach belohnt wurdet, ihr erweist eurem Heerführer herrlichen Dank. Soll ich diese Botschaft meinem Vater, der sonst immer nur frohe Kunde aus anderen Provinzen hört, bringen? Seine Rekruten, seine alten Soldaten seien nicht durch die Entlassung, nicht durch die Geldspende befriedigt? Nur hier ermorde man Centurionen, verjage man Tribunen, sperre man Legaten ein; blutbefleckt seien die Lager, blutgetränkt seien die Flüsse, während ich selbst gnadenweise mein Leben unter erbitterten Feinden friste.

(43) Warum habt ihr mir denn bei der Versammlung am ersten Tage das Schwert, das ich mir in die Brust stoßen wollte, entrissen, ihr kurzsichtigen Freunde? Besser und liebevoller meinte es der, der mir sein Schwert anbot. Ich hätte jedenfalls den Tod gefunden, noch ehe ich mitschuldig an so vielen Schandtaten meines Heeres geworden wäre. Ihr hättet euch einen Führer gewählt, der zwar meinen Tod ungestraft gelassen, aber doch wenigstens für den des Varus und seiner drei Legionen Rache genommen hätte. Denn das mögen die Götter verhüten, daß den Belgiern, auch wenn sie sich dazu anbieten, die Ehre und der Ruhm zuteil werde, den Römern zu Hilfe gekommen zu sein und die Völker Germaniens niedergeworfen zu haben. Dein in den Himmel aufgenommener Geist, vergöttlichter Augustus, dein Bild, Vater Drusus, dein Andenken möge zusammen mit den Soldaten, deren Gefühl für Ehre und Ruhm bereits wieder erwacht, diesen Schandfleck auslöschen und den Bruderzwist in das Verderben der Feinde umwandeln. Auch ihr, deren Gesichter, deren Herzen ich jetzt verwandelt sehe, wenn ihr die Abordnung dem Senat, den Gehorsam dem Imperator, wenn ihr mir Gattin und Sohn wiedergebt, entfernt euch von dem Ansteckungsherd und trennt euch von den Meuterern. Dies wird die feste Grundlage für eure Reue sein, dies die Bürgschaft für eure Treue."

(44) Sie bekannten demütig, seine Vorwürfe seien berechtigt, und baten, er solle die Schuldigen bestrafen, den Gestrauchelten verzeihen und sie gegen den Feind führen. Seine Gemahlin möge er zurückrufen, der Pflegling des Heeres solle zurückkehren und nicht den Galliern als Geisel überantwortet werden. Die Rückkehr Agrippinas lehnte er mit dem Hinweis auf ihre bevorstehende Niederkunft und den nahen Winter ab. Sein Sohn werde kommen. Alles Weitere sei ihre eigene Angelegenheit. Wie verwandelt liefen sie auseinander, schleppten die schlimmsten Meuterer gefesselt zu C. Caetronius, dem Legaten der ersten Legion, der über jeden der Reihe nach das Urteil sprach und auf folgende Weise die Strafe vollzog: die Legionen standen, wie zu einer Versammlung angetreten, mit blanken Schwertern da. Auf einer Erhöhung stand der Beschuldigte, wo ihn ein Tribun vorzeigte. Riefen sie „schuldig", wurde er hinuntergestürzt und umgebracht. Die Mannschaften beteiligten sich freudig an dem Morden, als sprächen sie damit sich selbst frei, und der Caesar gebot keinen Einhalt, da er ja selbst keinen Befehl dazu gegeben hatte und auf sie ebenso die Grausamkeit ihres Vorgehens wie die Erbitterung darüber zurückfiel. Ihrem Beispiel schlossen sich die Veteranen an, die bald darauf nach Rätien[88] geschickt wurden, angeblich um die Provinz gegen die Bedrohung durch die Sueben[89] zu schützen, in Wirklichkeit, um sie aus einem Lager zu entfernen, in dem immer noch wilde Erregung herrschte, nicht weniger wegen der Härte, mit der sie behandelt worden waren, als wegen des Gedenkens an ihr Verbrechen. Darauf nahm er die Musterung der Centurionen vor[90]. Von dem Oberfeldherrn aufgerufen, gab jeder Namen, Rang, Heimatort, Zahl der Dienstjahre, tüchtige Leistungen in der Schlacht und, falls vorhanden, militärische Auszeichnungen an. Wenn die Tribunen, wenn die Legion Diensteifer und Unbescholtenheit anerkannten, behielt er seinen Rang, wenn sie ihm Habsucht oder Grausamkeit einmütig vorwarfen, wurde er aus dem Dienst entlassen.

(45) Nachdem so für den Augenblick die Ordnung wiederhergestellt war, blieb noch eine nicht weniger schwierige Auf-

gabe zu lösen, die sich aus der widerspenstigen Haltung der fünften und einundzwanzigsten Legion ergab, die sechzig Meilen entfernt – der Ort heißt Vetera[91] – überwinterten. Sie hatten ja zuerst mit der Meuterei begonnen, und gerade die schlimmsten Verbrechen waren von ihnen begangen worden. Und sie ließen sich weder durch die Bestrafung ihrer Kameraden einschüchtern noch zur Reue bekehren, vielmehr verharrten sie in ihrer erbitterten Stimmung. Deshalb traf der Caesar Anstalten, Waffen, die Flotte[92] und Bundesgenossen den Rhein hinunterzuschicken, entschlossen, die Waffen entscheiden zu lassen, falls sie den Gehorsam verweigerten.

(46) Aber in Rom wußte man noch nicht, wie die Dinge in Illyricum verlaufen waren, und als man von dem Aufstand der germanischen Legionen hörte, beschuldigte die aufgeregte Bürgerschaft Tiberius, er habe Senat und Volk, die schwach und wehrlos seien, mit verstelltem Zögern zum besten, während es bei den Truppen zum Aufruhr komme, den man durch zwei Jünglinge, deren Ansehen noch nicht gefestigt sei, nicht unterdrücken könne. Er hätte selbst hingehen und seine Hoheit als Imperator den Leuten entgegenstellen sollen, die nachgäben, sobald sie in dem Princeps den Mann langer Erfahrung und zugleich die oberste Instanz für Strenge und Belohnung gesehen hätten. Wenn der altersmüde Augustus so oft den Weg nach Germanien habe finden können, warum denn Tiberius in der Vollkraft seiner Jahre im Senat sitze und sich dabei über die Worte der Väter lustig mache? Genug habe man für die Knechtschaft in der Hauptstadt gesorgt. Für die Stimmung der Truppe müsse man besänftigende Mittel anwenden, damit sie sich gerne in friedliche Verhältnisse füge.

(47) Gegenüber solchem Gerede blieb Tiberius unbewegt und hielt an seinem Entschluß fest, die Hauptstadt des Reiches nicht sich selbst zu überlassen und auch nicht seine Person und das Gemeinwesen dem Zufall preiszugeben. Denn vielfache, verschiedenartige Ängste lasteten auf ihm: „Das Heer in Germanien sei stärker, das in Pannonien stehe näher, jenes stütze sich auf die Machtmittel Galliens, dieses bedrohe Italien. Welchem sollte er also den Vorzug geben? Und wie

verhüten, daß die Zurückgesetzten dies als brennende Schmach empfinden? Aber durch seine Söhne könne er sich an beide Heere gleichermaßen wenden, unbeschadet seiner Hoheit, die, je weiter sie entfernt sei, um so größere Ehrfurcht genieße. Zugleich werde es den Jünglingen zugute gehalten, wenn sie in manchen Fragen den Vater für zuständig erklären, und falls Germanicus oder Drusus Widerstand fänden, könne er ihn ja noch abschwächen oder auch brechen. Wo gebe es aber einen Rückhalt, wenn man dem Imperator die Achtung versagt habe?" Doch tat er immer wieder so, als ob er jeden Augenblick abreisen werde, las sich sein Gefolge aus, ließ sein Reisegepäck zusammenholen und Schiffe ausrüsten. Dann schützte er wieder abwechselnd den Winter oder allerlei Geschäfte vor und täuschte so zuerst die einsichtigen Leute, dann die große Menge und am längsten die Provinzen.

(48) Germanicus aber glaubte, obgleich er das Heer zusammengezogen und alles zur Bestrafung der Meuterer vorbereitet hatte, doch eine weitere Frist geben zu sollen, ob sie vielleicht unter dem Eindruck der jüngsten Vorgänge sich eines besseren besännen. Deshalb schickte er ein Schreiben an Caecina voraus, er komme mit starken Kräften, und wenn sie nicht im voraus die Übeltäter hinrichten würden, werde er alles ohne Unterschied umbringen lassen. Diesen Brief las Caecina den Adler- und Fahnenträgern und denen, die sonst noch im Lager eine saubere Gesinnung zeigten, heimlich vor und ermahnte sie, alle zusammen sich vor Schande, sich selbst vor dem Tode zu bewahren. Im Frieden schaue man auf Schuld und Verdienst; sobald es zum Krieg komme, fallen Schuldige wie Unschuldige. Jene machten sich an die Leute heran, die sie für zugänglich hielten, und als sie sahen, daß der größere Teil der Legionen sich zu ihrer Pflicht bekannte, setzten sie im Einverständnis mit dem Legaten eine Zeit fest, um über die gemeinsten Rädelsführer der Meuterei mit dem Schwert herzufallen. Dann drangen sie auf ein verabredetes Zeichen in die Zelte ein und machten die Ahnungslosen nieder, wobei niemand außer den Eingeweihten wußte, wo das Morden begann und wie es endigen solle.

(49) Es war ein Bild, das mit keinem in den bisherigen Bürgerkriegen zu vergleichen war. Nicht in einem regelrechten Kampf, nicht aus gegenüberliegenden Lagern, sondern von den gleichen Lagerstätten aus, die sie gemeinsam beim Essen am Tag, gemeinsam zur Ruhe bei Nacht eingenommen hatten, fielen sie, in zwei Parteien gespalten, bewaffnet übereinander her. Schreiende, Verwundete, Blutende waren vor aller Ohren und Augen; doch was der Anlaß war, blieb im dunkeln. Überall waltete der Zufall. Und so verloren auch einige der Gutgesinnten das Leben, da auch die schlechten Elemente gemerkt hatten, wem das Wüten gelte, und zu den Waffen griffen. Und kein Legat oder Tribun war zur Stelle, der Einhalt geboten hätte. Der Masse war es überlassen, ihren Rachedurst nach Belieben zu stillen. Dann kam Germanicus in das Lager. Er bezeichnete unter vielen Tränen das Geschehene nicht als Heilmittel, sondern als eine verlorene Schlacht und befahl, die Leichen zu verbrennen.

Immer noch herrschte eine wilde Erregung in der Truppe. Da wandelte sie plötzlich der Wunsch an, gegen den Feind zu ziehen, um ihre Raserei zu sühnen. Anders könnten sie die Geister der Kameraden nicht versöhnen, als wenn sie auf ihre frevelbeladene Brust ehrende Wunden empfingen. Der Caesar entsprach ihrem ungestümen Drängen und setzte auf einer Schiffbrücke zwölftausend Legionssoldaten[93], sechsundzwanzig Kohorten der Bundesgenossen und acht Reiterschwadronen über, die sich bei dieser Meuterei nicht gegen den Gehorsam vergangen hatten.

(50) Eine frohe Stimmung herrschte bei den Germanen, die nicht fern waren, während wir wegen des Todes von Augustus zuerst durch die Staatstrauer, dann durch die Meutereien in Anspruch genommen waren. Doch der Römer durchschnitt in Eilmärschen den Caesischen Wald[94] auf der von Tiberius begonnenen Bahn, schlug auf ihr ein Lager und sicherte sich vorn und im Rücken durch einen Wall, seitlich durch Verhaue. Dann zog er durch dunkle Waldgebiete und überlegte, ob er von zwei Wegen den kurzen und üblichen oder den schwierigeren, unbegangenen und daher von den Feinden un-

bewachten einschlagen solle. Man wählte den längeren Weg und betrieb alles Weitere mit großer Eile. Denn Kundschafter hatten mitgeteilt, von den Germanen werde in dieser Nacht mit den üblichen Gelagen und Spielen[95] ein Fest gefeiert. Caecina erhielt den Befehl, mit einsatzbereiten Kohorten vorauszumarschieren und den Weg durch den Wald von den Hindernissen frei zu machen. Die Legionen folgten in kurzem Abstand. Eine sternhelle Nacht kam zustatten. Man kam zu den Gehöften der Marser[96] und umstellte sie mit Feldwachen, während die Bewohner noch auf ihren Lagerstätten oder an den Tischen umherlagen, ohne jede Furcht und ohne Posten ausgestellt zu haben. In solcher Sorglosigkeit lagen sie überall zerstreut umher; sie fürchteten durchaus keinen Krieg, und auch der Friede, dem sie sich träge und schlaff hingaben, war nichts anderes als die Folge ihrer Betrunkenheit.

(51) Der Caesar teilte die kampfbegierigen Legionen, um ein desto größeres Gebiet zu verwüsten, in vier Kampfgruppen. Eine Strecke von fünfzig Meilen verheerte er mit Feuer und Schwert. Nicht Geschlecht, nicht Alter fand Mitleid. Privathäuser und Heiligtümer, auch der bei jenen Völkerschaften berühmte heilige Bezirk, den sie „Tamfana" nennen[97], wurden dem Erdboden gleichgemacht. Bei der Truppe gab es keine Verluste, da sie Halbschlafende und Waffenlose oder einzeln Umherstehende erschlagen hatten. Dieses Morden rief die Bructerer, Tubanten und Usipeter[98] auf den Plan. Sie besetzten die Waldgebiete, durch die das Heer zurückmarschieren mußte. Der Feldherr erfuhr dies und marschierte mit seiner Truppe in einer Formation, aus der sie jederzeit den Kampf aufzunehmen vermochte. Ein Teil der Reiterei und die Kohorten der Hilfstruppen bildeten die Spitze, dann kam die erste Legion, der Troß wurde in die Mitte genommen, während die linke Flanke von der einundzwanzigsten und die rechte von der fünften gedeckt wurde. Im Rücken sicherte die zwanzigste Legion, und hinter ihr kamen die übrigen Bundesgenossen. Aber die Feinde rührten sich nicht, solange die Kolonne in ihrer ganzen Länge durch das Waldgebiet zog. Dann griffen sie mit schwachen Kräften von den

Seiten und von vorn an und warfen sich mit ganzer Macht auf die Nachhut. Und schon gerieten die leichten Kohorten durch den Angriff der dichten Haufen der Germanen in Unordnung, als der Caesar zu der zwanzigsten Legion heranritt und mit lauter Stimme rief: „Jetzt ist die Zeit gekommen, die Meuterei vergessen zu machen. Marschiert weiter, verwandelt die Schuld in Ehre!“ In aufflammendem Mute durchbrachen sie in einem einzigen Ansturm den Feind, warfen ihn ins freie Gelände und machten ihn nieder. Zugleich gelangten die Truppen der Vorhut aus dem Walde heraus und schlugen ein befestigtes Lager. Von da an blieb der Marsch unbehelligt. Vertrauend auf die frischen Erfolge sowie die vergangenen Geschehnisse vergessend, wurde die Truppe in die Winterquartiere gelegt.

(52) Diese Nachrichten erfüllten Tiberius mit Freude und Besorgnis. Die Freude galt der Niederwerfung des Aufstandes, aber er fühlte sich dadurch bedrückt, daß Germanicus durch Geldspenden und die übereilte Bewilligung der Entlassung sich um die Gunst der Truppe bemüht hatte. Dazu kam noch der Kriegsruhm, den sich dieser erworben hatte. Doch erstattete er vor dem Senat Bericht über die Erfolge des Germanicus und erging sich weitläufig über dessen Tüchtigkeit, wobei er zum Schein ausschmückende Phrasen verwendete, denen man anmerkte, daß sie nicht von Herzen kamen. Mit geringerem Wortaufwand lobte er dann Drusus und die Beendigung des illyrischen Aufstandes, aber seine Worte waren ernsthafter, und der Ton seiner Rede klang aufrichtig. Alles, was Germanicus zugestanden hatte, bestätigte er auch für die pannonischen Heere.

(53) In dem gleichen Jahr starb Iulia. Sie war einst wegen ihrer Sittenlosigkeit von ihrem Vater Augustus auf die Insel Pandateria[99] und dann in die Stadt der Reginer, der Anwohner der Sizilischen Meerenge[100], verbannt worden. Sie war mit Tiberius verheiratet gewesen, als Gaius und Lucius noch lebten, und hatte ihn als unebenbürtig ohne Achtung[101] behandelt. Und dies war auch der eigentliche tiefere Grund für Tiberius, sich nach Rhodus zu entfernen. Als er zur Regierung

gelangt war, räumte er die des Landes verwiesene, verrufene und nach der Ermordung des Postumus Agrippa[102] gänzlich hoffnungslose Frau durch Hunger, der eine schleichende Schwindsucht zur Folge hatte, aus dem Wege, in dem Glauben, ihre Beseitigung werde infolge der langen Dauer der Verbannung nicht weiter beachtet werden. Der gleiche Grund zur Unbarmherzigkeit lag bei Sempronius Gracchus vor, der, aus vornehmem Geschlecht[103] stammend, mit einem beweglichen Geist eine bösartige Redegewandtheit verband und eben diese Iulia in ihrer Ehe mit Marcus Agrippa verführt hatte. Doch damit war seine sinnliche Leidenschaft noch nicht befriedigt. Als sie dem Tiberius in die Ehe gegeben war[104], hielt er hartnäckig an seinem ehebrecherischen Treiben fest und hetzte sie zu Trotz und Haß gegen ihren Gatten auf. Und man hielt auch Gracchus für den Verfasser der Briefe, die Iulia an ihren Vater Augustus mit Angriffen auf Tiberius schrieb. Deshalb wurde er nach Cercina, einer Insel des afrikanischen Meeres[105], entfernt, wo er eine vierzehnjährige Verbannung ertrug. Jetzt trafen die Soldaten, die zu seiner Ermordung ausgeschickt worden waren, den von banger Ahnung Erfüllten an einem Vorsprung des Strandes. Bei deren Erscheinen bat er um eine kurze Frist, um seiner Gattin Alliaria seinen letzten Willen schriftlich mitzuteilen. Dann hielt er seinen Nacken den Mördern hin, in der Fassung, mit der er starb, nicht unwürdig des Namens und des Geschlechts der Sempronier, als dessen entarteter Sproß er sich im Leben erwiesen hatte. Manche überliefern, nicht von Rom aus seien diese Soldaten geschickt worden, sondern von L. Asprenas, dem Prokonsul von Afrika[106], und zwar auf Veranlassung des Tiberius, der vergeblich gehofft hatte, auf Asprenas könne der Verdacht der Ermordung geschoben werden.

(54) Dieses Jahr brachte auch eine kultische Neuerung mit der Stiftung des Priestertums der Augustalischen Bruderschaft, nach dem Vorgang des T. Tatius, der einst zur Beibehaltung sabinischen Gottesdienstes die Bruderschaft der Titii eingerichtet hatte[107]. Durch das Los wählte man aus den ersten Männern der Bürgerschaft einundzwanzig Persönlichkei-

ten. Tiberius, Drusus, Claudius und Germanicus wurden hinzu ernannt. Die augustalischen Spiele, die jetzt zum ersten Mal gefeiert wurden, störte ein Streit der aufeinander eifersüchtigen Schauspieler. Augustus hatte diese Art von Volksbelustigung begünstigt, um dem Maecenas einen Gefallen zu erweisen, der leidenschaftlich in Bathyllus[108] verliebt war. Auch stand er selbst solchen Neigungen nicht fern und glaubte, sich beim Volk beliebt zu machen, wenn er an den Lustbarkeiten des Pöbels teilnehme. Des Tiberius Charakter und Lebensweise war anders geartet, aber er wagte es noch nicht, das Volk, das so viele Jahre lang verhätschelt worden war, härter anzufassen.

15 n. Chr. (55) Unter dem Konsulat des Drusus Caesar und des C. Norbanus wurde dem Germanicus ein Triumph zuerkannt, obwohl der Krieg noch weiterging. Die Vorbereitungen, die er mit aller Macht betrieb, galten zwar erst einem Sommerfeldzug, doch griff er diesem zu Beginn des Frühlings durch einen plötzlichen Einfall in das Gebiet der Chatten[109] vor. Denn man rechnete damit, daß der Feind sich in zwei Parteien spalte, in die des Arminius und die des Segestes, von denen sich der eine durch Treulosigkeit, der andere durch Treue uns gegenüber auszeichnete. Arminius hatte Germanien aufgewiegelt; Segestes dagegen hatte den Varus auch sonst oft und erst wieder bei dem letzten Gastmahl, das unmittelbar vor dem Waffengang stattfand, auf die Vorbereitungen zu der Empörung hingewiesen und ihm geraten, ihn sowie Arminius und die übrigen Häuptlinge in Fesseln zu legen. Nichts werde das Volk wagen, wenn man ihm die Führer weggenommen habe, und Varus selbst werde Zeit gewinnen, Verbrecher und Unschuldige zu sondern. Aber das Schicksal und die Macht des Arminius brachten Varus zu Fall. Segestes wurde zwar durch die einmütige Erhebung des Volkes in den Krieg hineingezogen, aber er stand ihr innerlich ablehnend gegenüber. Auch wuchs sein Haß, weil Arminius seine Tochter, die mit einem anderen verlobt war, entführt hatte. Arminius war der gehaßte Schwiegersohn eines Schwiegervaters, der ihn als seinen persönlichen Feind betrachtete. Und was

sonst in einem einträchtigen Verhältnis ein Band der Liebe, das war bei der gegenseitigen Erbitterung Zündstoff zum Haß.

(56) So übergab denn Germanicus dem Caecina vier Legionen und fünftausend Mann Hilfstruppen sowie ein in Eile ausgehobenes Aufgebot der diesseitigen Germanen. Ebenso viele Legionen und die doppelte Zahl Bundesgenossen führte er selbst an. Er legte auf den noch sichtbaren Resten des Stützpunktes seines Vaters auf dem Taunusgebirge ein Kastell an und eilte mit seinem Heer ohne den Troß in das Gebiet der Chatten, wobei er L. Apronius zur Herstellung von Wegen und Flußübergängen zurückließ. Denn — eine Seltenheit in jenem Himmelsstrich — infolge der Trockenheit und des niedrigen Wasserstandes der Flüsse hatte er unbehindert in Eilmärschen vorrücken können, aber für den Rückweg befürchtete man Regengüsse und Anschwellen der Flüsse. Aber für die Chatten erschien er so überraschend, daß alles Volk, das wegen des Alters und Geschlechtes nicht wehrfähig war, sofort gefangengenommen und erschlagen wurde. Die wehrfähige Mannschaft war über die Adrana[110] geschwommen und versuchte die Römer an dem Weiterbau einer Brücke zu hindern. Dann wurden sie durch den Einsatz von Schleudermaschinen und Pfeilschützen vertrieben, und nachdem sie vergebens versucht hatten, Friedensverhandlungen anzubahnen, ging eine Anzahl zu Germanicus über, während die übrigen ihre Dörfer und Gehöfte verließen und sich in die Wälder zerstreuten. Der Caesar steckte Mattium, den Vorort des Volksstammes[111], in Brand, verwüstete das flache Land und wandte sich dann zum Rhein, ohne daß es der Feind gewagt hätte, die abziehende Truppe im Rücken anzugreifen, was doch sonst seine Art ist, wenn mehr List als Furcht der Grund seines Zurückweichens gewesen ist. Die Cherusker hatten die Absicht gehabt, den Chatten zu helfen. Aber Caecina schreckte sie dadurch, daß er sie bald hier, bald dort angriff. Und die Marser, die den Mut gehabt hatten, sich zum Kampf zu stellen, wies er durch ein erfolgreiches Gefecht in die Schranken.

(57) Bald darauf kamen Gesandte von Segestes mit der Bitte, ihm gegen die Gewalttätigkeit seiner Landsleute, von denen er belagert wurde, zu helfen. Arminius hatte bei ihnen größeren Einfluß, weil er zum Kriege riet. Denn bei den Barbaren richten sich das Vertrauen, das man einem Mann entgegenbringt, und sein Einfluß in bewegten Zeiten nach seinem Wagemut und seiner Entschlossenheit. Den Gesandten hatte Segestes seinen Sohn, namens Segimundus, beigegeben. Aber der junge Mann zögerte aus Schuldbewußtsein. Denn in dem Jahre, da Germanien abfiel, hatte er, in Ara Ubiorum zum Priester gewählt, seine Priesterbinden zerrissen und war zu den Meuterern geflüchtet. Doch die Hoffnung auf die römische Milde veranlaßte ihn, die Aufträge seines Vaters zu überbringen. Er fand eine freundliche Aufnahme und wurde unter Bedeckung zum gallischen Ufer geschickt. Germanicus hielt es für lohnend, kehrtzumachen. Es kam zu einem Kampf mit den Belagerern, und Segestes wurde mit zahlreichen Verwandten und Klienten befreit. Darunter waren vornehme Frauen, auch die Gattin des Arminius, die ja die Tochter des Segestes war und mit dem Herzen mehr auf der Seite ihres Mannes als ihres Vaters stand. Sie ließ sich keine Träne entlocken und ließ kein demütiges Wort verlauten; die Hände unter dem Bausch ihres Kleides gefaltet, schaute sie auf ihren schwangeren Leib. Es kamen auch Rüstungen aus der Niederlage des Varus zum Vorschein, die den Männern, die sich jetzt ergaben, meistenteils als Beutestücke gegeben worden waren; zugleich erschien Segestes selbst, der, eine riesige Erscheinung, im Bewußtsein seiner guten Bundesgenossenschaft ganz ohne Furcht war.

(58) Er sprach etwa folgendermaßen: „Dies ist für mich nicht der erste Tag, an dem ich meine unverbrüchliche Treue gegenüber dem römischen Volk zeige. Seitdem ich von dem vergöttlichten Augustus mit dem Bürgerrecht beschenkt worden bin, bestimmte euer Nutzen, wen ich als Freund und wen ich als Feind auserlas, und zwar nicht aus Haß gegen mein Vaterland — die Verräter sind ja auch denen, auf deren Seite sie sich stellen, verhaßt —, sondern weil ich der Über-

zeugung war, daß der Vorteil der Römer auch der der Germanen ist, und weil ich den Frieden für besser als den Krieg hielt. Deshalb habe ich den Räuber meiner Tochter, der den Vertrag mit euch gebrochen hat, bei Varus, dem damaligen Befehlshaber des Heeres, angeklagt. Hingehalten durch die Saumseligkeit des Heerführers, habe ich, weil die Gesetze keinen richtigen Rückhalt boten, dringend gefordert, mich, Arminius und die in das Komplott Eingeweihten in Fesseln zu legen. Zeuge ist jene Nacht. Wäre sie doch lieber für mich die letzte gewesen! Was dann folgte, kann man zwar beweinen, aber nicht rechtfertigen. Jedoch habe ich Arminius in Ketten gelegt und habe solche meinerseits von seiner Partei erdulden müssen. Doch bei der ersten Gelegenheit, mit dir in Verbindung zu treten, gebe ich das Neue gegen das Alte hin, den Geist des Aufruhrs gegen den des Friedens, aber nicht in Erwartung einer Belohnung, sondern um mich der Rolle des Treulosen zu entledigen und dafür die des geeigneten Vermittlers für das germanische Volk zu übernehmen, falls es die Reue dem Verderben vorziehen sollte. Für die jugendbedingte Verirrung meines Sohnes bitte ich um Nachsicht. Daß meine Tochter mit Gewalt hierher gebracht worden ist, gestehe ich. Deine Sache wird es sein, zu beurteilen, was größeres Gewicht hat, daß sie ein Kind von Arminius bekommt oder daß sie meine leibliche Tochter ist." Der Caesar gab einen entgegenkommenden Bescheid, in dem er seinen Kindern und Verwandten versprach, es werde ihnen nichts geschehen, und ihm selbst einen Wohnsitz in der alten Provinz[112] zusicherte. Sein Heer führte er zurück und nahm auf Anweisung des Tiberius den Titel „Imperator" an. Die Gattin des Arminius gebar einen Sproß männlichen Geschlechts. Der Knabe wuchs in Ravenna auf. Von dem Spiel, das das Schicksal später mit ihm getrieben hat, werde ich zu gegebener Zeit berichten[113].

(59) Die Kunde von der Unterwerfung des Segestes und von seiner freundlichen Aufnahme wurde, je nachdem die Stimmung für oder gegen den Krieg war, mit Hoffnung oder Bedauern aufgenommen. Abgesehen von seiner angebore-

nen Leidenschaftlichkeit, trieb Arminius der Gedanke an den Raub seiner Gattin, an ihre Schwangerschaft, während der sie in der Sklaverei schmachtete, wie im Wahnsinn um. Er jagte in dem Cheruskerland umher und forderte Waffen gegen Segestes, Waffen gegen den Caesar. Auch mit Beschimpfungen sparte er nicht. Das sei ein hervorragender Vater, ein großer Imperator, ein tapferes Heer, das mit so viel Händen ein einziges schwaches Weib fortgeschleppt habe. Vor ihm seien drei Legionen und ebenso viele Legaten auf die Knie gesunken. Nicht mit Verrat, nicht gegen schwangere Frauen führe er Krieg, sondern offen gegen einen bewaffneten Feind. Immer noch sehe man in den Hainen der Germanen die römischen Feldzeichen, die er als Weihgabe für die heimischen Götter aufgehängt habe. Möge Segestes das unterworfene Ufergebiet bewohnen, seinem Sohn wieder das Priesteramt verschaffen: die Germanen werden nie sich damit abfinden, daß sie zwischen Elbe und Rhein Rutenbündel, Beile und die Toga gesehen haben. Andere Völkerschaften, die keine Bekanntschaft mit dem römischen Reich gemacht haben, wissen nichts von Blutgerichten und kennen keine Steuern. Diese Lasten hätten sie ja abgeschüttelt, und jener unter die Götter versetzte Augustus, jener als sein Nachfolger auserlesene Tiberius seien unverrichteter Dinge abgezogen. Darum sollten sie auch nicht jetzt vor einem unerfahrenen, ganz jungen Mann, vor einem meuternden Heer in Angst geraten. Wenn ihnen Vaterland, Eltern, die alten Verhältnisse höher stehen als Zwingherren und neue Ansiedlung, sollten sie lieber dem Arminius, dem Führer zu Ruhm und Freiheit, als dem Segestes, dem Führer zu schändlicher Knechtschaft, folgen.

(60) Dadurch wurden nicht nur die Cherusker, sondern auch die angrenzenden Völkerschaften aufgewiegelt und Inguiomerus, der Oheim des Arminius, der bei den Römern seit langem in Ansehen stand, zum Anschluß bewogen. So wuchs die Besorgnis des Caesar. Und damit nicht die ganze Wucht des Krieges auf einmal hereinbreche, schickte er Caecina mit vierzig römischen Kohorten, um den Feind zu zer-

splittern, durch das Gebiet der Bructerer an den Fluß Amisia[114], während die Reiterei der Befehlshaber Pedo durch das Gebiet der Friesen[115] führte. Er selbst fuhr mit vier Legionen, die er auf Schiffe verladen hatte, über die Seen[116]. Fußvolk, Reiterei und Flotte trafen gleichzeitig an dem vorbestimmten Fluß ein. Da die Chaucen Hilfstruppen zu stellen versprachen, wurden sie in die Heeresgemeinschaft aufgenommen. Die Bructerer, die selbst ihr Hab und Gut verbrannten, schlug L. Stertinius, den Germanicus mit einer leichten Heeresabteilung abgesandt hatte. Während des Mordens und Plünderns fand er den Adler der neunzehnten Legion, der unter Varus verlorengegangen war. Dann führte er sein Heer weiter bis zu der äußersten Grenze der Bructerer, und das ganze Gebiet zwischen den Flüssen Amisia und Lupia[117], nicht weit entfernt von dem Teutoburger Wald[118], in dem, wie es hieß, die Überreste des Varus und seiner Legionen unbegraben lagen, wurde verwüstet.

(61) Nun erwachte in dem Caesar das Verlangen, jenen Soldaten und ihrem Heerführer die letzte Ehre zu erweisen, wobei das ganze anwesende Heer von schmerzlichem Mitgefühl erfüllt war wegen der Verwandten und Freunde, kurz, wegen der leidvollen Kriege und des menschlichen Loses. Caecina wurde vorausgeschickt, um die entlegenen Waldgebiete zu durchforschen und über das sumpfige Gelände und den trügerischen Moorboden Brücken und Dämme zu führen. Und nun betraten sie die Unglücksstätte, gräßlich anzusehen und voll schrecklicher Erinnerungen. Das erste Lager des Varus wies an seinem weiten Umfang und der Absteckung des Hauptplatzes[119] auf die Arbeit von drei Legionen hin. Dann erkannte man an dem halbeingestürzten Wall und dem niedrigen Graben, daß die schon zusammengeschmolzenen Reste sich dort gelagert hatten. Mitten in dem freien Feld lagen die bleichenden Gebeine zerstreut oder in Haufen, je nachdem die Leute geflohen waren oder Widerstand geleistet hatten. Dabei lagen Bruchstücke von Waffen und Pferdegerippe, zugleich fanden sich an Baumstämmen angenagelte Köpfe. In den benachbarten Hainen standen die Altäre der

Barbaren, an denen sie die Tribunen und die Centurionen der ersten Rangstufe geschlachtet hatten. Die Leute, die diese Niederlage überlebt hatten und der Schlacht oder der Gefangenschaft entronnen waren, erzählten, hier seien die Legaten gefallen, dort die Adler von den Feinden erbeutet worden; sie zeigten, wo Varus die erste Wunde erhalten, wo er mit seiner unseligen Rechten sich selbst den Todesstoß beigebracht habe; wo Arminius von der Tribüne herunter eine Ansprache gehalten habe, wie viele Galgen für die Gefangenen, was für Martergruben er habe herstellen lassen, wie er die Feldzeichen und Adler übermütig verhöhnt habe.

(62) Und nun setzte das hier befindliche römische Heer, sechs Jahre nach der Niederlage, die Gebeine von drei Legionen bei, in trauriger Stimmung und zugleich in wachsendem Zorn auf den Feind, ohne daß jemand erkannte, ob er die Überreste von Fremden oder von seinen eigenen Angehörigen in der Erde barg. Und es war, als ob sie alle zusammengehörten, als ob sie Blutsverwandte seien. Das erste Rasenstück zur Aufschichtung des Hügels legte der Caesar als willkommensten Liebesdienst für die Toten und als Zeichen seiner Anteilnahme an dem Schmerz der Anwesenden. Dies fand jedoch nicht die Billigung des Tiberius, mag er nun alle Handlungen des Germanicus übel ausgelegt haben oder glaubte er, das Heer sei durch den Anblick der Erschlagenen und Unbegrabenen in seinem Kampfesmut geschwächt worden und fürchte sich nun mehr vor den Feinden. Der Oberfeldherr, der das Amt des Augurn versehe und uralte religiöse Handlungen zu verrichten habe, hätte nicht an einer Leichenbestattung teilnehmen dürfen.

(63) Aber Germanicus folgte dem Arminius, der sich in unwegsame Gegenden zurückzog, und befahl der Reiterei, sobald sich Gelegenheit dazu bot, vorzustürmen und dem Feind ein freies Feld, das er besetzt hatte, zu entreißen. Arminius forderte seine Leute auf, sich zusammenzuscharen und an das Waldgelände heranzurücken. Dann machte er plötzlich kehrt und gab den Abteilungen, die er überall in dem Waldgebiet versteckt hatte, das Zeichen zum Hervorbrechen. Jetzt

wurde durch die neue Kampffront unsere Reiterei in Verwirrung gebracht, und die herbeigeschickten Reservekohorten, auf die der Strom der Fliehenden prallte, vermehrten noch die Bestürzung. Sie wären in das Sumpfgelände, in dem sich die Siegenden auskannten, während es für die Unkundigen gefährlich war, gedrängt worden, hätte nicht der Caesar die Legionen vorgeführt und zum Kampf aufgestellt. Dies erschreckte den Feind und ermutigte die eigene Truppe. Doch ohne daß es zu einer Entscheidung kam, trennte man sich.

Dann führte er das Heer an die Amisia zurück und brachte die Legionen zu Schiff, wie er sie hergeführt hatte, wieder zurück. Einem Teil der Reiterei befahl er, entlang der Küste zum Rhein zu marschieren. Caecina, der eine eigene Heeresabteilung führte, erhielt die Weisung, obgleich die Wege, auf denen er den Rückmarsch antreten wollte, bekannt waren, so rasch wie möglich die „Langen Brücken"[120] hinter sich zu bringen. Dies ist ein schmaler Fußpfad durch ausgedehntes Sumpfgelände, der einst von L. Domitius[121] als Damm aufgeführt worden war. Das übrige Gelände ist morastig, man bleibt dort im schweren Lehmboden hängen, oder Bachläufe machen es nur schwer begehbar. Ringsum stieg das Waldgelände langsam an, das Arminius jetzt dicht besetzte, nachdem er in Eilmärschen auf abgekürzten Wegen dem mit seinem Gepäck und mit Waffen belasteten römischen Heer zuvorgekommen war. Caecina, der unschlüssig war, wie er die im Laufe langer Zeit zusammengebrochenen Bohlenwege wiederherstellen und zugleich den Feind abwehren solle, beschloß an Ort und Stelle ein Lager abzustecken, damit der eine Teil mit der Befestigungsanlage beginnen, der andere den Kampf aufnehmen könne.

(64) Die Barbaren versuchten, die Postenkette zu durchbrechen und sich auf die Arbeitskommandos zu stürzen; sie forderten sie heraus, umzingelten sie und stürmten auf sie los. Durcheinander ertönte das Geschrei der Arbeitskommandos und der kämpfenden Truppe. Und überall stellten sich die gleichen Schwierigkeiten den Römern in den Weg:

das grundlose Sumpfgelände, auf dem man nicht fest auftreten konnte und beim Vorwärtsgehen ausglitt, das Gewicht der Panzer, das auf dem Körper lastete, die Unmöglichkeit, im Wasser stehend die Wurfspeere zu schwingen. Dagegen waren die Cherusker an den Kampf im Sumpfgelände gewöhnt, waren hochgewachsen, führten gewaltige Lanzen, mit denen sie auch auf größere Entfernung ihre Gegner verwunden konnten. Erst die Nacht enthob die schon weichenden Legionen dem unter ungünstigen Bedingungen geführten Kampfe.

Die Germanen kannten angesichts ihrer Erfolge keine Müdigkeit. Sie gönnten sich auch jetzt keine Ruhe und leiteten alle Wasserläufe, die von den Anhöhen ringsum herunterkamen, in das tieferliegende Gelände ab. Dieses wurde überschwemmt und die schon fertiggestellten Befestigungsabschnitte verschüttet, wodurch die Mannschaften doppelte Arbeit zu leisten hatten. Es war das vierzigste Dienstjahr, in dem Caecina als Untergebener oder Vorgesetzter stand. Er hatte Erfahrung im Glück und Unglück gesammelt und ließ sich daher nicht in Schrecken versetzen. Und so fand er bei der Erwägung, welche weiteren Maßnahmen zu treffen seien, keinen anderen Ausweg, als den Feind aus dem Walde so lange nicht herauszulassen, bis die Verwundeten und der ganze schwere Troß einen Vorsprung gewonnen hätten. Denn in der Mitte zwischen den Bergen und den Sümpfen zog sich eine Ebene hin, die eine Aufstellung in schmaler Front ermöglichte. Von den Legionen wählte er die fünfte für die rechte, die einundzwanzigste für die linke Flanke, die erste für die Spitze der Marschkolonne, die zwanzigste als rückwärtige Deckung gegen eine etwaige Verfolgung aus.

(65) In der Nacht kam es aus verschiedenen Ursachen zu keiner Ruhe: die Talmulden und die widerhallenden Bergwälder waren erfüllt von dem fröhlichen Gesang oder dem wilden Lärmen der Barbaren, die festliche Gelage feierten; bei den Römern glimmten nur schwache Lagerfeuer, hörte man nur abgebrochene Laute, während sie selbst zerstreut an dem Wall herumlagen, in den Zelten umherirrten, mehr weil

sie nicht schlafen konnten, als weil sie wachen wollten. Den Heerführer erschreckte ein gräßliches nächtliches Traumbild: er glaubte, den blutbespritzten Quintilius Varus aus dem Sumpfgelände emportauchen zu sehen und ihn gleichsam rufen zu hören, ohne ihm jedoch Folge zu leisten; vielmehr stieß er die ausgestreckte Hand zurück. Bei Tagesanbruch verließen die zum Flankenschutz abgesandten Legionen aus Furcht oder Widersetzlichkeit ihre Stellung und besetzten eilig das freie Feld jenseits des Sumpfgeländes. Aber Arminius brach nicht sofort hervor, obgleich seinem Angriff nichts im Wege gestanden hätte. Als aber der Troß im Schlamm und in den Gräben steckenblieb, überall bei den Soldaten Verwirrung um sich griff, die einzelnen Abteilungen nicht mehr geschlossen blieben und, wie es in einer solchen Lage zu gehen pflegt, jeder nur darauf bedacht war, rasch davonzukommen, und sich taub gegen Befehle stellte, da gab Arminius den Germanen den Befehl zum Angriff mit dem Ruf: „Seht da! Varus und die wiederum dem gleichen Verhängnis verfallenen Legionen!“ Mit diesen Worten durchbrach er mit einer auserlesenen Truppe die Marschkolonne, wobei er hauptsächlich den Pferden Wunden beibrachte. Diese glitten in ihrem eigenen Blute und auf dem schlüpfrigen Sumpfboden aus, warfen die Reiter ab, trieben die Leute vor ihnen auseinander und zerstampften die am Boden liegenden. Der Kampf tobte hauptsächlich um die Adler, die weder gegen den Geschoßhagel vorwärtsgetragen noch in dem schlammigen Boden festgemacht werden konnten. Während Caecina versuchte, den Kampf zum Stehen zu bringen, wurde sein Pferd unter ihm durchstochen. Er stürzte herab und wäre umzingelt worden, wenn nicht die erste Legion sich dem Feind entgegengeworfen hätte. Dabei kam die Habgier der Feinde zustatten, die von dem Morden abließen und sich auf das Beutemachen verlegten. So konnten sich die Legionen, als es Abend wurde, in offenes Gelände und auf festen Boden herausarbeiten. Doch damit war die Not noch nicht zu Ende: es mußte ein Wall errichtet und Dammerde herbeigeschafft werden. Die Geräte für das Ausheben der Erde oder Ausstechen des Rasens waren größtenteils verlorengegangen, die Manipel hatten keine Zelte, für die Verwundeten gab es keine Verbandstoffe, die Nahrungsmittel, die man verteilte, waren durch Schmutz oder Blut verunreinigt, und die Soldaten jammerten über die Grabesnacht und daß so viele tausend Menschen nur noch einen einzigen Tag zu leben hätten.

(66) Zufällig riß sich ein Pferd von seinen Fesseln los, rannte, durch das Geschrei scheu geworden, umher und warf einige Leute um, die ihm in den Weg kamen. Man glaubte an einen Überfall der Germanen, und so kam es zu einer solchen Panik, daß alles zu den Toren stürzte, und zwar hauptsächlich zu dem rückwärts gelegenen Tor, das, vom Feinde abgelegen, den Fliehenden größere Sicherheit bot. Als Caecina feststellte, daß kein Grund zur Angst vorliege, er selbst jedoch weder durch sein Ansehen noch durch Bitten, ja nicht einmal durch tätliches Eingreifen dagegen etwas ausrichten oder die Mannschaften zurückhalten konnte, warf er sich auf die Schwelle des Tores. Erst indem er Mitleid erweckte, sperrte er den Weg, da man über den Körper des Legaten hätte gehen müssen. Zugleich klärten die Tribunen und Centurionen die Leute darüber auf, daß es blinder Alarm sei.

(67) Dann ließ er sie alle auf dem Hauptplatz antreten, forderte sie auf, seine Worte still anzuhören, und legte ihnen dar, was in der augenblicklichen Lage unbedingt erforderlich sei. Allein von den Waffen hätten sie Rettung zu erhoffen, jedoch müßten sie diese mit vorsichtiger Überlegung gebrauchen. Man solle innerhalb des Walles bleiben, bis die Feinde in der Hoffnung, ihn zu erstürmen, näher heranrückten. Dann müsse man auf allen Seiten einen Ausfall machen, wodurch man sich bis zum Rhein durchschlagen könne. Wenn sie fliehen, harren ihrer noch mehr Wälder, noch grundlosere Sümpfe und die Grausamkeit der Feinde. Aber wenn sie siegen, werden ihnen Ehre und Ruhm zuteil. Auch auf ihre Lieben in der Heimat und auf ihre Soldatenehre wies er sie hin. Von der schwierigen Lage schwieg er. Dann übergab er die Pferde, zuerst seine eigenen, dann die der Legaten und

Tribunen ohne Ansehen der Person den tapfersten Kämpfern, damit zuerst diese zu Pferd und nach ihnen die Mannschaften zu Fuß auf den Feind losstürmten.

(68) Nicht geringere Unruhe herrschte bei den Germanen. Zuversicht und Kampflust erfüllten sie, während ihre Führer uneins waren. Arminius riet, die Feinde abziehen zu lassen und sie dann wieder in dem sumpfigen, unwegsamen Gelände zu umzingeln, während Inguiomerus für ein energischeres Vorgehen, das bei den Barbaren freudigen Anklang fand, eintrat und den Wall umzingeln und erstürmen wollte. Dies werde keine Mühe machen. Die Zahl der Gefangenen werde größer und die Beute unbeschädigt sein. Deshalb schütteten sie bei Tagesanbruch die Gräben zu, warfen Flechtwerk hinein und kletterten auf die Wallhöhe, auf der sich nur vereinzelte Leute zeigten, die vor Angst wie gelähmt waren. Als sie nun an den Befestigungen hingen[122], wurde den Kohorten unter dem Schmettern der Hörner und Trompeten das Zeichen zum Angriff gegeben. Mit Geschrei stürmten sie los und faßten die Germanen im Rücken, ihnen höhnisch zurufend: „Hier gibt es nicht Wälder noch Sümpfe; beiden Parteien bietet das Gelände, bieten die Götter die gleichen Möglichkeiten, sich zu bewähren!“ Der Feind, der dachte, die Vernichtung der Römer werde keine Mühe machen, auch handle es sich nur um wenige halbbewaffnete Leute, wurde von dem Schmettern der Trompeten, dem Blitzen der Waffen, je weniger sie darauf gefaßt waren, um so stärker betroffen. Und wie sie in günstiger Lage kampfbegierig losstürmten, so fielen sie jetzt in ungünstiger ohne alle Vorsicht. Arminius verließ unversehrt, Inguiomerus schwer verwundet das Kampffeld. Das Blutbad unter den Mannschaften hielt an, bis die Wut gestillt und der Tag zu Ende war. Erst bei Nacht kehrten die Legionen zurück. Zwar hatten sie noch mehr Verwundete als zuvor und litten unter dem gleichen Mangel an Lebensmitteln, doch der errungene Sieg ersetzte ihnen alles: Kraft, Gesundheit, Vorräte.

(69) Inzwischen hatte sich das Gerücht verbreitet, das Heer sei aufgerieben und die Germanen ziehen zum Angriff auf

Gallien heran. Und hätte nicht Agrippina den Abbruch der Rheinbrücke verhindert, hätten sich Leute gefunden, die zu diesem frevelhaften Tun aus Angst bereit waren. Aber die willensstarke Frau übernahm in diesen Tagen die Aufgaben des Heerführers und verteilte an alle bedürftigen Soldaten Kleidungsstücke und Verbandmittel. C. Plinius, der Geschichtsschreiber der Germanenkriege[123], überliefert, sie habe vorn an der Brücke gestanden und Lob und Dank den zurückgekehrten Legionen gesagt. Dies versetzte Tiberius in tiefe Unruhe. Solche Formen der Fürsorge seien nicht harmlos, und es seien nicht die auswärtigen Feinde, gegen die sich die Bemühungen um die Sympathie der Soldaten richten. Nichts mehr haben die Oberbefehlshaber zu tun und zu sagen, wenn eine Frau die Manipel mustere, sich zu den Feldzeichen stelle, es mit Schenkungen versuche, als ob es nicht genug des Buhlens um Gunst wäre, wenn sie den Sohn des Heerführers in Soldatentracht umhertrage und ihn Caesar Caligula genannt wissen wolle. Schon gelte Agrippina bei den Heeren mehr als die Legaten, als die Heerführer. Eine Frau habe eine Meuterei erstickt, der der Name des Princeps nicht habe Einhalt gebieten können. Seianus schürte das Feuer und verschärfte die Lage. Er kannte den Charakter des Tiberius und säte den Haß, auf lange Zeit berechnet, aus. Tiberius sollte den Haß in seinem Herzen bewahren, um ihn dann vervielfacht hervorbrechen zu lassen.

(70) Aber Germanicus übergab von den Legionen, die er zu Schiff herbeigeführt hatte, die zweite und vierzehnte dem P. Vitellius mit dem Befehl, sie auf dem Landweg weiterzuführen, damit die Flotte mit geringerer Belastung auf dem seichten Meere weiterfahre oder auch bei Ebbe nicht so sehr festsitze. Zuerst marschierte Vitellius ungestört auf trockenem Boden oder bei nur niederem Wasserstand zur Flutzeit. Dann aber wurde mit dem Aufkommen eines starken Nordwindes – es war die Zeit der Tagundnachtgleiche, wo der Ozean sehr stark anschwillt – die Marschkolonne mit fortgerissen. Das Land wurde überflutet. Meer, Strand und Niederungen boten das gleiche Bild; unsicheren und festen Bo-

den, seichte und tiefe Stellen konnte man nicht mehr unterscheiden. Die Leute wurden von den Fluten umgeworfen, von den Strudeln verschlungen: Zugtiere, Gepäck, Leichen schwammen umher, trieben ihnen entgegen. Die Manipel kamen durcheinander, da sie bald bis zur Brust, bald bis zum Mund im Wasser standen, bisweilen auch den Boden unter den Füßen verloren und auseinander gerieten oder untergingen. Kein Zuruf, kein gegenseitiger Zuspruch half gegen die anstürmende Wasserflut. Es machte keinen Unterschied, ob einer mutig oder feig, besonnen oder unbesonnen war, ob er überlegte oder sich dem Zufall überließ, alles wurde mit gleicher Gewalt fortgerissen. Endlich arbeitete sich Vitellius auf ein höher gelegenes Gelände hinauf, auf das er die Kolonne führte. Dort übernachteten sie ohne Lebensmittel, ohne Feuer, zum großen Teil ohne Kleidung oder mit zerschundenem Körper, in einem nicht minder bejammernswerten Zustand, als wenn sie vom Feind eingeschlossen wären. Denn in diesem Fall besteht wenigstens die Möglichkeit, ehrenvoll zu sterben, während hier nur ein unrühmlicher Untergang bevorstand. Bei Tagesanbruch sah man wieder die Erde, und der Marsch ging weiter bis zum Visurgis[124], wohin Germanicus mit der Flotte gefahren war. Dann wurden die Legionen eingeschifft, während sich das Gerücht verbreitete, sie seien ertrunken. Und nicht eher glaubte man an ihre Rettung, als man den Caesar mit seinem Heer zurückgekehrt sah.

(71) Schon hatte Stertinius, der vorausgeschickt war, um die Unterwerfung des Segimerus, des Bruders des Segestes, entgegenzunehmen, diesen selbst und seinen Sohn in die Stadt der Ubier verbracht. Beiden wurde Verzeihung gewährt, ohne weiteres Segimerus, zögernder seinem Sohn, weil es hieß, er habe den Leichnam des Quintilius Varus verhöhnt. Übrigens boten Gallien, Spanien, Italien, um die Verluste des Heeres zu ergänzen, um die Wette das Kriegsmaterial an, über das jedes Land verfügte: Waffen, Pferde, Gold. Germanicus lobte ihren Eifer, nahm jedoch nur Waffen und Pferde für die Kriegführung an und half den Soldaten mit seinem eigenen Gelde. Und um die Erinnerung an das Un-

glück auch durch Leutseligkeit zu mildern, besuchte er die Verwundeten, rühmte die Taten jedes einzelnen, sah sich die Wunden an und stärkte bei den einen durch die Aussicht auf Beförderung, bei den andern durch die Erwähnung ihres rühmlichen Verhaltens, bei allen miteinander durch seinen Zuspruch und seine Fürsorge das Vertrauen zu seiner Person und den Mut für den weiteren Kampf.

(72) In diesem Jahr wurden die Triumphinsignien A. Caecina, L. Apronius und C. Silius wegen ihrer Taten unter Germanicus zuerkannt. Den Namen „Vater des Vaterlandes“[125], den ihm das Volk wiederholt hatte aufdrängen wollen, lehnte Tiberius ab. Auch gestattete er es trotz einem Antrag des Senats nicht, daß man auf seine Verordnungen einen Eid ablege[126], wobei er erklärte, alles Menschliche sei vergänglich, und je mehr er erreicht habe, desto schlüpfriger sei der Boden, auf dem er stehe. Trotzdem erweckte er keinen Glauben an seinen Bürgersinn. Denn er hatte das Majestätsgesetz, das in alter Zeit den gleichen Namen hatte, wieder in Kraft gesetzt. Aber es waren andere Fälle, die damals vor den Richterstuhl kamen: wenn man dem Heer durch Verrat oder dem Bürgerstand durch Aufwiegelung, überhaupt durch eine das Gemeinwesen schädigende Handlung der Hoheit des römischen Volkes Eintrag getan hatte. Nur Handlungen wurden gerichtlich verfolgt, Worte blieben unbestraft. Augustus war der erste, der unter Berufung auf dieses Gesetz eine Untersuchung über Schmähschriften einleitete[127], veranlaßt durch die Hemmungslosigkeit, mit der Cassius Severus erlauchte Männer und Frauen in frechen Schriften verunglimpft hatte[128]. Später hat Tiberius auf die Anfrage des Prätors Pompeius Macer, ob gerichtliche Verfahren wegen Majestätsverbrechen eingeleitet werden sollten, geantwortet, man solle die Gesetze anwenden. Auch ihn hatten Gedichte auf seine Hartherzigkeit und auf seinen Hochmut und auf die Mißhelligkeiten zwischen ihm und seiner Mutter, die von unbekannten Verfassern verbreitet wurden, erbittert.

(73) Es wird nicht Mißmut erregen, wenn ich von den Beschuldigungen berichte, die man als Vorspiel gegen Falanius

und Rubrius, zwei unbedeutende römische Ritter, erhob, damit man erkennt, wie jenes schwere Unheil begonnen, wie geschickt Tiberius es sich hat einschleichen lassen, wie es dann wieder eingedämmt und zuletzt zu einem alles verzehrenden Brand wurde. Falanius warf sein Ankläger vor, daß er unter die Verehrer des Augustus, die in allen großen Häusern eine Art Kollegien[129] bildeten, einen Schauspieler, namens Cassius, der durch seine Unzucht verrufen war, aufgenommen sowie beim Verkauf seiner Gärten das Standbild des Augustus mitverkauft habe. Rubrius wurde beschuldigt, er habe durch einen Meineid des Augustus göttliche Hoheit verletzt. Als dies Tiberius erfuhr, brachte er in einem Schreiben an die Konsuln zum Ausdruck[130], nicht dazu habe man seinen Vater in den Himmel erhoben, daß diese Ehre Mitbürgern zum Verderben ausschlage. Der Schauspieler Cassius habe mit anderen Zunftgenossen gewöhnlich an den Spielen teilgenommen, die seine Mutter zum Andenken an Augustus geweiht habe. Und es verstoße nicht gegen die religiösen Vorschriften, wenn dessen Bildnis, wie andere Bilder von Gottheiten, beim Verkauf von Gärten und Häusern mitverkauft werden. Ein Meineid sei einer Täuschung Iuppiters gleichzusetzen. Vergehen gegen die Götter seien der Götter Angelegenheit.

(74) Doch bald darauf forderte den Prätor von Bithynien[131], Granius Marcellus, sein eigener Quästor Caepio Crispinus wegen Majestätsbeleidigung vor Gericht, wobei Romanus Hispo die Anklage mit unterschrieb. Crispus schlug damit in seinem Leben eine Bahn ein, auf der er später infolge der elenden Zeiten und der menschlichen Frechheit zahlreiche Nachfolger gefunden hat. Denn während er, der in dürftigen Verhältnissen lebte, von niedriger Herkunft und ein umtriebiger Mensch war, mit geheimen Anklageschriften bei dem zur Grausamkeit neigenden Princeps sich einschlich und dann die berühmtesten Männer in Gefahr brachte, gewann er Einfluß bei dem einen und zog sich Haß bei allen zu. Er gab ein Beispiel, dessen Nachahmung aus Armen Reiche, aus Verachteten Gefürchtete machte und andere in das Verderben stürzte, dem sie zuletzt selbst anheimfielen. Aber Marcellus

bezichtigte er, über Tiberius beleidigende Äußerungen getan zu haben, eine Beschuldigung, bei der es kein Entrinnen gab, da der Ankläger von den Wesenszügen des Princeps gerade die abscheulichsten auswählte, um dies dem Angeklagten vorzuwerfen. Denn weil es der Wahrheit entsprach, glaubte man, daß es der Angeklagte auch wirklich so gesagt habe. Hispo fügte noch hinzu, das Bild des Marcellus habe einen höheren Standort gehabt als die der Caesaren, und bei einem anderen Standbild habe er den Kopf des Augustus abgeschlagen und dafür den des Tiberius aufgesetzt. Darüber kam Tiberius derartig in Wut, daß er sein Schweigen brach und ausrief, auch er werde in dieser Sache seine Stimme abgeben, und zwar offen und unter Eid[132]. Damit sollten auch die anderen dazu gezwungen werden. Immer noch hielten sich Spuren der sterbenden Freiheit. Deshalb fragte Cn. Piso: An welcher Stelle willst du, Caesar, deine Stimme abgeben? Wenn an erster, weiß ich, welcher ich mich anzuschließen habe; wenn an letzter, befürchte ich, unwissentlich anderer Meinung zu sein[133]. Dadurch betroffen, nahm Tiberius, je unvorsichtiger er aufgebraust war, desto ruhiger und sein Verhalten bereuend, es hin, daß der Angeklagte von der Anschuldigung der Majestätsbeleidigung freigesprochen wurde. Die Anklage wegen Erpressung wurde an die Reciperatoren verwiesen[134].

(75) Da er an den Untersuchungen im Senat nicht genug hatte, saß er oft bei den ordentlichen Gerichtsverhandlungen in einer Ecke des Tribunals, um den Prätor nicht von seinem kurulischen Sessel zu verdrängen. Viele Beschlüsse wurden dort in seiner Anwesenheit gefaßt, die sich gegen Amtserschleichung und die Fürsprache einflußreicher Persönlichkeiten richteten. Aber während so für die Wahrheit gesorgt wurde, wurde die Freiheit untergraben. Bei einem solchen Anlaß klagte der Senator Pius Aurelius, durch den Bau einer öffentlichen Straße und durch eine Wasserleitung sei sein Haus baufällig geworden, und appellierte an die Unterstützung der Väter. Als die Prätoren der Staatskasse dagegen Einspruch erhoben, griff der Caesar ein und ließ dem Aure-

lius den Wert seines Hauses anweisen, in dem Wunsch, sein Geld zu anständigen Zwecken zu verwenden. Dieser Tugend blieb er noch lange treu, auch als er die übrigen ablegte. Dem früheren Prätor Propertius Celer, der wegen Armut um Entlassung aus dem Senatorenstand bat, schenkte er eine Million Sesterzen, da hinlänglich bekannt war, daß dessen Notlage schon von seinem Vater herrührte. Als jedoch andere den gleichen Versuch machten, befahl er ihnen, sich vor dem Senat auszuweisen, in seiner Neigung zur Strenge auch da hart, wo sein Handeln recht und billig war. So kam es, daß die andern lieber schwiegen und arm blieben, als sich öffentlich auszuweisen und Wohltaten zu empfangen.

(76) In demselben Jahr hatte der durch anhaltende Regengüsse angeschwollene Tiber die ebenen Stadtteile überschwemmt. Als das Hochwasser zurückging, zeigte es sich, daß Häuser und Menschen schweren Schaden erlitten hatten. Deshalb beantragte Asinius Gallus, man solle die Sibyllinischen Bücher befragen. Tiberius, der gegenüber menschlichen wie göttlichen Dingen gleich verschlossen war, lehnte es ab. Die Aufgabe, durch Eindämmung des Flusses Abhilfe zu schaffen, wurde Ateius Capito und L. Arruntius[135] übertragen. Achaia und Macedonien[136], die um die Herabsetzung ihrer Lasten baten, beschloß man, für jetzt aus der prokonsularischen Verwaltungshoheit herauszunehmen und dem Caesar zu überweisen. Bei der Veranstaltung von Fechterspielen, die Drusus im Namen seines Bruders Germanicus und im eigenen Namen angeboten hatte, führte Drusus den Vorsitz — wobei er eine allzu große Freude an dem Blute, sowenig es auch wert war, zeigte. Dieses Verhalten erregte beim Volke angstvolle Gefühle, und auch sein Vater soll es gerügt haben. Warum Tiberius selbst dem Schauspiel fernblieb, fand eine unterschiedliche Erklärung: die einen sagten, schuld sei seine Abneigung gegen Menschenansammlungen gewesen, andere schoben es auf sein finsteres Wesen und die Scheu vor einem Vergleich mit Augustus, der bei dieser Gelegenheit seine Leutseligkeit gezeigt habe. Ich möchte nicht glauben, daß er seinem Sohn die Gelegenheit verschafft hat,

seine Grausamkeit offen zu zeigen und beim Volk Anstoß zu erregen, obgleich auch davon die Rede war.

(77) Aber die Ausschreitungen im Theater, die schon im vorausgegangenen Jahr begonnen hatten, nahmen jetzt bedenklichere Formen an: es wurden nicht nur Angehörige der Plebs, sondern auch Soldaten und ein Centurio erschlagen und der Tribun einer Prätorianerkohorte verwundet, als sie gegen Beschimpfungen der Regierungsbeamten und gegen die Streitereien des Pöbels einschritten. Über diesen Krawall verhandelte man vor den Vätern, und es wurden Meinungen laut, man solle den Prätoren das Züchtigungsrecht gegen die Schauspieler zugestehen. Der Volkstribun Haterius Agrippa erhob dagegen Einspruch, weshalb er von Asinius Gallus in einer Rede hart angefahren wurde; Tiberius schwieg dabei und gewährte dem Senat dieses Scheinbild von Freiheit. Dennoch drang der Einspruch durch, weil der vergöttlichte Augustus früher einmal den Bescheid gegeben hatte, die Schauspieler dürfen nicht geprügelt werden, und Tiberius nahm sich nicht das Recht heraus, dessen Anordnungen aufzuheben. Über die Beschränkung ihrer Gage und gegen die Hemmungslosigkeit ihres Anhangs wurden viele Beschlüsse gefaßt. Unter ihnen sind die hervorstechendsten: kein Senator darf das Haus eines Pantomimen betreten; wenn sie auf die Straße gehen, darf kein römischer Ritter ihnen das Geleite geben; nur im Theater dürfen sie auftreten. Zuchtloses Benehmen der Zuschauer kann von den Prätoren mit Verbannung bestraft werden.

(78) Den Spaniern wurde auf ihr Ansuchen gestattet, einen Tempel in der Kolonie Tarraco[137] dem Augustus zu errichten, womit für alle Provinzen ein Beispiel gegeben wurde. Als das Volk die Abschaffung der Einprozentsteuer auf alle Handelswaren, die nach den Bürgerkriegen eingeführt worden war[138], erbat, erklärte Tiberius, die Kriegskasse stütze sich auf diese Einnahme. Auch könne das Gemeinwesen seiner Aufgabe nicht gerecht werden, wenn die Veteranen vor Ablauf von zwanzig Dienstjahren entlassen würden. So wurden die übel errungenen Erfolge des letzten Aufruhrs,

bei dem man die Entlassung aus dem militärischen Dienst nach sechzehn Jahren erpreßt hatte, für die Folge wieder abgeschafft.

(79) Darauf wurde im Senat von Arruntius und Ateius darüber Vortrag gehalten, ob man zur Eindämmung der Überschwemmungen des Tiber die Flüsse und Seen, die das Steigen des Wassers verursachen, ableiten solle. Man hörte dazu Abordnungen aus den Landstädten und Kolonien an. Die Florentiner baten, man solle nicht den Clanis[139] aus seinem bisherigen Bett verdrängen und in den Arnus[140] umleiten, was für sie selbst verhängnisvoll werde. Damit stimmten die Bedenken, die die Interamnaten[141] vorbrachten, überein: zugrunde gerichtet würden die fruchtbarsten Gefilde von Italien, wenn der Nar[142] – mit dieser Absicht ging man um –, in einzelne Kanäle aufgeteilt, Hochwasser führe. Auch die Reatiner[143] schwiegen nicht: sie lehnten den Plan ab, den Velinersee[144] an seinem Ausfluß in den Nar abzudämmen, da er in das umliegende Land sich Bahn brechen werde. Am besten habe immer noch für das menschliche Wohl die Natur Vorsorge getroffen, die den Flüssen ihre Mündungen, ihren Lauf und wie ihren Ursprung so auch ihr Ende gegeben habe. Auch müsse man die religiösen Gebräuche der Bundesgenossen[145] berücksichtigen, die Opferdienst, Haine und Altäre den heimischen Flüssen geweiht hätten. Ja, auch der Tiber wolle nicht, gänzlich seiner Nebenflüsse beraubt, mit verminderter Pracht dahinfließen. Mögen nun die Bitten der Kolonien oder die Schwierigkeiten des Unternehmens oder auch religiöse Rücksichten ins Gewicht gefallen sein, man pflichtete bei der Abstimmung dem Cn. Piso bei, der beantragt hatte, nichts zu ändern.

(80) Dem Poppaeus Sabinus[146] wurde die Verwaltung der Provinz Mösien[147] verlängert und Achaia sowie Macedonien[148] hinzugefügt. Auch dies war eine Eigenheit des Tiberius, militärische Befehlshaberstellen zu verlängern und deren Inhaber zum großen Teil lebenslänglich in den gleichen Heeren oder Richterämtern zu belassen. Dafür werden verschiedene Gründe angegeben: die einen sagen, er habe aus Widerwillen

gegen eine neue Sorge das einmal Beschlossene als für alle Zeiten gültig beibehalten, andere wieder, das Motiv sei Neid gewesen; es sollte nicht eine größere Anzahl in den Genuß von solchen Stellen kommen; manche glauben auch, bei aller Schlauheit sei er ängstlich gewesen, wenn er einen Entschluß fassen sollte. Denn auf hervorstechende Tugenden legte er keinen Wert, aber er haßte auch menschliche Unzulänglichkeiten. Von den Besten befürchtete er Gefahr für seine Person, von den Schlechtesten Schande für das Gemeinwesen. Diese Unschlüssigkeit brachte ihn zuletzt so weit, daß er manchen Männern Provinzen übertrug, die er aus der Hauptstadt gar nicht herauslassen wollte.

(81) Über die Konsulwahlen, wie sie jetzt zum ersten Mal unter diesem Princeps und dann auch weiterhin stattfanden, kann ich kaum etwas mit Bestimmtheit behaupten, so widersprechend sind die Angaben, die man ebenso bei den Schriftstellern wie in seinen eigenen Reden findet. Das eine Mal unterschlug er die Namen der Bewerber und machte lediglich Angaben über die Herkunft jedes einzelnen, seinen Lebenslauf und seine Dienstjahre, damit man merke, wer damit gemeint sei; ein andermal ließ er auch diese Andeutungen weg und ermahnte nur die Bewerber, die Wahlen nicht durch Umtriebe zu stören, wobei er versprach, seinerseits für die Aufrechterhaltung der Ordnung zu sorgen. Meistens äußerte er sich dahin, es hätten sich bei ihm nur die Bewerber gemeldet, deren Namen er den Konsuln mitgeteilt habe. Es könnten sich ja auch noch andere melden, sofern sie sich auf ihre Beliebtheit oder ihre Verdienste verlassen könnten. Schön klingende Worte, die in Wirklichkeit nichts besagten oder auch heimtückisch waren und die, je größer das Trugbild der Freiheit war, in das sie gekleidet waren, zu einer um so bittereren Knechtschaft führen sollten.

BUCH II

(1) Unter dem Konsulat von Sisenna Statilius Taurus und 16
L. Libo brachen Unruhen in den Königreichen des Orients n. Chr.
und in den römischen Provinzen aus. Ihren Ausgang nahmen sie bei den Parthern, die den König, den sie von Rom baten und auch erhalten hatten, obwohl er vom Stamm der Arsaciden war, als einen Fremdling ablehnten. Dieser war Vonones, der von Phraates dem Augustus als Geisel gegeben worden war. Denn obgleich Phraates die römischen Heere und ihre Führer zurückgeschlagen hatte, hatte er alle Pflichten der Verehrung Augustus gegenüber erfüllt und einen Teil seiner Kinder zur Bekräftigung der Freundschaft dorthin geschickt, wobei er weniger aus Furcht vor uns handelte als vielmehr aus Mißtrauen gegenüber seinen Landsleuten.

(2) Nach dem Tode des Phraates und der nachfolgenden Könige kamen wegen Bluttaten im Lande Abgeordnete der parthischen Führungsschicht nach Rom, um Vonones, des Phraates ältesten Sohn[1], heimzuholen. Augustus betrachtete dies als eine besondere persönliche Ehrung und stattete ihn mit reichlichen Mitteln aus. Und die Barbaren nahmen ihn freudig auf, wie es die Regel ist, wenn ein neuer Herrscher kommt. Bald aber regte sich ihr Ehrgefühl: die Parther seien entartet, aus einer anderen Welt hätten sie sich ihren König geholt, der von dem Gebaren der Feinde sich habe anstekken lassen. Schon werde der Thron der Arsaciden wie eine römische Provinz behandelt und über ihn verfügt. Wo bleibe der Ruhm derer, die einen Crassus erschlugen, einen Antonius davonjagten, wenn ein Sklave des Caesaren, der so viele Jahre die Knechtschaft erduldet habe[2], über die Parther gebiete. Er selbst schürte noch die Empörung dadurch, daß er im Gegensatz zu den herkömmlichen Gebräuchen selten auf die Jagd ging, sich wenig um Pferde kümmerte, sich in einer Sänfte tragen ließ, wenn er durch die Städte zog, und die ein-

heimischen Schmausereien verachtete. Man spottete auch über sein griechisches Gefolge und darüber, daß er die wertlosesten Gebrauchsgegenstände unter Siegel verschloß. Aber man fand bei ihm ohne weiteres Einlaß und entgegenkommende Freundlichkeit. Das waren bei den Parthern unbekannte Tugenden, die aber als neue Laster galten, und weil sie ihren eigenen Sitten fremd waren, erweckten seine Handlungen gleichen Haß, ob sie verwerflich oder edel waren.

(3) So riefen sie also Artabanus, aus dem Geschlecht der Arsaciden, der bei den Dahern[3] aufgewachsen war, herbei. Zwar wurde er beim ersten Zusammenstoß geschlagen, aber er stellte die Kampfkraft seiner Truppen wieder her und bemächtigte sich des Thrones.

Der besiegte Vonones fand in Armenien Zuflucht, das damals herrenlos zwischen dem Machtbereich der Parther und Römer lag und auf das man sich nicht verlassen konnte wegen der Freveltat des Antonius, der Artavasdes[4], den König der Armenier, unter dem Schein der Freundschaft zu sich gelockt, dann in Ketten gelegt und schließlich umgebracht hatte. Sein Sohn Artaxias, erbittert gegen uns im Gedenken an seinen Vater, sicherte mit der Macht der Arsaciden sich und seinen Thron. Nach der Ermordung des Artaxias durch einen hinterlistigen Anschlag seiner Verwandten gab Augustus den Armeniern Tigranes, der von Tiberius Nero auf den Thron gesetzt wurde[5]. Aber die Herrschaft des Tigranes dauerte nicht lange, auch nicht die seiner Kinder, obwohl sie nach fremdländischer Sitte sich heirateten und gemeinsam die Regierung ausübten.

(4) Dann wurde auf Befehl des Augustus Artavasdes eingesetzt und nicht ohne Verluste unsererseits wieder gestürzt. Darauf wurde C. Caesar[6] dafür ausersehen, die Ordnung in Armenien wiederherzustellen. Er setzte Ariobarzanes, einen gebürtigen Meder, über die Armenier, die damit wegen seiner körperlichen Schönheit und seiner hervorragenden Gesinnung einverstanden waren. Als Ariobarzanes einem Zufall zum Opfer fiel, duldeten sie seine Nachkommen nicht. Sie versuchten es mit der Regierung einer Frau, die Erato hieß;

aber sie wurde bald vertrieben, und die Armenier nahmen, unsicher und ohne festen Halt und mehr herrenlos als frei, den flüchtigen Vonones als ihren Herrscher an. Als aber Artabanus drohte und Vonones bei den Armeniern keine rechte Unterstützung fand, oder für den Fall, daß er durch unsere Macht verteidigt werden sollte, ein Krieg gegen die Parther in Kauf zu nehmen war, da beschied ihn der Statthalter von Syrien, Creticus Silanus[7], zu sich und stellte ihn unter Bewachung, während er ihm seine üppige Lebensweise und den Königstitel beließ. Mit welchen Mitteln nun Vonones diesem üblen Spiel, das man mit ihm trieb, zu entrinnen versucht hat, darüber werde ich am gegebenen Ort berichten[8].

(5) Übrigens kam es dem Tiberius nicht ungelegen, daß im Orient Unruhen ausbrachen. Er wollte unter diesem Vorwand Germanicus von seinen vertrauten Legionen entfernen und ihn über neue Provinzen setzen, um ihn so der Hinterlist und zugleich gefährlichen Zufällen auszusetzen. Doch je lebhafter sich ihm die Sympathien der Soldaten zuwandten und je stärker die Abneigung seines Oheims gegen ihn wuchs, um so mehr war er darauf bedacht, den Sieg zu beschleunigen. Und so beschäftigte er sich mit Plänen für kommende Schlachten und mit all den schrecklichen oder auch glücklichen Ereignissen während der verflossenen zwei Kriegsjahre: Die Germanen werden in der offenen Feldschlacht und auf normalem Gelände besiegt, aber es kommen ihnen zustatten Wälder und Sümpfe, ein kurzer Sommer und ein frühzeitiger Winter. Seine eigenen Mannschaften leiden nicht so sehr durch Verwundungen als durch weite Märsche und die Einbuße von Waffen. Gallien sei erschöpft durch die Lieferung von Pferden. Die lange Troßkolonne verlocke zu Überfällen und könne nur schwer verteidigt werden. Wenn er jedoch auf das Meer gehe, habe er auf diesem Gebiet freie Bahn, während sich die Feinde dort nicht auskennen. Zugleich könne man den Krieg früher beginnen und die Legionen gleichzeitig mit dem Nachschub befördern. Ungeschwächt werde die Reiterei mit ihren Pferden nach dem Transport von den

Flußmündungen aus auf dem Wasserweg mitten nach Germanien gelangen.

(6) Diese Erwägungen bestimmten ihn nun zu folgenden Maßnahmen. P. Vitellius[9] und C. Antius wurden abgeschickt, um die Steuererhebung in Gallien durchzuführen. Indessen erhielten Silius, Anteius und Caecina den Auftrag, eine Flotte zu bauen. Tausend schleunigst gebaute Schiffe schienen ausreichend zu sein. Ein Teil war kurz mit schmalem Vorder- und Hinterdeck und weitem Bauch, um leichter der Flut standzuhalten. Manche hatten platte Kiele, um ohne Beschädigung auf Grund laufen zu können; eine größere Anzahl war mit Steuerrudern vorn und hinten ausgerüstet, um die Ruder plötzlich wenden und mit der einen oder anderen Seite landen zu können. Viele hatten Brückenüberbauten, auf denen man Geschütze bewegen konnte. Sie waren zugleich für den Transport von Pferden oder Kriegsbedarf geeignet. Mit leicht zu handhabendem Segelwerk und mit schnellbeweglichen Rudern ausgerüstet, wuchsen sie dank dem freudigen Einsatz der Soldaten heran und boten einen furchterregenden Anblick. Die Insel der Bataver[10] war als Sammelpunkt bestimmt wegen ihrer guten Landemöglichkeiten und weil sie sich zur Aufnahme von Vorräten und zur Verlegung des Kriegsschauplatzes eignete. Denn der Rhein, der bis dorthin in einem einheitlichen Strombett fließt oder nur um kleine Inseln sich herumwindet, teilt sich bei seinem Eintritt in das Bataverland gleichsam in zwei Flüsse, aber behält auf der germanischen Seite seinen Namen wie auch seine starke Strömung bei, bis er sich mit dem Ozean vereinigt. An dem gallischen Ufer fließt er breiter und ruhiger (mit geändertem Namen nennen ihn die Anwohner Vahalis[11]), dann vertauscht er auch diesen Namen mit dem Flusse Mosa[12], und mit ihm zusammen mündet er in gewaltiger Breite in den Ozean.

(7) Aber während die Schiffe herangeführt wurden, befahl Germanicus dem Legaten Silius, mit einer leicht beweglichen Truppe in das Land der Chatten einzufallen. Er selbst führte auf die Nachricht, das an dem Flusse Lupia angelegte Kastell werde belagert, sechs Legionen dorthin. Doch konnte Silius

wegen plötzlicher Regenfälle nichts weiter ausrichten. Er konnte nur unbedeutende Beute und die Gattin des Chattenfürsten Arpus mit ihrer Tochter entführen. Und auch dem Caesar gaben die Belagerer keine Gelegenheit zu einem Kampfe. Sie verschwanden bei der Kunde von seinem Erscheinen. Jedoch hatten sie den erst kürzlich für die Legionen des Varus errichteten Grabhügel und einen früher für Drusus gebauten Altar zerstört. Diesen stellte der Princeps wieder her und veranstaltete selbst an der Spitze der Legionen einen Vorbeimarsch. Den Hügel zu erneuern hielt er nicht für angebracht. Das ganze Gebiet zwischen dem Kastell Aliso[13] und dem Rhein wurde mit neuen Grenzwegen und Dämmen befestigt.

(8) Schon war die Flotte angekommen. Der Caesar hatte die Verpflegung vorausgesandt, die Legionen und die Bundesgenossen auf die Schiffe verteilt und war in den nach Drusus genannten Kanal[14] eingelaufen, wobei er zu seinem Vater Drusus betete, er möge ihm, da er jetzt das gleiche Wagnis auf sich nehme, huldreich und gnädig mit seinem Vorbild und dem Gedenken an seine Maßnahmen und Bauten zur Seite stehen. Von hier aus fuhr er durch die Seen und den Ozean bis zur Amisia in günstiger Fahrt. Die Flotte blieb in dem linken Flußbett der Amisia[15] zurück. Dabei beging er den Fehler, daß er sie nicht flußaufwärts fahren ließ. Er brachte die Truppe über den Fluß hinüber, da sie in die rechts gelegenen Gebiete marschieren sollte. So wurden mehrere Tage auf den Bau von Brücken verwendet. Die Reiterei und die Legionen zogen zwar unerschrocken durch die ersten Niederungen, solange die Flut noch nicht stieg, jedoch die Nachhut, die aus Hilfstruppen bestand, einschließlich der dazugehörigen Bataver, kam, als sie in das Wasser sprangen und ihre Schwimmkunst zeigten, in Unordnung, wobei auch einige ertranken. Während der Caesar ein Lager abstecken ließ, wurde ihm der Aufstand der Angrivarier[16] in seinem Rücken gemeldet: er schickte Stertinius mit Reiterei und einer leichtbewaffneten Truppe sofort dahin und bestrafte mit Feuer und Schwert die Treulosigkeit.

(9) Der Strom Visurgis floß zwischen den Römern und Cheruskern. An ihrem Ufer stellte sich Arminius mit den anderen Häuptlingen auf und fragte, ob Germanicus gekommen sei. Als er die Antwort erhielt, er sei da, bat er um die Erlaubnis, mit seinem Bruder zu sprechen. Dieser befand sich bei dem römischen Heer, wo er den Beinamen Flavus führte, sich durch Treue auszeichnete und wenige Jahre vorher unter der Heerführung des Tiberius durch eine Verwundung ein Auge verloren hatte. Die Erlaubnis wurde erteilt; er trat vor und wurde von Arminius begrüßt. Dieser schickte sein Gefolge weg und verlangte, daß die an unserem Ufer aufgestellten Bogenschützen sich entfernen. Als dies geschehen war, fragte er seinen Bruder, wovon sein entstelltes Gesicht herrühre. Als ihm dieser den Ort und die Schlacht angab, fragte er weiter, was er denn für eine Belohnung erhalten habe. Flavus wies auf eine Erhöhung des Soldes, auf eine Halskette, auf einen Ehrenkranz sowie auf andere militärische Geschenke hin, die Arminius als armseligen Sklavenlohn verspottete.

(10) Dann entspann sich ein Wortwechsel: der eine sprach von der Größe Roms, von der Macht des Caesars und der schweren Bestrafung, die die Besiegten zu erwarten hätten, während dem, der sich unterwerfe, Milde zuteil werde. Weder seine Gattin noch sein Sohn werde als Feind behandelt. Der andere sprach von der heiligen Pflicht gegenüber dem Vaterland, von der von den Vätern ererbten Freiheit, von den heimischen Göttern Germaniens, von der Mutter, die sich seinen Bitten anschließe. Er solle nicht zum abtrünnigen Verräter an seinen ferneren und näheren Verwandten, ja an seinem eigenen Volke, vielmehr dessen Heerführer werden. Dann kam es allmählich zu einer richtigen Zankerei, und nicht einmal der Fluß, der sie trennte, hätte sie daran gehindert, miteinander handgemein zu werden, wenn nicht Stertinius herbeigeeilt wäre und Flavus, der wutentbrannt Waffen und ein Pferd forderte, festgehalten hätte. Auf der Gegenseite sah man Arminius, der unter Drohungen eine Schlacht ankündigte. Dabei gebrauchte er sehr viele lateinische Aus-

drücke. Er hatte ja im römischen Feldlager als Führer seiner Landsleute gedient.

(11) Am folgenden Tage stand das Heer der Germanen jenseits des Visurgis in Schlachtordnung. Der Caesar glaubte, einem Feldherrn stehe es nicht an, die Legionen ohne Rückhalt von Brücken und ohne deren Sicherung einem entscheidenden Kampf auszusetzen, und schickte daher seine Reiterei durch eine Furt über den Fluß. Stertinius und Aemilius, ein Primipilar, befehligten sie. Sie griffen an getrennnten Stellen an, um den Feind zur Teilung seiner Truppen zu veranlassen. Wo die Strömung am reißendsten war, ging der Führer der Bataver, Chariovalda, über den Fluß und stürmte vor. Ihn lockten die Cherusker, die zum Schein flohen, in eine Ebene, die rings von Bergwald umgeben war. Dann brachen sie hervor, stürmten von allen Seiten auf den Gegner ein, warfen ihn, wo er Widerstand leistete, zurück, verfolgten die Weichenden und, wenn diese kreisförmig sich zusammenschlossen, trieben sie sie teils im Nahkampf, teils im Fernkampf vor sich her. Chariovalda, der lange Zeit dem wilden Ansturm der Feinde standgehalten hatte, ermahnte seine Leute, durch die anstürmenden Scharen mit geballten Kräften durchzubrechen. Er selbst stürzte sich auf den Feind, wo dieser am dichtesten stand, und sank unter einem Hagel von Geschossen von dem durchbohrten Pferd; eine große Anzahl der Edelleute fiel rings um ihn. Den Rest rettete aus der gefährlichen Lage eigene Kraft oder die Hilfe der Reiterei, die unter Stertinius und Aemilius herbeieilte.

(12) Der Caesar ging über den Visurgis und erfuhr durch die Aussage eines Überläufers den von Arminius ausersehenen Kampfplatz. Auch andere Stämme hätten sich in dem dem Hercules[17] geweihten Wald versammelt und würden es wagen, bei Nacht zum Sturm auf das Lager anzutreten. Man schenkte dieser Aussage Glauben, und wirklich erblickte man Lagerfeuer. Kundschafter, die sich näher heranschlichen, meldeten, man höre das Wiehern von Pferden und das dumpfe Geräusch einer riesigen, ungeordneten Marschkolonne. Weil eine entscheidende Schlacht bald zu erwarten war, glaubte

nun der Caesar, die Stimmung der Soldaten erforschen zu sollen, und überlegte bei sich, wie er diese unverfälscht feststellen könne. Die Meldungen der Tribunen und Centurionen seien öfters nur darauf berechnet, erfreulich zu wirken, ohne den tatsächlichen Feststellungen zu entsprechen, die Freigelassenen zeigen eine Knechtsgesinnung, und den Freunden[18] sei kriecherisches Benehmen eigen. Wenn man eine Soldatenversammlung einberufe, würden auch dort einigen wenigen, die den Ton angeben, alle übrigen lärmenden Beifall zollen. Man müsse ihre Gedanken gründlich kennenlernen, und zwar, wenn sie unter sich und ohne Aufsicht bei dem Soldatenessen offen ihren Hoffnungen oder Befürchtungen Ausdruck geben.

(13) Bei Beginn der Nacht verließ er das Feldherrnzelt und ging heimlich, ohne daß die Wachen es bemerkten, mit einem einzigen Begleiter, einen Pelz um die Schultern, zu den Lagerstraßen, blieb an den Zelten stehen und erfreute sich des Lobes, das er zu hören bekam: der eine pries den Adel des Heerführers, der andere seine stattliche Erscheinung, die meisten seine Ausdauer und seine Leutseligkeit, sein im Ernst und im Scherz gleichbleibendes Wesen, und sie sprachen offen aus, man müsse in der Schlacht den schuldigen Dank abstatten und zugleich die Treulosen und Vertragsbrüchigen der Rache und dem eigenen Ruhm opfern. Inzwischen ritt einer der Feinde, der der lateinischen Sprache mächtig war, an den Wall heran und versprach jedem Überläufer im Namen des Arminius mit lauter Stimme Frauen und Ländereien und für die Dauer des Krieges täglich hundert Sesterzen. Dieses schmachvolle Angebot entflammte den Zorn der Soldaten. Man möge es nur erst Tag werden und die Waffen sprechen lassen. Nehmen werden sich die Soldaten das Land der Germanen und fortschleppen ihre Frauen. Sie nehmen das gute Vorzeichen an: die Ehefrauen und das Geld der Feinde seien die Beute, die sie sich nehmen werden. Etwa um die dritte Nachtwache stürmte der Feind gegen das Lager heran; doch kam es zu keinem Geschoßwechsel. Die Feinde hatten gemerkt, daß vorn auf den Befestigungen zahlreiche Kohorten standen und nichts versäumt war.

(14) Die gleiche Nacht brachte dem Germanicus ein beglückendes Traumgesicht. Er sah sich mit dem Opfer beschäftigt und hatte für seine blutbespritzte Praetexta aus den Händen seiner Großmutter Augusta eine andere schönere erhalten. Durch dieses Vorzeichen in gehobene Stimmung versetzt, berief er, da auch die Auspizien günstig ausfielen, die Soldaten zur Versammlung und legte die Maßnahmen dar, die er, wohl überlegt, als geeignet für den bevorstehenden Kampf getroffen habe. Nicht nur auf ebenem Gelände könne der römische Soldat mit Erfolg kämpfen, sondern auch in Wäldern und auf bewachsenen Höhen, wenn man nur den Verstand walten lasse. Denn die riesigen Schilde der Barbaren und ihre gewaltigen Lanzen lassen sich zwischen den Baumstämmen und dem Unterholz keineswegs so gut handhaben wie die Speere und Schwerter der Römer und ihre am Körper eng anliegende Rüstung. Sie sollten unentwegt draufschlagen und mit den Schwertspitzen auf das Gesicht zielen. Die Germanen hätten keine Panzer, keine Helme, auch ihre Schilde seien nicht mit Eisen oder Leder verstärkt, sondern nur ein Weidengeflecht oder ein dünnes, mit Farbe bestrichenes Brett. Die erste Reihe sei einigermaßen mit Lanzen ausgerüstet, aber alle übrigen hätten nur vorn im Feuer gehärtete kurze Lanzen. Äußerlich machen sie zwar einen grimmigen Eindruck, auch entwickeln sie einen beachtlichen, aber rasch erlahmenden Angriffsschwung, und wenn sie verwundet werden, seien sie zum Widerstand unfähig. Ohne Gefühl für Ehre und Schande, ohne sich um ihre Führer zu kümmern, laufen sie weg, fliehen davon, furchtsam im Unglück, im Glück nicht göttliches, nicht menschliches Recht achtend. Wenn sie der Märsche und der Seefahrten müde seien und ein Ende wünschten, so werde es diese Schlacht bringen. Schon seien sie der Elbe näher als dem Rhein, weiterhin sei kein Krieg mehr zu führen, wenn sie nur ihm, der den Spuren seines Vaters und Oheims folge, in eben diesem Lande zum Siege verhelfen.

(15) Die Rede des Heerführers erweckte bei den Soldaten begeisterte Kampfstimmung, und das Zeichen zur Schlacht wurde gegeben.

Auch Arminius und die übrigen Häuptlinge der Germanen unterließen es nicht, ihren Leuten zu versichern, hier habe man es mit den Römern des Varusheeres zu tun, die so ausgezeichnet zu fliehen verstehen und die, um keinen Krieg auf sich nehmen zu müssen, sich auf Meuterei verlegt hätten. Ein Teil von ihnen habe den Rücken voller Wunden, einem andern hätten die Sturmfluten die Glieder zerschunden, mit denen sie sich nun wieder ihren erbitterten Feinden und den ungnädigen Göttern ohne irgendwelche Aussicht auf Erfolg entgegenstellen. Sie hätten es mit der Flotte versucht und sich auf die entlegenen Bahnen des Ozeans begeben, damit niemand ihnen, wenn sie kommen, entgegentrete und niemand, wenn sie geschlagen würden, ihnen auf den Fersen bleibe. Aber sobald es zum Handgemenge komme, setzten sie als Besiegte vergeblich ihre Hoffnung auf die Hilfe von Winden und Rudern. Sie sollten nur an ihre Habsucht, ihre Grausamkeit und ihren Hochmut denken: bleibe ihnen da noch etwas anderes übrig, als entweder ihre Freiheit zu behaupten oder zu sterben, ehe man sie zu Sklaven mache.

(16) Als sie so begeistert die Schlacht forderten, führte man sie auf ein freies Feld, namens Idistaviso[19], hinunter. Dieses liegt in der Mitte zwischen dem Visurgis und den Hügeln und zieht sich in ungleichen Krümmungen hin, je nachdem die Ufer des Flusses zurücktreten oder Bergvorsprünge sich vorschieben. Im Rücken der Germanen zog sich an einer Anhöhe ein Wald hinauf mit hohen Baumkronen, während zwischen den Stämmen nackter Boden war. Die Ebene und den Waldrand hatte das barbarische Heer besetzt. Nur die Cherusker standen oben auf der Höhe, um während des Kampfes sich von oben auf die Römer zu stürzen. Unser Heer marschierte in folgender Gliederung: an der Spitze die gallischen und germanischen Hilfstruppen, hinter ihnen die Bogenschützen zu Fuß. Dann kamen vier Legionen und mit zwei Prätorianerkohorten sowie auserlesener Reiterei der Caesar, darauf die anderen vier Legionen und die leichtbewaffnete Truppe mit den berittenen Bogenschützen und die restlichen Kohorten der Bundesgenossen. Kampfbereit

waren die Soldaten, darauf bedacht, daß sich der Aufmarsch aus der Kolonne zur Schlacht in Ordnung vollziehe.

(17) Als Germanicus die Scharen der Cherusker, die mit wildem Ungestüm hervorgestürmt waren, erblickte, befahl er dem Kern seiner Reiterei, sie in der Flanke zu fassen, dem Stertinius mit den übrigen Reiterabteilungen eine Umgehungsbewegung zu machen und dem Feind in den Rücken zu fallen. Er selbst werde zu gegebener Zeit zur Stelle sein. Inzwischen lenkte ein herrliches Vorzeichen, acht Adler, die man auf die Wälder zu und dann in sie hineinfliegen sah, die Aufmerksamkeit des Oberfeldherrn auf sich. Er rief: „Los! Folget den Vögeln Roms, den Schutzgeistern der Legionen!“ Zugleich ging das Fußvolk zum Angriff über, und die vorausgeschickte Reiterei drang im Rücken und auf den Flanken ein. Und — es klingt seltsam — zwei feindliche Heere flohen in entgegengesetzter Richtung, die Truppe, die den Wald besetzt hatte, rannte in das offene Gelände, diejenige, die in der Ebene Aufstellung genommen hatte, in den Wald. Mitten zwischen ihnen wurden die Cherusker von den Hügeln heruntergeworfen. In ihren Reihen suchte Arminius, deutlich erkennbar, durch persönlichen Einsatz, durch Zurufe und selbst verwundet, die Schlacht zum Stehen zu bringen. Er war auf unsere Bogenschützen eingedrungen und wäre hier durchgebrochen; doch warfen sich ihm die Kohorten der Räter, Vindelicier und Gallier entgegen. Aber dank seiner Körperkraft, mit der er sich Bahn brach, und seinem feurigen Pferde schlug er sich durch. Er hatte, um nicht erkannt zu werden, mit seinem eigenen Blute sich das Gesicht verschmiert. Manche haben überliefert, er sei von den Chaucen, die bei den römischen Hilfstruppen dienten[20], erkannt und durchgelassen worden. Gleiche Tapferkeit — oder List — ermöglichte auch dem Inguiomerus das Entrinnen. Die anderen wurden, wo man sie traf, niedergemacht; sehr viele fanden bei dem Versuch, über den Visurgis zu schwimmen, unter dem Geschoßhagel oder in der starken Strömung des Flusses, zuletzt dadurch, daß die Menschenmassen übereinander stürzten und das Ufer einbrach, den Tod. Einige

kletterten in schmählicher Flucht ganz oben auf die Bäume hinauf, wo sie sich in den Zweigen zu verstecken suchten und von herbeigeholten Pfeilschützen zur Kurzweil heruntergeschossen wurden.

(18) Groß war dieser Sieg und hatte uns kein Blut gekostet. Von der fünften Stunde des Tages bis zur Nacht dauerte das Morden, und auf einer Strecke von zehn Meilen war der Boden mit erschlagenen Feinden und Waffen bedeckt. Dabei fand man unter der Waffenbeute auch die Ketten, die sie, an ihren Erfolgen nicht zweifelnd, für die Römer mitgebracht hatten. Die Soldaten riefen Tiberius auf dem Schlachtfeld zum Imperator aus und errichteten einen Erdhügel, auf den sie nach Art von Siegesdenkmälern die erbeuteten Waffen legten und unten die Namen der besiegten Völkerschaften anbrachten.

(19) Nicht ihre Wunden, nicht ihre Trauer, nicht die Vernichtung ihrer Truppen schmerzte und erbitterte die Germanen so sehr wie dieser Anblick. Sie, die eben noch Anstalten trafen, ihre Wohnsitze zu verlegen und über die Elbe sich zurückzuziehen, wollten nun kämpfen, griffen eilends zu den Waffen. Volk und Adel, alte und junge Leute stürzten sich plötzlich auf die römische Marschkolonne und brachten sie in Verwirrung. Zuletzt suchten sie sich einen Kampfplatz aus, der von Fluß und Wald umschlossen war und in dem sich eine schmale, sumpfige Fläche befand. Auch um das Waldgebiet zog sich ein tiefer Sumpf, nur eine Seite hatten die Angrivarier durch einen breiten Damm erhöht, der die Grenzlinie zu den Cheruskern bilden sollte[21]. Hier ging das Fußvolk in Stellung. Die Reiterei nahm in den nahe gelegenen Lichtungen Deckung, um den Legionen, sobald sie in den Wald einmarschiert seien, in den Rücken zu fallen.

(20) Dem Caesar blieb von diesen Maßnahmen nichts verborgen. Er kannte die Absichten und die Stellungen der Feinde, ob sie nun offen vor Augen lagen oder verborgen waren, und ihre schlauen Berechnungen suchte er in ihr Verderben zu verwandeln. Dem Legaten Seius Tubero[22] übergab er die Reiterei und wies ihm das ebene Feld zu. Das

Fußvolk stellte er so zum Kampf auf, daß ein Teil auf ebenem Gelände an den Wald heranrücken und in ihn einmarschieren und der andere den vor ihnen liegenden Erdwall erklimmen sollte. Diese schwierige Aufgabe behielt er sich persönlich vor, alles übrige überließ er den Legaten. Diejenigen, denen das ebene Gelände zugewiesen war, brachen mühelos in den Wald ein; diejenigen jedoch, die den Erdwall zu erstürmen hatten, hatten, wie wenn sie an eine Mauer heranrückten, unter einer schweren Beschießung von der Mauer herab zu leiden. Der Heerführer erkannte, wie ungleich dieser Nahkampf war. Er zog daher die Legionen ein wenig zurück und befahl den Schleuderern und Wurfschützen, ihre Geschosse zu werfen und den Feind vom Wall zu vertreiben. Von den Geschützen wurden Speere abgeschossen, und je sichtbarer die Verteidiger waren, mit um so größeren Verlusten wurden sie heruntergeworfen. An der Spitze seiner Prätorianerkohorten eroberte der Caesar den Wall und trat zum Sturmangriff auf den Wald an, wo man Mann gegen Mann rang. Den Feind riegelte im Rücken der Sumpf, die Römer der Fluß oder die Berge ab. Beide Teile mußten unbedingt ihre Stellung behaupten, sie konnten nur auf ihren Mannesmut sich verlassen und nur von einem Sieg Rettung erhoffen.

(21) Nicht geringerer Mut beseelte die Germanen. Aber durch ihre Kampfweise und durch die Art ihrer Waffen waren sie unterlegen. Die große Menschenmasse konnte in dem engen Raum ihre überlangen Lanzen weder vorstrecken noch zurückziehen und ihre körperliche Behendigkeit auch nicht zum Anrennen auf den Feind ausnützen, da sie zum Kampf auf einem festen Standort gezwungen war. Dagegen stachen die römischen Soldaten, ihre Schilde eng an die Brust gepreßt und mit der Hand fest den Schwertgriff umfassend, auf die breiten Gliedmaßen der Barbaren und auf ihre ungeschützten Gesichter ein und bahnten sich über die Leichen der Feinde den Weg, während es Arminius infolge der andauernden Kämpfe an Tatkraft fehlen ließ; vielleicht war er auch durch seine frische Verwundung gehemmt. Ja, auch

den Inguiomerus, der auf dem ganzen Schlachtfeld umherflog, verließ weniger der Mannesmut als vielmehr das Glück. Germanicus hatte, um besser erkannt zu werden, seine Kopfbedeckung abgenommen und bat seine Leute, mit dem Morden nicht einzuhalten. Man brauche keine Gefangenen zu machen, nur die Vernichtung des Stammes werde dem Krieg ein Ende setzen. Es war schon spät am Tage, als er eine Legion von dem Kampfplatz abrücken ließ, um ein Lager zu schlagen. Die übrigen sättigten sich bis zum Eintritt der Nacht an dem Blut der Feinde. Der Kampf der Reiterei brachte keine Entscheidung.

(22) Der Caesar lobte vor versammelter Mannschaft die Sieger und ließ eine Waffenpyramide errichten mit der stolzen Aufschrift: „Nach Niederkämpfung der Völkerschaften zwischen Rhein und Elbe hat das Heer des Tiberius Caesar dieses Erinnerungsmal dem Mars und Iuppiter und Augustus geweiht.“ Über sich selbst fügte er nichts hinzu. Entweder fürchtete er sich vor dem Neid, oder er glaubte, er könne zufrieden sein mit dem Bewußtsein seiner Leistung. Dann übertrug er die Kriegführung gegen die Angrivarier dem Stertinius für den Fall, daß sie sich nicht beschleunigt unterwerfen würden. Da sie demütig baten und sich mit allen Bedingungen einverstanden erklärten, wurde ihnen auch alles verziehen.

(23) Aber da es bereits Hochsommer war, wurde ein Teil der Legionen auf dem Landmarsch in die Winterquartiere zurückgeschickt. Den größeren Teil schiffte der Caesar ein und fuhr mit ihm auf der Amisia in den Ozean. Anfangs war die See noch ruhig; sie rauschte unter dem Ruderschlag von tausend Schiffen oder wogte auf, wenn die Segel aufgezogen wurden. Bald aber ging ein Hagelschauer aus einer schwarzen Wolkenwand nieder, und zugleich brausten von allen Seiten heftige Böen heran, unberechenbare Flutwellen nahmen die Sicht und hinderten die Steuerung der Schiffe. Von den verzagten Mannschaften, die mit der Seefahrt nicht vertraut waren, wurden die Seeleute, denen sie unsachgemäß helfen wollten, gestört. Und sie machten so den sachkundigen

Matrosen ihre Verrichtungen unmöglich. Dann wurde über den ganzen Himmel und das ganze Meer der Südwind Herr. Er führte von den feuchtdunstigen Ländern Germaniens und den tiefen Flüssen gewaltige Wolkenmassen mit Macht heran, und die Kälte des nahen Nordens machte ihn noch schrecklicher. Und so riß er die Schiffe fort und verschlug sie auf den offenen Ozean oder ließ sie an Inseln, die mit ihren schroffen Klippen oder verborgenen Untiefen gefährlich waren, stranden. War man diesen mit knapper Not und Mühe ausgewichen, so konnte man nachher, als die Flut wechselte und sich in der Windrichtung bewegte, die Schiffe nicht mehr fest verankern und auch nicht die hereinbrechenden Wassermassen ausschöpfen. Pferde, Zugtiere, Gepäck, sogar Waffen wurden über Bord geworfen, um den Schiffsraum zu entlasten, in den das Wasser durch die Bordwände eindrang und die Fluten von oben her hereinstürzten.

(24) Je stürmischer der Ozean als jedes andere Meer und das Wetter Germaniens grimmiger ist als anderwärts, um so mehr hob sich jenes, noch nie erlebte Unglück durch sein Ausmaß heraus; ringsum waren die Gestade in den Händen der Feinde oder das Meer so unermeßlich und unergründlich, daß man glaubte, man sei am Ende der Welt und hinter ihm komme kein Land mehr. Ein Teil der Schiffe ging unter, die Mehrzahl strandete an weiter entfernt gelegenen Inseln, wo die Leute, da dort keine Menschen wohnten, verhungerten, mit Ausnahme derer, die sich mit dem Fleisch der ebenfalls an das Land geschwemmten Pferde am Leben erhielten. Nur der Dreiruderer des Germanicus landete im Gebiet der Chaucen. In allen diesen Tagen und Nächten stand er bei den Klippen und Küstenvorsprüngen und rief, er sei an diesem vernichtenden Unglück schuld, wobei er von seinen Freunden nur mit Mühe davon zurückgehalten werden konnte, in dem gleichen Meere den Tod zu suchen. Als endlich die Flut zurückging und ein günstiger Wind aufkam, fanden sich die Schiffe, beschädigt und mit spärlichem Ruderwerk oder mit ausgespannten Tüchern, einige auch im Schlepptau von stärkeren, wieder ein. Diese ließ er beschleunigt wieder instand setzen

und schickte sie aus, um die Inseln abzusuchen. Dank dieser fürsorglichen Maßnahme wurden sehr viele Leute wieder zusammengeholt. Viele wurden auch durch die Angrivarier, die sich kürzlich unterworfen hatten, von den tiefer im Binnenland wohnenden Stämmen losgekauft und zurückgegeben. Einige, die nach Britannien verschleppt waren, wurden von den dortigen Fürsten zurückgeschickt. Wer aus weiter Ferne zurückgekehrt war, erzählte Wundergeschichten von gewaltigen Wirbelwinden und von Vögeln, von denen man noch nie vernommen habe, von Meerungeheuern und von Zwittergeschöpfen aus Mensch und Tier, mögen sie diese nun wirklich gesehen oder in der Angst es sich nur eingebildet haben.

(25) Aber die Kunde von dem Verlust der Flotte ermutigte einerseits die Germanen dazu, ihre Hoffnung auf den Krieg zu setzen, andererseits den Caesar, Gegenmaßnahmen zu treffen. Dem C. Silius befahl er mit dreißigtausend Mann zu Fuß und dreitausend Reitern in das Land der Chatten zu ziehen. Er selbst brach mit noch größerer Truppenmacht in das Gebiet der Marser ein, deren Führer Mallovendus erst kürzlich sich unterworfen hatte und nun aussagte, in einem nahen Hain sei der Adler einer varianischen Legion vergraben und werde nur schwach bewacht. Sofort wurde eine Abteilung abgeschickt, den Feind von vorne zu einem Kampf herauszulocken, während andere ihn im Rücken umgehen und den Adler ausgraben sollten. Beiden Abteilungen stand das Glück zur Seite. Um so entschlossener setzte der Caesar den Marsch in das Innere des Landes fort, plünderte und brandschatzte, ohne daß sich der Feind zu stellen wagte; wo er Widerstand leistete, wurde er sofort geschlagen und, wie man von den Gefangenen erfuhr, wie nie zuvor in Schrecken versetzt. Denn sie erklärten, unbesiegbar und durch keine Schicksalsschläge bezwingbar seien die Römer, die nach Vernichtung ihrer Flotte, nach dem Verlust ihrer Waffen, nachdem die Gestade mit den Leichen von Pferden und Mannschaften bedeckt gewesen seien, mit dem gleichen Angriffsgeist und scheinbar mit vermehrter Truppenmacht in das Land eingebrochen seien.

(26) Dann wurden die Truppen in die Winterquartiere zurückgeführt. Sie waren in froher Stimmung, da das Mißgeschick zur See durch die erfolgreiche Unternehmung zu Lande aufgewogen worden war. Und diese Stimmung erhöhte noch Germanicus durch Freigebigkeit: er ersetzte jedem seinen Schaden in der Höhe, die er angegeben hatte. Auch hielt man es für unzweifelhaft, daß der Widerstand der Feinde ins Wanken komme und sie sich mit der Absicht tragen, um Frieden zu bitten. Der Krieg könne beendigt werden, wenn man noch den nächsten Sommer hinzu nähme. Aber Tiberius mahnte Germanicus in wiederholten Briefen, er solle zur Feier des bewilligten Triumphes zurückkehren: es sei genug der Erfolge, genug der Mißerfolge. Germanicus könne auf erfolgreiche und große Kämpfe zurückblicken. Er möge auch an all die schweren Verluste denken, die Stürme und Fluten verursacht hätten, für die zwar den Führer keine Schuld treffe, die aber doch schwer und schrecklich seien. Er selbst sei neunmal von dem vergöttlichten Augustus nach Germanien geschickt worden[23] und habe dort mehr durch kluges als durch gewaltsames Vorgehen erreicht. So hätten sich die Sugambrer unterworfen, so habe man die Sueben und den König Maroboduus[24] durch einen Frieden verpflichtet. Auch könne man die Cherusker und die übrigen aufrührerischen Völkerschaften, da man ja der Rache Roms genuggetan habe, ihren inneren Zwistigkeiten überlassen. Als Germanicus um ein weiteres Jahr bat, um seine Unternehmungen zu Ende zu führen, appellierte er noch nachdrücklicher an seine Loyalität, indem er ihm ein zweites Konsulat anbot, das er persönlich in Rom antreten solle[25]. Daran knüpfte er die Bemerkung, wenn man weiterhin Krieg führen müsse, so solle er die Gelegenheit, Ruhm zu erwerben, seinem Bruder Drusus zubilligen, der, da es jetzt außer in Germanien keinen Feind mehr gebe, nur dort den Imperatortitel erlangen und den Lorbeer[26] sich holen könne. Germanicus zögerte nun nicht weiter, obgleich er merkte, daß dies alles nur vorgetäuscht sei und ihm aus Neid der bereits errungene Ruhm entrissen werde.

(27) Um die gleiche Zeit wurde Libo Drusus, der zu der Familie des Scribonier gehörte[27], angezeigt, er gehe mit Umsturzabsichten um. Ich will von diesem Handel Beginn, Verlauf und Ende genauer erörtern, weil damals zuerst die Machenschaften aufkamen, die dann so viele Jahre das Gemeinwesen zerfraßen. Der Senator Firmius Cato, einer der vertrautesten Freunde des Libo, trieb den unvorsichtigen, leerem Gerede leicht zugänglichen Jüngling den Chaldäern mit ihren Versprechungen und den Magiern mit ihren heiligen Gebräuchen, ja sogar Traumdeutern in die Arme, wobei er ihn auf seinen Urgroßvater Pompeius, seine Großtante Scribonia, die einst die Gattin des Augustus gewesen war, seine Vettern, die Caesaren[28], und auf sein mit Ahnenbildern volles Haus hinwies und ihn zu einer verschwenderischen Lebenshaltung und zum Schuldenmachen verführte. Dabei beteiligte er sich an seinen Ausschweifungen und an seinen Geldgeschäften, damit er um so mehr ihn belastendes Anzeigenmaterial zur Verfügung habe.

(28) Als er eine genügende Anzahl von Zeugen und auch von Sklaven, die die entsprechenden Aussagen machen würden, gefunden hatte, bat er um eine Audienz bei dem Princeps, nachdem er auf die Beschuldigung und den Beschuldigten durch Vermittlung des römischen Ritters Flaccus Vesularius, der in näherem Verkehr mit Tiberius stand, aufmerksam gemacht hatte. Tiberius wies die Anzeige nicht zurück, war aber für eine persönliche Begegnung nicht zu haben. Es könnten ja durch Vermittlung eben dieses Flaccus die Gespräche fortgesetzt werden. Und inzwischen zeichnete er Libo durch Verleihung der Prätur aus, zog ihn zu seiner Tafel bei, ohne ihm eine ungnädige Miene zu zeigen oder in seinen Worten eine besondere Erregung zu verraten. So tief hatte er seinen Zorn in seinem Inneren verborgen, und obwohl er alle Äußerungen und Handlungen Libos verhindern konnte, wollte er sie lieber kennenlernen. Und dies ging so lange, bis ein gewisser Iunius, dem Libo zugemutet hatte, die Schatten aus der Unterwelt durch Zaubersprüche heraufzubeschwören, bei Fulcinius Trio Anzeige erstattete. Trios Ta-

lent als Ankläger war berühmt, und er hatte eine wahrhafte Gier, in einen schlechten Ruf zu kommen. Sofort stürzte er sich auf den Angeklagten, ging zu den Konsuln und verlangte eine Untersuchung durch den Senat. Und wirklich wurden die Väter einberufen mit der Ankündigung, es handle sich um die Beratung eines schwerwiegenden, schrecklichen Falles.

(29) Libo legte indessen Trauerkleidung an, machte mit Frauen aus den ersten Kreisen in den Häusern Besuche, bat seine Verwandten und forderte, sie möchten angesichts seiner bedrohlichen Lage für ihn Fürsprache einlegen. Aber alle lehnten dies ab, wobei sie verschiedene Gründe vorschützten, aber alle die gleiche Angst hatten. Da ließ er sich am Tage der Senatssitzung, zermürbt von Angst und Kummer oder, wie teilweise überliefert wird, unter Vorspiegelung einer Erkrankung, in einer Sänfte bis an die Tür der Kurie tragen. Sich auf seinen Bruder stützend und unter flehentlichen Bitten die Hände zu Tiberius ausstreckend, wurde er von diesem mit eiserner Miene empfangen. Dann las der Caesar die Anklageschriften und die Namen der Verfasser vor, und zwar in einem so zurückhaltenden Tone, daß er die Beschuldigungen weder abzuschwächen noch zu verschärfen schien.

(30) Außer Trio und Catus waren noch als Ankläger Fonteius Agrippa und C. Vibius[29] aufgetreten. Sie stritten sich darum, wem das Recht zukommen solle, die Anklagerede zu halten, bis Vibius, weil keiner zugunsten des andern verzichten wollte und Libo ohne Verteidiger erschienen war, sich erbot, die Anklage in ihren einzelnen Punkten vorzutragen. Er legte ein Schriftstück vor, das ganz unsinnige Behauptungen enthielt: so habe Libo angefragt, ob er zu so großem Reichtum gelangen werde, daß er die Appische Straße bis nach Brundisium mit Geld pflastern könne. Darin stand noch anderes derartiges, lauter törichtes, leeres Gerede, das, wenn man es milder betrachten wollte, höchstens Mitleid verdiente. Jedoch in einer Schrift von Libos eigener Hand waren, wie der Ankläger vorbrachte, den Namen der Caesaren oder der Senatoren drohende oder auch geheime Zeichen beigefügt. Als der Angeklagte seine Schrift leugnete, während seine

Sklaven sie bestätigten, beschloß man, diese auf der Folter zu befragen. Und weil ein alter Senatsbeschluß einer solchen peinlichen Befragung gegen ihren auf Tod und Leben Angeklagten Herrn im Wege stand, befahl der schlaue Erfinder neuen Rechtes, Tiberius, sie einzeln durch den Staatsagenten[30] freizukaufen, natürlich, damit die Sklaven unbeschadet des Senatsbeschlusses gegen Libo vernommen würden. Deshalb erbat der Angeklagte Aufschub um einen Tag, ging nach Hause und trug seinem Verwandten P. Quirinius auf, seine letzte Bitte dem Princeps zu überbringen.

(31) Die Antwort lautete, er solle den Senat bitten. Inzwischen umzingelten Soldaten sein Haus, lärmten sogar in der Vorhalle, so daß Libo sie hören und erblicken konnte. Während ihm die Henkersmahlzeit, die er sich hatte auftragen lassen, zur Qual wurde, rief er nach einem Mörder, faßte die Hände seiner Sklaven und drängte ihnen das Schwert auf. Doch diese flohen kopflos, wobei sie das auf dem Tisch stehende Licht umwarfen. In der Dunkelheit, die ihm schon wie die Todesnacht erschien, brachte er sich zwei Stiche in den Bauch bei. Als er stöhnend zusammenbrach, eilten seine Freigelassenen herbei, und die Soldaten, die ihn in seinem Blute liegen sahen, zogen ab. Dennoch wurde der Prozeß mit unvermindertem Ernst vor dem Senat zu Ende geführt, und Tiberius schwor, er hätte, selbst für den Fall, daß Libo schuldig gewesen wäre, um sein Leben gebeten, hätte er nicht voreilig Selbstmord begangen.

(32) Sein Vermögen wurde unter die Ankläger verteilt, und soweit sie dem Senatorenstand angehörten, wurde ihnen die Prätur außer der Reihe verliehen. Dann beantragte Cotta Messalinus[31], das Bild Libos solle bei Leichenbegängnissen seiner Nachkommen nicht mitgeführt werden, Cn. Lentulus[32], kein Scribonier solle mehr den Beinamen Drusus annehmen. Tage für Dankfeste wurden auf Antrag des Pomponius Flaccus[33] festgesetzt; Geschenke Iuppiter, Mars und Concordia darzubringen und die Iden des September, an denen Libo sich das Leben genommen hatte, zum Festtag zu erklären, beantragten L. Plancus, Gallus Asinius, Papius Mu-

tilus und L. Apronius[34]. Diese maßgebenden Persönlichkeiten mitsamt ihrem kriecherischen Benehmen habe ich deshalb erwähnt, damit man erfahre, wie alt dieses Übel in unserem Gemeinwesen sei. Auch über die Vertreibung der Astrologen und Magier aus Italien wurden Senatsbeschlüsse gefaßt. Einer von ihnen, L. Pituanius, wurde von dem Tarpeiischen Felsen herabgestürzt, einen andern, P. Marcius, ließen die Konsuln vor dem Esquilinischen Tor, nachdem sie das Hornsignal hatten blasen lassen, nach alter Sitte hinrichten[35].

(33) In der nächsten Senatssitzung wurde viel gegen den Luxus der Bürgerschaft von dem Konsular Q. Haterius und dem ehemaligen Prätor Octavius Fronto[36] geredet. Es wurde beschlossen, daß kein Eßgeschirr aus massivem Golde mehr hergestellt und von den Männern keine sie entstellenden Seidenkleider[37] getragen werden. Noch weiter ging Fronto mit der Forderung, für den Besitz von Silber, Hausrat und Dienstpersonal ein bestimmtes Maß festzusetzen. Denn immer noch kam es damals nicht selten vor, daß sie das, was sie für das Gemeinwesen förderlich erachteten, bei der Abstimmung auch offen aussprachen. Gallus Asinius trat gegen ihn auf und führte aus: Mit dem Wachsen des Reiches habe sich auch der Privatbesitz vermehrt, und dies sei nichts Neues, sondern entspreche uraltem Herkommen. Der Vermögensstand sei ein anderer bei den Fabriciern und wieder ein anderer bei den Scipionen gewesen. Und alles stehe im Verhältnis zu der Lage des Gemeinwesens. Sei dieses dürftig, herrsche auch in den Häusern seiner Bürger dürftige Enge. Seitdem es sich aber so glänzend entwickelt habe, nehme auch der Wohlstand des einzelnen zu. Auch gebe es in der Frage des Dienstpersonals oder des Besitzes von Silber und überhaupt von Gebrauchsgegenständen weder ein Zuviel noch ein bestimmtes Maß, sondern dafür sei die jeweilige Vermögenslage des Besitzers maßgebend. Der Senatoren- und Ritterzensus[38] hebe sich ab von dem der übrigen Bürger, nicht weil es sich hier um verschiedene natürliche Personen handle, sondern sie sollen, wie durch ihre Plätze im Theater, durch ihren Stand und ihren Rang, so auch in allem bevorzugt werden, was der gei-

stigen Erholung und der körperlichen Gesundheit diene. Man müßte dann gerade den erlauchtesten Männern mehr Sorgen und größere Gefahren aufbürden und ihnen dabei die Möglichkeit, sich von Sorgen und Gefahren zu erholen, entziehen. Gallus fand willigen Beifall, da er das offene Geständnis seiner Laster mit beschönigenden Bezeichnungen versah und seine Zuhörer in ähnlicher Lage waren. Auch hatte Tiberius die Bemerkung hinzugefügt, es sei jetzt nicht Zeit, eine Zensur abzuhalten, und wenn auf sittlichem Gebiet irgend etwas krank sei, werde es nicht an einem Mann fehlen, der dafür eintrete, daß es in Ordnung komme.

(34) Bei diesem Anlaß schalt L. Piso über die Umtriebe auf dem Forum, über die Bestechlichkeit der Gerichte, über die Brutalität der mit Anklagen drohenden Redner und erklärte, er ziehe weg und verlasse Rom, um in irgendeinem verborgenen Winkel fern auf dem Lande zu leben. Zugleich wollte er die Kurie verlassen. Tiberius war davon betroffen, und obgleich er bereits Piso begütigend zugeredet hatte, veranlaßte er auch dessen Verwandte, ihn durch ihren Einfluß oder auch durch Bitten zurückzuhalten. Einen ebenso deutlichen Beweis seines freimütig geäußerten Unwillens gab derselbe Piso bald darauf, indem er Urgulania[39], die sich als Freundin der Augusta über die Gesetze hinweggesetzt hatte, vor Gericht forderte. Doch Urgulania leistete der Vorladung keine Folge, sondern fuhr, ohne sich um Piso zu kümmern, in den Palast des Caesaren. Aber auch Piso gab nicht nach, obwohl die Augusta sich beschwerte, sie werde beleidigt und herabgesetzt. Tiberius glaubte, als Bürger seiner Mutter so weit willfahren zu dürfen, daß er sich bereit erklärte, zu dem Tribunal des Richters zu gehen und die Sache der Urgulania zu vertreten. Er verließ das Palatium, nachdem er den Soldaten befohlen hatte, in einiger Entfernung zu folgen. Das Volk lief herbei, und man sah ihn, wie er mit ruhiger Miene unter allerlei Gesprächen die Zeit für den Weg dorthin hinzog, bis angesichts der vergeblichen Versuche der Verwandten, Piso zurückzuhalten, Augusta befahl, die geforderte Geldsumme herbeizubringen. Damit war dieser Fall zu Ende;

Piso ging aus ihm nicht ohne Ruhm hervor, und die Achtung des Caesaren in der öffentlichen Meinung stieg. Übrigens genoß Urgulania einen solch übersteigerten Einfluß in der Bürgerschaft, daß sie es als unvereinbar mit ihrer Würde erklärte, in einer vor dem Senat verhandelten Rechtssache als Zeugin zu erscheinen: es wurde ein Prätor abgeschickt, um sie in ihrer Wohnung zu verhören, während man doch nach alter Sitte sogar die Vestalischen Jungfrauen auf dem Forum und vor Gericht anhörte, wenn sie Zeugnis abzulegen hatten.

(35) Von der Vertagung der Verhandlungen in diesem Jahr würde ich nicht berichten, wenn es sich nicht lohnte, die Meinungsverschiedenheiten in dieser Frage zwischen Cn. Piso und Asinius Gallus kennenzulernen. Piso war der Meinung, obwohl der Caesar erklärt hatte, er werde von Rom abwesend sein, solle man um so nachdrücklicher die Verhandlungen weiterführen, damit es dem Gemeinwesen zur Ehre gereiche, wenn auch in Abwesenheit des Princeps Senat und Ritterschaft ihren Aufgaben gerecht zu werden vermögen. Weil Piso dem Gallus die Gelegenheit, mit seinem Freimut zu glänzen, vorweggenommen hatte, erklärte Gallus, es gebe keine eigentlich glanzvolle oder der Würde des römischen Volkes entsprechende Verhandlung, wenn sie nicht in Anwesenheit und vor den Augen des Caesaren vor sich gehe. Deshalb, so erklärte er, müsse man Veranstaltungen, zu denen die Menschen aus ganz Italien zusammenkommen und aus den Provinzen herbeiströmen, seiner persönlichen Anwesenheit vorbehalten. Vor den Augen des Tiberius, der sich in Schweigen hüllte, wurde dies mit großer Heftigkeit auf beiden Seiten verhandelt. Aber die Fragen wurden vertagt.

(36) Auch zwischen Gallus und dem Caesar kam es zu einer Auseinandersetzung. Gallus beantragte, man solle die Wahlen der Beamten für fünf Jahre abhalten, ferner, es sollten die Legionslegaten, die schon vor der Prätur dieses militärische Amt bekleideten, schon jetzt als Prätoren bestimmt werden, und der Princeps solle zwölf Bewerber für jedes Jahr benennen[40]. Es war kein Zweifel, daß dieser Antrag einen tieferen Eingriff bedeutete und an die unantastbaren

Grundlagen der Regierung rührte. Jedoch Tiberius sprach darüber, als ob damit seine Machtstellung erweitert würde: Es falle ihm in seiner Bescheidenheit schwer, so viele Männer auszuwählen, so viele zu vertrösten. Kaum könne man es bei einer jährlichen Wahl vermeiden, Anstoß zu erregen, obwohl doch der Zurückgewiesene sich mit der Aussicht trösten könne, nächstdem an die Reihe zu kommen. Welcher Haß sei erst von denen zu erwarten, die über fünf Jahre zurückgestellt würden. Wie man denn vorausschauen könne, wie sich bei jedem einzelnen in einem so langen Zeitraum seine Gesinnung, seine Familienverhältnisse, sein Vermögen entwickeln werden. Schon wenn sie für ein Jahr benannt werden, werden die Leute hochmütig. Wie erst, wenn sie sich mit der Ehrenstelle fünf Jahre lang beschäftigen? Zudem werden die Beamtenstellen geradezu verfünffacht, die Gesetze untergraben, die bestimmte Zeiträume festlegen, in der die Bewerber ihre Tatkraft zeigen, sich um Ehrenstellen bemühen oder auch solche erlangen könnten. Scheinbar enthielt seine Rede Zustimmung, in Wirklichkeit aber hielt er mit ihr seine Herrschermacht fest in Händen.

(37) Auch einigen Senatoren verhalf er zu dem gesetzlich vorgeschriebenen Vermögen. Um so seltsamer war es, daß er die Bitten von Marcus Hortalus, einem jungen Mann aus dem Adel, dessen Armut offen zutage lag, recht hochfahrend aufnahm. Er war ein Enkel des Redners Hortensius. Durch eine reiche Schenkung des vergöttlichten Augustus in Höhe von einer Million Sesterzen hatte er sich verlocken lassen, eine Ehe einzugehen und Kinder aufzuziehen, damit nicht die hochberühmte Familie aussterbe. Als nun bei einer Senatssitzung im Palatium seine vier Söhne vor der Türe des Versammlungsraumes standen, begann er, als die Stimmabgabe an ihn kam, bald den Blick auf das zwischen den Rednern befindliche Bild des Hortensius, bald auf das des Augustus gerichtet, folgende Rede: „Versammelte Väter! Diese vier Söhne, die ihr im Knabenalter hier seht, habe ich nicht aus freien Stücken aufgezogen, sondern weil der Princeps es so wollte. Zugleich hatten meine Ahnen es verdient, Nach-

kommen zu haben. Denn ich, der ich nicht Geld, nicht Volksgunst, nicht Beredsamkeit, das angestammte Gut unseres Hauses, in der wechselnden Gunst der Zeiten hatte erben oder erwerben können[41], war damit zufrieden, wenn meine dürftigen Verhältnisse mir selbst keine Schande brächten und niemand sonst belasteten. Auf Befehl des Imperators bin ich in den Ehestand getreten. Seht hier den Stamm und die Nachkommenschaft so vieler Konsuln, so vieler Diktatoren. Doch nicht, um Neid zu erregen, sondern um Mitleid zu finden, spreche ich dies aus. Sie werden unter deiner segensreichen Regierung, Caesar, die Ehrenämter erlangen, die du verleihen wirst. Inzwischen schütze die Urenkel des Q. Hortensius, die Pflegesöhne des vergöttlichten Augustus, vor Not!"

(38) Die befürwortende Haltung des Senats reizte Tiberius zu einer um so bestimmteren Ablehnung. Er führte etwa folgendes aus: „Wenn alles, was arm ist, anfängt, hierher zu kommen und für seine Kinder um Geld zu betteln, so wird nicht jeder einzelne befriedigt, sondern nur das Gemeinwesen ausgebeutet. Und wahrlich, nicht dazu ist es von unseren Vorfahren genehmigt worden, manchmal von der Tagesordnung abzugehen und bei der Stimmabgabe eine gemeinnützige Frage vorzubringen, damit wir unsere privaten Geschäfte und unsere Familienangelegenheiten hier betreiben, wobei der Senat und der Princeps sich doch nur Mißgunst zuziehen, mögen sie eine Schenkung bewilligen oder ablehnen. Das sind ja keine Bitten, sondern das ist Erpressung, und zwar eine unzeitige und unbedachte, aufzustehen, wenn die Senatoren zur Beratung anderer Fragen zusammengekommen sind, und mit dem Hinweis auf die Zahl und das Alter seiner Kinder auf die Rücksichtnahme des Senates einen Druck auszuüben, die gleiche Zudringlichkeit bei mir anzuwenden und gleichsam einen Einbruch in den Staatsschatz zu verüben, den wir durch verwerfliche Handlungen wieder füllen müssen, wenn wir ihn persönlichen Rücksichten zuliebe geleert haben. Allerdings hat dir, Hortalus, der vergöttlichte Augustus Geld gegeben, aber nicht, weil du ihn darum angegangen hast, und auch nicht unter der Verpflich-

tung, daß es dir immer wieder gegeben wird. Sonst wird ja jede eigene Tatkraft erlahmen und der Trägheit Vorschub geleistet werden, wenn jeder nicht mehr in eigener Verantwortung fürchtet oder hofft, sondern sorglos auf fremde Hilfe wartet, weichlich sich selbst gegenüber, lästig für uns." Diese und ähnliche Äußerungen wurden zwar von denen, die gewohnt sind, alle Handlungen von Fürsten, ehrenhafte und unehrenhafte, zu loben, mit Beifall angehört, die Mehrheit aber vernahm es schweigend oder mit unterdrücktem Gemurmel. Tiberius merkte es. Er schwieg eine Weile und sagte dann, er habe nur dem Hortalus geantwortet. Wenn es jedoch die Väter für richtig hielten, werde er jedem der Kinder männlichen Geschlechts 200 000 Sesterzen geben. Während andere ihrem Dank Ausdruck gaben, blieb Hortalus stumm, aus Angst oder auch, weil er trotz seiner schwierigen wirtschaftlichen Lage an seiner ererbten adeligen Gesinnung festhielt. Und auch in der Folge fand Tiberius kein Mitleid für ihn, obgleich das Haus des Hortensius in eine beschämende Armut herabsank.

(39) In dem gleichen Jahr hätte die Verwegenheit eines einzigen Sklaven, wenn man nicht zeitig zugegriffen hätte, das Gemeinwesen durch Zwietracht und Bürgerkrieg erschüttert. Ein Sklave des Postumus Agrippa[42], namens Clemens, der von dem Ende des Augustus erfahren hatte, faßte den keineswegs einer Sklavenseele entsprechenden Entschluß, sich nach der Insel Planasia zu begeben, Agrippa mit List oder Gewalt zu entführen und zu den germanischen Heeren zu bringen. Nur die langsame Fahrt seines Frachtschiffes verhinderte die Ausführung dieses verwegenen Planes. Inzwischen wurde Agrippa ermordet. Nun wandte sich Clemens einem noch größeren und waghalsigeren Unternehmen zu. Er entwendete die Asche des Agrippa[43], fuhr nach Cosa, einem Vorgebirge Etruriens[44], versteckte sich dort so lange in einer abgelegenen Gegend, bis ihm sein Haupt- und Barthaar lang gewachsen war; denn an Alter und Aussehen war er seinem Herrn nicht unähnlich. Dann ließ er durch gewandte Leute, die in seine geheimen Absichten eingeweiht waren, die Kunde

verbreiten, Agrippa sei noch am Leben. Zuerst sprach man nur im geheimen darüber, wie üblich bei verbotenen Dingen, dann ging ein unbestimmtes Gerücht um, das gerade von den unerfahrenen oder auch von aufrührerischen und daher einen Umsturz wünschenden Menschen gerne aufgegriffen wurde. Er selbst ging, wenn es dunkel wurde, in die Landstädte, ließ sich aber dort nicht öffentlich sehen, blieb auch nicht länger in der gleichen Gegend, sondern, weil die Wahrheit sich ja mehr durchsetzt, wenn man sie vor Augen hat und verweilt, und der Trug, wenn man sich beeilt und die Dinge im ungewissen läßt, ließ er das Gerücht von seiner Anwesenheit entweder hinter sich oder kam ihm zuvor.

(40) Inzwischen ging durch Italien die Kunde, Agrippa sei durch die Gnade der Götter gerettet worden, und fand auch in Rom Glauben. Schon bereitete ihm in Ostia, wo er landete, eine riesige Menschenmenge einen feierlichen Empfang, schon wurden in der Stadt geheime Versammlungen abgehalten, während Tiberius in zwiespältiger Sorge war, ob er mit militärischer Gewalt gegen seinen eigenen Sklaven[45] einschreiten oder warten solle, bis die törichte Leichtgläubigkeit mit der Zeit von selbst sich verflüchtige. Bald glaubte er, die Sache nicht leichtnehmen zu dürfen, bald, nicht alles fürchten zu sollen, und so schwankte er zwischen Selbstachtung und Furcht hin und her. Zuletzt übertrug er die Regelung der Angelegenheit dem Sallustius Crispus[46]. Dieser wählte zwei seiner Klienten – einige überliefern, es seien Soldaten gewesen – aus und gab ihnen die Anweisung, so zu tun, als ob sie in die Sache eingeweiht seien, und sich an Clemens heranzumachen, ihm Geld anzubieten und zu versprechen, ihm in allen Gefahren treu zur Seite zu stehen. Sie führten den Befehl aus. Dann warteten sie eine Nacht ab, in der er keine Wache um sich hatte, ließen sich eine ausreichende Mannschaft mitgeben und schleppten ihn gefesselt und mit einem Knebel im Munde in das Palatium. Als ihn Tiberius fragte, wie aus ihm Agrippa geworden sei, soll er geantwortet haben: „Wie aus dir der Caesar." Zur Anzeige von Komplicen konnte er nicht bewegt werden. Tiberius wagte nicht, ihn öffentlich zu

bestrafen. Er befahl, ihn in einem abgelegenen Teil des Palatiums umzubringen und die Leiche heimlich beiseite zu schaffen. Und obgleich, wie man sagte, viele aus der Familie des Princeps[47] sowie auch Ritter und Senatoren ihn mit Geld unterstützt und ihm mit Rat zur Seite gestanden hatten, kam es doch zu keiner gerichtlichen Untersuchung.

(41) Am Jahresende wurden bei dem Tempel des Saturnus[48] wegen der Wiedergewinnung der mit Varus verlorenen Feldzeichen, die unter der Führung des Germanicus und unter der Regierung des Tiberius erfolgt war, ein Triumphbogen, ferner ein Tempel der Fors Fortuna neben dem Tiber in dem Park, den der Diktator Caesar dem römischen Volk vermacht hatte[49], und eine Kapelle der iulischen Gens sowie ein Standbild dem vergöttlichten Augustus in Bovillae[50] geweiht.

17 n. Chr. Unter dem Konsulat des C. Caelius und L. Pomponius triumphierte Germanicus Caesar am 26. Mai über die Cherusker, Chatten und Angrivarier und die andern Völkerschaften, die bis zur Elbe hin wohnen. Mitgeführt wurden erbeutete Waffen, Gefangene, Bilder von Bergen, Flüssen und Schlachten. Und weil man Germanicus daran gehindert hatte, den Krieg zu beendigen, nahm man ihn als beendigt an. Das Bild, das sich den Zuschauern bot, bekam noch durch des Germanicus hervorragende äußere Erscheinung einen besonderen Glanz sowie durch den Wagen, auf dem seine fünf Kinder fuhren. Aber man empfand zugleich ein geheimes Grauen bei dem Gedanken, daß die Gunst des Volkes seinem Vater kein Glück gebracht hatte und daß auch sein Oheim Marcellus in jugendlichem Alter der Plebs, die ihm mit heißem Herzen zugetan war, entrissen worden war. Kurzlebig und vom Unglück verfolgt seien die Lieblinge des römischen Volkes.

(42) Tiberius aber setzte im Namen des Germanicus für das Volk pro Kopf dreihundert Sesterzen aus und bestimmte sich selbst zum Amtsgenossen in dessen Konsulat. Aber trotzdem fand er keinen Glauben an die Redlichkeit seiner Liebe, und so beschloß er, den jungen Mann unter einem ehrenden

Vorwand wegzuschaffen, wobei er die Begründung selbst erfand oder auch aufgriff, wie sie sich ihm gerade bot.

Der König Archelaus herrschte schon fünfzig[51] Jahre über Cappadocien. Er war dem Tiberius verhaßt, weil er ihm während seines Aufenthaltes in Rhodus keinerlei Höflichkeit erwiesen hatte. Doch hatte dies Archelaus nicht aus Hochmut unterlassen, sondern er war von der engsten Umgebung des Augustus gewarnt worden. Denn als C. Caesar noch lebte und in den Orient geschickt worden war, um die Verhältnisse dort zu ordnen, galt die Freundschaft mit Tiberius für gefährlich. Als dann die Nachkommenschaft des Caesarenhauses ausgerottet war und Tiberius die Herrschaft erlangt hatte, lockte er den Archelaus durch einen Brief seiner Mutter herbei, die, ohne die Kränkungen ihres Sohnes zu verhehlen, ihm Begnadigung in Aussicht stellte, falls er komme, um Abbitte zu leisten. Jener merkte die Hinterlist nicht oder fürchtete auch Gewalt, wenn man glaube, er durchschaue sie. Und so machte er sich eilends auf den Weg in die Hauptstadt. Dort empfing ihn der Princeps ungnädig. Bald darauf wurde er im Senat angeklagt und endete durch Selbstmord — oder natürlichen Tod —, woran nicht etwa die Verbrechen, die man vorschützte, schuld waren, sondern die Angst, die ihn bedrückte, und die altersbedingte Erschöpfung. Könige sind ja nicht gewöhnt, andern gleichgestellt, geschweige denn untergeordnet zu werden. Sein Königreich wurde zur Provinz gemacht. Der Caesar verkündigte dabei, mit den Einkünften aus diesem könne die einprozentige Steuer herabgesetzt werden, und ermäßigte sie für die Zukunft auf die Hälfte[52].

Um dieselbe Zeit kam es nach dem Tode der Könige Antiochus von Commagene und Philopator von Cilicien[53] unter den dortigen Völkerschaften zu Unruhen, da die Mehrheit eine römische Herrschaft, ein Teil ein eigenes Königtum wünschte. Auch baten die Provinzen Syrien und Judäa, die durch die Steuerlasten schwer mitgenommen waren, daß die Abgaben herabgesetzt würden.

(43) Über diese Fragen nun und auch über Armenien, wie oben[54] erwähnt, sprach Tiberius im Senat. Die Unruhen im

Orient könnten nur durch die Weisheit des Germanicus beigelegt werden. Seine eigenen Jahre seien gezählt und Drusus sei noch nicht genügend erwachsen. So wurden denn durch Senatsbeschluß Germanicus die Provinzen jenseits des Meeres übertragen, und zwar solle, wohin er auch komme, ihm eine größere Befehlsbefugnis als jedem anderen zustehen, dem eine Provinz durch das Los oder durch Auftrag des Princeps übertragen worden sei. Aber Tiberius hatte schon vorher aus Syrien Creticus Silanus entfernt, der mit Germanicus verschwägert war – des Silanus Tochter war mit seinem ältesten Sohn Nero verlobt –, und dafür Cn. Piso eingesetzt[55], einen Mann von gewalttätigem Wesen, der keinen Gehorsam kannte und von seinem Vater Piso den Trotz geerbt hatte. Dieser hatte im Bürgerkrieg die in Afrika sich wieder erhebende Partei[56] leidenschaftlich gegen Caesar unterstützt, dann sich Brutus und Cassius angeschlossen und, als er die Erlaubnis zur Rückkehr erhalten hatte, sich von der Bewerbung um Ehrenämter ferngehalten, bis man ihn sogar darum anging, das ihm von Augustus angebotene Konsulat anzunehmen.

Pisos vom Vater ererbten Hochmut steigerte noch der Adel und der Reichtum seiner Gattin Plancina. Kaum erkannte er des Tiberius höhere Stellung an, auf dessen Söhne schaute er als auf weit unter ihm stehend herab. Er zweifelte auch nicht daran, daß er als Statthalter für Syrien dazu ausgewählt sei, die Hoffnungen des Germanicus einzuschränken. Manche glaubten, es seien ihm auch von Tiberius geheime Aufträge erteilt worden. Und zweifellos gab Augusta voll weiblicher Eifersucht Plancina Weisung, Agrippina Schwierigkeiten zu machen. Am Hofe gab es nämlich zwei Parteien, die sich befehdeten und von denen die eine mit Drusus, die andere mit Germanicus im stillen sympathisierte. Tiberius begünstigte Drusus als seinen eigenen leiblichen Sohn, dem Germanicus hatte die Abneigung seines Oheims noch größere Liebe bei den übrigen verschafft; auch war er mütterlicherseits von erlauchterer Abkunft, da er M. Antonius als Großvater, Augustus als Großoheim[57] aufzuweisen hatte. Dagegen schien Pomponius Atticus, der Urgroßvater des Drusus, als römischer Ritter für den Stammbaum der Claudier keine Zierde zu sein[58]. Auch überragte Agrippina, die Gattin des Germanicus, durch ihre Kinderzahl und durch ihren guten Ruf Livia, die Frau des Drusus[59]. Aber die Brüder[60] lebten in schönster Eintracht, die auch die Streitigkeiten ihrer nächsten Angehörigen nicht zu erschüttern vermochte.

(44) Nicht lange darauf wurde Drusus nach Illyricum geschickt, damit er sich an den Kriegsdienst gewöhne und sich die Zuneigung des Heeres erwerbe. Zugleich glaubte Tiberius, daß der Jüngling, der sich dem üppigen Leben der Hauptstadt hingab, im Lager besser aufgehoben sei und es für ihn selbst größere Sicherheit bedeute, wenn beide Söhne Legionen befehligten. Aber als Vorwand dienten die Sueben, die um Hilfe gegen die Cherusker baten. Denn nach dem Abzug der Römer hatten sie, der Furcht vor dem auswärtigen Feind ledig, nach Stammesgewohnheit und jetzt in ruhmbegieriger Eifersucht die Waffen gegeneinander gekehrt. Die Stärke der beiden Stämme und die Tüchtigkeit ihrer Führer waren gleich. Aber Maroboduus machte bei seinen Landsleuten der Königsname verhaßt, Arminius sein Kampf für die Freiheit beliebt.

(45) Und so griffen nicht nur die Cherusker und deren Verbündete, die alte Mannschaft des Arminius, zu den Waffen, sondern auch aus dem Königreich des Maroboduus fielen suebische Stämme, Semnonen und Langobarden[61], zu ihm ab. Mit diesem Zuwachs hätte er die Übermacht gehabt, wenn nicht Inguiomerus mit einer Schar seiner Klienten zu Maroboduus geflohen wäre, lediglich deshalb, weil es dem alten Oheim unwürdig erschien, dem jungen Sohn seines Bruders sich unterzuordnen. Die Heere stellten sich mit gleichen Siegeshoffnungen zur Schlacht auf. Aber sie stürmten nicht mehr, wie es früher bei den Germanen üblich war, regellos oder in getrennten Heerhaufen auf den Feind los. Denn sie hatten sich in langem Kriegsdienst gegen uns daran gewöhnt, den Fahnen zu folgen, sich durch Reserven zu sichern und auf die Befehle der Heerführer zu achten. Jetzt besichtigte Arminius zu Pferd alles und wies überall, wohin er ritt, auf die wie-

dergewonnene Freiheit, die erschlagenen Legionen und auf die den Römern abgenommenen Waffen hin, die immer noch in vieler Hände seien. Dagegen nannte er Maroboduus einen Ausreißer, der noch keine Schlacht mitgemacht habe, in den Verstecken des herkynischen Waldes[62] Schutz gesucht und dann durch Geschenke und Gesandtschaften um ein Bündnis gebeten habe, einen Verräter des Vaterlandes, einen Trabanten des Caesaren, den man mit der gleichen Erbitterung verjagen müsse, wie sie Quintilius Varus erschlagen hätten. Sie sollten sich nur an die vielen Kämpfe erinnern, die schließlich mit der Vertreibung der Römer geendet hätten, wodurch ausreichend erwiesen sei, in wessen Händen die endgültige Entscheidung des Krieges gelegen habe.

(46) Auch Maroboduus sparte nicht mit prahlendem Eigenlob oder Beschimpfungen der Feinde. Dagegen beteuerte er, Inguiomerus an der Hand haltend, dessen Person sei der Inbegriff der ganzen Ehre der Cherusker, dessen Ratschlägen seien alle bisherigen Erfolge zu verdanken. Arminius nehme in seinem Wahn und in der Verkennung der wahren Lage fremden Ruhm für sich in Anspruch, weil er drei Legionen, die planlos daherzogen, und einen arglosen Führer treulos getäuscht habe, zum großen Unglück für Germanien und zu seiner eigenen Schande, da seine Gattin, da sein Sohn noch immer in Knechtschaft schmachten. Er aber habe, von zwölf Legionen unter der Führung des Tiberius angegriffen[63], den Ruhm der Germanen unbefleckt bewahrt, und dann habe man sich nach Abschluß eines Vergleichs getrennt. Und er bereue es nicht, daß es in ihrer Hand liege, ob sie lieber von neuem Krieg mit den Römern oder einen Frieden ohne Blutvergießen haben wollten. Außer diesen Worten, die bei den Heeren begeistert aufgenommen wurden, spornten sie noch besondere Gründe an: die Cherusker und Langobarden stritten für ihre alte Ehre oder für ihre neugewonnene Freiheit, die Gegner für die Erweiterung ihrer Herrschaft. Nirgends sonst war man mit größerer Wucht aufeinandergeprallt, und nie war der Ausgang zweifelhafter gewesen: auf beiden Seiten wurde der rechte Flügel geschlagen. Man erwartete, daß

die Schlacht wieder aufgenommen würde. Doch Maroboduus zog seine Truppen in den Schutz eines Hügelgeländes zurück. Dies war das Zeichen dafür, daß er sich geschlagen fühlte. Und da er allmählich durch das Überlaufen seiner Leute geschwächt wurde, zog er sich in das Gebiet der Marcomannen[64] zurück und schickte Gesandte an Tiberius mit der Bitte um Hilfe. Die Antwort lautete, er habe kein Recht, gegen die Cherusker römische Waffenhilfe anzurufen, da er ja den Römern bei ihrem Kampf gegen den gleichen Feind keinerlei Hilfe gewährt habe. Jedoch wurde Drusus, wie schon berichtet, abgeschickt, um den Frieden zu sichern[65].

(47) In demselben Jahr ließ ein nächtliches Erdbeben zwölf stark bevölkerte Städte Asiens[66] einstürzen. Da sich dies bei Nacht ereignete, kam das Unglück um so überraschender und war um so schwerer. Auch konnten sich die Menschen nicht, wie sonst bei einem solchen Unglück, durch die Flucht ins Freie retten, weil sie von Erdspalten verschlungen wurden. Man erzählt, daß gewaltige Berge sich gesenkt haben, daß man vorher ebenes Land steil sich auftürmen sah und zwischen den Trümmern Feuer aufflammte. Weil das Unheil Sardes[67] am schlimmsten heimgesucht hatte, fand es auch das größte Mitleid: zehn Millionen Sesterzen versprach ihnen der Caesar und erließ ihnen alle Zahlungsverpflichtungen an die Staatskasse oder an den Fiskus auf fünf Jahre. Magnesia am Sipylos galt als die Stadt, die den nächstgrößten Schaden erlitten hatte, und fand die entsprechende Unterstützung. Temnos, Philadelphia, Aegea, Apollonia und die sogenannten Mostener und macedonischen Hyrcaner, ebenso Hierocaesaria, Myrina, Cyme und Tmolus beschloß man, für die gleiche Zeit von Abgaben zu befreien und einen Vertreter des Senats zu schicken, der die Lage besichtigen und Erleichterung schaffen sollte. Ausersehen wurde dazu der gewesene Prätor M. Ateius, um zu verhüten, daß zwischen Gleichrangigen — Asien verwaltete ein ehemaliger Konsul — Eifersucht entstehe und sich dadurch Hemmnisse ergeben.

(48) Zu dieser großzügigen staatlichen Spende fügte der Caesar ein weiteres, nicht minder willkommenes Zeichen sei-

ner Freigebigkeit. Er übergab das Vermögen der reichen, ohne Testament verstorbenen Aemilia Musa, das dem Fiskus zugeschlagen werden sollte[68], an Aemilius Lepidus[69], zu dessen Familie sie vermutlich gehörte, und die Erbschaft des reichen römischen Ritters Pantuleius, obgleich er selbst als Miterbe im Testament eingesetzt war, an M. Servilius, der, wie er erfahren hatte, in einem früheren unverdächtigen Testament eingesetzt gewesen war, wobei er die Begründung voranstellte, man müsse bei beiden Männern ihre adelige Stellung durch Geld stützen. Er trat keine Erbschaft an, soweit er sie nicht einem Freundschaftsverhältnis verdankte. Leute, die er nicht kannte und die aus Feindschaft gegen andere den Princeps im Testament einsetzten, hielt er von sich fern. Wie er jedoch schuldlose Armut sittlich einwandfreier Leute linderte, so stieß er verschwenderische und wegen ihres liederlichen Lebenswandels verarmte, wie Vibidius Virro, Marius Nepos, Appius Appianus, Cornelius Sulla, Q. Vitellius, aus dem Senat oder ließ zu, daß sie freiwillig austraten.

(49) Um die gleiche Zeit weihte er Göttertempel, die durch Alter oder Feuer in Verfall geraten waren und die Augustus wieder aufzubauen begonnen hatte: einen für Liber und Libera sowie einen für Ceres, den der Diktator A. Postumius gelobt hatte[70], gleich neben dem Circus Maximus, einen andern auf dem gleichen Platze der Flora, den die beiden Ädilen Lucius und Marcus Publicius errichtet hatten, auch den Ianustempel, den beim Gemüsemarkt[71] C. Duilius erbaut hatte, der erste, der zur See für das römische Reich erfolgreich gekämpft und einen Seetriumph über die Punier verdient hat[72]. Ein Tempel der Spes wurde von Germanicus geweiht, den bereits A. Atilius in diesem Krieg gelobt hatte.

(50) Inzwischen gedieh das Majestätsgesetz. Appuleia Varilla, eine Enkelin der Schwester des Augustus[73], forderte ein Denunziant wegen Majestätsverbrechens vor Gericht, weil sie gesprächsweise den vergöttlichten Augustus sowie Tiberius und seine Mutter geschmäht und verspottet habe und als Verwandte des Caesaren Ehebruch treibe. Was den Ehebruch betraf, so schien die lex Iulia[74] ausreichende Vorkehrungen

getroffen zu haben; für die Beschuldigung hinsichtlich des Majestätsverbrechens forderte der Caesar, einen Unterschied zu machen: man solle sie verurteilen, wenn sie über Augustus sich irgendwie unehrerbietig geäußert habe. Was sie gegen ihn persönlich vorgebracht habe, wolle er nicht untersucht wissen. Von dem Konsul befragt, was er von dem ungebührlichen Gerede über seine Mutter halte, dessen sie bezichtigt werde, schwieg er. Aber in der Senatssitzung am folgenden Tage bat er, auch im Namen seiner Mutter, es möge niemand wegen Äußerungen, die so oder so sie betroffen hätten, belangt werden. Und wirklich ließ er das Majestätsgesetz auf Appuleia nicht anwenden. In der Frage des Ehebruchs bat er, auf eine härtere Strafe zu verzichten, und riet, sie nach dem Beispiel der Vorfahren von ihren Angehörigen mehr als zweihundert Meilen zu verbannen. Der Ehebrecher Manlius wurde aus Italien und Afrika verwiesen.

(51) Über die Nachwahl für den verstorbenen Prätor Vipstanus Gallus kam es zu einem Streit. Germanicus und Drusus — beide befanden sich damals noch in Rom — begünstigten Haterius Agrippa[75], einen Verwandten des Germanicus, während sehr viele dafür eintraten, daß die Kinderzahl bei der Bewerbung eine ausschlaggebende Rolle spiele, wie es auch das Gesetz[76] vorschrieb. Tiberius bereitete es ein Vergnügen, den Senat zwischen seinen Söhnen und den gesetzlichen Bestimmungen entscheiden zu sehen. Ohne Zweifel unterlag das Gesetz, aber nicht sofort und nur gegen eine kleine Stimmenmehrheit, wie ja die Gesetze damals schon unterlagen, als sie noch in Geltung waren.

(52) In demselben Jahr brach ein Krieg in Afrika aus, bei dem Tacfarinas[77] der Anführer der Feinde war. Dieser, ein Numider von Geburt, hatte im römischen Heer bei den Hilfstruppen gedient, war dann fahnenflüchtig geworden und hatte zuerst Landstreicher und an Raub gewöhnte Leute zu Plünderungs- und Beutezügen um sich geschart, dann richtige militärisch geordnete Abteilungen zu Fuß und zu Pferd gebildet und galt zuletzt nicht mehr als der Häuptling einer ungeordneten Bande, sondern als der Führer der Mu-

sulamier. Dieser an die afrikanische Wüste grenzende starke Volksstamm, der damals noch nicht in Städten wohnte, erhob die Waffen und zog die benachbarten Mauren in den Krieg hinein. Auch sie hatten einen Führer, namens Mazippa. Das Heer wurde in der Weise geteilt, daß Tacfarinas eine auserlesene, nach römischer Weise bewaffnete Truppe in seinem Feldlager halten und an Disziplin und Befehlsgebung gewöhnen, während Mazippa mit einer leichtbewaffneten Truppe durch Brennen und Sengen und durch Mord Schrecken verbreiten sollte. Und schon hatten sie auch die Cinithier, einen recht beachtlichen Volksstamm[78], auf ihre Seite gebracht, als Furius Camillus, der Prokonsul von Afrika, eine Legion und die bundesgenössischen Kontingente, die er unter den Fahnen hatte, zusammenzog und gegen den Feind führte, eine unansehnliche Truppe, wenn man sie mit der Übermacht der Numider und Mauren verglich. Aber vor nichts hatte man so sehr Sorge, als die Feinde könnten aus Furcht dem Kriege ausweichen. Die Hoffnung auf den Sieg verführte sie dazu, sich besiegen zu lassen. Und so wurde die Legion in der Mitte, die leichten Kohorten und zwei Reiterabteilungen auf den Flügeln aufgestellt. Tacfarinas wich dem Kampf nicht aus. Die Numider wurden geschlagen, und nach vielen Jahren schmückte den Namen Furius wieder kriegerischer Lorbeer. Denn seit jenem Wiedereroberer Roms und seinem Sohn Camillus[79] war der Feldherrnruhm an andere Familien übergegangen, und der Camillus, von dem jetzt die Rede ist, galt als kriegsunerfahren. Um so mehr war Tiberius geneigt, seine Taten im Senat zu preisen. So bewilligten ihm denn die Väter die Triumphinsignien, wofür Camillus, da er sonst bescheiden lebte, unbestraft blieb.

(53) Im folgenden Jahr bekleidete Tiberius zum drittenmal, Germanicus zum zweitenmal das Konsulat. Aber dieses Ehrenamt trat Germanicus in der achäischen Stadt Nicopolis[80] an, wohin er entlang der illyrischen Küste nach einem Besuch bei seinem Bruder[81] Drusus, der in Dalmatien weilte, und nach dem Überstehen einer schlimmen Fahrt über das Adriatische und dann über das Ionische Meer gekommen

war. Daher benötigte er dort einige Tage dazu, seine Flotte wieder instand zu setzen. Bei dieser Gelegenheit besuchte er den durch den Sieg bei Actium berühmten Golf und die von Augustus geweihten Waffentrophäen sowie das Lager des Antonius im Gedenken an seine Vorfahren. Denn wie ich schon berichtet habe, war Augustus sein Oheim mütterlicherseits und Antonius sein Großvater, und so bot sich ihm dort das eindrucksvolle Bild einer traurigen und zugleich glücklichen Vergangenheit. Von hier ging die Reise nach Athen. Mit Rücksicht auf die verbündete alte Stadt nahm er einen einzigen Liktor mit. Die Griechen empfingen ihn mit den ausgesuchtesten Ehren, wobei sie die alten Taten und Reden der Ihrigen in den Vordergrund stellten, um ihrer Huldigung größere Würde zu verleihen.

(54) Darauf besuchte er Euboea und fuhr von dort nach Lesbus hinüber, wo Agrippina ihr letztes Kind, Iulia, zur Welt brachte. Dann betrat er den Boden Asiens an seinem äußersten Punkt: er besuchte die thrakischen Städte Perinthus[82] und Byzantium, fuhr dann durch die Meerenge der Propontis nach der Einmündung des Pontus, da er die alten, vielgerühmten Orte kennenlernen wollte; zugleich versuchte er, den durch innere Streitigkeiten oder durch die Übergriffe der Beamten notleidenden Provinzen zu helfen. Auf der Rückfahrt wollte er die samothrakischen Mysterien[83] kennenlernen. Aber widrige Nordwinde trieben ihn ab. Und so besuchte er Ilium und dort die durch ihr wechselvolles Schicksal und den Ursprung unseres Volkes ehrwürdigen Stätten, fuhr dann der Küste von Asien entlang und landete in Colophon[84], um das Orakel des Apollo von Clarus zu befragen. Nicht eine Frau, wie in Delphi, sondern ein aus bestimmten Familien, und zwar in der Regel aus Milet, berufener Priester läßt sich dort lediglich die Zahl der das Orakel Befragenden sowie ihre Namen angeben. Dann steigt er in eine Höhle hinunter, trinkt Wasser aus einer geheimen Quelle und gibt, meistens ohne lesen und schreiben zu können und ohne sich auf die Dichtkunst zu verstehen, die Antworten in Versform über Dinge, die sich der Befragende ausgedacht hat.

Germanicus soll er, wie man erzählte, in verhüllter Form, wie es bei Orakeln üblich ist, ein frühzeitiges Ende geweissagt haben.

(55) Doch um möglichst beschleunigt mit der Durchführung seines Vorhabens zu beginnen, rückte Cn. Piso stürmisch in Athen ein und schalt die dadurch aufgeschreckte Bürgerschaft in einer grimmigen Rede, nicht ohne einen Seitenhieb auf Germanicus, daß dieser entgegen der Ehre des römischen Namens nicht die Athener, die ja durch so viele Niederlagen ausgetilgt seien, sondern dieses Völkergemisch mit allzugroßer Leutseligkeit beehrt habe. Bei den jetzigen Athenern handle es sich ja um des Mithridates Bundesgenossen gegen Sulla und um die des Antonius gegen den vergöttlichten Augustus[85]. Auch frühere Vorkommnisse warf er ihnen vor: ihr mißglücktes Vorgehen gegen die Macedonier, ihr gewaltsames gegen ihre eigenen Mitbürger. Dabei war er gegen die Stadt auch aus einem persönlichen Groll aufgebracht, weil sie einen gewissen Theophilus, den der Areopag[86] wegen einer Fälschung verurteilt hatte, trotz seinen Bitten nicht begnadigen wollte. Darauf erreichte er auf einer schnellen Fahrt durch die Cycladen auf dem kürzesten Wege bei der Insel Rhodus Germanicus, der wohl wußte, welchen Angriffen er ausgesetzt sein werde. Aber er zeigte eine solch entgegenkommende Haltung, daß er nach Ausbruch eines Sturmes, der Pisos Schiff an Klippen warf, wo der Untergang seines persönlichen Feindes auf einen Zufall hätte zurückgeführt werden können, Dreiruderer ausschickte, mit deren Hilfe Piso aus der gefährlichen Lage gerettet wurde. Dennoch ließ sich Piso nicht beschwichtigen; kaum gewann er es über sich, einen einzigen Tag zu verweilen. Er verließ Germanicus und eilte ihm voraus. Sobald er Syrien und die Legionen erreicht hatte, suchte er durch Spenden sich bei ihnen beliebt zu machen. Er begünstigte die untersten Dienstgrade, setzte die alten Centurionen und die strengen Tribunen ab und wies ihre Stellen seinen Klienten und dem übelsten Gesindel zu, duldete Müßiggang im Lager, Disziplinlosigkeit in den Städten, ließ die Mannschaften sich auf dem Lande zügellos herum-

treiben und untergrub die Moral seiner Truppe so weitgehend, daß er in der Sprache des gemeinen Mannes der „Vater der Legionen" hieß. Und auch Plancina hielt nicht die einer anständigen Frau gezogenen Grenzen ein, sondern nahm an den Übungen der Reiterei, an den Manövern der Kohorten teil, erging sich in Schmähreden gegen Agrippina und gegen Germanicus, und schon fanden sich sogar manche der anständigen Soldaten bereit, verwerflichem Ansinnen nachzukommen, weil im geheimen das Gerücht umging, daß dies alles nicht gegen den Willen des Imperators geschehe. Dem Germanicus war dies bekannt. Aber im Augenblick war sein dringlicheres Anliegen, noch vor Piso zu den Armeniern zu kommen.

(56) Unzuverlässig war dieses Volk von jeher, was seiner Veranlagung entspricht, aber auch von der geographischen Lage herrührt: es zieht sich auf weite Strecken vor unseren Provinzen hin und reicht tief bis nach Medien hinein. Zwischen zwei gewaltigen Reichen liegend, sind die Armenier untereinander häufig uneinig; sie hassen die Römer und sind erbitterte Feinde der Parther. Sie hatten damals nach der Beseitigung des Vonones[87] keinen König, doch neigte sich die Gunst des Volkes zu Zeno, dem Sohn des pontischen Königs Polemo[88], weil dieser von frühester Kindheit an die Gebräuche und die Lebensweise der Armenier nachgeahmt und durch Jagden, Gelage und durch anderweitige Liebhabereien der Barbaren Adel und Volk gleichermaßen für sich eingenommen hatte. Daher setzte ihm Germanicus in der Stadt Artaxata unter Zustimmung des Adels, umringt von einer großen Menschenmenge, das königliche Diadem auf das Haupt[89]. Alles Volk huldigte ihm und begrüßte ihn als König Artaxias, wie sie ihn nach der Stadt genannt hatten. Dagegen wurde Cappadocien zu einer Provinz gemacht und erhielt Q. Veranius als Legaten. Die königlichen Steuern wurden zum Teil herabgesetzt, um die Cappadocier auf ein milderes römisches Regiment hoffen zu lassen. Über Commagene wurde Q. Servaeus gesetzt, das damit zum erstenmal der Rechtsbefugnis eines Prätors[90] unterstellt wurde.

(57) So waren nun alle bundesgenössischen Angelegenheiten glücklich geordnet. Doch konnte Germanicus darüber nicht froh werden. Allzu hochfahrend war das Benehmen Pisos, der den Befehl erhalten hatte, einen Teil der Legionen persönlich oder durch seinen Sohn nach Armenien zu führen, aber weder das eine noch das andere beachtet hatte. Erst in Cyrrhus[91], in dem Winterlager der zehnten Legion, trafen sie zusammen, beide mit gefaßter Miene, Piso, um keine Furcht zu verraten, Germanicus, damit man nicht glaube, er wolle drohen. Und Germanicus war wirklich, wie gesagt, versöhnlicher gestimmt. Aber seine Freunde, die sich schlau darauf verstanden, die Mißhelligkeiten zu verschärfen, verlegten sich auf Übertreibungen, stellten falsche Behauptungen auf und beschuldigten Piso selbst und Plancina sowie ihre Söhne auf jede nur mögliche Weise. Zuletzt kam es unter Teilnahme von wenigen Vertrauten zu einer Aussprache, bei der der Caesar in einem Ton begann, wie ihn die Erbitterung eingibt, die man nicht merken lassen will. Pisos Antwort bestand in Bitten, aus denen sein Trotz sprach. In offenem Haß schieden sie voneinander. Daraufhin zeigte sich Piso nur noch selten bei den Gerichtssitzungen des Caesaren[92], und wenn er an ihnen gelegentlich teilnahm, setzte er eine finstere Miene auf und ließ deutlich merken, daß er anderer Meinung sei. Auch hörte man bei einem Gastmahl, das der König der Nabatäer[93] gab, wobei dem Caesar und der Agrippina goldene Kränze von schwerem Gewicht, leichte Piso und den übrigen Teilnehmern überreicht wurden, von ihm den Ausspruch, es sei der Sohn des römischen Princeps, nicht der des Partherkönigs, dem dieses Gastmahl gelte. Damit warf er den Kranz weg und fügte noch viele Bemerkungen hinzu, die sich gegen den Luxus richteten, was Germanicus ruhig hinnahm, so kränkend es auch für ihn war.

(58) Inzwischen kamen von dem König der Parther Artabanus Gesandte. Er hatte sie geschickt, um an die vertraglich festgelegte Freundschaft zu erinnern. Auch wünsche er, daß das Treueverhältnis erneuert werde; er werde dem Germanicus zu Ehren an das Ufer des Euphrat kommen. In-

zwischen bitte er, Vonones nicht in Syrien zu belassen, damit dieser nicht aus der Nähe durch Botschaft die Stammeshäuptlinge zu Aufsässigkeit verleite. Darauf gab Germanicus eine Antwort, die hinsichtlich des Bündnisses zwischen den Römern und den Parthern hoheitsvoll klang, hinsichtlich des beabsichtigten Erscheinens des Königs und der ihm persönlich zugedachten Ehrung Würde und Bescheidenheit verriet. Vonones wurde nach Pompeiopolis, einer Seestadt Ciliciens[94], entfernt. Damit wurde nicht nur eine Bitte des Artabanus erfüllt, sondern es geschah auch, um Piso zu kränken. Denn Vonones stand wegen zahlreicher Gefälligkeiten und Geschenke, durch die er Plancina sich verpflichtet hatte, bei Piso in sehr hoher Gunst.

(59) Unter dem Konsulat des M. Silanus und L. Norbanus 19
reiste Germanicus nach Ägypten, um die dortigen Altertümer n. Chr.
kennenzulernen. Aber die Sorge für die Provinz diente als Vorwand. Durch die Öffnung der Speicher senkte er die Getreidepreise und erwies auch sonst dem Volk viele Gefälligkeiten[95]: er ging ohne militärische Begleitung aus, mit bloßen Füßen und in gleicher Tracht wie die Griechen, wobei er P. Scipio nachahmte, der, wie wir vernommen haben, es in Sizilien ebenso machte, obwohl der punische Krieg noch im vollen Gange war[96]. Während Tiberius seine Kleidung und sein ganzes Auftreten nur mit zurückhaltenden Worten rügte, tadelte er ihn aufs schärfste, daß er entgegen den Bestimmungen des Augustus ohne Einwilligung des Princeps Alexandria betreten habe. Denn zu den übrigen unantastbaren Grundlagen seiner Herrschaft gehörte das Verbot des Augustus für die Senatoren und römischen Ritter der höheren Rangstufen, ohne besondere Erlaubnis Ägypten zu betreten, das er zu seiner eigenen Domäne gemacht hatte. Er wollte damit verhüten, daß jeder, der in dieser Provinz, und damit an den Schlüsselpunkten des Landes und der See, mit noch so unbedeutender Truppenmacht auch gegen gewaltige Heere sich dort behaupten und Italien in eine bedrückende Hungersnot stürzen könne.

(60) Aber Germanicus, der noch nicht erfahren hatte, daß

seine Reise mißbilligt werde, fuhr von der Stadt Canopus[97] aus den Nil hinauf. Spartaner haben sie gegründet, weil dort der Steuermann Canopus begraben wurde, damals, als Menelaus auf der Heimfahrt nach Griechenland in dieses entlegene Meer und an das libysche Land verschlagen wurde. Dann besuchte er die zunächstliegende Mündung des Flusses, die dem Hercules heilig ist; die Eingeborenen behaupten, er sei bei ihnen geboren und der Ihrige sei der älteste; diejenigen, die später gleich heldenhafte Männer gewesen seien, hätten dann von ihm ihren Namen bekommen. Darauf besichtigte er die mächtigen Ruinen des alten Theben, wo an den hohen Bauwerken noch die ägyptischen Inschriften erhalten waren, die von der einstigen Macht zeugten. Und einer von den älteren Priestern, den man aufforderte, die in einheimischer Sprache abgefaßte Inschrift zu übersetzen[98], gab an: es haben einst hier siebenhunderttausend Männer in wehrfähigem Alter gewohnt, und mit diesem Heer hat der König Rhamses[99] Libyen, Äthiopien, Medien, Persien und Baktrien sowie das Scythenland unterworfen und alle Länder, die die Syrer, Armenier und die angrenzenden Cappadocier bewohnen, auf der einen Seite bis an das Bithynische, auf der andern bis an das Lycische Meer[100] unter seiner Herrschaft gehabt. Man las auch die den Völkerschaften auferlegten Tribute, das Gewicht des Silbers und Goldes, die Zahl der Waffen und Pferde und die Geschenke für die Tempel, Elfenbein und Räucherwerk, die Menge von Getreide und sonstigen Gegenständen für den täglichen Bedarf, die jedes Volk zu liefern hatte, alles in nicht weniger gewaltigem Ausmaß, als es jetzt von den Parthern auf der Grundlage von Gewalt oder von Rom auf der Grundlage seiner Macht auferlegt wird.

(61) Doch schenkte Germanicus seine Aufmerksamkeit auch anderen Wunderwerken. In erster Linie waren es das steinerne Bild des Memnon[101], das, von Sonnenstrahlen getroffen, zu tönen beginnt, ferner die zwischen weit ausgedehnten und kaum begehbaren Sandwüsten befindlichen Pyramiden, die die Könige mit ihrem Reichtum um die Wette wie Berge aufgetürmt haben, sowie die künstlich angelegten

Stauseen, die die Nilüberschwemmungen auffangen[102]. Und dann wieder die Flußengen mit ihrer großen Tiefe, die keine Nachforschung auszuloten vermag[103]. Endlich kam man nach Elephantine und Syene, einst die Eingangstore zum römischen Reich, das sich jetzt bis zum Roten Meer erstreckt.

(62) Während so Germanicus diesen Sommer in mehreren Provinzen verbrachte, erwarb sich Drusus dadurch nicht geringen Ruhm, daß er unter den Germanen innere Fehden anstiftete und die vollständige Vernichtung des Maroboduus, dessen Macht schon gebrochen war, betrieb. Es gab unter den Gotonen[104] einen adeligen Jüngling, namens Catualda, der, vor längerer Zeit von Maroboduus gewaltsam vertrieben, jetzt, wo dieser in einer mißlichen Lage war, sich an ihm zu rächen wagte. Er marschierte mit einer starken Heerschar in das Land der Marcomannen ein, verleitete die Häuptlinge durch Bestechung, sich ihm als Bundesgenossen anzuschließen, und erstürmte die Königsburg mitsamt dem unmittelbar dabeiliegenden Kastell. Dort fanden sich alte Beutestücke der Sueben sowie Marketender und Kaufleute aus unseren Provinzen, die der freie Handelsverkehr und auch der Trieb zum Gelderwerb aus ihren Wohnsitzen in das feindliche Land verschlagen hatte, wobei sie ihr Vaterland vergaßen.

(63) Maroboduus, von allen Seiten im Stich gelassen, hatte keinen anderen Rückhalt mehr als das Mitleid des Caesaren. Er ging über die Donau, wo sie an der norischen Provinz[105] vorüberfließt, und schrieb an Tiberius, nicht wie ein Flüchtling oder demütiger Bittsteller, sondern im Tone dessen, der sich seiner früheren glänzenden Stellung bewußt ist: während viele Völkerschaften ihn, den einst so berühmten König, zu sich eingeladen hätten, habe er der Freundschaft mit Rom den Vorrang gegeben. Von dem Caesar erhielt er den Bescheid, wenn er in Italien bleiben wolle, werde er einen sicheren, ehrenvollen Wohnsitz dort erhalten. Wenn aber etwas anderes seiner Lage dienlich sei, könne er unter freiem Geleit, wie er gekommen sei, wieder gehen. Jedoch legte Tiberius im Senat dar, nicht Philipp sei für die Athener, nicht Pyrrhus oder Antiochus für das römische Volk in gleichem Maße zu

fürchten gewesen. Noch ist die Rede vorhanden, in der er auseinandersetzte, wie groß dieser Mann sei, welche wilde Kraft in den ihm untertänigen Völkerschaften liege, wie nahe der Feind Italien sei und welche Maßregeln er getroffen habe, um ihn unschädlich zu machen. Maroboduus wurde Ravenna als Wohnsitz angewiesen, und wenn einmal den Sueben der Kamm schwoll, holte man ihn hervor, als ob er auf den Thron zurückkehren würde. Aber er verließ in achtzehn Jahren Italien nicht und wurde ein alter Mann, wobei er viel von seiner Berühmtheit einbüßte, weil er allzusehr am Leben hing. Das gleiche Schicksal hatte Catualda, auch ihm blieb keine andere Zufluchtsstätte. Bald darauf wurde er von den Streitkräften der Hermunduren[106] unter der Führung von Vibellius geschlagen. Er fand Aufnahme bei den Römern und wurde von ihnen nach Forum Iulium[107], einer Kolonie des narbonensischen Galliens, geschickt. Die Barbaren, die in beider Gefolge waren, wurden, damit sie nicht, unter die Bewohner der ruhigen Provinzen gemischt, Unruhen stifteten, jenseits der Donau zwischen den Flüssen Marus und Cusus[108] angesiedelt und ihnen Vannius, vom Stamme der Quaden[109], als König gegeben.

(64) Gleichzeitig kam die Nachricht, daß von Germanicus Artaxias auf den Thron von Armenien gesetzt worden sei, worauf die Väter beschlossen, Germanicus und Drusus sollten im kleinen Triumph in die Stadt einziehen. Man baute auch Triumphbogen zu beiden Seiten des Tempels des Mars Ultor[110] mit dem Bildnis der Caesaren, wobei sich Tiberius darüber, daß er den Frieden durch Klugheit gesichert hatte, mehr freute, als wenn er einen Krieg auf dem Schlachtfeld beendigt hätte. Deshalb ging er auch gegen Rhescuporis, den König von Thracien, mit List vor. Diese Völkerschaft war in ihrer Gesamtheit früher Rhoemetalces untertan gewesen. Nach dessen Tod belieh Augustus mit dem einen Teil von Thracien dessen Bruder Rhescuporis, mit dem anderen dessen Sohn Cotys. Bei dieser Teilung wies er das bebaute Land, die Städte und die Griechenland benachbarten Gebiete dem Cotys, die unbebauten, unfruchtbaren, an das feindliche

Land angrenzenden dem Rhescuporis zu. Dieser Teilung entsprach auch die verschiedene Veranlagung der Könige: jener war mild und liebenswürdig, dieser brutal, habgierig und als Partner unverträglich. Aber zuerst herrschte unter ihnen trügerische Eintracht. Bald aber überschritt Rhescuporis seine Grenzen, eignete sich Gebiete, die Cotys zugeteilt waren, an und trat mit Gewalt diesem entgegen, als er sich wehrte, noch zögernd unter Augustus, weil er fürchten mußte, von ihm als dem Begründer beider Reiche bestraft zu werden, wenn dieser mißachtet werde. Nun aber schickte er auf die Kunde von dem Thronwechsel Räuberbanden aus, zerstörte befestigte Plätze und gab damit Anlaß zum Krieg.

(65) Nichts bedrückte Tiberius so sehr wie die Sorge, es möchte die von ihm geschaffene Ordnung gestört werden. Er bestimmte einen Centurio, der die Könige davor warnen sollte, ihren Streit mit den Waffen auszutragen. Und Cotys entließ auch sofort die Hilfstruppen, die er bereitgestellt hatte. Rhescuporis verlangte in geheuchelter Fügsamkeit eine Zusammenkunft. Man könne über die strittigen Punkte in einer Unterredung einig werden. Man verständigte sich bald über Zeit und Ort und dann auch über die Bedingungen, da sie alles, der eine aus Gutmütigkeit, der andere aus Arglist, sich gegenseitig zugestanden und sich gefallen ließen. Rhescuporis gab anschließend, wie er sagte, zur Bekräftigung des Vertragsabschlusses ein Essen. Die fröhliche Schmauserei und das Trinken zog sich bis tief in die Nacht hinein. Da legte er den ahnungslosen Cotys in Ketten, der, als er den Anschlag erkannte, ihn bei der Heiligkeit des Thrones, bei den gemeinsamen Familiengöttern und bei den gastlichen Tischen beschwor. Rhescuporis besetzte ganz Thracien und schrieb an Tiberius, man habe einen Anschlag auf ihn gemacht, dessen Durchführung er zuvorgekommen sei. Zugleich verstärkte er sich unter dem Vorwand eines Krieges gegen die Bastarner und Scythen[111] mit neuen Truppen zu Fuß und zu Pferd. Die schriftliche Antwort, die er erhielt, war freundlich: wenn es sich um keine Hinterlist handle, könne er ja seiner Unschuld vertrauen. Jedoch werde weder er noch der Senat

ohne eine gerichtliche Untersuchung des Falles über Recht und Unrecht entscheiden. Darum solle er Cotys ausliefern und herkommen, um die auf ihm lastende gehässige Beschuldigung abzuwälzen.

(66) Diesen Brief schickte der Proprätor von Mösien, Latinius Pandusa, zugleich mit einem militärischen Kommando, dem Cotys übergeben werden sollte, nach Thracien. Rhescuporis, der zwischen Furcht und Zorn schwankte, wollte lieber eines schon durchgeführten als eines erst begonnenen Verbrechens beschuldigt werden: er befahl, Cotys zu ermorden, und log, dieser habe Selbstmord verübt. Doch änderte der Caesar den einmal beschrittenen Weg nicht, sondern nach dem Tode Pandusas, den Rhescuporis beschuldigte, sein erbitterter Feind zu sein, setzte er Pomponius Flaccus, einen altgedienten Kriegsmann, der mit dem König eng befreundet und deshalb um so geeigneter war, diesen zu täuschen, hauptsächlich aus diesem Grunde über Mösien.

(67) Flaccus ging nach Thracien hinüber und brachte Rhescuporis durch riesige Versprechungen, obgleich dieser im Hinblick auf seine Verbrechen unschlüssig war, dazu, sich in den Bereich der römischen Besatzungstruppen zu begeben. Hier wurde dem König unter dem Schein einer Ehrenwache eine starke Abteilung beigegeben; Tribunen und Centurionen mahnten ihn, redeten ihm zu und ließen, je weiter man sich entfernte, um so deutlicher erkennen, daß er in Wirklichkeit bewacht werde. Zuletzt erkannte er seine Zwangslage und wurde nach Rom geschleppt. Von der Frau des Cotys im Senat angeklagt, wurde er verurteilt, fern von seinem Königreich in Gewahrsam gehalten zu werden. Thracien wurde zwischen seinem Sohn Rhoemetalces, der nachweislich sich den Plänen seines Vaters widersetzt hatte, und den Kindern des Cotys aufgeteilt. Da diese noch nicht erwachsen waren, wurde der ehemalige Prätor Trebellenus Rufus ihnen als einstweiliger Verwalter des Königreichs beigegeben, nach dem Beispiel der Vorfahren, die M. Lepidus als Vormund für die Kinder des Ptolemäus nach Ägypten gesandt hatten. Rhescuporis wurde nach Alexandria gebracht und dort bei einem Flucht-

versuch — vielleicht diente diese Beschuldigung auch nur als Vorwand — umgebracht.

(68) Um dieselbe Zeit versuchte Vonones, den man, wie ich berichtet habe, nach Cilicien geschafft hatte, mit Hilfe seiner bestochenen Wächter nach Armenien zu entfliehen und von da zu den Albanern und Heniochern[112] sowie zu seinem Blutsverwandten, dem König der Scythen, zu entkommen. Unter dem Vorwand, auf die Jagd zu gehen, verließ er das Küstenland und begab sich in das unwegsame Waldgebirge, eilte dann auf seinem flinken Pferde zu dem Flusse Pyramus[113]. Jedoch hatten die Anwohner auf die Kunde von der Flucht des Königs die Brücken abgebrochen. Und es fand sich keine Furt, durch die man hätte hinüberkommen können. So wurde er am Ufer von dem Reiterpräfekt Vibius Fronto festgenommen. Ein Freiwilliger, namens Remmius, der früher zu dem Wachkommando des Königs gehört hatte, stieß ihm, gleichsam im Zorn, das Schwert in den Leib, was jedoch eher glauben ließ, Remmius habe ihn, weil er in das Verbrechen eingeweiht war und eine Anzeige fürchtete, umgebracht.

(69) Aber Germanicus fand bei seiner Rückkehr aus Ägypten alle seine Anordnungen bei den Legionen und in den Städten abgeschafft oder in das Gegenteil verkehrt. Das führte zu schweren kränkenden Vorwürfen gegen Piso, die dieser gegen den Caesar mit nicht minderer Schärfe beantwortete. Darauf beschloß Piso, von Syrien wegzugehen; ließ sich dann aber durch eine Erkrankung des Germanicus bestimmen, dazubleiben. Als er jedoch erfuhr, Germanicus habe sich wieder erholt, und Gelübde für seine Genesung dargebracht wurden, ließ er die herbeigeführten Opfertiere mitsamt der ganzen Opferzurüstung und das festlich gestimmte Volk von Antiochia[114] durch seine Liktoren wegjagen. Darauf ging er nach Seleucia[115] weg, um den Verlauf der Krankheit abzuwarten, von der Germanicus erneut befallen war. Die an sich schon schwere Krankheit verschlimmerte sich noch dadurch, daß Germanicus überzeugt war, von Piso Gift erhalten zu haben. Und wirklich fanden sich Reste von menschlichen Körpern, die aus dem Fußboden und aus den Wänden her-

vorgeholt wurden, Zaubersprüche und Verwünschungsformeln sowie der auf Bleitafeln eingeritzte Name des Germanicus, Asche und halbverbrannte Körperteile, die mit Jauche übergossen waren, und andere böse Dinge, mit denen, wie man glaubt, Seelen den unterirdischen Mächten geweiht werden. Zugleich wurden die Boten, die Piso herschickte, beschuldigt, nach Anzeichen einer Verschlimmerung der Krankheit zu forschen.

(70) Diese Vorgänge vernahm Germanicus ebenso mit Zorn wie mit Furcht. Wenn man schon sein Zimmer belagere, wenn er unter den Augen seiner Feinde seinen Geist aufgeben müsse, was dann aus seiner unglücklichen Gattin, seinen kleinen Kindern werden solle? Zu langsam scheine das Gift zu wirken: Piso eile und dränge, über die Provinz und die Legionen allein zu verfügen. Aber noch sei Germanicus nicht so hinfällig, und der Mörder werde sich nicht lange des Lohnes für seinen Mord erfreuen. Er verfaßte ein Schreiben, in dem er Piso die Freundschaft aufkündigte. Vielfach wird behauptet, er habe ihm auch befohlen, die Provinz zu verlassen. Piso säumte auch nicht länger und lichtete die Anker. Doch verlangsamte er die Fahrt, um nicht weit zurückfahren zu müssen, wenn der Tod des Germanicus den Weg nach Syrien frei gemacht habe.

(71) Noch einmal hatte der Caesar eine Zeitlang Hoffnung geschöpft; dann aber verfielen seine Körperkräfte, und als das Ende nahte, sprach er zu den bei ihm stehenden Freunden folgendes: „Wenn ich eines natürlichen Todes stürbe, so wäre mein Groll, auch gegenüber den Göttern, berechtigt, weil sie mich den Eltern, den Kindern und dem Vaterland in jugendlichem Alter durch einen vorzeitigen Tod entreißen. So aber lege ich, der ich dem Verbrechen Pisos und Plancinas zum Opfer gefallen bin, euch meine letzten Bitten ans Herz. Berichtet meinem Vater und meinem Bruder, von welcher Pein gemartert, von welcher Hinterlist umgarnt, ich ein elendes Leben mit dem schlimmsten Tode beschlossen habe. Wer sich von Hoffnungen, die er auf mich setzte, wer sich von der Blutsverwandtschaft mit mir, auch wer sich von dem Neid,

solange ich lebte, gegen mich leiten ließ, sie alle werden darüber weinen, daß der Mann, der einst in einer so hohen Stellung war, der so viele Kriege überlebt hat, der Hinterlist eines Weibes zum Opfer gefallen ist. Ihr werdet die Möglichkeit haben, vor dem Senat zu klagen und die Gesetze anzurufen. Nicht darin besteht die vornehmste Aufgabe der Freunde, dem Toten mit müßiger Klage das Geleit zu geben, sondern darin, seines Wollens zu gedenken, seine Aufträge zur Tat werden zu lassen. Beweinen werden Germanicus auch Unbekannte, rächen werdet ihr ihn, sofern eure Anhänglichkeit mehr meiner Person als meiner hohen Stellung gegolten hat. Zeiget dem römischen Volk die Enkelin des verewigten Augustus, die auch meine Gattin ist. Zählet ihm meine sechs Kinder auf. Auf das Mitleid werden die Kläger rechnen dürfen, und wer sich auf verbrecherische Aufträge fälschlich beruft, dem werden die Leute entweder nicht glauben oder nicht verzeihen." Die Freunde faßten die Hand des Sterbenden und schwuren, eher ihr Leben zu opfern, als auf Rache zu verzichten.

(72) Dann wandte er sich zu seiner Gemahlin und beschwor sie bei seinem Andenken und bei ihren gemeinsamen Kindern, sie möge ihr leidenschaftliches Wesen ablegen, sich unter das blinde Wüten des Schicksals beugen und nach ihrer Rückkehr in die Hauptstadt nicht durch ihren Machthunger die reizen, die doch die Stärkeren seien. Dies sagte er vor allen Anwesenden; anderes besprach er mit ihr ohne Zeugen, wobei er ihr, wie man glaubte, vor Augen führte, daß sie sich vor Tiberius fürchten müsse. Bald darauf starb er, tief betrauert von der Provinz und den umliegenden Völkerschaften. Trauer erfüllte auch ausländische Völker und Könige. So groß war seine Leutseligkeit gegenüber den Bundesgenossen, seine Versöhnlichkeit gegenüber den Feinden. Gleiche Verehrung mußte ihm zollen, wer ihn sah und wer ihn hörte, da er die Hoheit und Würde seiner hohen Stellung wahrte und sich von Mißgunst erregender Anmaßung ferngehalten hatte.

(73) Das Leichenbegängnis fand ohne Ahnenbilder und Trauerzug statt, aber war feierlich durch das lobende Ge-

denken seiner Tugenden. Manche verglichen seine äußere Erscheinung, sein Alter, seine Todesart, auch im Hinblick auf die Nähe des Todesortes, mit dem Geschick des großen Alexander. Beide hätten ja die gleiche schöne Gestalt, die gleiche hohe Abstammung gehabt und seien, nicht viel älter als dreißig Jahre, dem meuchlerischen Anschlag der Ihrigen in fremdem Lande zum Opfer gefallen. Aber dieser sei warmherzig gegen seine Freunde, mäßig in sinnlichen Genüssen, sei nur mit *einer* Gattin verheiratet gewesen, von der er eheliche Kinder habe; auch habe er sich als ein ebenso tapferer Held im Kampf erwiesen, wenn ihm auch die Tollkühnheit Alexanders gefehlt habe und er gehindert worden sei, das durch so viele Siege niedergeworfene Germanien endgültig zu unterjochen. Wenn er unbeschränkte Handlungsfreiheit gehabt hätte, wenn er nach Befugnissen und Titel König gewesen wäre, hätte er um so rascher Kriegsruhm erlangt, je mehr er an Milde, Selbstbeherrschung und allen sonstigen guten Eigenschaften Alexander überragt habe. Bevor sein Leichnam auf dem Forum von Antiochia, wo er beigesetzt werden sollte, verbrannt wurde, wurde er entblößt, aber es hat sich nicht sicher feststellen lassen, ob er Kennzeichen einer Vergiftung aufwies; denn je nachdem man Mitleid mit Germanicus empfand und sich vorgefaßtem Argwohn hingab oder auch seine Gunst mehr Piso zuwandte, bekannte man sich zu dieser oder jener Deutung.

(74) Darauf fand unter den Legaten und den übrigen anwesenden Senatoren[116] eine Beratung statt, wer zum Statthalter von Syrien gemacht werden sollte. Und während die übrigen sich nicht besonders darum bemühten, schwankte man lange, ob man Vibius Marsus oder Cn. Sentius damit betrauen solle. Darauf trat Marsus zugunsten des älteren und sich stärker einsetzenden Sentius zurück. Dieser schickte eine in dieser Provinz berüchtigte Giftmischerin namens Martina, die der Plancina sehr nahestand, nach Rom und kam damit der Aufforderung des Vitellius und Veranius und aller anderen nach, die die Anklagepunkte aufstellten und die Anklage betrieben, wie wenn sie bereits zugelassen sei.

(75) Agrippina, die infolge ihres Leides krank und erschöpft war, aber trotzdem keinerlei Aufschub ihrer Rache ertragen konnte, schiffte sich ein und fuhr mit der Asche des Germanicus und ihren Kindern ab unter allgemeinem Mitleid, daß sie, die man eben noch als Frau von höchstem Adel und in glücklichster Ehe lebend verehrt und umjubelt zu sehen gewohnt war, jetzt eine Aschenurne bei sich trage, ohne zu wissen, ob sie sich rächen könne, in bedrückter Sorge um ihr eigenes Ergehen und mit ihrem unseligen Kinderreichtum so vielen Schicksalsfügungen preisgegeben.

Zu Piso gelangte inzwischen bei der Insel Cos[117] die Kunde von dem Tod des Germanicus. Er verlor bei der Nachricht alle Selbstbeherrschung und schlachtete Opfertiere und suchte die Tempel auf, wobei er selbst seiner Freude keine Zügel anlegte und Plancina sich noch maßloser gebärdete, indem sie die Trauerkleidung, die sie wegen des Verlustes einer Schwester trug, jetzt zum ersten Mal mit einem Festkleid vertauschte.

(76) Centurionen kamen in Menge herbei und versicherten ihn der tatbereiten Ergebenheit der Legionen. Er solle in die Provinz zurückkehren, die man ihm widerrechtlich abgenommen und die jetzt keinen Herrn habe. Wie er nun überlegte, was zu tun sei, vertrat sein Sohn M. Piso die Ansicht, er solle nach Rom eilen: noch sei nichts geschehen, was nicht wieder gutzumachen sei. Man dürfe nicht in Angst geraten vor haltlosen Verdächtigungen oder unbegründeten Gerüchten. Sein Zerwürfnis mit Germanicus könne ihm vielleicht Haß, aber nicht Strafe bringen, und damit, daß man ihm die Provinz genommen habe, seien die Feinde befriedigt. Wenn er aber umkehre, werde sich ihm Sentius widersetzen, und dies sei der Beginn des Bürgerkrieges. Auch sei nicht zu erwarten, daß die Centurionen und Mannschaften dauernd zu ihm stehen. Bei ihnen sei die noch frische Erinnerung an ihren Oberfeldherrn und die tief eingewurzelte Liebe zu den Caesaren ausschlaggebend.

(77) Dagegen vertrat Domitius Celer, der zu den engsten Freunden Pisos zählte, folgenden Standpunkt: man müsse

die augenblickliche Lage ausnützen. Piso, nicht Sentius, sei Statthalter in Syrien. Ihm seien die Rutenbündel und die rechtlichen Befugnisse eines Prätors übergeben, ihm die Legionen. Sollte es zu Feindseligkeiten kommen, wer werde mit größerer Berechtigung Gewalt gegen Gewalt setzen als der, der die Vollmacht eines Legaten und dabei noch persönliche Aufträge erhalten habe? Auch Gerüchten müsse man Zeit lassen, in der sie sich überleben. Sehr oft seien auch Unschuldige frischem Haß nicht gewachsen. Wenn er dagegen das Heer fest in der Hand behalte und seine Streitkräfte vermehre, werde vieles, was man jetzt nicht voraussehen könne, durch zufälliges Geschehen sich zum bessern wenden. „Oder beeilen wir uns, zugleich mit der Asche des Germanicus zu landen, damit dich, ohne gehört zu werden, ohne dich verteidigen zu können, das Jammergeschrei der Agrippina und der unverständige Pöbel auf das erste Gerücht hin ins Verderben stürzen? Es stehen dir zur Seite das Einverständnis der Augusta, die Gunst des Caesaren, allerdings nur im geheimen. Der Trauer über den Tod des Germanicus gibt niemand unverhohlener Ausdruck als der, der die größte Freude über ihn empfindet."

(78) Es machte keine große Mühe, Piso, der zu gewalttätigem Handeln neigte, für diese Ansicht zu gewinnen. Er schickte also ein Schreiben an Tiberius, in dem er Germanicus eines verschwenderischen Lebenswandels und eines hochfahrenden Wesens beschuldigte. Er selbst sei verjagt worden, um den Weg für hochverräterische Umtriebe frei zu machen; nun aber habe er die Betreuung des Heeres mit der gleichen Zuverlässigkeit, die er früher habe walten lassen, wieder übernommen. Zugleich befahl er Domitius, auf einem Dreiruderer unter Vermeidung des Küstengebietes an den Inseln vorbei über die hohe See nach Syrien zu fahren. Deserteure, die ihm zuliefen, stellte er zu Manipeln zusammen, bewaffnete die Troßknechte und fing durch Schiffe, die er zum Festland hinübergeschickt hatte, einen Transport von Rekruten ab, die auf dem Weg nach Syrien waren. Ferner schrieb er an die Fürsten von Cilicien, sie sollten ihn mit Hilfstruppen

unterstützen. Auch erwies sich der junge Piso als eine recht tatkräftige Stütze bei den Vorbereitungen des Krieges, obgleich er abgeraten hatte, ihn zu beginnen.

(79) Als sie nun an der Küste von Lycien und Pamphylien vorbeifuhren, begegneten sie den Schiffen, die Agrippina an Bord hatten. Beide Parteien machten sich in ihrer Erbitterung zuerst kampfbereit. Dann aber bekamen sie es mit der Angst voreinander zu tun und ließen es nicht weiter als zu einem Wortwechsel kommen, wobei Marsus Vibius dem Piso zurief, er solle nach Rom kommen, um sich dort zu verantworten. Dieser erwiderte höhnisch, er werde dasein, sobald der für die Untersuchung von Giftmischerei zuständige Prätor dem Angeklagten und den Anklägern einen Termin angesetzt habe[118].

Inzwischen landete Domitius in Laodicia, einer Stadt Syriens[119]. Er befand sich auf dem Wege zu dem Winterlager der sechsten Legion, der er in erster Linie eine revolutionäre Erhebung zutraute. Doch kam ihm der Legat Pacuvius zuvor. Davon setzte Sentius den Piso brieflich in Kenntnis und warnte ihn, das Lager Verführern preiszugeben und die Provinz in einen Krieg hineinzuziehen. Alle, von denen er wußte, daß sie das Andenken an Germanicus treu wahrten und Widersacher seiner Feinde waren, sammelte er um sich und führte ihnen immer wieder die Größe des Imperators vor Augen mit dem Hinweis, es sei das Gemeinwesen, gegen das sie die Waffen kehren. Und so trat er als der Führer einer starken, kampfbereiten Truppe auf.

(80) Aber obgleich die Dinge anders als erwartet verliefen, unterließ Piso doch keine der Maßnahmen, die in der augenblicklichen Lage die größte Sicherheit verbürgten. Er besetzte ein stark befestigtes Kastell Ciliciens, namens Celenderis[120]. Durch die Einreihung von Fahnenflüchtigen und der kürzlich abgefangenen Rekruten sowie seiner und der Plancina Sklaven hatte er die Hilfstruppen der Cilicier, die die dortigen Fürsten geschickt hatten, zu einer legionsstarken Truppe zusammengefaßt. Er erklärte vor ihnen, er werde als Legat des Caesaren von der Provinz, die dieser ihm verliehen habe,

ferngehalten, und zwar nicht durch die Legionen — auf deren Einladung komme er ja —, sondern durch Sentius, der hinter falschen Beschuldigungen seinen persönlichen Haß verberge. Sie sollten sich nur zur Schlacht stellen, die Soldaten werden doch nicht kämpfen, wenn sie den von ihnen einst Vater genannten Piso erblicken, der, wenn das Recht zu entscheiden habe, als der Stärkere und auch, wenn die Waffen entscheiden, nicht als Schwächling vor ihnen stehe. Dann entwickelte er die Manipel vor den Festungsanlagen des Kastells auf einem steilen, abschüssigen Hügel. Das ganze übrige Gelände ist von dem Meer umgeben. Ihnen gegenüber wurden die Veteranen, in Centurien geordnet, mit Reserveabteilungen aufgestellt. Auf der einen Seite stand eine abgehärtete Truppe, auf der andern befanden sich ein schwieriges Gelände, aber kein Mut, keine Hoffnung, nicht einmal Waffen, außer den in der Landwirtschaft verwendeten oder solchen, die in Eile für den augenblicklichen Gebrauch hergestellt waren. Als es zum Kampf Mann gegen Mann kam, ließ die Entscheidung nur so lange auf sich warten, bis die römischen Kohorten sich auf die Höhe hinaufgearbeitet hatten. Dann wandten sich die Cilicier zur Flucht und schlossen sich in dem Kastell ein.

(81) Inzwischen versuchte Piso, die in geringer Entfernung wartende Flotte anzugreifen, doch hatte er keinen Erfolg. Er kehrte daher in das Kastell zurück und suchte nun von oben auf der Mauer, bald sich an die Brust schlagend, bald einzelne bei ihrem Namen anrufend und Belohnungen anbietend, eine Meuterei zu erregen. Schon hatte er solchen Eindruck gemacht, daß der Fahnenträger der sechsten Legion mit seiner Fahne zu ihm überging. Da ließ Sentius die Hörner und Trompeten blasen und befahl, Erde zum Auffüllen der Gräben herbeizuholen und Leitern anzulegen; die Tapfersten sollten hinaufsteigen, andere aus den Wurfmaschinen Speere und Steine sowie Feuerbrände schleudern. Da endlich wurde Pisos Hartnäckigkeit gebrochen. Er bat, nach Auslieferung der Waffen in dem Kastell bleiben zu dürfen, bis man den Caesar befragt habe, wem er Syrien überlasse.

Seine Forderungen wurden nicht angenommen. Es wurden ihm lediglich Schiffe und sicheres Geleit nach Rom bewilligt.

(82) Sobald sich aber die Kunde von der Erkrankung des Germanicus verbreitete und alles, wie es bei einer weiten Entfernung gewöhnlich geht, schlimmer dargestellt wurde, regte sich in Rom Schmerz und Zorn, ja, es kam sogar zum Ausbruch lauter Klagen: darum also habe man ihn an das Ende der Welt verwiesen, darum Piso die Provinz überlassen. Das sei der Zweck der geheimen Besprechungen der Augusta mit Plancina gewesen. Vollkommen wahr sei, was die Älteren über Drusus gesagt hätten: den Herrschern auf ihrem Thron mißfalle das volkstümliche Wesen ihrer Söhne[121], und nur deshalb seien sie beseitigt worden, weil sie damit umgingen, dem römischen Volk die Freiheit zurückzugeben und wieder gleiches Recht für alle zu schaffen. Als man nun den Tod des Germanicus vernahm, griff dieses Gerede unter dem Volk weiter um sich und führte zu einer solchen Erregung, daß man noch vor einem behördlichen Erlaß und vor einem Senatsbeschluß die öffentliche Trauerzeit eintreten ließ, die Märkte verlassen und die Häuser geschlossen wurden. Überall herrschte Stille und Klagen, nichts war gekünstelt, um nur nach außen in Erscheinung zu treten. Und obgleich man sich auch der äußerlichen Zeichen der Trauer nicht enthielt, ging doch das Leid, das man im Herzen trug, tiefer. Zufällig brachten Kaufleute, die, als Germanicus noch lebte, Syrien verlassen hatten, günstigere Nachrichten über sein Befinden. Sofort glaubte man ihnen, sofort sprachen sie sich herum. Wo man einander begegnete, teilte auch das nur ganz oberflächlich Gehörte der eine dem anderen mit, der es wieder an eine größere Zahl von Leuten weitergab, die es dann in ihrer Freude noch weiter ausschmückten. Sie rannten durch die Stadt, schlugen die Türen der Tempel ein. Bei Nacht glaubte man ja alles viel leichter, und in der Dunkelheit fand man für seine Behauptungen viel leichter Gehör. Tiberius trat nicht gegen falsche Behauptungen auf. Im Laufe der Zeit würden sie sich ja doch in nichts verflüchtigen. Und so trug

das Volk um so tieferes Leid, als wäre ihm Germanicus zum zweitenmal entrissen worden.

(83) Ehrungen wurden erdacht und beschlossen, wie sie jedem die Liebe zu Germanicus oder sein Erfindungsvermögen eingab: sein Name wird in das „Saliarische Lied“[122] aufgenommen, ihm wird überall, wo die Augustalpriester sitzen, ein kurulischer Sessel aufgestellt und über diesem ein Eichenkranz angebracht. Sein elfenbeinernes Bild wird an den circensischen Spielen dem Zug vorangetragen[123] und kein Flamen[124] oder Augur an Stelle des Germanicus gewählt, er stamme denn aus dem iulischen Geschlecht. Dazu kamen noch Ehrenbogen in Rom, am Rheinufer und auf dem syrischen Berge Amanus mit einer Inschrift seiner Taten und dem Hinweis, daß er im Dienste des Gemeinwesens gestorben sei, ein Grabmal in Antiochia, der Stätte seiner Verbrennung, ein Tribunal in Epidaphne[125], wo er sein Leben beendigt hatte. Die Zahl der Statuen und der Orte, an denen er verehrt werden sollte, könnte man nicht leicht aufzählen. Als beantragt wurde, ein goldenes Brustbild[126] von besonderer Größe zu denen der maßgeblichen Vertreter der Beredsamkeit zu stellen, erklärte Tiberius nachdrücklich, er werde ihm das übliche, das sich von den anderen nicht unterscheide, weihen. Bei der Beurteilung der Beredsamkeit spiele die äußere Lebensstellung keine Rolle, und es sei genug der Ehre, wenn er zu den alten Schriftstellern gerechnet werde. Der Ritterstand gab seiner Sitzabteilung im Theater, die bisher die der Jüngeren hieß, den Namen des Germanicus und ordnete an, daß an den Iden des Juli den Reiterabteilungen sein Bild vorausgetragen werde. Diese Anordnungen haben sich größtenteils bis heute erhalten. Einige wurden sofort aufgehoben, andere wieder gerieten im Laufe der Zeit in Vergessenheit.

(84) Übrigens gebar noch während der Trauerzeit Livia, die Schwester des Germanicus, die Gemahlin des Drusus, Zwillinge männlichen Geschlechtes. Dieses auch in gewöhnlichen Familien seltene, glückliche Ereignis erfüllte den Princeps mit solcher Freude, daß er sich nicht enthalten konnte, vor dem Senat sich zu rühmen, keinem Römer in gleich hoher

Stellung seien jemals Zwillinge geboren worden. Denn alles, auch Zufälligkeiten, mußte seinem Ruhme dienen. Aber das Volk empfand in einer solchen Zeit auch dieses Ereignis schmerzlich: es hatte das Gefühl, daß der Kindersegen des Drusus die Familie des Germanicus in noch größere Bedrängnis versetze.

(85) In dem gleichen Jahr schränkte der Senat durch scharfe Verordnungen die Ausschweifungen der Frauen ein. Es wurden Strafen vorgesehen, wenn eine Frau, deren Großvater, Vater oder Ehemann römischer Ritter gewesen war, für Geld Unzucht treibe. Denn Vistilia, deren Vater Prätor gewesen war, hatte sich bei den Ädilen als Prostituierte gemeldet und damit einen Brauch der Alten wieder aufgenommen, die glaubten, die Dirnen würden dadurch genug bestraft, daß sie ihr schändliches Treiben öffentlich anmelden müßten. Auch wurde Titidius Labeo, der Gatte der Vistilia, um eine Erklärung ersucht, warum er bei dem offen zutage liegenden Vergehen seiner Frau es unterlassen habe, die gesetzlich vorgesehene Bestrafung[127] herbeizuführen. Als dieser vorschützte, er habe ja sechzig Tage Bedenkzeit und diese seien noch nicht verstrichen, schien es ausreichend, nur über Vistilia einen Beschluß zu fassen. Sie wurde auf die Insel Seriphos[128] verbannt.

Auch über die Beseitigung des jüdischen und ägyptischen Gottesdienstes verhandelte man. Es kam zu einem Senatsbeschluß: viertausend Personen des Freigelassenenstandes, die von diesem Aberglauben angesteckt waren, seien, soweit es ihr Alter zulasse, auf die Insel Sardinien zu verbringen, um das dortige Räuberunwesen einzudämmen. Wenn sie dort infolge des ungesunden Klimas umkämen, spiele dieser Verlust keine Rolle. Alle übrigen sollten Italien verlassen, wenn sie nicht bis zu einem bestimmten Zeitpunkt ihrem unheiligen Kult entsagt hätten.

(86) Hierauf beantragte der Caesar, eine Jungfrau an die Stelle der Occia zu wählen, die siebenundfünfzig Jahre lang in höchster Ehrwürdigkeit den vestalischen Gottesdienst geleitet hatte. Auch dankte er dem Fonteius Agrippa und Do-

mitius Pollio dafür, daß sie in wetteiferndem Dienst für das Gemeinwesen ihre Töchter diesem zur Verfügung stellten. Vorgezogen wurde die Tochter Pollios, aber nur deshalb, weil ihre Mutter noch in der gleichen Ehe lebte. Denn Agrippa hatte durch seine Ehescheidung das Ansehen seines Hauses beeinträchtigt. Der Caesar gab ihr als Trost für ihre Zurücksetzung eine Mitgift von einer Million Sesterzen.

(87) Da sich die Plebs über eine furchtbare Teuerung beklagte, setzte Tiberius einen Preis für das Getreide fest, den der Käufer zu bezahlen habe: er werde den Kaufleuten für jeden Scheffel zwei Sesterzen zusätzlich bezahlen. Dennoch nahm er auch daraufhin den Titel „Vater des Vaterlandes", der ihm schon früher angeboten worden war, nicht an und schalt diejenigen heftig, die vom „göttlichen Wirken" und von ihm selbst als dem „Herrn" gesprochen hatten. So war das Reden eine beengte und gefährliche Betätigung unter einem Princeps, der die Freiheit fürchtete und die Schmeichelei haßte.

(88) Ich finde bei den Schriftstellern senatorischen Ranges dieser Zeit, daß in dem Senat ein Brief des Chattenfürsten Adgandestrius verlesen wurde, in dem er den Tod des Arminius versprach, wenn ihm zur Durchführung des Mordes Gift geschickt werde. Doch sei ihm der Bescheid erteilt worden, nicht hinterlistig und nicht heimlich, sondern offen und mit den Waffen in der Hand räche sich das römische Volk an seinen Feinden. Mit diesem rühmlichen Verhalten stellte sich Tiberius den Feldherrn alter Zeiten zur Seite, die die Verwendung von Gift gegen Pyrrhus abgelehnt und ihn von dem beabsichtigten Anschlag in Kenntnis gesetzt hatten. Indessen stieß Arminius bei dem Abzug der Römer und nach der Vertreibung von Maroboduus in seinem Streben nach dem Thron auf den Widerstand seiner freiheitsliebenden Landsleute. Es kam zu einer bewaffneten Auseinandersetzung, bei der er mit wechselndem Glück kämpfte und durch die Hinterlist seiner Verwandten fiel. Unstreitig war er der Befreier Germaniens, der das römische Volk nicht am Anfang seiner Geschichte, wie andere Könige und Heerführer, sondern das in

höchster Blüte stehende Reich herausgefordert hat, in den einzelnen Schlachten nicht immer erfolgreich, im Kriege unbesiegt. Er wurde 37 Jahre alt, zwölf Jahre hatte er die Macht in Händen, und noch immer besingt man ihn bei den barbarischen Völkern. Die griechische Geschichtsschreibung, die nur die eigenen Taten bewundert, kennt ihn nicht, und bei den Römern spielt er nicht die ihm gebührende Rolle, da wir die alte Geschichte rühmend hervorheben und der neuen gleichgültig gegenüberstehen.

BUCH III

(1) In ununterbrochener Fahrt über das winterliche Meer gelangte Agrippina zu der Insel Corcyra[1], die der Küste von Calabrien gegenüberliegt. Dort verweilte sie einige Tage, um ihre Fassung wiederzugewinnen, da sie sich hemmungslos ihrem Leid hingab, das sie nicht geduldig zu ertragen verstand. Inzwischen eilten auf die Kunde von ihrem Kommen die engsten Freunde, zum größten Teil Kriegskameraden des Germanicus, auch zahlreiche Bewohner der benachbarten Landstädte, die ihn gar nicht gekannt hatten, teils um dem Princeps zu huldigen, in der Mehrzahl als bloße Mitläufer, zu der Stadt Brundisium[2], dem nächstgelegenen und sichersten Landeplatz. Sobald man die Flotte auf hoher See erblickte, versammelte sich nicht nur im Hafen und auf dem unmittelbar davorliegenden Meer, sondern auch auf den Mauern und den Dächern und überall, wo man einen weiten Ausblick hatte, eine trauernde Menschenmenge, in der der eine den andern fragte, ob man schweigend oder mit irgendeinem Zuruf Agrippina beim Verlassen des Schiffes empfangen solle. Man war sich noch nicht im klaren darüber, was angemessen sei, als die Flotte allmählich heranfuhr, nicht, wie gewöhnlich, mit freudigem Ruderschlag, vielmehr stand alles unter dem lähmenden Zeichen der Trauer. Als Agrippina nun mit ihren beiden Kindern, die Aschenurne tragend, mit gesenktem Blick das Schiff verließ, da erscholl ein einstimmiges Wehklagen, und man hätte nicht unterscheiden können, ob es Verwandte oder Fremde waren, ob das Klagen von Männern oder Frauen kam; nur hob sich gegenüber dem Gefolge der Agrippina, das von der langen Trauer ermattet war, der frische Schmerz derer ab, die zu ihrem Empfang gekommen waren.

20 (2) Der Caesar hatte zwei prätorische Kohorten gesandt
n. Chr. und zugleich angeordnet, daß die Behörden von Calabrien,

Apulien und Campanien dem Andenken seines Sohnes die letzte Ehre erweisen sollten. Und so wurde die Aschenurne auf den Schultern von Tribunen und Centurionen getragen: voraus kamen die Feldzeichen, aber ohne Schmuck, und die Rutenbündel waren zur Erde gesenkt. Und wenn sie durch die Koloniestädte[3] zogen, stand das Volk in schwarzer Kleidung da, die Ritter im Staatskleide, und man verbrannte je nach der Leistungsfähigkeit des Ortes Stoffe, Räucherwerk und was sonst bei Leichenbegängnissen üblich ist. Auch aus abseits gelegenen Landstädten kamen die Bewohner herbei und bezeugten ihre Teilnahme, indem sie den Manen Opfertiere weihten, Altäre errichteten und unter Klagerufen Tränen vergossen. Drusus kam bis Tarracina[4] entgegen mit Claudius, dem Bruder des Germanicus, und mit dessen Kindern[5], die in der Hauptstadt gewesen waren. Die Konsuln M. Valerius und M. Aurelius — sie hatten ihr Amt bereits angetreten —, der Senat und ein großer Teil des Volkes säumten die Straße, jedoch ohne geordnete Aufstellung und weinend, wie es jedem gerade ums Herz war. Denn man verzichtete auf Schmeichelei, da jedermann wußte, daß Tiberius seine Freude über den Tod des Germanicus nur schlecht verbarg.

(3) Tiberius und Augusta zeigten sich nicht in der Öffentlichkeit. Sie glaubten, es sei unter ihrer Hoheit, wenn sie öffentlich wehklagten; vielleicht wollten sie auch vermeiden, daß aller Augen forschend auf ihre Miene sich richten und man ihnen ihre Verstellung anmerke. Daß Germanicus' Mutter Antonia[6] einen besonderen Liebesdienst übernommen habe, finde ich weder bei den Geschichtsschreibern noch in der Tageszeitung, während doch neben Agrippina, Drusus und Claudius auch die übrigen Blutsverwandten namentlich aufgeführt sind, mag sie nun durch ihren Gesundheitszustand verhindert gewesen sein, oder mag sie, zusammengebrochen unter dem Leid, es nicht über sich gebracht haben, das große Unglück, wenn sie es vor Augen habe, zu ertragen. Eher möchte ich glauben, sie sei von Tiberius und Augusta, die ihre Wohnung ebenfalls nicht verließen, zurückgehalten worden, damit es so aussehe, als ob sie alle gleiches Leid trügen und

durch das Beispiel der Mutter auch die Großmutter und der Oheim in ihrer Wohnung festgehalten würden.

(4) An dem Tag, an dem die Asche in der Gruft des Augustus beigesetzt wurde, herrschte bald tiefe Stille, bald bewegtes Wehklagen. Auf den Straßen der Stadt drängten sich die Menschen, überall auf dem Marsfeld leuchteten die Fakkeln. Dort standen die Soldaten in voller Rüstung, die Staatsbeamten hatten sich ohne ihre Abzeichen eingefunden, das Volk war nach Tribus geordnet und rief: „Das Gemeinwesen ist zusammengebrochen! Es gibt keine Hoffnung mehr!" Dies rief man zu unverhohlen und zu offen, als daß man hätte glauben können, sie denken dabei an die Machthaber[7]. Nichts aber nahm sich Tiberius so sehr zu Herzen als die leidenschaftliche Liebe der Bevölkerung für Agrippina: man sprach von ihr als der Zierde der Vaterstadt, als der einzigen Blutsverwandten des Augustus, dem einzigartigen Vorbild der alten Zeit, und zu dem Himmel und zu den Göttern gewendet, beteten sie, es möge ihre Nachkommenschaft unversehrt erhalten bleiben und die Widersacher überleben.

(5) Manche vermißten den Prunk eines Staatsbegräbnisses und verglichen die großartigen Ehrungen des Augustus für Drusus, den Vater des Germanicus. Er sei ja selbst im strengsten Winter bis nach Ticinum[8] gereist und, ohne sich von der Leiche zu trennen, mit ihr in die Hauptstadt eingezogen. Rings um seine Bahre habe man die Ahnenbilder der Claudier und Iulier gestellt, auf dem Forum ihn beweint, auf der Rednerbühne die Lobrede gehalten, alle Ehrungen, die die Vorfahren aufgebracht oder die Nachkommen hinzugefügt hätten, habe man auf ihn gehäuft. Aber Germanicus seien nicht einmal die üblichen und jedem Adeligen gebührenden Ehren zuteil geworden. Natürlich habe man den Leichnam wegen der weiten Reise in fremdem Lande, so gut wie es eben ging, verbrennen müssen. Aber um so mehr Ehrungen hätte man ihm nachher hier erweisen müssen, da sie ihm das Schicksal dort an erster Stelle versagt habe. Sein Bruder[9] sei ihm nur eine Tagereise weit, sein Oheim nicht einmal wenigstens bis zum Stadttor entgegengegangen. Wo seien jene Ge-

bräuche der alten Zeit geblieben: das Bild auf der Bahre, die Lieder zum Gedächtnis seiner mannhaften Bewährung, die Lobreden sowie die Tränen, und dienten diese auch nur dazu, der Trauer äußerlich Ausdruck zu geben.

(6) Dies erfuhr Tiberius, und um das Gerede der Menge zum Schweigen zu bringen, erinnerte er in einem Erlaß an die vielen erlauchten Römer, die im Dienste des Gemeinwesens den Tod gefunden hätten, von denen aber keiner so heiß vermißt und so sehr gefeiert worden sei. Dies sei für ihn persönlich wie für alle außerordentlich ehrend, nur müsse man dabei Maß halten. Denn nicht alles stehe einem Fürstenhause und einem Herrschervolk an, was für gewöhnliche Familien oder für irgendwelche Bürgergemeinden passe. Solange das Leid noch frisch war, sei die Trauer am Platz gewesen, und aus der Trauer habe sich Trost ergeben. Aber jetzt müsse man wieder zu einer festen Haltung zurückfinden, so wie einst der vergöttlichte Iulius nach dem Verlust seiner einzigen Tochter, wie der vergöttlichte Augustus, als ihm seine Enkel[10] entrissen wurden, die Trauer abgelegt hätten. Man brauche nicht aus noch älterer Zeit Beispiele, in wie vielen Fällen das römische Volk Niederlagen seiner Heere, den Tod ihrer Führer, das gänzliche Aussterben adeliger Familien standhaft ertragen habe. Auch Männer von höchstem Rang seien sterblich, das Gemeinwesen sei ewig. Darum sollten sie zu ihrer gewohnten Arbeit zurückkehren und – es stand das Schauspiel der Megalesischen Spiele[11] bevor – sich auch ihren Vergnügungen wieder zuwenden.

(7) Damit wurde die Staatstrauer beendigt, und man kehrte wieder zu den Geschäften zurück. Drusus reiste zu den illyrischen Heeren ab, während alles gespannt auf die Bestrafung Pisos wartete und überall Klagen laut wurden, daß er einstweilen in den anmutigen Gegenden von Kleinasien und Achaia[12] umherziehe und sich hinterlistig Zeit nehme, die Beweismittel für seine Verbrechen aus der Welt zu schaffen. Denn es war bekanntgeworden, daß die von Cn. Sentinus, wie ich gesagt habe, geschickte, berüchtigte Giftmischerin Martina plötzlich in Brundisium gestorben war und man

wohl Gift, das in ihrem Haarknoten versteckt war, aber nirgends an ihrem Körper Spuren von einem Selbstmord gefunden hatte[13].

(8) Piso jedoch hatte seinen Sohn nach Rom mit Aufträgen vorausgeschickt, die den Princeps milde stimmen sollten. Er selbst begab sich zu Drusus[14], den er weniger über den Tod seines Bruders ergrimmt als durch die Beseitigung seines Nebenbuhlers zugänglicher anzutreffen hoffte. Um sich in seinem Urteil unbefangen zu zeigen, empfing Tiberius den Jüngling freundlich und beschenkte ihn in der gegenüber Söhnen aus adeliger Familie gewohnten Freigebigkeit. Drusus antwortete dem Piso, wenn das wahr wäre, worüber man rede, hätte er ganz besonderen Anlaß zur Entrüstung. Aber es sei ihm lieber, wenn es sich als falsches und leeres Geschwätz erweise und der Tod des Germanicus niemand Verderben bringe. Dies sagte er in aller Öffentlichkeit und vermied dabei jede Aussprache mit ihm unter vier Augen. Und man zweifelte nicht daran, daß ihm Tiberius dieses Verhalten vorgeschrieben hatte, da der sonst so harmlose und jugendlich unbefangene Drusus sich der Künste eines gereiften Mannes bediente.

(9) Piso fuhr über das dalmatische Meer, ließ die Schiffe in Ancona zurück, reiste durch das Gebiet von Picenum und holte dann auf der Flaminischen Straße[15] eine Legion ein, die, eben von Pannonien kommend, auf dem Wege in die Hauptstadt war, um dann als Besatzungstruppe für Afrika verwendet zu werden. Dies war der Anlaß zu vielem Gerede: er habe sich den Soldaten, während sie auf dem Marsche unterwegs waren, häufig gezeigt. Von Narnia[16] aus fuhr er, um keinen Argwohn aufkommen zu lassen oder auch, weil man in der Angst keine festen Entschlüsse zu fassen vermag, auf dem Nar und dann den Tiber hinunter und vermehrte die Erbitterung des Volkes, weil er an dem Grabhügel der Caesaren landete, und dies bei Tage an einer belebten Stelle des Ufers. Dann zogen sie, er selbst mit einem großen Gefolge von Klienten, Plancina in Begleitung von Frauen, beide mit fröhlichem Gesicht, weiter. Ferner schürte er den Haß dadurch, daß er sein Haus, das unmittelbar über dem Forum

stand, festlich geschmückt und Gäste zu einem Essen eingeladen hatte. Bei der Belebtheit der Gegend konnte nichts verborgen bleiben.

(10) Am folgenden Tage reichte Fulcinius Trio bei den Konsuln Anklage gegen Piso ein. Dem widersetzten sich Vitellius und Veranius[17] und das übrige Gefolge des Germanicus mit der Erklärung, die Sache gehe Trio nichts an. Auch träten sie nicht als Ankläger auf, sondern überbrächten lediglich als Berichterstatter und Zeugen der Vorgänge die Aufträge des Germanicus. So verzichtete Trio auf eine Anklage in dieser Sache, setzte aber eine solche wegen des früheren Lebenswandels Pisos durch. Man bat den Princeps, die Untersuchung zu übernehmen. Dies lehnte auch der Beschuldigte nicht ab, da er die Voreingenommenheit des Volkes und der Väter fürchtete. Dagegen lehne Tiberius Redereien ab und lasse sich nicht beeinflussen, er sei auch durch das Mitwissen seiner Mutter gebunden. Was wahr und was verdreht sei und als solches geglaubt werde, könne ein einzelner Richter leichter unterscheiden, Haß und Mißgunst wirken sich aus, wo viele Richter seien. Tiberius täuschte sich nicht über die Schwierigkeiten einer Untersuchung. Auch wußte er wohl, wie schlimm das Gerede mit seiner Person umgehen werde. Deshalb hörte er im Beisein von nur wenigen seiner Vertrauten die Drohungen der Ankläger und die Bitten der Angeklagten an. Dann verwies er den Fall unerledigt an den Senat.

(11) Indessen kehrte Drusus von Illyricum zurück. Die Väter hatten beschlossen, er solle anläßlich der Aufnahme des Maroboduus und wegen seiner Taten im vorausgegangenen Sommer im kleinen Triumph in die Stadt einziehen. Er schob jedoch diese Ehre auf und zog ohne sie in die Stadt ein.

Als hierauf der Angeklagte L. Arruntius, P. Vinicius, Asinius Gallus, Aeserninus Marcellus und Sex. Pompeius bat, seine Verteidigung zu übernehmen und diese es unter allerlei Vorwänden ablehnten, standen ihm M'. Lepidus, L. Piso und Livineius Regulus[18] bei, während die ganze Bürgerschaft in gespannter Erwartung war, wie weit die Treue der Freunde des Germanicus gehe, worauf der Angeklagte seine Zuversicht gründe, ob denn wirklich Tiberius seine Gefühle so zu beherrschen und zu unterdrücken vermöge. Nie sonst hat das Volk in solcher Spannung sich so viele geheime Bemerkungen gegen den Princeps oder argwöhnisches Schweigen erlaubt.

(12) Am Tage der Senatssitzung hielt der Caesar eine Rede in wohlüberlegter Mäßigung. Seines Vaters Legat[19] und Freund sei Piso gewesen, von ihm selbst sei er auf Veranlassung des Senats[20] dem Germanicus als Gehilfe bei der Ordnung der Verhältnisse im Orient zur Seite gestellt worden. Ob er dort durch Eigenmächtigkeit und Streitereien den jungen Mann erbittert und sich über dessen Tod gefreut oder ihn gar verbrecherisch umgebracht habe, darüber müsse man mit unbefangenem Sinn entscheiden. „Denn wenn er als Legat die Grenzen seiner Aufgabe überschritten, seinem Oberbefehlshaber den Gehorsam aufgekündigt und über dessen Tod sowie über mein Leid Freude bezeugt hat, werde ich ihn hassen und aus meinem Hause entfernen, jedoch private Feindschaft nicht mit der Macht des Princeps ahnden. Wenn aber das Verbrechen eines Mordes aufgedeckt wird, das, mag der Ermordete sein, wer er will, zu bestrafen ist, dann möget ihr sowohl den Kindern des Germanicus wie auch uns, seinen Eltern, gerechten Trost verschaffen. Zugleich überlegt die Frage, ob Piso es bei den Heeren auf die Erregung von Unruhen und Aufruhr abgesehen, ob er die Zuneigung der Soldaten durch Bestechung erschlichen hat und ob er mit Waffengewalt sich wieder in den Besitz der Provinz zu setzen suchte oder ob diese Beschuldigungen falsch und übertrieben von den Anklägern verbreitet worden sind. Und ihr Übereifer ist es, der mich ihnen mit Recht zürnen läßt. Denn welchen Sinn hatte es, den Leichnam zu entblößen und den neugierigen Blicken des Pöbels preiszugeben, ja sogar im Ausland das Gerücht zu verbreiten, er sei durch Gift aus dem Wege geschafft worden, wo doch diese Behauptungen noch ungewiß sind und erst noch untersucht werden müssen. Gewiß, ich beweine meinen Sohn und werde ihn immer beweinen. Aber ich hindere auch den Angeklagten nicht, alles vorzubringen, was zum Beweis sei-

ner Unschuld dienen kann, oder den Germanicus, falls er sich irgendeine Ungerechtigkeit zuschulden kommen ließ, bezichtigen zu können. Und euch bitte ich, nicht deshalb, weil mein Leid mit dem Fall eng verknüpft ist, Beschuldigungen, die erst erhoben werden, schon als bewiesen zu betrachten. Wem seine Blutsverwandtschaft oder seine Treueverpflichtung gebietet, als Verteidiger aufzutreten, der helfe dem Gefährdeten mit allen Mitteln seiner Beredsamkeit und seiner Fürsorge! Zu dem gleichen Bemühen, der gleichen festen Haltung ermahne ich die Ankläger. Nur das eine wollen wir dem Germanicus über die Gesetze hinaus einräumen: in der Kurie, nicht auf dem Forum, vor dem Senat, nicht vor den Richtern soll die Untersuchung über seinen Tod geführt werden[21]. Im übrigen soll bei der Behandlung des Falles von beiden Seiten Zurückhaltung geübt werden. Niemand achte auf die Tränen des Drusus, niemand auf meinen Gram, auch nicht auf etwaige erdichtete Vorwürfe, die sich gegen uns feindlich richten."

(13) Darauf wurden zwei Tage für die Erhebung der Anklage anberaumt; nach Verlauf von weiteren sechs Tagen sollte der Angeklagte drei Tage lang verteidigt werden. Fulcinius begann mit den alten, unbegründeten Beschuldigungen, Spanien habe unter Pisos Ehrgeiz und Habsucht gelitten. Falls sich dieser Vorwurf als berechtigt erwies, konnte er dem Beklagten, sofern er sich gegen die neuen Beschuldigungen rechtfertigte, nicht schaden, konnte er widerlegt werden, hatte er keinen Freispruch zu erwarten, falls ihn die anderen schwereren Vergehen weiterhin belasteten. Nach ihm traten Servaeus, Veranius und Vitellius mit gleichem Eifer, Vitellius mit großer Beredsamkeit gegen Piso auf: sie brachten vor, Piso habe, aus Haß gegen Germanicus und mit hochverräterischen Plänen umgehend, bei den Mannschaften Disziplinlosigkeit einreißen und sie Gewalttaten gegen die Bundesgenossen verüben lassen. Dadurch habe er die Moral der Truppe so sehr untergraben, daß ihm die verworfensten Elemente den Namen „Vater der Legionen" gaben. Dagegen habe er seine Wut an allen Gutgesinnten, hauptsächlich an dem Gefolge und den Freunden des Germanicus, ausgelassen, zuletzt

diesen selbst durch Verwünschungen und Gift umgebracht. Damit hingen seine und der Plancina Tempelbesuche und gottlosen Opfer[22] zusammen; er habe die Waffen gegen das Gemeinwesen erhoben, und es habe des Sieges in einer Schlacht bedurft, um ihn als Angeklagten vor Gericht zu stellen.

(14) Die Verteidigung stand in allen anderen Punkten auf unsicherem Boden: Piso konnte weder leugnen, um die Gunst der Soldaten gebuhlt, noch die Provinz den schlechtesten Elementen preisgegeben zu haben; nicht einmal die Beschimpfungen des Oberbefehlshabers konnte er in Abrede stellen. Nur die Beschuldigung des Giftmordes schien er entkräftet zu haben, und auch die Ankläger konnten sie nicht ausreichend begründen: bei einem Gastmahl des Germanicus, wo Piso oberhalb von Germanicus seinen Platz gehabt habe, habe er eigenhändig Gift in die Speisen gemischt! So lautete die Beschuldigung. Es erschien natürlich ungereimt, daß Piso dies vor den Sklaven eines anderen, vor den Augen so vieler Herumstehenden, ja in Gegenwart von Germanicus gewagt haben sollte. Auch bot der Angeklagte sein Gesinde zum Verhör an und forderte die peinliche Untersuchung der Diener, die bei dem Essen aufgewartet hatten. Aber die Richter waren aus verschiedenen Gründen unerbittlich: der Caesar, weil er gegen die Provinz Krieg geführt hatte, der Senat, weil es nie recht glaubhaft war, daß Germanicus nicht einem hinterlistigen Anschlag zum Opfer gefallen war ... [23] die Vorlage der Briefe gefordert hatten, was ebenso Tiberius wie Piso ablehnte. Zugleich hörte man vor der Kurie das Volk rufen: man werde vor Handgreiflichkeiten nicht zurückscheuen, wenn Piso durch die Abstimmung der Väter der Verurteilung entgehe. Und schon hatten sie die Bilder Pisos zu den Gemonien[24] geschleppt und waren dabei, sie zu zertrümmern. Doch wurden diese durch den Befehl des Princeps davor bewahrt und an ihren Platz zurückgebracht. Nun wurde Piso in eine Sänfte gesetzt und von einem Tribunen der Prätorianerkohorte nach Hause geleitet, wobei unter dem Volk allerlei Gerede umging, ob dieser nun als Beschützer seines Lebens oder als Henker mitgehe.

(15) Der Haß gegen Plancina war nicht geringer, aber die Gunst, in der sie stand, größer. Und so war man im Zweifel, wie weit der Caesar gegen sie gehen dürfe[25]. Sie selbst versprach, solange das Schicksal Pisos noch in der Schwebe war, immer wieder, sie werde jedes Los mit ihrem Manne teilen und, wenn es so sein müßte, mit ihm in den Tod gehen. Sobald sie aber durch die geheime Fürsprache der Augusta Gnade erlangt hatte, rückte sie allmählich von ihrem Gemahl ab und begann, ihre eigene Verteidigung von der seinigen zu trennen. Der Angeklagte erkannte, daß dies sein Verderben bedeute, und schwankte, ob er weiterhin sein Recht vertreten solle. Jedoch rang er sich auf den Zuspruch seiner Söhne hin zu einer festen Haltung durch und ging wieder in den Senat. Dort mußte er die erneut aufgenommene Anklage[26], die feindseligen Äußerungen der Väter und die ganze erbitterte Stimmung, die sich gegen ihn richtete, über sich ergehen lassen. Nichts aber erschreckte ihn so sehr, als daß er Tiberius ohne eine Regung des Mitleids und des Zornes unbewegt und verschlossen sah, um ja keine Gemütsbewegung erkennen zu lassen. Nach Hause zurückgebracht, machte er, als ob er für den folgenden Tag seine Verteidigung überlege, einige Aufzeichnungen, die er einem Freigelassenen versiegelt übergab. Darauf widmete er sich der gewohnten Körperpflege. Später, schon tief in der Nacht, als seine Gattin das Schlafgemach verlassen hatte, befahl er, die Türe zu verschließen. Bei Tagesanbruch fand man ihn mit durchschnittener Kehle auf. Das Schwert lag auf dem Boden.

(16) Ich erinnere mich, von älteren Personen gehört zu haben, man habe öfters in Pisos Händen ein Schriftstück gesehen, das er selbst nicht habe bekanntwerden lassen; aber seine Freunde hätten immer wieder gesagt, es habe sich um einen Brief des Tiberius gehandelt, der gegen Germanicus gerichtete Aufträge enthalten habe. Es sei auch Pisos Absicht gewesen, ihn den Vätern vorzulegen und den Princeps zu beschuldigen. Sie sei aber von Seianus durch trügerische Versprechungen vereitelt worden. Auch sei er nicht freiwillig aus dem Leben geschieden, sondern man habe einen Mörder ge-

gen ihn gedungen. Ich kann weder die eine noch die andere Behauptung vertreten, habe aber doch die Erzählung nicht unterschlagen dürfen, die von Leuten stammt, die noch bis in meine Mannesjahre gelebt haben. Der Caesar trug nach außen Trauer zur Schau und ... [27] im Senat, ein solcher Tod habe nur bezweckt, ihn verhaßt zu machen, und in wiederholten Anfragen wollte er erfahren, wie Piso den letzten Tag und die letzte Nacht verbracht habe. Und da der Befragte meist klug, manchmal auch unüberlegt antwortete, las Tiberius ein Handschreiben Pisos vor, das etwa folgenden Wortlaut hatte: „Einer Verschwörung meiner Feinde und der gehässigen falschen Beschuldigung eines Verbrechens bin ich zum Opfer gefallen und rufe, da die Wahrheit und meine Unschuld nirgends mehr Gehör findet, die unsterblichen Götter zu Zeugen an, daß ich in meinem Leben, Caesar, die Treue gegen dich gewahrt und in gleicher Weise die Pflicht gegen deine Mutter erfüllt habe. Euch bitte ich, nehmt euch meiner Kinder an! Von ihnen steht Cn. Piso mit meinem Geschick — mag es verdient oder unverdient sein — in keinem Zusammenhang, da er diese ganze Zeit über in der Hauptstadt gelebt hat, während M. Piso mir davon abriet, nach Syrien zurückzukehren. Hätte doch lieber ich mich meinem jungen Sohn, als er seinem alten Vater sich gefügt! Um so inständiger bitte ich, er möge nicht für mein verkehrtes Handeln unschuldig bestraft werden. Bei meinem in fünfundvierzig Jahren bewiesenen Gehorsam, bei unserem gemeinsamen Konsulat bitte ich, der ich einst die Anerkennung des vergöttlichten Augustus, deines Vaters, gefunden habe, der ich dein Freund bin und der ich fernerhin keine Bitte mehr an dich richten werde, um das Leben meines unglücklichen Sohnes." Über Plancina fügte er kein einziges Wort bei.

(17) Hierauf nahm Tiberius den Jüngling gegen die Beschuldigung, sich an dem Bürgerkrieg beteiligt zu haben, in Schutz — es handle sich ja um Befehle seines Vaters, denen er sich als Sohn nicht habe entziehen können. Dabei fand er für den Adel des Hauses und auch für das schwere, wie immer auch verdiente Schicksal Pisos selbst teilnehmende Worte.

Aus dem, was er zugunsten der Plancina sprach, klang die Verlegenheit über sein schändliches Verhalten. Er schützte die Bitten seiner Mutter vor. Die geheimen Klagen, die alle Gutgesinnten gegen diese richteten, nahmen dadurch um so schärfere Formen an. Das also dürfe sich die Großmutter herausnehmen, der Mörderin ihres Enkels ins Gesicht zu sehen, sie anzureden, sie dem Senat zu entreißen. Was die Gesetze für alle Bürger festlegen, sei allein dem Germanicus nicht zuteil geworden. Aus des Vitellius und des Veranius Mund sei der Caesar beklagt, aber von dem Imperator und der Augusta die Plancina verteidigt worden. So solle sie denn ihre so glücklich erprobten Künste im Giftmischen auch gegen Agrippina und deren Kinder anwenden und die treffliche Großmutter sowie den Oheim mit dem Blute des unglücklichen Hauses sättigen. Zwei Tage verwendete man auf diesen Scheinprozeß, wobei Tiberius die Söhne Pisos drängte, sich ihrer Mutter anzunehmen. Und da Ankläger und Zeugen um die Wette gegen sie sich ausließen, ohne daß jemand erwiderte, wuchs das Mitleid mehr als der Haß. Zuerst wurde der Konsul Aurelius Cotta zur Stimmabgabe aufgefordert. Wenn nämlich der Caesar die Verhandlung leitete, hatten auch die Beamten die Pflicht zur Stimmabgabe. Er beantragte, den Namen Piso aus dem Kalender zu streichen, die Hälfte seines Vermögens einzuziehen, die andere seinem Sohn Cn. Piso zu überlassen, der aber seinen Vornamen ändern solle. M. Piso solle seinen senatorischen Rang verlieren, fünf Millionen Sesterzen erhalten und auf zehn Jahre verbannt werden, während Plancina in Anbetracht der Bitten der Augusta straflos bleiben solle.

(18) Vieles von diesem Antrag wurde von dem Princeps gemildert: der Name Piso solle nicht aus dem Kalender gestrichen werden, da ja auch der des M. Antonius, der gegen seinen Vater Krieg geführt habe, und der des Iullus Antonius[28], der das Haus der Augusta befleckt habe, noch in ihm stünden. Auch enthob er M. Piso der entehrenden Strafe[29] und ließ ihm das väterliche Vermögen. Er zeigte, wie ich schon oft erwähnt habe[30], eine recht feste Haltung gegenüber

der Versuchung des Geldes, auch war er jetzt, da er sich wegen des Freispruchs der Plancina schämte, milder gestimmt. Ebenso trat er dem Antrag des Valerius Messalinus, ein goldenes Bild in dem Tempel des Mars Ultor[31] aufzustellen, und dem des Caecina Severus[32], einen Altar „der Rache" zu errichten, mit der Erklärung entgegen, dergleichen werde nur anläßlich der Besiegung auswärtiger Feinde geweiht; Unglück im eigenen Hause müsse man in Trauer hüllen. Messalinus hatte noch hinzugefügt, Tiberius, Augusta, Antonia, Agrippina und Drusus solle Dank gesagt werden für die Genugtuung, die Germanicus zuteil geworden sei. Claudius zu erwähnen hatte er unterlassen. Da richtete L. Asprenas vor dem Senat an Messalinus die Anfrage, ob er ihn absichtlich übergangen habe. Nun erst wurde der Name des Claudius hinzugefügt. Mir tritt, je mehr ich die jetzigen und die alten Zeiten überdenke, um so deutlicher das launenhafte Zufallsspiel, das in allen Dingen des menschlichen Daseins sein Wesen treibt, vor Augen. Denn nach Ruf, Aussichten, Verehrung waren alle eher für die Regierung bestimmt als der, den das Schicksal als den künftigen Princeps noch verborgen im Hintergrund hielt.

(19) Wenige Tage später veranlaßte der Caesar den Senat, Vitellius, Veranius und Servaeus Priesterämter zuzuweisen. Fulcinius versprach er seine Stimme für die Ehrenämter und mahnte ihn, sich nicht durch seine Redegabe zu unüberlegter Heftigkeit hinreißen zu lassen. So endete der Prozeß, der das Ende des Germanicus ahnden sollte, über das nicht nur unter den damals Lebenden, sondern auch in der folgenden Zeit allerlei Gerede umging. So ungewiß bleiben oft gerade die wichtigsten Geschehnisse: während die einen alles, was sie irgendwie hören, gleich als verbürgte Wirklichkeit betrachten, verkehren die anderen die Wahrheit in das Gegenteil, und so oder so wuchern die Behauptungen bei der Nachwelt weiter.

Aber Drusus verließ Rom, um die Auspizien zu wiederholen[33], und zog dann im kleinen Triumph in die Stadt ein. Wenige Tage später starb seine Mutter Vipsania[34]; als einzige von allen Kindern Agrippas fand sie einen natürlichen Tod. Alle übrigen fielen erwiesenermaßen dem Dolch zum Opfer oder kamen, wie man glaubte, durch Gift um oder erlitten auch den Hungertod.

(20) In demselben Jahr nahm Tacfarinas, der, wie erwähnt, im Sommer zuvor von Camillus geschlagen worden war[35], den Krieg in Afrika wieder auf. Zuerst beschränkte er sich auf ungeregelte Raubzüge, die so schnell durchgeführt wurden, daß sie unbestraft blieben, dann zerstörte er ganze Dörfer und zog schwerbeladen mit Beute ab. Zuletzt schloß er nicht weit von dem Pagyda-Fluß eine römische Kohorte ein. Kommandant des Kastells war Decrius, ein energischer, geschulter Kriegsmann, der diese Belagerung als eine Schande betrachtete. Dieser sprach seinen Soldaten Mut zu und stellte seine Truppe vor dem Lager auf, um im offenen Gelände dem Feind eine Schlacht anzubieten. Gleich beim ersten Ansturm wurde die Kohorte geschlagen. Da stellte er sich tapferen Mutes mitten im Geschoßhagel den Fliehenden entgegen und schalt die Fahnenträger, daß römische Soldaten vor einem ungeordneten Haufen von Deserteuren die Flucht ergreifen. Dabei wurde er mehrfach verwundet, und obgleich ihm ein Auge durchstochen war, bot er dem Feinde die Stirne und gab den Kampf nicht auf, bis er, von seinen Leuten im Stich gelassen, fiel.

(21) Als L. Apronius, der Nachfolger des Camillus, dies erfuhr — es bedrückte ihn mehr das schändliche Verhalten seiner eigenen Leute als der Ruhm und Erfolg der Feinde —, ließ er, eine damals seltene und an längst vergangene Zeiten erinnernde Schreckenstat, jeden zehnten Mann der ehrlosen Kohorte durch das Los bestimmen und zu Tode prügeln. Und mit seiner Strenge erreichte er es, daß eine Veteranenabteilung — es waren nicht mehr als fünfhundert — die gleichen Truppen des Tacfarinas, die einen Stützpunkt, namens Thala[36], angriffen, in die Flucht schlugen. In diesem Treffen erwarb sich Rufus Helvius, der dem Mannschaftstand angehörte, den Ruhm, einen Mitbürger gerettet zu haben, und wurde von Apronius mit einer Halskette und einer Lanze

beschenkt. Der Caesar fügte noch die Bürgerkrone hinzu und gab dabei mehr seinem Bedauern als seinem Mißfallen darüber Ausdruck, daß Apronius ihm auf Grund seines Rechtes als Prokonsul nicht auch diese verliehen habe. Aber Tacfarinas führte, da die Numider in Schrecken versetzt waren und von weiteren Belagerungen nichts mehr wissen wollten, einen Kleinkrieg, indem er, wo man auf ihn losging, auswich und, wenn der Feind abzog, in seinem Rücken immer wieder auftauchte. Solange der Barbar diese Kampfesweise befolgte, vermochten die Römer nichts auszurichten; vielmehr wurden sie von den Feinden abgehetzt, die sie ungestraft zum besten hielten. Als die Numider aber in die Küstengegend auswichen und beutebeladen in einem Standlager sich festsetzten, lieferte Apronius Caesianus, von seinem Vater mit der Reiterei und den Kohorten der Hilfsvölker geschickt, die er mit den schnellsten Leuten aus den Legionen verstärkt hatte, gegen die Numider einen erfolgreichen Kampf und jagte sie in die Wüste.

(22) Aber in Rom wurde Lepida, die dem ruhmvollen aemilischen Geschlecht entstammte und zu Urgroßvätern L. Sulla und Cn. Pompeius[37] hatte, angeklagt, sie habe fälschlich angegeben, von ihrem reichen kinderlosen Manne, P. Quirinius, ein Kind zu haben. Zugleich wurde ihr wiederholter Ehebruch und Giftmischerei vorgeworfen; auch sollte sie die Chaldäer über das Haus des Caesaren befragt haben. Ihr Bruder Manius Lepidus verteidigte die Angeklagte. Daß sie auch jetzt noch, obwohl die Ehescheidung ausgesprochen war, von Quirinius angefeindet wurde, hatte ihr, obwohl sie in schlechtem Rufe stand und schuldig war, Mitleid verschafft. Nicht leicht konnte man bei dieser Untersuchung in das Herz des Princeps schauen, so sehr ließ er durcheinander bald Zeichen von Zorn, bald von Mitleid erkennen. Zuerst legte er dem Senat die Bitte vor, kein Verfahren wegen Majestätsbeleidigung einzuleiten. Dann verleitete er den ehemaligen Konsul M. Servilius[38] und andere Zeugen dazu, das ans Licht zu ziehen, was er, wie es schien, hatte zurückstellen wollen. Auch ließ er die Sklaven der Lepida, die noch in militärischer

Haft gehalten wurden, den Konsuln überweisen[39] und duldete nicht, daß sie auf der Folter über Dinge, die seine Familie betrafen, befragt würden. Auch enthob er Drusus, der designierter Konsul war, der Verpflichtung, an erster Stelle seine Stimme abzugeben. Dies faßten die einen als Bekundung von Bürgersinn auf, mit dem er die andern nicht zwingen wolle, ebenso zu stimmen; andere legten es als Zeichen seiner Hartherzigkeit aus: denn Drusus wäre nicht zurückgetreten, wenn er nicht verpflichtet gewesen wäre, für schuldig zu stimmen[40].

(23) Lepida ging in den Tagen der Festspiele, die in die Zeit der Untersuchung fielen, mit erlauchten Frauen in das Theater, wo sie unter jämmerlichen Klagen ihre Vorfahren und Pompeius selbst – man hatte ja in dem von ihm errichteten Bau seine Bildnisse vor Augen – anrief und solches Mitleid erregte, daß das Publikum in Tränen ausbrach und wilde Verwünschungen gegen Quirinius ausstieß, den kinderlosen Greis von dunkelster Herkunft, dem die einst für L. Caesar als Gattin, als künftige Schwiegertochter für den verewigten Augustus bestimmte Frau geopfert werden solle. Darauf wurden durch die Folterung der Sklaven ihre Verbrechen aufgedeckt, und man schloß sich dem Antrag des Rubellius Blandus an, die Strafe der Verbannung gegen sie auszusprechen. Ihm stimmte auch Drusus bei, obgleich andere eine mildere Strafe beantragt hatten. Nachher wurde dem Scaurus zuliebe, der eine Tochter von ihr hatte, verfügt, daß ihr Vermögen nicht eingezogen werde. Jetzt erst gab Tiberius bekannt, er habe auch von den Sklaven des P. Quirinius erfahren, daß Lepida diesen zu vergiften versucht habe.

(24) Bei dem Unglück der erlauchten Häuser – in einem nicht eben großen Abstand hatten die Calpurnier Piso, die Aemilier Lepida verloren – bildete es einen Trost, daß D. Silanus der iunischen Familie zurückgegeben wurde. Von seinem Schicksal will ich kurz berichten: So sehr Augustus in seinem Wirken für das Gemeinwesen vom Glück begünstigt war, so viel Unglück hatte er in seiner eigenen Familie wegen der Sittenlosigkeit seiner Tochter und seiner Enkelin, die er

beide aus der Stadt verbannte und deren Liebhaber er mit dem Tode oder mit der Verbannung bestrafte. Denn indem er ein Vergehen, das zwischen Männern und Frauen häufig vorkam, unter den Begriff des Religionsfrevels und der Majestätsverletzung stellte, ging er über die mildere Beurteilung der Vorfahren und über seine eigenen Gesetze hinaus. Doch wie andere Männer endigten und was sich sonst in jener Zeit begab, will ich berichten, sofern nach Vollendung des Werkes, das ich mir vorgenommen habe, meine Lebenszeit für weitere Aufgaben ausreichen wird. D. Silanus, der Liebhaber der Enkelin des Augustus, hätte zwar keine härtere Bestrafung zu erwarten gehabt als den Ausschluß aus dem Freundeskreis des Caesaren; aber er merkte, man gebe ihm deutlich zu verstehen, daß er verbannt werde, und erst unter der Regierung des Tiberius wagte er es, an den Senat und den Princeps sich mit der Bitte um Begnadigung zu wenden, wobei er sich auf die einflußreiche Stellung seines Bruders M. Silanus stützte, der sich durch seinen hohen Adel und seine hervorragende Beredsamkeit auszeichnete. Aber Tiberius gab dem Silanus, als dieser ihm vor den Vätern Dank sagte, zur Antwort, auch er freue sich, daß sein Bruder nach dem langen Aufenthalt in der Fremde wieder zurückgekehrt sei, und dies sei ihm mit Recht gestattet worden, da er ja nicht auf Grund eines Senatsbeschlusses, auch nicht kraft Gesetzes verbannt worden sei[41]. Für ihn jedoch bestehe das Ärgernis, das er bei seinem Vater erregt habe, unverändert weiter, und der einstige Wunsch des Augustus sei durch seine Rückkehr nicht aufgehoben. Er lebte von da an in Rom, aber erlangte keine Ehrenstellen.

(25) Darauf wurde der Antrag gestellt, die Bestimmungen der lex Papia Poppaea[42] zu mildern, die Augustus in höherem Alter im Anschluß an die Iulischen Gesetzesanträge[43] zur Verschärfung der Strafen für Ehelosigkeit und zur Stärkung des Staatsschatzes erlassen hatte. Doch nahm darum die Zahl der Eheschließungen weder zu, noch wurden mehr Kinder aufgezogen. Die Kinderlosigkeit blieb vorherrschend. Aber die Zahl der Personen, die in Prozesse verwickelt wurden,

wuchs, da ein Haus nach dem andern sich durch die Verdächtigungen der Denunzianten dem Verderben preisgegeben sah, und wie man früher mit den Vergehen gegen die Gesetze seine Not gehabt hatte, so hatte man sie jetzt mit den Gesetzen[44]. Dies veranlaßt mich, von den Anfängen des Rechtes und von der Art und Weise, wie man zu dieser unendlichen Menge und Mannigfaltigkeit von Gesetzen gekommen ist, eingehender zu sprechen.

(26) Die ältesten Menschen lebten noch frei von schlimmer Leidenschaft, ohne Laster und Verbrechen, und daher auch ohne Strafe oder Zwang. Man bedurfte auch keiner Belohnungen, da jeder aus eigenem inneren Antrieb sich um das sittlich Gute bemühte. Und wo man nichts wünschte, was gegen die Sitte verstieß, erließ man auch keine Verbote, die aus Furcht eingehalten werden sollten. Aber als man daran ging, den Zustand des gleichen Rechtes für alle zu beseitigen, und anstelle von Bescheidenheit und Ehrgefühl ehrsüchtiges Streben und Gewalttätigkeit um sich griffen, da tauchten Alleinherrschaften auf und hatten bei vielen Völkern dauernden Bestand. Manche entschieden sich sofort oder auch erst, als sie des Königtums überdrüssig geworden waren, lieber für Gesetze. Diese waren zuerst, entsprechend der herrschenden Unbildung, einfach. Die größte Berühmtheit erlangten die der Kreter, die Minos, und die der Spartaner, die Lycurgus erlassen, darauf die, die Solon den Athenern bereits in feinerer Form und in größerer Zahl gegeben hat. Bei uns hatte Romulus eine unbeschränkte Herrschaft ausgeübt. Darauf nahm Numa das Volk durch religiöse Satzungen und göttliches Recht in Pflicht, und auch Tullus sowie Ancus haben einige Rechtssatzungen gestiftet. Aber in erster Linie war es Servius Tullius, der bindende Gesetze aufstellte, unter die sich auch die Könige beugen sollten.

(27) Nach der Vertreibung des Tarquinius traf das Volk viele Maßnahmen, um gegen die parteiischen Umtriebe der Väter die Freiheit zu schützen und die Eintracht zu stärken. Es wurden Dezemvirn gewählt und alle vortrefflichen Gesetze herbeigeholt, die irgendwo in der Welt zu finden waren.

So wurden die zwölf Tafeln aufgestellt, die den letzten Markstein des gleichen Rechts bildeten[45]. Denn die folgenden Gesetze wurden zwar auch mitunter zu dem Zweck gegeben, gegen Übeltäter nach Maßgabe ihres Vergehens einzuschreiten, öfters jedoch wurden sie gewaltsam eingeführt im Verlauf der Ständekämpfe und in dem Bestreben, Zugang zu den nicht zustehenden Ehrenämtern zu erlangen, oder mit dem Zweck, erlauchte Männer zu verjagen, oder auch aus anderen verwerflichen Beweggründen. So kam es zu dem Auftreten von Männern wie Gracchus und Saturninus[46], die das Volk aufwiegelten, und Drusus, der, wenn auch im Namen des Senats, nicht weniger das Volk durch Zugeständnisse verführte. Sie übten einen verderblichen Einfluß auf die Bundesgenossen aus, indem sie bei ihnen Hoffnungen erweckten oder sie durch das Interzessionsrecht zum besten hielten[47]. Auch im italischen Krieg und dann im Bürgerkrieg[48] ging man nicht davon ab, immer wieder Volksbeschlüsse, die sich widersprachen, zu fassen, bis der Diktator Sulla nach Aufhebung oder Umwandlung der bisherigen Bestimmungen[49], wobei er noch eine größere Zahl von neuen hinzufügte, eine Pause in diesem Geschehen herbeiführte, die freilich nicht lange währte. Denn sofort trat Lepidus[50] mit seinen aufrührerischen Anträgen auf, und bald danach wurde den Tribunen die unbeschränkte Freiheit zurückgegeben, das Volk, wie immer sie wollten, aufzuhetzen[51]. Und schon wurden nicht nur zu allgemeinen Zwecken, sondern auch gegen einzelne Persönlichkeiten Gesetzesanträge eingebracht[52]. Je verderbter das Gemeinwesen war, um so mehr Gesetze gab es.

(28) Dann kam Cn. Pompeius, der, in seinem dritten Konsulat dazu erwählt[53], die Sittenverderbnis zu beseitigen, durch die Mittel, die er dazu anwendete, drückender wirkte[54] als die bestehenden Mißbräuche, der, seiner eigenen Gesetze Schöpfer und zugleich Verderber[55], was er mit den Waffen verteidigen wollte, durch die Waffen verlor[56]. Darauf herrschte zwanzig Jahre lang ununterbrochen Zwietracht. Nicht Sitte, nicht Recht galten; die verwerflichsten Handlungen blieben ungestraft, die edelmütigen führten oft zum

Verderben. Erst in seinem sechsten Konsulatsjahr hat Caesar Augustus, jetzt im sicheren Besitz der Macht, die Anordnungen, die er in dem Triumvirat getroffen hatte, aufgehoben und die rechtlichen Grundlagen geschaffen, die uns in Frieden unter einem Princeps leben lassen sollten. In der Folge wurden die Bindungen straffer, es wurden Aufpasser bestellt, die auf Grund der lex Papia Poppaea durch Belohnungen angespornt wurden, damit überall, wo man auf das Vorrecht der Vaterschaft verzichtete, das Volk, gleichsam als der Vater von allen, das erledigte Erbe in Besitz nehme. Aber diese Aufpasser gingen noch weiter, und schon hatten sie die Hauptstadt, Italien und die römischen Bürger, wo immer sich solche befanden, in ihre Klauen gebracht, und vieler Leute Existenz wurde entwurzelt. Gegen alle richtete sich bereits der Terror. Doch Tiberius bestimmte, um Abhilfe zu schaffen, fünf Konsulare und fünf ehemalige Prätoren und ebenso viele weitere Mitglieder des Senats durch das Los, durch die viele vor der strikten Anwendung des Gesetzes geschützt wurden und damit für den Augenblick aufatmen konnten.

(29) Um dieselbe Zeit empfahl Tiberius Nero, einen von den Söhnen des Germanicus, der bereits in das Jünglingsalter[57] eingetreten war, den Senatoren und forderte, daß er von der Verpflichtung, das Vigintivirat[58] zu bekleiden, befreit werde und fünf Jahre früher als gesetzlich vorgeschrieben sich um die Quästur bewerben dürfe, was nicht ohne spöttische Bemerkungen seitens der Zuhörer blieb. Er schützte vor, ihm und seinem Bruder sei auf die Bitten von Augustus das gleiche bewilligt worden[59]. Aber zweifellos hat es schon damals Leute gegeben, die über derartige Bitten im stillen gespottet haben. Und doch standen die Caesaren damals erst am Beginn ihres Aufstiegs zur Höhe, man hatte die alte Sitte noch deutlicher vor Augen, und das Band zwischen Stiefsöhnen und Stiefvater war weniger eng als zwischen Großvater und Enkel. Dazu erhielt er das Pontificat, und an dem Tag, da er zum ersten Mal das Forum betrat, erhielt die Plebs, die eine große Freude darüber bezeugte, einen Sohn des Germanicus schon erwachsen zu sehen, eine Spende.

Die Freude erhöhte sich noch durch die Heirat Neros mit Iulia, einer Tochter des Drusus. Wie dies beifällig aufgenommen wurde, so fand es Ablehnung, daß für den Sohn des Claudius[60] als Schwiegervater Seianus bestimmt werde. Tiberius schien damit den Adel seiner Familie befleckt und Seianus, der ohnehin allzu hochfliegender Pläne verdächtig war, über Gebühr erhoben zu haben.

(30) Am Ende des Jahres schieden zwei hervorragende Männer aus dem Leben, L. Volusius[61] und Sallustius Crispus. Volusius entstammte einer alten Familie, die aber nicht über die Prätur hinausgekommen war. Er selbst hat in die Familie das Konsulat gebracht, auch das Amt eines Censors zur Ergänzung der Ritterlisten ausgeübt und den Grund zu dem Reichtum gelegt, durch den sein Haus so erstaunlich aufblühte. Crispus[62] stammte aus dem Ritterstande. C. Sallustius, der glänzendste römische Geschichtsschreiber, hatte ihn als den Enkel seiner Schwester adoptiert. Jener Crispus nahm, obwohl ihm der Zugang zu den Ehrenämtern ohne weiteres offenstand, sich Maecenas zum Vorbild, verzichtete auf den Rang eines Senators und überragte doch viele, die Triumphe gefeiert hatten und Konsuln gewesen waren, an Einfluß, während er sich im Gegensatz zu dem Brauch der alten Zeit einer verfeinerten Lebenshaltung hingab, die bei seinem üppigen Reichtum schon eher Verschwendung war. Doch stand dahinter eine starke Willenskraft, die sich ungewöhnlichen Aufgaben gewachsen zeigte und sich um so kräftiger betätigte, je mehr er nach außen schläfrige Teilnahmslosigkeit zur Schau trug. So stand er denn zu Lebzeiten des Maecenas nach diesem an zweiter Stelle und spielte nachher die erste Rolle bei den beiden Imperatoren, die sich auf ihn als ihren geheimen Ratgeber stützten. Auch war er in die Ermordung des Postumus Agrippa eingeweiht; in vorgerückten Jahren bestand zwar seine Freundschaft mit dem Princeps weiter, aber sie war nur äußerlicher Schein und ohne wirksame Bedeutung. So war es auch Maecenas ergangen. Nur selten vergönnt das Schicksal dauernden Einfluß; es tritt der Zustand der Sättigung ein, bei dem einen, wenn er alles ge-

geben hat, bei dem andern, wenn es nichts mehr gibt, was er sich wünschen könnte.

(31) Es folgte das vierte Konsulat des Tiberius und das zweite des Drusus; daß Vater und Sohn Amtsgenossen waren, gab ihm eine besondere Bedeutung. Denn drei Jahre zuvor hatte Germanicus zugleich mit Tiberius dasselbe Ehrenamt bekleidet. Aber das war weder eine große Freude für den Oheim gewesen, noch hatte die beiden das blutsmäßige Band so eng verknüpft. Zu Beginn dieses Jahres zog sich Tiberius, angeblich zur Festigung seiner Gesundheit, nach Campanien zurück, wobei er sich allmählich mit dem Gedanken einer langen, ununterbrochenen Abwesenheit vertraut machte. Es mag auch sein, daß Drusus in Abwesenheit seines Vaters die Geschäfte des Konsulats allein führen sollte. Und zufällig gab ein nebensächlicher Vorfall, der sich zu einer großen Auseinandersetzung entwickelte, dem Jüngling die Möglichkeit, sich in Gunst zu setzen. Der ehemalige Prätor Domitius Corbulo reichte gegen einen adeligen jungen Mann, namens L. Sulla, bei dem Senat eine Klage ein. Dieser habe ihm bei den Gladiatorenspielen nicht Platz gemacht. Für Corbulo sprachen sein Alter, die herkömmliche Sitte, die Sympathie der älteren Generation. Gegen ihn traten Mamercus Scaurus, L. Arruntius und sonstige dem Sulla nahestehende Männer auf. Es kam zu einem Rededuell, wobei man auch auf die Beispiele der Vorfahren hinwies, die die mangelnde Ehrerbietung der Jugend durch strenge Verordnungen gerügt hätten. Schließlich beschwichtigte Drusus die Gemüter mit einer passenden Rede. Corbulo erhielt durch Mamercus Genugtuung, der Oheim und zugleich Stiefvater Sullas und der fruchtbarste unter den Rednern der damaligen Zeit war. Corbulo führte auch laute Klagen darüber, daß sehr viele Straßen in Italien durch die Schuld betrügerischer Unternehmer und infolge mangelnder Fürsorge der Beamten stellenweise ungangbar geworden seien, und übernahm gerne die gerichtliche Behandlung dieses Falles. Doch fiel diese nicht so sehr zum Nutzen der Allgemeinheit wie zum Verderben für viele aus, gegen deren Vermögen und Ruf er durch Verurtei-

21 n. Chr.

lungen und Versteigerungen mit brutaler Rücksichtslosigkeit vorging.

(32) Nicht viel später schickte Tiberius ein Schreiben an den Senat, in dem er mitteilte, daß Tacfarinas Afrika durch einen Einfall erneut in Unruhe versetzt habe. Man solle daher nach dem Ermessen der Väter einen Mann als Prokonsul auswählen, der kriegserfahren und körperlich leistungsfähig sei, überhaupt den Anforderungen eines Krieges gewachsen sein werde. Dies war für Sex. Pompeius[63] ein willkommener Anlaß, seinem Haß gegen Lepidus Luft zu machen. Er warf ihm vor, er sei energielos, arm und seiner Vorfahren unwürdig, und man müsse ihn daher von der Verlosung Asiens ausschließen. Der Senat war gegenteiliger Ansicht: er hielt Lepidus eher für einen gutmütigen als energielosen Mann, seine dürftigen Verhältnisse rühren von dem Vater her, und daß er dabei seinen Adel ohne Makel erhalten habe, müsse man ihm zur Ehre rechnen und dürfe ihn deshalb nicht beschimpfen. Und so wurde er nach Asien geschickt, während man bezüglich Afrika beschloß, der Caesar solle den Mann auswählen, dem man es anzuvertrauen habe.

(33) Bei dieser Gelegenheit beantragte Severus Caecina, es solle kein Beamter, dem eine Provinz[64] zugefallen sei, seine Frau dorthin mitnehmen. Er hatte zuvor wiederholt nachdrücklich darauf hingewiesen, er lebe in einer harmonischen Ehe, in der ihm seine Frau sechs Kinder geboren habe. Was er als allgemeine Regel aufstelle, habe er schon bisher in seiner eigenen Familie befolgt. Er habe seine Frau in Italien gelassen, obgleich er selbst in einer Reihe von Provinzen vierzig Jahre Kriegsdienst[65] geleistet habe. Nicht umsonst sei vor Zeiten verordnet worden, es sollten keine Frauen zu den Bundesgenossen oder auch zu fremden Völkern mitgenommen werden. Wenn Frauen zum Gefolge gehören, so führe dies im Frieden zum Wohlleben und im Krieg zu ängstlicher Rücksicht und damit zu Hemmungen, und eine römische Marschkolonne verwandle sich in eine Art Barbarenaufzug. Schwächlich und Anstrengungen nicht gewachsen sei das weibliche

Geschlecht und, wenn man die Zügel locker lasse, brutal, ehrgeizig und machtgierig; sie marschieren mitten unter den Soldaten und benützen die Centurionen als Handlanger. Erst kürzlich habe eine Frau bei einer Übung der Kohorten, ja bei einer Parade der Legionen das Kommando geführt. Sie sollten nur selbst daran denken, sooft es sich um Klagen wegen Erpressung handle, falle der Hauptteil der Vorwürfe den Frauen zur Last. An sie hängen sich gleich die schlechtesten Elemente der Provinzialen; sie seien es, die die Geldgeschäfte in die Hand nehmen und abschließen. Zwei Personen seien es, denen bei ihrem Erscheinen in der Öffentlichkeit gehuldigt werde, zwei Amtssitze gebe es, wobei die Befehle der Frauen noch eigensinniger und maßloser seien. Einst durch die Oppischen[66] und durch andere Gesetze im Zaum gehalten, kommandieren sie jetzt, der Fesseln ledig, in Privathäusern und Gerichtssälen, ja bereits über Heere.

(34) Diese Ausführungen fanden nur bei wenigen Beifall. Die Mehrheit erhob dagegen lauten Protest; dieser Punkt stehe nicht auf der Tagesordnung, und Caecina sei nicht berufen, bei einer so wichtigen Frage als Censor sich aufzuspielen. Darauf antwortete Valerius Messalinus, der, ein Sohn des Messala, in der Beredsamkeit das Ebenbild seines Vaters war: in vielen Punkten habe sich die Härte der alten Zeit jetzt erfreulich zum Besseren gewandelt. Denn nicht, wie einst, werde Rom im Krieg umlagert, auch befänden sich die Provinzen nicht in der Hand der Feinde. Nur wenig sei es, was den Bedürfnissen der Frauen bewilligt werde, so wenig, daß es nicht einmal den Haushalt des Ehemannes, geschweige denn die Bundesgenossen belaste. Alles übrige teilen die Frauen mit ihren Männern, und darin liege nichts, das in Friedenszeiten ein Hemmnis bilden würde. Im Krieg könne man allerdings nur Männer brauchen, die die Waffen führen; wo jedoch gebe es für die nach des Kampfes Mühe zurückgekehrten Männer eine schönere Erholung als an der Seite der Gattin? „Aber es haben sich doch manche Frauen zu ehrgeizigen oder habsüchtigen Handlungen verleiten lassen!" Wohl! Frönen nicht auch sehr viele Beamte diesen oder jenen Lei-

denschaften? Trotzdem verzichte man nicht darauf, solche in die Provinz zu schicken. „Oft schon sind die Männer durch die Charakterlosigkeit ihrer Frauen verdorben worden!“ Ob deshalb alle Unverheirateten reine Engel seien? Einst habe man die Oppischen Gesetze gebilligt, weil die Lage des Gemeinwesens es so erforderte. Später habe man an ihnen einiges gestrichen und gemildert, weil es so dienlich war. Es sei ein vergebliches Bemühen, unsere Tatenlosigkeit mit anderen Ausdrücken zu benennen. Denn auf dem Manne laste die Schuld, wenn die Frau die ihr gesetzten Schranken überschreite. Dazu wäre es nicht recht, wenn man wegen der Charakterschwäche des einen oder andern dem Ehemann die Gefährtin guter und schlechter Tage entreiße. Zugleich werde das von Natur schwache Geschlecht im Stich gelassen und seinem eigenen Hang zum üppigen Leben sowie den Begierden anderer preisgegeben. Kaum, wenn die Männer selbst ihre Frauen hüten, bleiben die Ehen unverletzt. Was werde erst geschehen, wenn eine mehrjährige Trennung, wie bei einer Ehescheidung, das eheliche Verhältnis in Vergessenheit geraten lasse. Man möge, wenn man gegen die Verfehlungen, die anderwärts vorkommen, Maßnahmen ergreife, zuerst an die schändlichen Zustände in der Hauptstadt denken. Einige Bemerkungen fügte Drusus über seine eigene Ehe hinzu: Angehörige des Fürstenhauses müßten ja öfters ferne Gegenden des Reiches besuchen. Wie oft sei der vergöttlichte Augustus in den Westen und in den Osten gereist, und Livia habe ihn dabei begleitet. Ebenso sei auch er nach Illyricum gereist und werde erforderlichenfalls auch zu andern Völkern gehen, nicht immer ruhigen Herzens, wenn er von seiner geliebten Gattin, der Mutter so vieler gemeinsamer Kinder, sich losreißen müsse. So scheiterte der Antrag des Caecina.

(35) In der nächsten Senatssitzung führte Tiberius in einem Schreiben, das auch einen Seitenhieb auf die Väter enthielt, daß sie alle Geschäfte auf den Princeps abladen, namentlich M'. Lepidus und Iunius Blaesus[67] auf, von denen sie einen als Prokonsul für Afrika wählen sollten. Hierauf hörte man die Erklärungen von beiden an: Lepidus lehnte ernstlich ab

unter Berufung auf sein körperliches Befinden, auf das Alter seiner Kinder und auf seine heiratsfähige Tochter. Man hörte aber auch heraus, was er verschwieg, daß nämlich Blaesus der Oheim des Seianus sei und deshalb vorzugehen habe. Die Antwort des Blaesus klang wie Ablehnung, aber in ihr lag nicht die gleiche Entschiedenheit, und er fand dazu die einheitliche Unterstützung der Schmeichler[68].

(36) Nun kam auch offen zur Sprache, worüber bisher viele sich nur ganz im stillen beklagten. Es wurde nämlich Mode, daß die nichtswürdigsten Menschen sich ohne jede Hemmung kränkende Schimpfworte gegen Gutgesinnte herausnahmen, ohne eine Bestrafung zu gewärtigen, indem sie rasch ein Bildnis des Caesaren anfaßten. Sogar Freigelassene und Sklaven drohten ihren Schutzherren oder Gebietern mit Worten und Fäusten, und diese fürchteten sich sogar vor ihnen. Daher trug der Senator C. Cestius folgendes vor: die Fürsten seien mit Göttern gleichzustellen, aber auch die Götter schenken nur berechtigten Bitten von Schutzflehenden Gehör und niemand nehme seine Zuflucht zum Kapitol oder zu andern Tempeln der Stadt, um unter deren Schutz Schandtaten zu begehen. Das bedeute doch, daß die Gesetze abgeschafft und in ihren Grundlagen erschüttert seien, wenn auf dem Forum, an der Schwelle der Kurie eine Annia Rufilla, die er wegen Betrugs vor den Richter gebracht habe, drohende Schimpfworte ihm ins Gesicht schleudere, während er selbst es nicht wagen dürfe, den Rechtsweg zu beschreiten, und zwar wegen des Bildnisses des Imperators, das man ihm entgegenhalte. Nicht unähnliche, zum Teil noch schlimmere Fälle brachten auch andere mit lautem Stimmaufwand vor und baten so lange Drusus, er möge ein Exempel statuieren, bis er die Frau herbeiholen ließ und, als sie überführt war, befahl, sie in Staatshaft zu nehmen.

(37) Auch die römischen Ritter Considius Aequus und Caelius Cursor wurden auf Veranlassung des Princeps durch einen Senatsbeschluß bestraft, weil sie durch die Vorspiegelung von Vergehen gegen das Majestätsgesetz den Prätor Magius Caecilianus belangt hätten. Beide Fälle wurden dem

Drusus als Verdienst angerechnet: er halte sich in der Hauptstadt auf, verkehre mit den Leuten, unterhalte sich mit ihnen und wirke so versöhnend gegenüber dem abgeschiedenen Treiben seines Vaters. Auch der luxuriöse Lebenswandel des jungen Mannes mißfiel nicht eben sehr; lieber solle er es so weiter treiben, den Tag mit seinen Bauten, die Nacht mit Gelagen verbringen, als daß er, allein und durch keine Vergnügungen abgelenkt, trübselig wache und sich von schlimmen Sorgen umtreiben lasse.

(38) Denn nicht Tiberius, auch nicht die Ankläger wurden müde. So hatte Ancharius Priscus den Caesius Cordus, den Prokonsul von Kreta, wegen Erpressung angeklagt, wobei er ihn noch zusätzlich der Majestätsbeleidigung beschuldigte, womit man damals jede Anklage ergänzte. So zog der Caesar den Antistius Vetus, einen der ersten Männer Macedoniens[69], der von der Beschuldigung des Ehebruchs freigesprochen war, wieder wegen Majestätsbeleidigung zur Verantwortung, nachdem er den Richtern eine scharfe Rüge erteilt hatte. Er warf ihm vor, ein Aufrührer zu sein und bei den Anschlägen des Rhescuporis damals, als dieser nach der Ermordung seines Bruders Cotys einen Krieg gegen uns erwogen hatte, seine Hand im Spiele gehabt zu haben. Deshalb wurde über den Angeklagten die Acht ausgesprochen und hinzugefügt, er solle auf einer Insel, von der man weder Macedonien noch Thracien leicht erreichen könne, interniert werden.

Denn in Thracien herrschte nach der Teilung der Herrschaft zwischen Rhoemetalces und den Söhnen des Cotys, die wegen ihrer Unmündigkeit Trebellenus Rufus als Vormund hatten, Aufruhr, weil man sich an uns noch nicht gewöhnt hatte. Man beschuldigte ebenso Rhoemetalces wie Trebellenus, die Übergriffe gegen die einheimische Bevölkerung unbestraft zu lassen. Die Coelaleten, Odrusen und Dier[70], starke Volksstämme, erhoben die Waffen. Jeder hatte seinen eigenen Führer. Diese aber waren alle gleich geringer Abkunft. Und das war auch der Grund dafür, daß sie nicht einheitlich vorgingen und so einen gefährlichen Krieg auslösten.

Ein Teil erregte Unruhen im eigenen Lande, ein anderer überschritt den Haemus, um die weiter entfernten Völker unter die Waffen zu rufen; der größte Teil, der noch die beste Ordnung aufwies, belagerte den König und die von dem Macedonier Philippus gegründete Stadt Philippopolis[71].

(39) Auf die Kunde von diesen Ereignissen schickte P. Vellaeus[72], der das zunächststehende Heer befehligte, bundesgenössische Reiterei und leichte Kohorten gegen diejenigen aus, die, um zu rauben oder um Verstärkung an sich zu ziehen, im Lande umherzogen, während er selbst die Kerntruppe des Fußvolkes zum Entsatz der Stadt heranführte. Alles wurde gleichzeitig und erfolgreich durchgeführt. Die plündernden Horden wurden niedergemacht; bei den Belagerern entstand Uneinigkeit, und zur rechten Zeit machte der König einen Ausfall und die Legion war zur Stelle. Von einer richtigen Schlacht oder auch nur von einem Gefecht kann wohl nicht die Rede sein: nur halbbewaffnete Banden, die sich herumtrieben, wurden ohne blutige Verluste auf unserer Seite niedergemacht.

(40) In demselben Jahr begannen gallische Gemeinden wegen der drückenden Schuldenlast einen Aufstand. Am tatkräftigsten schürte ihn bei den Treverern[73] Iulius Florus, bei den Äduern[74] Iulius Sacrovir. Beide waren adeliger Abkunft. Ihre Vorfahren hatten sich um die Römer wohl verdient gemacht und deshalb vorzeiten das römische Bürgerrecht erhalten, als dies noch eine Seltenheit und der Lohn nur für wirkliche Verdienste war[75]. In geheimen Besprechungen, zu denen sie die verwegensten oder auch solche Leute beizogen, die aus Armut und aus Furcht vor den Folgen ihrer Verbrechen besonders auf schlimme Abwege gedrängt wurden, verabredeten sie, Florus solle die Belgier, Sacrovir die näher liegenden Gallier zu den Waffen rufen. Und so predigten sie an Versammlungsplätzen und bei sonstigen Zusammenkünften den Aufruhr mit dem Hinweis auf die unaufhörlichen Tributzahlungen, den drückenden Wucher und den unbarmherzigen Dünkel der Statthalter. Auch gäre es unter den römischen Soldaten, seit sie von dem Tode des

Germanicus vernommen hätten: es sei eine außerordentlich günstige Gelegenheit, die Freiheit wiederzugewinnen. Sie dürften nur daran denken, wie sie selbst in der Fülle der Kraft stehen und in welch hilfloser Lage sich dagegen Italien befinde, wie unkriegerisch die Masse des Volkes in der Hauptstadt sei und wie kraftlos die Heere seien, sofern es sich nicht um ausländische Kontingente handle.

(41) Es gab wohl keine Gemeinde, in der nicht der Samen des Aufruhrs auf fruchtbaren Boden fiel. Zu seinem Ausbruch kam es zuerst bei den Andecavern und Turonern[76]. Bei den Andecavern schlug ihn der Legat Acilius Aviola[77] mit einer eiligst aus ihrer Garnison Lugdunum[78] herbeigeholten Kohorte nieder, die Turoner wurden durch Legionstruppen, die Visellius Varro, der Legat von Untergermanien, geschickt hatte, niedergeworfen unter der Führung des gleichen Aviola und einiger gallischer Häuptlinge, die zu Hilfe kamen, um damit ihren eigenen Abfall zu tarnen und ihn auf einen günstigeren Zeitpunkt zu verschieben. Man sah sogar Sacrovir, wie er unbedeckten Hauptes zum Kampf für die Römer aufrief, um, wie er sagte, seine Tapferkeit unter Beweis zu stellen; aber Gefangene beschuldigten ihn, er habe sich nur deshalb zu erkennen gegeben, damit auf ihn nicht geschossen werde. Als man bei Tiberius seinetwegen anfragte, wies er die Anzeige ab. So gab seine Unschlüssigkeit dem Kriege neue Nahrung.

(42) Inzwischen verfolgte Florus beharrlich seine Ziele. Er suchte eine Reiterabteilung, die, bei den Treverern ausgehoben, in unserem Dienst und unserer Disziplin geschult wurde, dazu zu verleiten, mit der Ermordung der römischen Kaufleute das Signal zum Beginn des Krieges mit den Römern zu geben. Doch nur wenige Reiter ließen sich verführen, die Mehrzahl blieb ihrer Pflicht treu. Andere dagegen, Verschuldete oder Klienten aus dem niederen Volk, griffen zu den Waffen. Schon waren sie auf dem Marsch zu dem Waldgebirge, das Arduenna heißt, als die Legionstruppen von beiden Heeren, die Visellius und C. Silius auf entgegengesetzten Straßen entgegengeworfen hatten, ihnen den Weg verleg-

ten. Mit einer auserlesenen Truppe wurde Iulius Indus, der ebenfalls Treverer, aber mit Florus verfeindet und daher um so tatkräftiger sich einzusetzen bestrebt war, vorausgeschickt. Er zerstreute die Feinde, die damals noch einen ungeordneten Haufen darstellten. Florus versteckte sich bald da, bald dort in Schlupfwinkeln und entkam so den Siegern. Als er jedoch zuletzt die Soldaten erblickte, die die Fluchtwege besetzt hatten, fiel er durch eigene Hand. Dies war das Ende des Aufruhrs bei den Treverern.

(43) Die Aufgabe, die sich bei den Äduern ergab, war schwerer zu bewältigen, da ja der Stamm über reichere Hilfsmittel verfügte und die Truppe, um den Aufstand zu ersticken, weiter hergeholt werden mußte. Den Vorort des Stammes, Augustodunum[79], hatte Sacrovir mit bewaffneten Kohorten besetzt, um in der vornehmsten Jugend Galliens, die dort den Studien oblag, ein Pfand in Händen zu haben, mit dem er auch deren Eltern und Verwandte an sich ketten könnte. Zugleich verteilte er heimlich hergestellte Waffen unter die jungen Leute. Es waren vierzigtausend Mann; ein Fünftel davon war mit Legionswaffen ausgerüstet, die übrigen mit Jagdspießen, Messern und sonstigen Jagdwaffen. Dazu stellte man solche Sklaven ein, die zu Gladiatorenspielen bestimmt waren und die nach Landessitte eine von Kopf bis Fuß reichende eiserne Rüstung trugen. Man nennt sie „Cruppellarier". Sie sind ungeschickt, wenn es auf den Feind einzuschlagen gilt, aber hieb- und stichfest. Diese Truppen wurden verstärkt, zwar noch nicht durch offenen Anschluß der benachbarten Stämme; aber einzelne stellten sich entschlossen auf die Seite Sacrovirs. Zudem herrschte unter den römischen Heerführern Streit, weil jeder für sich das Kommando in dem Kriege forderte. Doch trat nachher der altersschwache Varro gegen den noch rüstigen Silius zurück.

(44) In Rom aber hieß es, nicht nur die Treverer und Äduer, sondern vierundsechzig gallische Gemeinden seien abgefallen und hätten mit den Germanen ein Bündnis geschlossen; auch zeige Spanien eine schwankende Haltung. Dies alles hielt man trotz der bei Gerüchten üblichen Übertreibung

für wahr. Alle Gutgesinnten waren in bekümmerter Sorge um das Gemeinwesen. Viele nahmen in ihrer erbitterten Ablehnung der augenblicklichen Verhältnisse und ihrem lebhaften Wunsche nach einer Änderung freudig auch die ihnen drohenden Gefahren in Kauf und schalten auf Tiberius, daß er in einer so bewegten Zeit sich mit Schriften von Anklägern befasse. Ob etwa auch Sacrovir, wegen Majestätsverbrechen angeklagt, im Senat erscheinen werde? Endlich seien Männer aufgestanden, die den Blutbefehlen mit den Waffen Einhalt gebieten. Sogar der Krieg sei noch ein willkommener Tausch gegen einen erbärmlichen Frieden. Um so geflissentlicher spielte Tiberius die Rolle des Sorglosen. Er wechselte weder seinen Aufenthaltsort noch seinen Gesichtsausdruck, sondern verbrachte diese Tage in der gewohnten Weise. Entweder war dies das Zeichen seines verschlossenen Wesens, oder er hatte erfahren, daß die Ereignisse von keiner weiteren Bedeutung und leichter zu nehmen seien, als man sie in der Öffentlichkeit darstelle.

(45) Inzwischen hatte Silius mit zwei Legionen den Vormarsch angetreten und verwüstete mit einer Vorausabteilung der Hilfstruppen die Gaue der Sequaner[80], die an der äußersten Grenze gelegen waren und an die Äduer grenzten, als deren Bundesgenossen sie unter Waffen standen. Dann zog er in Eilmärschen gegen Augustodunum, wobei die Fahnenträger um die Wette vorausmarschierten und auch die Mannschaften stürmisch forderten, man solle nicht die gewohnte Rast bei Tage einschalten, nicht die lang ausgedehnten Nächte verstreichen lassen. Nur sehen wollten sie den Gegner und ihm Auge in Auge gegenüberstehen. Dies sei schon so gut wie der Sieg. Beim zwölften Meilenstein erschien Sacrovir mit seinen Truppen im offenen Gelände. Vorn hatte er seine „Eisengepanzerten“ aufgestellt, auf den Flügeln die Kohorten, hinten die Halbbewaffneten. Er selbst ritt inmitten seiner Häuptlinge auf einem stattlichen Roß bei seinen Truppen umher, erinnerte an die alten Ruhmestaten der Gallier und an die Schläge, die sie den Römern beigebracht hätten, welch ehrenvoller Siegespreis die Freiheit und wieviel schwerer

die Knechtschaft sei, die man ertragen müsse, wenn man zum zweiten Mal besiegt würde.

(46) Nicht lange sprach er so, und man hörte ihn auch nicht freudig an. Denn schon rückten die Legionen in Kampflinie heran, und das ungeschulte, mit dem Kriegsdienst nicht vertraute Stadtvolk zeigte, als es diese sah und hörte, nicht die erforderliche Fassung. Auf der anderen Seite hatte Silius schon vorher eine zuversichtliche Stimmung erweckt und sah keinen Anlaß zu weiteren Ermahnungen. Trotzdem rief er, sie müßten sich schämen, daß sie, die Sieger über Germanien, gegen Gallier, als wäre dies ein richtiger Feind, geführt werden. „Eine einzige Kohorte hat kürzlich die aufrührerischen Turoner, eine einzige Reiterabteilung die Treverer, einige wenige Schwadronen eben dieses Heeres die Sequaner niedergeworfen. Bringt diese Äduer, die, je mehr Geld sie haben und je üppiger sie leben, um so unkriegerischer sind, zur Vernunft und nehmt euch recht um sie an, wenn sie fliehen." Daraufhin erhob sich ein Beifallssturm. Die Reiterei umfaßte die Flügel, das Fußvolk griff von vorne an, und auch auf den Flanken gab es kein Säumen mehr. Nur die „Eisengepanzerten" verursachten kurzen Aufenthalt, da die Eisenplatten den Wurfspeeren und Schwertern widerstanden. Aber die Soldaten griffen zu Beilen und Äxten und zerschlugen, wie beim Durchbruch durch eine Mauer, Panzer und Mann. Manche warfen mit Stangen und Forken die bewegungslose Masse zu Boden, und wenn sie dalagen, machten sie keinen Versuch mehr zum Aufstehen. So ließ man sie wie Tote liegen. Sacrovir eilte zuerst nach Augustodunum, dann aus Furcht vor der Auslieferung mit seinen treuesten Anhängern in ein nahe liegendes Landhaus. Dort fand er von eigener Hand den Tod, während die übrigen sich gegenseitig umbrachten. Das Landhaus wurde über ihren Köpfen angezündet, und alle kamen in den Flammen um.

(47) Jetzt erst schrieb Tiberius an den Senat, der Krieg sei ausgebrochen und beendigt. Und er blieb bei der Wahrheit ohne Abstriche und Zutaten und betonte nur, durch die Zuverlässigkeit und Tüchtigkeit der Legaten sei man der Gefahr

Herr geworden, durch seine persönlichen Maßnahmen habe er dazu beigetragen. Zugleich fügte er die Gründe an, warum weder er noch Drusus in diesen Krieg gezogen sei. Er hob die Größe des Imperiums hervor und wies darauf hin, daß es der Stellung eines Princeps nicht angemessen sei, wenn die eine oder andere Völkerschaft die Ruhe störe, die Hauptstadt zu verlassen, die doch den Mittelpunkt der gesamten Regierung bilde, und . . .[81] Jetzt, da ihn ja nicht mehr Besorgnis dorthin treibe[82], werde er gehen, um an Ort und Stelle die Lage zu besichtigen und Ordnung zu schaffen. Die Väter beschlossen Gelübde für seine glückliche Rückkehr, Bittprozessionen und andere Ehrungen. Nur Dolabella Cornelius[83] verstieg sich, da er die anderen überbieten wollte, zu einer abgeschmackten Schmeichelei. Er beantragte, Tiberius solle im kleinen Triumph von Campanien her in Rom einziehen[84]. Und so kam nachher ein Schreiben des Caesaren, in dem er nachdrücklich erklärte, er sei nicht so arm an Ruhm, daß er nach der Bezwingung der kriegerischsten Völkerschaften, nach so vielen Triumphen, die er schon in seiner Jugend angenommen oder auch ausgeschlagen habe, nun als älterer Mann für einen Landausflug in die Umgebung der Hauptstadt um eine nichtssagende Belohnung bitte.

(48) Um dieselbe Zeit bat er den Senat, daß für Sulpicius Quirinius[85] ein Staatsbegräbnis veranstaltet werde. Zu der alten Patrizierfamilie der Sulpicier hatte Quirinius keine Beziehung. Er war geboren in der Landstadt Lanuvium, aber als tüchtiger Kriegsmann und auf Grund seines dienstlichen Einsatzes hatte er unter dem vergöttlichten Augustus das Konsulat und dann durch die Eroberung der Kastelle der Homonadenser in Cilicien[86] die Triumphinsignien erlangt. Er war C. Caesar, während dieser in Armenien den Oberbefehl führte, als maßgeblicher Berater beigegeben worden und hatte auch Tiberius, solange dieser in Rhodus weilte, achtungsvoll behandelt. Das legte Tiberius jetzt im Senat dar, wobei er die ihm erwiesenen Dienste lobte und sich über M. Lollius[87] beschwerte, den er beschuldigte, C. Caesar zu seinem abwegigen, widerspenstigen Verhalten veranlaßt zu

haben. Aber sonst stand Quirinius in keinem erfreulichen Andenken, weil er, wie ich berichtet habe[88], Lepida in einen Prozeß verwickelt hatte und in seinem Alter zu einem Geizhals geworden war, der einen überaus großen Einfluß ausübte.

(49) Am Ende des Jahres fiel über den römischen Ritter Clutorius Priscus, den der Caesar für ein berühmtes Trauergedicht auf den Tod des Germanicus mit einem Geldgeschenk bedacht hatte, ein Denunziant mit dem Vorwurf her, er habe auch ein Gedicht auf Drusus schon während dessen Erkrankung verfaßt, um für die Veröffentlichung im Falle des Todes des Drusus eine noch höhere Belohnung zu erhalten. Dieses Gedicht hatte Clutorius in dem Hause des P. Petronius[89] in Anwesenheit von dessen Schwiegermutter Vitellia und vieler erlauchter Frauen aus eitler Wichtigtuerei vorgelesen. Als der Denunziant auftrat, ließen sich alle übrigen Frauen im Schreck zu einer Zeugenaussage bewegen, nur Vitellia blieb dabei, nichts gehört zu haben. Aber die für ihn verhängnisvollen Aussagen fanden mehr Glauben, und nach dem Antrag des designierten Konsuls Haterius Agrippa[90] wurde gegen den Angeklagten auf Todesstrafe erkannt.

(50) Dagegen wandte sich M'. Lepidus mit folgender Ansprache: „Wenn wir, versammelte Väter, nur darauf schauen, mit welch fluchwürdigen Worten Clutorius Priscus seine eigene Gesinnung und die Ohren seiner Zuhörer befleckt hat, würden weder Kerker noch Strick, ja nicht einmal der für Sklaven bestimmte Tod am Kreuz bei ihm genügen. Wenn es jedoch Schandtaten und Freveltaten gibt, die jedes Maß überschreiten, aber die Strafen und ihre Ahndung in dem Maßhalten des Princeps und in dem Vorbild der Vorfahren sowie in eurem eigenen ihre Grenzen finden, und wenn eitles von verbrecherischem Tun, Reden von schandbaren Handlungen sich unterscheiden, so ist ein Antrag am Platz, der einerseits diesem Manne sein Vergehen nicht ungestraft läßt, bei dem wir andererseits ohne Reue Milde mit Strenge verbinden. Oft habe ich von unserm Princeps gehört, wie leid es ihm tue, wenn jemand durch Selbstmord seinem Mitleid zu-

vorgekommen sei. Noch ist des Clutorius Leben nicht gefährdet. Wird es ihm erhalten, so wird er für den Staat nicht zu einer Gefahr werden, nimmt man es ihm, wird er nicht zu einem warnenden Beispiel werden. Sein Tun und Treiben ist das eines Wahnsinnigen, und als solches ist es belanglos und ohne nachhaltige Bedeutung. Man braucht von dem keine ernsthafte Handlung von Gewicht zu befürchten, der seine eigenen Schandtaten verrät und sich nicht an Männer, sondern an das schwache Geschlecht heranschleicht. Jedoch soll er Rom verlassen und unter Verlust seines Vermögens geächtet werden. Und diesen Antrag stelle ich, in der Annahme, daß er nach dem Majestätsgesetz schuldig ist."

(51) Der einzige, der Lepidus beistimmte, war der ehemalige Konsul Rubellius Blandus[91]. Alle übrigen schlossen sich dem Antrag Agrippas an. Priscus wurde in den Kerker geführt und sofort umgebracht. Darüber beklagte sich Tiberius in seiner üblichen zweideutigen Weise bei dem Senat: er lobte sein Pflichtgefühl, mit dem er auch unbedeutende Übergriffe gegenüber dem Princeps bestrafe, und bat zugleich, von so überstürzten Strafen für mündliche Äußerungen abzusehen. Lepidus lobte er, ohne Agrippa zu tadeln. Und so kam es zu dem Senatsbeschluß: Entscheidungen der Väter sollten nicht vor dem zehnten Tage im Ärarium[92] niedergelegt und das Leben der Verurteilten so lange gefristet werden. Aber der Senat hatte nicht die Freiheit, ein Urteil zurückzunehmen, und Tiberius ließ sich in der Zwischenzeit nicht zur Milde stimmen.

22 n. Chr. (52) Es folgten die Konsuln C. Sulpicius und D. Haterius[93]. Es war ein Jahr, das ohne Störungen durch auswärtige Ereignisse verlief, während man sich im Innern auf strenge Maßnahmen gegen den Luxus gefaßt machte, der schrankenlos auf alle Bereiche übergegriffen hatte, in denen man Geld verschwenden kann. Aber anderweitiger Aufwand spielte sich, obwohl er bedeutsamer war, im geheimen ab, wobei man gewöhnlich die Preise verheimlichte. Was dagegen den Aufwand für Essen und Schlemmen anbelangt, der das allgemeine Gesprächsthema bildete, so war man in Sorge, der

Princeps möchte in seiner althergebrachten Sparsamkeit hier allzu streng einschreiten. Denn nach dem Vorgang des C. Bibulus hatten auch die übrigen Ädilen darüber sich ausgelassen, daß man das Gesetz gegen den Aufwand nicht beachte, daß die Preise für die täglichen Bedarfsartikel trotz Verbot von Tag zu Tag steigen und mit halben Maßnahmen nicht mehr gestoppt werden könnten. Die Väter, denen diese Frage vorgelegt worden war, hatten sie unentschieden an den Princeps verwiesen. Aber Tiberius war oft mit sich zu Rate gegangen, ob man eine so ausschweifende Genußsucht überhaupt eindämmen könne, ob nicht eine solche Einschränkung dem Gemeinwesen mehr Schaden zufüge, ferner, wie unrühmlich es sei, eine Sache in die Hand zu nehmen, die man doch nicht durchzusetzen vermöge oder die, falls man sie durchsetze, die entehrende Bloßstellung erlauchter Männer erfordere. Zuletzt verfaßte er ein Schreiben an den Senat etwa folgenden Inhalts:

(53) „In allen anderen Fällen, versammelte Väter, dürfte es vielleicht zweckmäßiger sein, wenn man mich persönlich befragt und ich ausspreche, was nach meiner Meinung das Wohl des Gemeinwesens erfordert. Aber bei der Verhandlung dieses Gegenstandes wäre es besser gewesen, ihn meinen Augen zu entziehen, um zu verhüten, daß auch ich selbst, wenn eure Blicke sich auf die angstvollen Gesichter der eines schändlichen Luxus Beschuldigten richten, sie ins Auge fasse und gleichsam ertappe. Wenn schon vorher die tüchtigen Männer, die Ädilen, mich zu Rate gezogen hätten, so hätte ich ihnen vielleicht zugeredet, lieber Laster, die schon überhandgenommen haben und ins Kraut geschossen sind, unbeachtet zu lassen, als nur so viel zu erreichen, daß offen zutage tritt, welchen sittlichen Mißständen wir nicht mehr zu steuern vermögen. Trotzdem, diese Männer haben getan, was ihres Amtes ist, und ich wünschte nur, daß auch alle anderen Beamten ihre Aufgaben so erfüllen. Für mich dagegen schickt es sich so wenig, zu schweigen, wie es mir nicht leichtfällt, mich offen auszusprechen, weil ich nicht die Rolle eines Ädils oder Prätors oder Konsuls zu spielen habe. Etwas Größeres,

Höheres verlangt man von dem Princeps. Für richtiges Handeln nimmt jeder für seine Person das Verdienst in Anspruch, bei Fehlgriffen, an denen die Gesamtheit schuldig ist, hat immer nur der eine die Vorwürfe zu tragen. Denn was soll ich zuerst zu verhindern und auf die alte Sitte zurückzuführen versuchen? Die riesige Ausdehnung der Landhäuser? Die zahllose Dienerschaft aus allen möglichen Völkern? Das Gewicht des Silber- und Goldgeschirrs? Die Wunderwerke von Erz und auf dem Gebiet der Malerei? Die Kleidung, die bei den Männern und Frauen keinen Unterschied kennt, und jene besonderen Luxusbedürfnisse der Frauen, die Edelsteine, denen zuliebe unser Geld zu fremden oder gar feindlichen Völkern wandert?

(54) Wohl weiß ich, daß man auch bei Gastereien und in Gesellschaften über diese Dinge Klage führt und Beschränkung fordert. Aber falls irgend jemand ein Gesetz erläßt und Strafen ankündigt, so werden die gleichen Leute schreien, dies bedeute die Aufhebung der Bürgerrechte, den Ruin der hochangesehenen Häuser, und niemand sei mehr vor einer Anklage sicher. Und doch kann man auch körperliche Krankheiten, wenn sie schon alt sind und sich im Laufe der Zeit verschlimmert haben, nur mit harten und schmerzhaften Mitteln bekämpfen. Eine Gesinnung, die verdorben ist und zugleich Verderben schafft und die sich in krankhafter Fieberhitze befindet, muß mit Mitteln niedergehalten werden, die nicht gelinder sind als die Gelüste, an denen sie sich entzündet hat. So viele Gesetze haben unsere Vorfahren ersonnen, so viele hat der vergöttlichte Augustus erlassen, jene sind der Vergessenheit anheimgefallen, diese, was noch schändlicher ist, mißachtet worden und außer Kurs gekommen und haben so den Luxus nur noch selbstsicherer gemacht. Wem der Sinn nach dem steht, was noch nicht verboten ist, der mag befürchten, daß es verboten wird. Aber hat man einmal ungestraft ein Verbot übertreten, dann gibt es weiterhin weder Furcht noch Scham. Warum also stand einst die Sparsamkeit so hoch im Kurs? Weil jeder einzelne sich selbst einschränkte, weil wir Bürger *einer* Stadt waren, weil auch die Versuchungen

nicht so groß waren, solange sich unser Herrschaftsgebiet auf Italien beschränkte. Erst durch unsere Siege über auswärtige Völker haben wir gelernt, fremdes Gut, durch die Siege in den Bürgerkriegen, auch unser eigenes zu verprassen. Wie unbedeutend ist doch das, woran die Ädilen erinnern! Wie leicht zu nehmen, wenn man auf all das andere blickt! Aber, wahrhaftig, niemand bringt zur Sprache, daß Italien der Hilfe vom Ausland bedarf, daß das Lebensschiff des römischen Volkes täglich auf unsicheren, stürmischen Meereswogen hin und her geworfen wird. Ja, wenn einmal die Provinzen mit ihren Vorräten den Grundherren und ihren Sklaven und Ländereien nicht zu Hilfe gekommen sind, dann werden sicherlich unsere Parkanlagen und unsere Landhäuser unseren Lebensunterhalt gewährleisten. Das, versammelte Väter, ist die Sorge, die auf dem Princeps lastet. Wird sie vernachlässigt, wird das Gemeinwesen ganz ins Verderben gestürzt. Für alles übrige muß die Heilung von innen heraus erfolgen. Uns möge das Ehrgefühl, die Armen die Notlage, die Reichen das Gefühl der Sättigung zum Besseren bekehren. Es wäre denn, daß sich der eine oder andere der Staatsbeamten im Ernst so viel Tatkraft zutraut, daß er dagegen anzukämpfen vermag; dann lobe ich ihn und erkenne ihn als den Mann an, der mir einen Teil meiner Mühen abnimmt. Wenn man sich aber nur über Laster entrüsten will und, nachdem man Ruhm und Anerkennung gefunden hat, Hader erweckt und mich damit fertig werden läßt, so glaubt mir, versammelte Väter, daß auch ich keine Lust habe, mich gehässigen Angriffen auszusetzen. Ohnehin lasten die meist ungerechten Angriffe, die ich mir im Dienste des Gemeinwesens gefallen lassen muß, schon schwer auf mir, und darum verbitte ich mir mit Recht solche, die grundlos und zwecklos sind und weder mir noch euch nützlich sein werden."

(55) Als man dieses Schreiben des Caesaren angehört hatte, wurde es den Ädilen anheimgestellt, sich weiterhin mit einer solchen Angelegenheit zu befassen. Und so kam der Tafelluxus, der von dem Ende der Kämpfe bei Actium bis zu dem Bürgerkrieg, der Galba an die Macht brachte, hundert Jahre

lang mit verschwenderischem Aufwand betrieben wurde, erst allmählich ab. Wir wollen nach den Ursachen dieser Wandlung fragen! Die einstigen reichen Adelsfamilien oder solche, die auf Grund ihres berühmten Namens eine besondere Rolle spielten, kamen infolge ihres Strebens nach äußerem Prunk auf die schiefe Bahn. Damals war es ja noch möglich, Plebs, Bundesgenossen, Könige durch Gefälligkeiten zu gewinnen und sich gewinnen zu lassen. Je mehr einer durch Reichtum, durch seinen Palast, durch dessen prächtige Einrichtung auffiel, desto mehr wuchs der Glanz seines Namens und seiner Klientelschaft. Seitdem aber ein wildes Morden aufgekommen war[94] und ein großer Name nur zum Verderben führte, wandten sich die übrigen einer weiseren Lebensführung zu. Zugleich wurden neue Leute aus den Landstädten, den Kolonien und sogar aus den Provinzen häufig in den Senat aufgenommen und brachten den sparsamen Sinn ihrer Heimat mit; und obgleich sehr viele es durch Glück oder Fleiß in ihrem Alter zu Wohlstand brachten, blieb doch die frühere Gesinnung lebendig. Aber in erster Linie war es Vespasian, der als Vertreter strenger Sitte sich in seinem persönlichen Auftreten und in seiner Lebensführung an die gute alte Zeit anpaßte. So kam es, daß der Gehorsam gegenüber dem Princeps und der Wunsch, es ihm gleichzutun, stärker wirkten als die Furcht vor der gesetzlich festgesetzten Strafe. Es mag auch sein, daß überall in der Welt so etwas wie ein Kreislauf herrscht und wie die Jahreszeiten wechseln, so auch die Sitten sich ändern. Doch ist nicht alles bei den früheren Generationen besser gewesen, sondern auch unsere Zeit hat viele löbliche, schöne Leistungen hervorgebracht, die Nachahmung seitens der Nachwelt verdienen. Aber dieser edle Wettstreit mit unseren Vorfahren um das sittlich Gute möge von Dauer sein!

(56) Tiberius, der sich dadurch den Ruf weiser Mäßigung erwarb, daß er die Ankläger, die sich schon auf ihre Opfer stürzen wollten, zurückgewiesen hatte, schickte ein Schreiben an den Senat, in dem er für Drusus die tribunizische Gewalt erbat. Diese Bezeichnung für die höchste Stellung hat Augu-

stus aufgebracht, um nicht den Titel König oder Diktator anzunehmen und sich dabei doch durch irgendeinen Titel über die übrigen Staatsämter zu erheben. In der Folge hat er dann M. Agrippa als Teilhaber dieser Amtsgewalt erwählt und nach dessen Tod Tiberius Nero[95], damit über die Nachfolge keine Unklarheit herrsche. Dadurch, dachte er, würden abwegige Hoffnungen anderer eingedämmt. Zugleich setzte er sein Vertrauen in die Bescheidenheit Neros und in seine eigene Hoheit. Jetzt rückte Tiberius den Drusus nach diesem Vorbild näher an die Staatsführung heran, während er zu Lebzeiten des Germanicus die Wahl zwischen beiden offengelassen hatte. Doch zu Beginn seines Briefes rief er ehrfürchtig die Götter an, sie möchten seine Vorhaben dem Gemeinwesen zum Segen werden lassen, und sprach sich dann in zurückhaltender Weise ohne falsche Übertreibung über den Charakter des Jünglings aus. Er habe eine Gemahlin und drei Kinder und stehe in einem Alter[96], in dem auch er einst von dem vergöttlichten Augustus zu diesem Amt berufen worden sei. Auch werde er jetzt nicht übereilt, sondern nach achtjähriger Erprobung, während der er Aufstände unterdrückt, Kriege beendigt, einen Triumph und zweimal das Konsulat erlangt habe, zur Beteiligung an einer ihm schon vertrauten Arbeit beigezogen.

(57) Die Senatoren hatten sich auf die Ansprache gefaßt gemacht. Um so gesuchter war ihre Schmeichelei. Doch wußten sie nichts anderes zu finden, als daß sie Anträge auf Aufstellung von Standbildern der beiden Fürsten, auf Errichtung von Altären für die Götter, von Tempeln und Ehrenbogen und auf sonst übliche Ehrungen stellten. Nur M. Silanus machte eine Ausnahme: aus der Herabwürdigung des Konsulats suchte er eine Ehrung für den Princeps zu machen und beantragte bei seiner Stimmabgabe, auf öffentliche und private Denkmäler sollen zum Zweck der Zeitbestimmung künftig nicht die Namen der Konsuln, sondern der Inhaber der tribunizischen Gewalt gesetzt werden. Als vollends Q. Haterius[97] beantragte, die Senatsbeschlüsse dieses Tages in goldener Schrift in der Kurie anzubringen, wurde er ausgelacht

als ein Greis, der mit seiner gemeinen Schmeichelei keinen andern Lohn als den der Schande ernten konnte.

(58) Da inzwischen die Verwaltung der Provinz Afrika dem Iunius Blaesus verlängert wurde, verlangte der Iuppiterpriester Servius Maluginensis, man solle ihm Asien zusprechen[98]. Er wies die allgemein verbreitete Anschauung als unbegründet zurück, es sei den Iuppiterpriestern nicht erlaubt, Italien zu verlassen. Sie hätten das gleiche Recht wie die Mars- und Quirinuspriester. Wenn daher diese schon Provinzen erlost hätten, warum solle dies den Iuppiterpriestern verwehrt sein? Es gebe in dieser Frage keine Volksbeschlüsse, und man finde auch in den Zeremonienbüchern nichts davon. Oft schon hätten Oberpriester den heiligen Iuppiterdienst versehen, wenn der Flamen durch Krankheit oder durch ein Amtsgeschäft verhindert gewesen sei. Fünfundsiebzig Jahre lang seit dem Selbstmord des Cornelius Merula[99] sei keine Nachwahl vorgenommen worden, und doch seien die religiösen Verrichtungen ohne Unterbrechung weitergegangen. Wenn so viele Jahre ohne Beeinträchtigung des Gottesdienstes die Wahl unterbleiben konnte, wieviel leichter werde er abwesend sein können, um für ein einziges Jahr sein prokonsularisches Amt auszuüben? Nur persönliche Streitereien seien einst der Grund gewesen, daß von der obersten Priesterschaft die Iuppiterpriester gehindert wurden, in die Provinzen zu gehen. Jetzt sei durch der Götter Gnade der höchste Priester auch der höchste unter den Menschen, keiner Eifersucht, keinem Haß oder persönlichen Anfechtungen preisgegeben.

(59) Da der Augur Lentulus[100] und auch andere allerlei Einwände vorbrachten, verfiel man auf den Ausweg, die Entscheidung des Pontifex Maximus abzuwarten.

Tiberius verschob die Untersuchung über die Rechtsstellung des Flamen und beschränkte die Feierlichkeiten, die man wegen der Übernahme der tribunizischen Gewalt durch Drusus beschlossen hatte, wobei er ausdrücklich auf das Ungewöhnliche des Antrags hinwies und die goldene Schrift als Verstoß gegen das Herkommen rügte. Auch ein Brief des

Drusus wurde vorgelesen, der zwar den Eindruck der Bescheidenheit erwecken sollte, aber als äußerst hochmütig empfunden wurde. So tief sei man in jeder Beziehung gesunken, daß nicht einmal der junge Mann, nachdem er eine so hohe Ehrenstelle erhalten habe, vor den Göttern der Stadt erscheine, in den Senat sich bemühe oder zum mindesten sich auf dem heimatlichen Boden die Weihe zu seinem Amt einhole. Jawohl! Jetzt sei Krieg, vielleicht sei er auch irgendwie in einem fernen Lande nicht abkömmlich. Eben jetzt gehe er an den Gestaden und den Seen Campaniens spazieren. So werde der Herrscher der Welt in seine Aufgabe eingeweiht, das sei das erste, was er von der Staatsweisheit seines Vaters lerne. Möge immerhin der greise Imperator den Anblick seiner Mitbürger als lästig empfinden und Altersmüdigkeit und was er alles durchgemacht habe vorschützen: was denn Drusus anderes hindere als seine Anmaßung?

(60) Aber während Tiberius die Macht des Principats für sich festigte, ließ er dem Senat einen Schatten der alten Zeit, indem er die Forderungen der Provinzen den Vätern zur Prüfung zuleitete. Es nahm nämlich in den griechischen Städten der Mißbrauch zu, unbeschränkt Asyle zu stiften und damit Bestrafungen zu verhindern. Die Tempel füllten sich mit dem übelsten Sklavengesindel. Eben dort fanden auch Verschuldete Schutz und Aufnahme gegen ihre Gläubiger und sogar Leute, die im Verdacht eines Kapitalverbrechens standen. Und nirgends fand sich irgendeine obrigkeitliche Gewalt, die stark genug gewesen wäre, aufrührerische Regungen des Volkes einzudämmen, das sich vor Missetaten von Menschen schützend stellte, als ob es sich um einen Dienst für die Götter handelte. So beschloß man denn, die einzelnen Gemeinden sollten Abordnungen schicken und diese die Rechtssatzungen[101] mitbringen. Einige Gemeinden verzichteten freiwillig auf das Anrecht, das sie sich fälschlich angemaßt hatten, während viele sich auf uralten frommen Brauch oder auf Verdienste um das römische Volk beriefen. Es war ein großer, glänzender Tag, an dem der Senat in die Gnadenerweise der Vorfahren, in die Verträge mit den Bundesgenossen, ja sogar in

die Verordnungen der Könige, die vor der römischen Herrschaft auf dem Thron gewesen waren, und in den heiligen Dienst der Gottheiten Einsicht nahm und seinem freien Ermessen, wie einst, die Bestätigung oder Abänderung vorbehielt.

(61) Zuallererst traten die Abgesandten von Ephesus auf: Sie wiesen darauf hin, nicht auf Delos, wie man allgemein annehme, seien Diana und Apollo geboren. Bei ihnen sei ja der Fluß Cenchrius und der Hain Ortygia. Hier habe die schwangere Latona bei der Geburt sich an einen jetzt noch vorhandenen Ölbaum angestemmt und die beiden Gottheiten geboren. Auf göttliches Geheiß sei der Hain für heilig erklärt worden. Auch habe dort Apollo selbst, nachdem er die Kyklopen getötet hatte, sich dem Zorn Iuppiters entzogen. Nachher habe der siegreiche Vater Liber den Amazonen, die sich auf den Altar gesetzt hätten, auf ihre flehentlichen Bitten hin Verzeihung gewährt. Dann sei mit dem Zugeständnis des Hercules, der sich damals Lydiens bemächtigte, die Heiligkeit des Tempels noch erhöht und sein Recht auch unter der persischen Oberhoheit nicht vermindert worden. Nachher hätten es die Macedonier und dann auch wir gewahrt.

(62) Nach diesen traten die Magneten[102] auf. Sie beriefen sich auf Verordnungen des L. Scipio[103] und L. Sulla, von denen der eine nach der Besiegung des Antiochus, der andere nach der des Mithridates die Treue und Tüchtigkeit der Magneten dadurch geehrt hätten, daß sie die Freistätte der Diana Leucophryne für unverletzlich erklärten. Dann legten die Aphrodisienser und Stratonicenser[104] einen Beschluß des Diktators Caesar wegen ihrer früheren Verdienste um seine Sache und einen neuerlichen des vergöttlichten Augustus vor, in dem sie gelobt wurden, daß sie dem Einfall der Parther in unwandelbarer Treue zu dem römischen Volk standgehalten hätten. Die Bürgerschaft von Aphrodisias machte sich zum Anwalt des Kultus der Venus, die von Stratonicea des Kultus des Iuppiter und der Trivia. Von weiter hergeholt waren die Angaben der Abgesandten von Hierocaesaria[105]:

bei ihnen werde eine persische Diana[106] verehrt und unter dem König Cyrus sei ihr ein Heiligtum geweiht worden. Es wurden auch die Namen von Perpenna, Isauricus[107] und vielen anderen Feldherren genannt, die nicht nur dem Tempelbezirk, sondern einem Umkreis von zweitausend Schritten das gleiche heilige Recht zugebilligt hätten. Dann kamen die Cyprier mit drei Heiligtümern[108]: das älteste sollte Aërias der paphischen Venus, das zweite sein Sohn Armathus der Venus Amathusia, das dritte Teucer, der vor dem Zorn seines Vaters Telamon geflüchtet war, dem Salaminischen Iuppiter gestiftet haben.

(63) Die Gesandten auch anderer Gemeinden wurden angehört. Was sie alles vorbrachten, wirkte auf die Väter ermüdend, und da sich bei der Auseinandersetzung Parteilichkeit zeigte, überließen sie es den Konsuln, nach genauer Feststellung der Rechtslage, falls dabei irgendwelche Mißbräuche sich feststellen ließen, die Sache zur erneuten Verhandlung vor den Senat zu bringen. Die Konsuln berichteten, außer den erwähnten Gemeinden sei auch noch in Pergamum eine Freistätte des Aesculapius nachgewiesen worden. Bei allen übrigen stütze sich der Anspruch auf eine Gründung, die vor langer Zeit erfolgt sei und daher im dunkeln liege. So beziehen sich die Smyrnäer[109] auf einen Orakelspruch Apollos, auf dessen Gebot hin sie der Venus Stratonicis einen Tempel geweiht hätten, die Tenier[110] auf einen Spruch ebenfalls des Apollo, der sie angewiesen habe, ein Standbild und einen Tempel des Neptunus zu weihen. Näher liege das, was die Sardianer vorbringen: es handle sich um ein Geschenk des siegreichen Alexander. Mit gleichem Nachdruck berufen sich die Milesier auf den König Darius, aber bei beiden gelte die kultische Verehrung Diana oder Apollo. Es suchen auch die Cretenser um ein Bild des vergöttlichten Augustus nach. In den Senatsbeschlüssen, die nun gefaßt wurden, suchte man bei aller Ehrerbietung doch Maßhalten vorzuschreiben. Es wurde die Anweisung gegeben, in den Tempeln selbst die entsprechenden Metalltafeln anzuschlagen, einmal, um der Überlieferung heiligen Bestand zu geben, und sodann, um zu

verhindern, daß man unter dem Schein religiöser Verpflichtung in ehrgeizige Bestrebungen abgleite.

(64) Um dieselbe Zeit versetzte den Princeps eine schwere Erkrankung der Iulia Augusta in die Zwangslage, beschleunigt in die Hauptstadt zurückzukehren. Damals herrschte noch zwischen Mutter und Sohn aufrichtiges Einvernehmen, oder wenn Haß, so doch nur verborgener. Denn kurz zuvor hatte Iulia auf einem Standbild, das sie nicht weit vom Theater des Marcellus[111] dem vergöttlichten Augustus weihte, den Namen des Tiberius hinter den ihrigen setzen lassen[112], und man glaubte, Tiberius habe dies als eine Beeinträchtigung der Hoheit des Princeps und als eine schwere persönliche Beleidigung betrachtet, die er sich zwar nach außen nicht merken ließ, aber in seinem Herzen bewahrte. Aber für jetzt wurden Bittgänge zu den Göttern und Große Spiele[113] von dem Senat beschlossen, die die Oberpriester, die Auguren und die „Fünfzehn Männer" in Gemeinschaft mit den „Sieben Männern" und der Augustalischen Priesterschaft veranstalten sollten. L. Apronius hatte beantragt, daß auch die Fetialen[114] sich an der Leitung dieser Spiele beteiligen sollten. Dem widersprach der Caesar, indem er unter Anführung früherer Vorgänge den Unterschied der rechtlichen Befugnisse der einzelnen Priesterschaften herausstellte. Niemals hätten die Fetialen über eine solch hohe Würde verfügt. Die Augustalen habe man nur deshalb hinzugenommen, weil sie die besondere Priesterschaft des Hauses bilden, für das die Gelübde dargebracht werden sollen.

(65) Ich habe es mir zum Grundsatz gemacht, über Anträge im Senat nur dann zu berichten, wenn sie durch eine ehrenhafte Gesinnung hervorstechen oder wenn sie das Kennzeichen von Ehrlosigkeit tragen. Denn ich halte es für eine vordringliche Aufgabe der Geschichtsschreibung, Tugenden nicht zu verschweigen und dafür zu sorgen, daß Schlechtigkeit im Reden und Handeln sich vor der Schande bei der Nachwelt fürchten muß. Im übrigen waren jene Zeiten so vergiftet und standen im Zeichen so schmutziger Kriecherei, daß nicht allein die ersten Männer der Bürgerschaft, die sich

durch Ergebenheitsbeweise ihre hohe Stellung sichern mußten, sondern alle Konsularen und ein großer Teil der ehemaligen Prätoren, ja sogar viele Senatoren zweiten Ranges[115] sich um die Wette erhoben, um niederträchtige und übertriebene Anträge zu stellen. Es wird überliefert, Tiberius habe, wenn er die Kurie verließ, immer wieder auf Griechisch gesagt: „O ihr Sklavenseelen!" Auch er, der keine Freiheit des Volkes wollte, empfand einen Ekel vor einer solch verworfenen, sklavischen Ergebenheit.

(66) Allmählich ging man dann von ehrlosen Anträgen zu gefährlichen über. Über C. Silanus, den Prokonsul von Asien[116], der von den Bundesgenossen wegen Erpressung angeklagt war, fielen der Konsular Mamercus Scaurus, der Prätor Iunius Otho und der Ädil Bruttedius Niger gemeinsam her. Sie beschuldigten ihn, er habe die Göttlichkeit des Augustus beleidigt und die Hoheit des Tiberius mißachtet. Dabei berief sich Mamercus auf Vorgänge aus alter Zeit: L. Cotta sei von Scipio Africanus, Servius Galba von Cato Censorius, P. Rutilius von M. Scaurus angeklagt worden[117]. Natürlich! Solche Vorfälle waren es, die Scipio und Cato oder jener Scaurus geahndet wissen wollten, dem jetzt sein Urenkel Mamercus — der Schandfleck seiner Ahnen — durch schmachvolle Dienstbeflissenheit Schande machte. Iunius Otho hatte einst das Gewerbe eines Schulmeisters ausgeübt, später war er durch den Einfluß des mächtigen Seianus Senator geworden und befleckte jetzt seinen Aufstieg aus dem Dunkel obendrein durch schamlose Machenschaften. Dem Bruttedius, der mit vielen guten Eigenschaften ausgestattet war und, wäre er den geraden Weg gegangen, den glänzendsten Aufstieg genommen hätte, ließ die Ungeduld keine Ruhe: er wollte zuerst über seinesgleichen, dann über Höherstehende, zuletzt über die Ziele, die er sich selbst gesetzt hatte, sich erheben. Dies hat auch schon viele Gutgesinnte ins Verderben gestürzt, welche den langsamen, aber sicheren Weg verschmähen und voreilig nach der noch nicht reifen Frucht greifen, sogar wenn sie dabei selbst zugrunde gehen.

(67) Die Zahl der Ankläger vermehrten noch Gellius Pu-

blicola und M. Paconius, der eine der Quästor des Silanus, der andere sein Legat. Und es gab keinen Zweifel darüber, daß der Angeklagte sich Grausamkeit und Gelderpressung hatte zuschulden kommen lassen. Aber noch viele andere Dinge wurden beigebracht, die auch Unschuldige gefährdet hätten: so viele Senatoren waren seine Gegner, und dazu mußte er den bedeutendsten Rednern, die man eben zu dieser Anklage ausersehen hatte, allein Rede und Antwort stehen, selbst ungeschult im Reden, um seine eigene Person fürchtend, was auch ein geübtes Rednertalent lähmt, wobei Tiberius sich nicht zurückhielt und ihn mit Wort und Miene sowie immer wieder durch Zwischenfragen bedrängte, die er weder zu widerlegen noch zu parieren die Möglichkeit hatte, ja oft sogar bejahend beantworten mußte, damit Tiberius sie nicht umsonst gestellt hatte. Auch die Sklaven des Silanus hatte der Staatsagent[118] durch Kauf an sich gebracht, um sie peinlich befragen zu können, und damit keiner der nächsten Verwandten ihm bei dem Prozeß Beistand leiste, unterschob man Majestätsbeleidigungen, was zwangsläufig jedem den Mund verschloß. Er bat daher um eine Frist von einigen Tagen und verzichtete auf seine weitere Verteidigung, wagte aber eine Denkschrift an den Caesar zu richten, die ein Gemisch von Bitterkeit und Bitten war.

(68) Damit sein Vorgehen gegen Silanus durch die Berufung auf einen früheren Vorfall um so größere Rechtfertigung finde, befahl Tiberius, die schriftliche Stellungnahme des vergöttlichten Augustus in dem Falle des Volesus Messala, der ebenfalls Prokonsul von Asien gewesen war[119], und den gegen ihn ergangenen Senatsbeschluß vorzulesen. Dann rief er den L. Piso zur Stimmabgabe auf. Dieser erging sich zuerst weitläufig über die Milde des Princeps und stellte dann den Antrag auf Ächtung und Verbannung auf die Insel Gyarus[120]. Ihm schlossen sich alle anderen an. Nur Cn. Lentulus erklärte, man solle das mütterliche Vermögen des Silanus ausscheiden, da seine Mutter zu dem Geschlecht der Atier[121] gehört habe, und dem Sohn zurückgeben, wozu Tiberius seine Einwilligung gab.

(69) Aber Cornelius Dolabella ging noch weiter in seiner Schmeichelei. Er ließ sich über den Charakter des C. Silanus hart aus und fügte hinzu, es solle kein Mann, der einen schlechten Lebenswandel führe und in einem üblen Rufe stehe, ferner eine Provinz erlosen dürfen; ob dies der Fall sei, solle der Princeps entscheiden. Denn von den Gesetzen würden ja nur die vollbrachten Vergehen bestraft. Wieviel rücksichtsvoller wäre es gegenüber den Tätern, wieviel besser für die Bundesgenossen, Vorsorge zu treffen, daß es überhaupt nicht zu einer strafbaren Handlung komme. Dagegen erklärte der Caesar: was über Silanus verbreitet werde, sei ihm zwar nicht unbekannt, aber auf bloße Gerüchte dürfe man keine Entscheidungen gründen. Viele hätten sich schon in den Provinzen ganz anders benommen, als man von ihnen gehofft oder auch befürchtet habe. Manche werden durch die Größe ihrer Aufgabe zu einer besseren Haltung angespornt, während andere sich stumpf gehen lassen. Der Princeps könne nicht alles mit seinem eigenen Wissen erfassen, und es sei nicht ratsam, sich in das Schlepptau fremden Ehrgeizes zu begeben. Eben deshalb seien die Gesetze auf die begangene Tat abgestellt, weil, was etwa geschehen könne, im dunkeln liege. Das sei der Sinn der Anordnungen, die die Vorfahren getroffen haben, zuerst müsse eine strafbare Handlung begangen sein, und dann folge die Strafe nach. Man solle nicht umstoßen, was Frucht der Weisheit sei und was immer gegolten habe. Genug der Lasten habe der Princeps und auch genug der Macht. Jede Ausdehnung der amtlichen Macht bedeute eine Schmälerung des Rechts. Und man dürfe nicht Herrschergewalt ausüben, wenn man auf Grund von Gesetzen handeln könne. Je seltener sich Tiberius dem Volk zugänglich zeigte, um so freudigeren Widerhall fand er, wenn dies geschah. Und er selbst fügte, da er klug Maß zu halten wußte, sofern er sich nicht durch persönliche Erbitterung hinreißen ließ, hinzu, die Insel Gyarus sei unwirtlich und unkultiviert. Sie möchten der iunischen Familie und dem einstigen Mitglied ihres Standes zuliebe genehmigen, daß er sich statt dessen nach Cythnus[122] begebe. Das sei auch die Bitte

der Torquata, der Schwester des Silanus, einer Jungfrau von altehrwürdiger Sittenreinheit. Dieser Antrag fand Annahme.

(70) Darauf hörte man die Cyrenenser an. Auf die Anklage des Ancharius Priscus hin wurde Caesius Cordus wegen Erpressung verurteilt. Der römische Ritter L. Ennius wurde wegen Majestätsverbrechens belangt, weil er ein Bildnis des Princeps zum Silbergeschirr für den täglichen Gebrauch hatte umarbeiten lassen. Doch verbot der Caesar, ihn auf die Liste der Angeklagten zu setzen, wogegen Ateius Capito, als ob es ihm um die Bezeugung seines Freimuts ginge, offen mit der Erklärung auftrat, man dürfe die Väter nicht der Möglichkeit eigener Entscheidung berauben und eine solch schlimme Tat dürfe nicht unbestraft bleiben. Möge Tiberius immerhin, wenn es sich um eine persönliche Kränkung handle, langmütig sein; Übergriffe gegen das Gemeinwesen dürfe er nicht hingehen lassen. Tiberius nahm dies mehr, wie es wirklich war, als wie es gesagt war, zur Kenntnis und bestand auf seinem Einspruch. Capito aber stellte sich mit seinem ehrlosen Auftreten um so mehr bloß, weil er als ein Kenner des menschlichen und göttlichen Rechtes seine rühmliche Tätigkeit in der Öffentlichkeit und seine löblichen Fähigkeiten im privaten Bereich herabgewürdigt hatte.

(71) Darauf wurde die in den Bereich der Religion fallende Frage aufgeworfen, in welchem Tempel man das Geschenk aufstellen müsse, das für die Genesung der Augusta die römischen Ritter der Fortuna Equestris[123] gelobt hatten. Denn hatte auch diese Göttin viele Heiligtümer in Rom, so trug doch keines dort einen solchen Beinamen. Da stellte man fest, daß es in Antium einen Tempel dieses Namens gebe und daß der gesamte Gottesdienst in den italischen Städten mitsamt den Tempeln und Götterbildern der Rechts- und Machtbefugnis Roms unterstehe. So wurde das Geschenk in Antium aufgestellt. Und da man jetzt schon religiöse Fragen behandelte, so gab der Caesar auch den kürzlich vertagten abschlägigen Bescheid für den Iuppiterpriester Servius Maluginensis bekannt und las einen früheren Beschluß der Oberpriester vor, der lautete, sooft eine Krankheit den Iuppiterpriester be-

falle, könne er mit Genehmigung des Pontifex Maximus auch mehr als zwei Nächte abwesend sein, aber auf keinen Fall an den Tagen einer öffentlichen Opferhandlung und nicht öfter als zweimal in dem gleichen Jahr. Diese Anordnungen, die unter der Regierung des Augustus ergangen waren, zeigten zur Genüge, daß die Abwesenheit auf ein Jahr und die Verwaltung von Provinzen den Iuppiterpriestern nicht erlaubt sei. Man führte auch den Vorgang des Pontifex Maximus L. Metellus an, der den Flamen Aulus Postumius nicht habe gehen lassen. So fiel Asien dem von den Konsularen zu, der unmittelbar nach Maluginensis an der Reihe war.

(72) In denselben Tagen bat M'. Lepidus den Senat um die Genehmigung, die Basilica des Paulus[124], jenes Denkmal der Aemilier, auf eigene Kosten instand zu setzen und auszuschmücken. Damals herrschte noch die Sitte, für öffentliche Zwecke Stiftungen zu machen. Auch Augustus hatte dem Taurus, Philippus und Balbus[125] nicht verwehrt, Beute, die von dem Staatsfeind stammte, oder den Überfluß ihres Reichtums zur Ausschmückung der Hauptstadt und zu ihrem eigenen Ruhm bei der Nachwelt zu verwenden. Diesem Beispiel folgte nun Lepidus und ließ, obwohl er nur über ein bescheidenes Vermögen verfügte, das Ehrendenkmal seiner Vorfahren erneuern. Aber das Theater des Pompeius[126], das einer zufälligen Feuersbrunst zum Opfer gefallen war, versprach der Caesar wieder aufzubauen, weil niemand von der Familie des Pompeius die erforderlichen Mittel für den Wiederaufbau besitze. Doch sollte der Name Pompeius erhalten bleiben. Zugleich sprach er dem Seianus seine hohe Anerkennung aus, da sein wachsamer Einsatz den gewaltigen Brand auf diesen einen Verlust beschränkt habe. Auch beschlossen die Väter, ein Standbild für Seianus in dem Theater des Pompeius aufzustellen. Und als bald darauf der Caesar den Prokonsul von Afrika, Iunius Blaesus, mit den Triumphinsignien auszeichnete, sagte er, er erweise damit dem Seianus, dessen Onkel Blaesus war, eine Ehrung. Und doch waren schon die Leistungen, die Blaesus aufzuweisen hatte, einer solchen Auszeichnung würdig.

(73) Denn Tacfarinas war zwar öfters geschlagen worden, hatte sich aber mit Hilfstruppen aus den innersten Gebieten Afrikas verstärkt und war so anmaßend geworden, daß er Gesandte an Tiberius schickte und sogar noch eine feste Niederlassung für sich und sein Heer forderte, andernfalls mit einem endlosen Krieg drohte. Über keine sonstige Beleidigung seiner Person und des römischen Volkes sei Tiberius, wie man berichtet, so empört gewesen wie darüber, daß ein Deserteur und Straßenräuber mit dem Gebaren eines Kriegsfeindes auftrete. Nicht einmal dem Spartacus, der nach so vielen Niederlagen konsularischer Heere[127] in Italien ungestraft sengen und brennen durfte, sei es ermöglicht worden, sich auf Grund eines Vertrages zu unterwerfen, obgleich das Gemeinwesen unter den schweren Kriegen mit Sertorius und Mithridates[128] zusammenzubrechen drohte. Viel weniger dürfe sich jetzt das römische Volk, da es in der schönsten Fülle seiner Kraft stehe, von dem Räuber Tacfarinas den Frieden durch eine Gebietsabtretung erkaufen. Er gab Blaesus den Auftrag, überall sonst bei den Feinden die Hoffnung zu erwecken, wenn sie die Waffen niederlegen, unbestraft zu bleiben, aber auf jede mögliche Weise des Führers selbst habhaft zu werden. Dieses Entgegenkommen führte auch wirklich sehr viele wieder zurück. Bei der weiteren Kriegführung gegen Tacfarinas griff man zu ähnlichen Mitteln, wie sie dieser gegen uns anwandte.

(74) Denn weil Tacfarinas, an kampfkräftigen Truppen schwächer, aber in der Durchführung von Handstreichen überlegen, in mehreren Kampfgruppen zugleich angriff und dann wieder auswich, dabei immer darauf bedacht, sich in einen Hinterhalt zu legen, wurden drei Anmarschwege festgelegt und ebenso viele Marschkolonnen aufgestellt. Die eine, die die Aufgabe hatte, die Lepcitaner[129] vor Plünderungen zu schützen und die Fluchtwege zu den Garamanten[130] zu sperren, befehligte der Legat Cornelius Scipio[131]. Auf der anderen Seite zog der Sohn des Blaesus mit einer eigenen Kampfgruppe, um zu verhindern, daß die Gaue um Cirta[132] ungestraft geplündert würden; in der Mitte marschierte mit

einer auserlesenen Truppe der Befehlshaber selbst, wobei er Bollwerke und Befestigungen an geeigneten Punkten anlegte. Er hatte bereits die Feinde auf engem Raum zusammengedrängt, und sie sahen sich von allen Seiten bedroht, weil bei jeder Richtung, die sie einschlugen, irgendeine Abteilung des römischen Heeres unmittelbar vor ihnen, auf den Flanken, oft auch im Rücken stand. Auf diese Weise wurden viele niedergemacht oder abgefangen. Dann löste er die Kampfgruppe in noch mehr Abteilungen auf und stellte an ihre Spitze Centurionen von erprobter Tüchtigkeit. Auch zog er nicht, als der Sommer vorüber war, wie bisher, die Truppen zurück oder legte sie in die Winterquartiere der alten Provinz, sondern von Kastellen aus, die er gleichsam an dem Rande des Kriegsschauplatzes überall anlegte, scheuchte er durch leicht bewegliche Mannschaften, die sich in der Wüste auskannten, Tacfarinas, der von einem Zeltlager in das andere wechselte, immer wieder vor sich her. Erst nach der Gefangennahme von dessen Bruder trat er den Rückmarsch an, jedoch mit größerer Eile, als sie für die Bundesgenossen ersprießlich war, da er hinter sich eine Bevölkerung ließ, durch die der Krieg erneut aufleben konnte. Doch Tiberius erklärte ihn für beendigt und gewährte Blaesus sogar, daß er sich als Imperator von den Legionen begrüßen lasse, eine althergebrachte Ehrung für Heerführer, die nach einer hervorragenden Leistung für das Gemeinwesen als solche von dem siegreichen Heere unter begeistertem Jubel ausgerufen wurden. Es konnte dann gleichzeitig mehr als einen Imperator geben, wobei alle einander gleichgestellt waren. Einigen hat auch Augustus diesen Titel zugebilligt, jetzt zum letzten Mal Tiberius dem Blaesus.

(75) In diesem Jahr starben zwei erlauchte Männer: Asinius Saloninus, als Enkel von M. Agrippa und von Asinius Pollio und als Bruder des Drusus hochangesehen und zum Manne der Enkelin des Caesaren bestimmt, sowie Ateius Capito[133], der, wie schon erwähnt, durch seine Kenntnisse auf dem Gebiet des öffentlichen Rechtes in der Bürgerschaft zum höchsten Rang emporgestiegen war. Sein Großvater war un-

ter Sulla nur Centurio, sein Vater nur Prätor gewesen. Augustus hatte ihm beschleunigt das Konsulat verschafft, damit er vor Antistius Labeo, der sich auf dem gleichen Gebiete auszeichnete, die Ehre dieses Amtes voraushabe. Denn jene Zeit hat zwei hervorragende Vertreter der Künste des Friedens zugleich hervorgebracht. Aber Labeo war ein Mann von unbestechlichem Freiheitssinn, und deshalb genoß er in der Öffentlichkeit größeres Ansehen, während Capito mit seiner Willfährigkeit bei den Machthabern mehr Anklang fand. Jenem erwuchs, weil er nicht über die Prätur hinauskam, aus dem ihm zugefügten Unrecht Empfehlung, diesem, weil er das Konsulat erlangte, Neid und in der Folge Haß.

(76) Auch Iunia beschloß ihr Leben, 64 Jahre nach der Schlacht bei Philippi. Sie war Catos Nichte, des C. Cassius Gemahlin, des M. Brutus Schwester[134]. Ihr Testament gab Anlaß zu vielem Gerede im Volk, da sie mit ihrem großen Reichtum fast alle hervorragenden Persönlichkeiten ehrenvoll bedachte, den Caesar aber überging. Das nahm er gelassen hin und hinderte es auch nicht, daß sie durch eine Lobrede von der Rednerbühne aus und mit den übrigen üblichen Feierlichkeiten bei dem Leichenbegängnis geehrt wurde. Die Ahnenbilder von zwanzig der berühmtesten Familien trug man voraus, Manlier, Quinctier und andere Namen von gleich hohem Adel. Aber sie alle überstrahlten eben dadurch, daß ihre Bildnisse nicht zu sehen waren, Cassius und Brutus[135].

BUCH IV

(1) Unter dem Konsulat des C. Asinius und C. Antistius stand 23 n. Chr. Tiberius in seinem neunten Regierungsjahr. Das Gemeinwesen war geordnet, und um seine Familie war es wohl bestellt. Denn den Tod des Germanicus rechnete er zu den Glücksfällen. Da begann plötzlich das Schicksal sein zerstörendes Werk: er selbst kehrte sein grausames Wesen hervor und leistete der Grausamkeit anderer Vorschub. Ausgangspunkt und Anlaß dazu lag bei Aelius Seianus, dem Befehlshaber der Prätorianerkohorten, über dessen Machtbefugnis ich oben schon gesprochen habe. Jetzt will ich von seiner Herkunft, seinem Charakter und von dem verbrecherischen Weg berichten, auf dem er die alleinige Macht an sich zu reißen suchte. Geboren in Vulsinii[1] als Sohn des römischen Ritters Seius Strabo, hatte er sich in seinen ersten Jugendjahren an C. Caesar, den Enkel des vergöttlichten Augustus, angeschlossen, wobei das Gerücht umging, er habe sich an den reichen Verschwender Apicius zur Unzucht verkauft. Dann fesselte er durch allerlei geschickte Machenschaften Tiberius so sehr an sich, daß dieser, der doch sonst gegen seine Umwelt so verschlossen war, ihm allein gegenüber sich arglos und offenherzig zeigte. Und dies war weniger der Erfolg seines raffinierten Vorgehens – er fiel ja eben diesen Machenschaften zum Opfer – als vielmehr die Folge des Götterzornes gegen Rom, dem sein Aufstieg wie sein Fall gleichermaßen zum Verderben ausschlug. Er besaß körperliche Leistungsfähigkeit und mutige Entschlußkraft, wobei er sich selbst im Hintergrund hielt, während er andere verleumdete. Kriecherei und Überheblichkeit standen nebeneinander. In der Öffentlichkeit zeigte er wohlberechnete Bescheidenheit, innerlich brannte er in leidenschaftlicher Gier nach den höchsten Zielen. Daher kam es auch, daß er sich bald großspuriger Schwelgerei, bald unermüdlicher Betriebsamkeit hingab, die nicht weniger ver-

derblich ist, wenn sie dem verhüllten Zweck dient, sich eine monarchische Stellung zu verschaffen.

(2) Die bisher nur unbedeutende Befehlsgewalt eines Präfekten erhöhte er dadurch, daß er die in der Stadt zerstreuten Kohorten in *eine* Kaserne zusammenlegte mit der Absicht, allen gleichzeitig seine Befehle erteilen zu können, und um, wenn sie in solcher Zahl und Kampfkraft einander vor Augen hätten, bei ihnen Selbstvertrauen, bei den anderen Furcht zu erwecken. Er schützte vor: wenn die Truppe auseinanderliege, reiße Disziplinlosigkeit ein. Trete eine plötzliche Gefahr auf, könne man einheitlich und mit stärkeren Kräften einschreiten; auch würden sich die Mannschaften disziplinierter benehmen, wenn für sie eine abgeschlossene Kaserne abseits der Verführungen der Hauptstadt errichtet werde. Als diese fertig war, stahl er sich allmählich in die Herzen der Soldaten ein: er besuchte sie und sprach sie an; zugleich wählte er die Centurionen und die Tribunen selbst aus. Auch unterließ er es nicht, sich um die Gunst der Senatoren zu bemühen, wobei er seine Klienten mit Ehrenämtern oder Provinzen ausstattete. Dabei war Tiberius so willfährig und zuvorkommend, daß er Seianus nicht nur in Gesprächen, sondern auch vor dem Senat und vor dem Volk als seinen Mitarbeiter bei seiner mühevollen Aufgabe pries und gestattete, daß sein Standbild in den Theatern und auf öffentlichen Plätzen sowie auf den Antrittsplätzen der Legionen verehrt werde.

(3) Jedoch die zahlreiche Caesarenfamilie, der im Mannesalter stehende Sohn, die erwachsenen Enkel[2], hemmten die Erfüllung seiner Wünsche. Dazu kam die Überlegung, daß es gefährlich sei, sich mit Gewalt auf so viele Opfer auf einmal zu stürzen; sie ließ es ratsam erscheinen, mit List vorzugehen und die Verbrechen nach und nach auszuführen. Trotzdem entschied er sich dafür, unauffälliger vorzugehen und mit Drusus[3] den Anfang zu machen, gegen den ihn frischer Zorn aufreizte. Drusus ertrug keinen Nebenbuhler und war ziemlich leidenschaftlich veranlagt. Er war bei einem zufällig entstandenen Wortwechsel gegen Seianus handgreiflich gewor-

den und hatte diesem, als er sich wehrte, ins Gesicht geschlagen. Wie er nun alles überlegte, schien es ihm das Nächstliegende zu sein, sich an dessen Gattin Livia heranzumachen. Sie war eine Schwester des Germanicus; in jüngeren Jahren von unscheinbarem Äußeren, hatte sie sich später zu einer besonderen Schönheit entwickelt. Seianus fingierte eine leidenschaftliche Liebe zu ihr und verführte sie zum Ehebruch. Als er sie auf die Bahn des Verbrechens gebracht hatte – wenn einmal eine Frau ihre Keuschheit verloren hat, gibt es für sie keine Hemmungen mehr –, machte er ihr Aussicht auf eine Eheschließung sowie auf die Mitregentschaft und suchte sie zur Ermordung ihres Gemahls zu veranlassen. Und sie, die Augustus zum Oheim, Tiberius zum Schwiegervater und von Drusus Kinder hatte, machte sich selbst sowie ihren Vorfahren und Nachkommen durch den Ehebruch mit einem Munizipalen[4] Schande und tauschte ihre augenblickliche ehrenvolle Stellung mit der Aussicht auf eine ungewisse Zukunft in Schande ein. Eudemus wurde in das Komplott eingeweiht. Er war der Freund und Arzt Livias, zu der er unter dem Deckmantel seiner Berufsausübung häufig allein Zutritt hatte. Seianus verstieß seine Gemahlin Apicata, von der er drei Kinder hatte, um bei seiner Konkubine keinen Argwohn zu erregen. Doch angesichts der Schwere des Verbrechens bekamen sie es mit der Angst zu tun, und die Ausführung wurde immer wieder aufgeschoben, ja manchmal wollten sie diesen Plan zugunsten von anderen ganz aufgeben.

(4) Inzwischen legte Drusus, einer der Söhne des Germanicus, zu Beginn des Jahres die Männertoga an. Die Beschlüsse, die der Senat für seinen Bruder Nero gefaßt hatte, wurden wiederholt. Zudem hielt der Caesar eine Ansprache, in der er seinem Sohn reichlich Lob dafür spendete, daß er gegenüber den Kindern seines Bruders väterliches Wohlwollen zeige. Denn so schwierig es auch sein mag, Macht und Eintracht miteinander zu vereinigen, Drusus galt als wohlgesinnt gegenüber den Jünglingen oder doch wenigstens nicht als ihr Widersacher.

Dann kam der alte und oft schon zum Schein geäußerte

Plan einer Reise in die Provinzen wieder auf die Tagesordnung. Die große Zahl der Veteranen[5] und die Notwendigkeit der Heeresergänzung durch Aushebungen diente dem Imperator zum Vorwand: es fehle an Freiwilligen, und wo sie in ausreichender Zahl vorhanden seien, würden sie der erforderlichen Tüchtigkeit und Disziplin ermangeln, weil es meistens mittel- und heimatloses Volk sei, das sich freiwillig zum Kriegsdienst melde. Er gab einen Überblick über die Zahl der Legionen samt den Provinzen, deren Besatzung sie bildeten. Auch ich glaube jetzt darlegen zu sollen, wie groß damals die Heeresmacht war, die Rom unter den Waffen hatte, welche Könige wir damals als Verbündete hatten und wieviel beschränkter unser Machtbereich gewesen ist[6].

(5) In beiden Meeren lag zum Schutz Italiens je eine Flotte bei Misenum und Ravenna[7]. An der nächstgelegenen Küste Galliens waren die Kriegsschiffe, die Augustus durch den Sieg bei Actium erbeutet und mit einer starken Rudermannschaft nach der Stadt Forum Iulium[8] beordert hatte. Aber die Hauptmacht lag am Rhein: acht Legionen auf gemeinsamer Wacht gegen die Germanen und die Gallier. In dem erst kürzlich bezwungenen Spanien standen drei Legionen. Mauretanien hatte der König Iuba als Geschenk des römischen Volkes erhalten[9]. Das übrige Afrika wurde von zwei Legionen, durch ebenso viele Ägypten, ferner die ganze von Syrien bis zum Euphrat in einer riesigen Ausbuchtung sich erstreckende Landmasse von vier Legionen gesichert, wo Hiberien und Albanien[10] sowie andere Königreiche angrenzen, die alle durch unsere Größe den Schutz gegen auswärtige Mächte genießen. In Thrakien herrschten Rhoemetalces und die Söhne des Cotys; entlang dem Donauufer lagen zwei Legionen in Pannonien, zwei in Mösien, ebenso viele in Dalmatien[11], die entsprechend der geographischen Lage des Landes jenen den Rücken deckten und, falls Italien plötzlich Hilfe anfordern würde, aus der Nähe herbeigeholt werden konnten. Jedoch die Hauptstadt verfügte über eine eigene Besatzung, nämlich über drei städtische und neun prätorische Kohorten, die im allgemeinen in Etrurien und Umbrien oder

auch im alten Latium und in den altrömischen Kolonien ausgehoben waren. Dagegen lagen an geeigneten Punkten der Provinzen Dreiruderer, Reiterabteilungen und Kohorten der Bundesgenossen und stellten eine nicht viel geringere Kampfkraft dar. Um sie im einzelnen aufzuzählen, stehen mir nicht sichere Unterlagen zur Verfügung, da sie nach dem jeweiligen Bedürfnis ihren Standort wechselten und ihre Zahl bald zu-, bald abnahm.

(6) Ich möchte es für passend erachten, auch die übrigen Gebiete der Staatsverwaltung aufzuführen und darzulegen, wie diese im einzelnen gehandhabt wurde, da ja jenes Jahr im Principat des Tiberius die Wendung zum Schlimmeren brachte. Zuerst: die Staatsgeschäfte und die wichtigsten Privatangelegenheiten wurden vor den Vätern verhandelt, und den führenden Männern stand dabei eine freie Erörterung zu. Wer in Schmeichelei verfiel, dem gebot Tiberius persönlich Einhalt. Ehrenämter übertrug er nach dem Gesichtspunkt der adeligen Herkunft, des im Felde erworbenen Ruhmes und hervorragender Leistungen im Frieden; so wurden ziemlich einwandfrei die tüchtigsten Männer erwählt. Konsuln wie Prätoren genossen das ihnen gebührende Ansehen. Auch die nachgeordneten Beamten konnten ihre Befugnisse unbeschränkt ausüben. Die Gesetze fanden, wenn man von den Majestätsprozessen absieht, ihre angemessene Anwendung. Dagegen lagen die Getreidelieferungen, die Abgaben in Geld und die übrigen Staatseinkünfte in den Händen der von den Rittern gebildeten Gesellschaften[12]. Die Verwaltung seines persönlichen Vermögens[13] übertrug der Caesar den bewährtesten Persönlichkeiten, manchmal auch solchen, die er selbst gar nicht kannte, lediglich auf Grund ihres Rufes. Wen er einmal in seinen Dienst genommen hatte, den behielt er ohne zeitliche Begrenzung, und sie konnten zum großen Teil bis in ihr hohes Alter die gleichen Geschäfte erledigen. Die Plebs litt allerdings unter den hohen Getreidepreisen, aber daran war der Princeps in keiner Weise schuld. Ja, er suchte den Folgen von Mißernten und von Unglücksfällen zur See zu begegnen, soweit er es durch Geldaufwendungen und ander-

weitige Fürsorge vermochte. Auch traf er vorbeugende Maßnahmen, daß es in den Provinzen unter dem Druck neuer Lasten nicht zu Unruhen komme und daß diese die alten Lasten ertrügen, ohne daß sie durch die Habsucht und Härte der Beamten vermehrt würden. Körperliche Züchtigung und Beschlagnahme von Besitz gab es nicht mehr. Nur vereinzelt besaß der Caesar in Italien Grundbesitz. Die Zahl der Sklaven, über die er verfügte, war bescheiden. Er beschäftigte in seinem Hauswesen nur wenige Freigelassene. Hatte er einmal mit einer Privatperson eine Auseinandersetzung, kam diese vor ein öffentliches Gericht.

(7) Dies alles behielt er bei, obwohl er in der äußeren Form nicht liebenswürdig, sondern abstoßend war und man sich vor ihm fürchtete, bis der Tod des Drusus eine Wandlung herbeiführte. Solange Drusus am Leben war, trat in seinem Verhalten keine Änderung ein, weil Seianus, der noch am Beginn seines Aufstieges zur Macht stand, sich als guter Ratgeber ins Licht setzen wollte und die Rache des Drusus fürchtete. Dieser machte auch aus seinem Haß keinen Hehl, sondern beklagte sich immer wieder darüber, daß noch bei Lebzeiten des Sohnes ein anderer die Stütze der Regierung genannt werde. Und wieviel fehle noch, daß dieser „Mitregent" heiße? Die ersten Schritte zum Herrscherthron seien schwierig. Habe man sie aber einmal hinter sich, stellen sich beflissene Helfer ein. Schon sei nach dem Willen des Präfekten eine Kaserne errichtet und die Truppe in seine Hand gegeben, schon könne man sein Bild in dem Gedenkbau des Cn. Pompeius sehen, mit der Familie des Drusus werde er gemeinsame Enkel haben. Künftig müsse man seine „Bescheidenheit"[14] anflehen, damit er sich zufriedengebe. Nicht vereinzelt und auch nicht in kleinem Kreis äußerte er sich in diesem Sinne, und auch, was er unter vier Augen mit seiner verführten Gemahlin sprach, wurde verraten.

(8) Seianus glaubte nun, beschleunigt handeln zu müssen, und wählte ein allmählich wirkendes Gift aus, das den Anschein einer zufälligen Erkrankung hervorrufen sollte. Dies wurde Drusus durch einen Verschnittenen, namens Lygdus,

eingegeben, was erst acht Jahre später sich herausstellte. Übrigens betrat Tiberius in all den Krankheitstagen des Drusus, ja auch nach dessen Tode bis zu der Bestattung nicht die Kurie, mag er nun unbesorgt gewesen sein oder gewünscht haben, seine innere Gelassenheit zur Schau zu tragen. Die Konsuln, die sich zum Zeichen der Trauer auf die gewöhnlichen Plätze der Senatoren setzten, wies er mahnend auf ihren Ehrenplatz[15] hin, und als die Senatoren in Tränen zerflossen, beschwichtigte er ihr Klagen und richtete sie zugleich durch eine zusammenhängende Ansprache auf: er wisse zwar gut, daß man Vorwürfe erheben könne, wenn er bei seinem so frischen Schmerz dem Senat unter die Augen trete. Die meisten Menschen vermöchten, wenn sie in Trauer seien, kaum den tröstenden Zuspruch ihrer Angehörigen, kaum das Tageslicht zu ertragen, und man dürfe sie darum nicht als Schwächlinge verurteilen. Er jedoch habe aus der Hingabe an das Gemeinwesen stärkeren Trost geschöpft. Sodann gab er seinem Bedauern über das Greisenalter der Augusta Ausdruck sowie über den Mangel an Erfahrung seiner Enkel, wo doch seine Lebenszeit sich schon dem Ende zuneige, und bat, die Kinder des Germanicus, den einzigen Trost in dem gegenwärtigen Leid, hereinzuführen. Die Konsuln gingen hinaus, sprachen den Jünglingen Mut zu, geleiteten sie herein und ließen sie vor den Caesar hintreten. Dieser faßte sie an der Hand und sprach: „Versammelte Väter! Ich habe diese Waisen ihrem Oheim übergeben und ihn gebeten, obgleich er eigene Nachkommenschaft habe, sie gleich wie sein eigenes Blut zu hegen, zu fördern und zu seinem wie der Nachwelt Heil zu erhöhen. Nun, da Drusus hinweggerafft ist, wende ich mich mit meiner Bitte an euch und beschwöre euch bei den Göttern und der Vaterstadt, nehmt die Urenkel des Augustus, die Sprößlinge aus hochberühmtem Geschlecht, in eure Obhut, lenket sie, erfüllet eure und meine Pflicht. Diese vertreten jetzt bei euch, Nero und Drusus, Vaterstelle. Eure Herkunft bringt es mit sich, daß euer Wohl und Wehe mit dem Gemeinwesen verknüpft ist."

(9) Mit lautem Weinen und anschließenden Segenswün-

schen hörte man dies an. Und wenn Tiberius damit seine Rede beschlossen hätte, hätten seine Zuhörer Mitleid mit ihm gehabt und ihm hohe Achtung gezollt. Aber er verfiel wieder in seine hohlen, schon so oft verspotteten Phrasen, er wolle die Leitung des Gemeinwesens abgeben und die Konsuln oder sonst jemand solle die Regierung übernehmen. Damit zerstörte er den Glauben auch an seine wahrhaften und ehrlichen Aussagen. Für das Andenken des Drusus wurden die gleichen Beschlüsse gefaßt wie für Germanicus. Doch wurde noch vieles hinzugefügt, wie es die Schmeichler gerne im Wiederholungsfall tun. Das Leichenbegängnis war durch den Aufzug der Ahnenbilder besonders glanzvoll; man sah in langem Züge die Ahnherren des iulischen Geschlechtes, Aeneas und alle die Albanerkönige, Romulus, den Gründer der Stadt Rom, dann den sabinischen Adel, Attus Clausus und die übrigen Bilder der Claudier.

(10) Bei dem Bericht über den Tod des Drusus habe ich mich an die meisten und glaubwürdigsten Gewährsmänner gehalten. Jedoch möchte ich ein Gerücht nicht unerwähnt lassen, das in diesen Zeiten umging und solchen Eindruck machte, daß es auch heute noch lebendig ist: nachdem Livia zu dem verbrecherischen Schritt verführt war, habe Seianus auch den Verschnittenen Lygdus durch Unzucht an sich gefesselt, zumal Lygdus mit seiner jugendlichen Schönheit bei seinem Herrn beliebt war und zu seinen ersten Leibdienern gehörte. Als dann unter den Eingeweihten Ort und Zeitpunkt des Giftmordes vereinbart gewesen sei, habe er die Frechheit so weit getrieben, daß er umgekehrt Drusus in einer geheimen Anzeige beschuldigte, er wolle seinen Vater vergiften, und Tiberius warnte, den Trank anzunehmen, den ihm zu Beginn des Essens sein Sohn reiche. Dieser Täuschung sei der Greis anheimgefallen und habe, als er zu dem Essen gekommen war, den Becher zwar angenommen, aber an Drusus weitergereicht. Drusus habe ihn nichtsahnend in jugendlicher Unbefangenheit geleert und gerade dadurch den Verdacht bestärkt, er gebe sich aus Furcht und Scham selbst den Tod, den er seinem Vater zugedacht hatte.

(11) Dieses überall verbreitete Gerücht kann man, abgesehen davon, daß es durch keinen sicheren Gewährsmann bestätigt wird, leicht widerlegen. Welcher Mensch mit einem auch nur durchschnittlichen Verstand, geschweige denn Tiberius mit seiner Erfahrung in solch wichtigen Dingen, würde seinem Sohn, ohne ihn gehört zu haben, den Todestrank reichen, und zwar mit eigener Hand und ohne eine Möglichkeit, es durch Reue ungeschehen zu machen. Wäre es nicht nähergelegen, den Diener, der den Gifttrank reichte, zu foltern, nach dem Anstifter zu der Tat zu forschen, das ihm angeborene Zögern und Warten, das er sogar gegenüber Fremden übte, gegenüber seinem einzigen, bisher keines Verbrechens überführten Sohn anzuwenden? Aber weil Seianus als der Anstifter zu allen Verbrechen galt, glaubte man wegen der übertriebenen Anhänglichkeit des Caesaren an ihn und wegen des Hasses, den man gemeinhin gegen beide hegte, alles, auch wenn es noch so unglaubhaft und ungeheuerlich war. Denn immer werden die Herrscher nach ihrem Tode im Gerede der Leute schlimmer dargestellt, als sie in Wirklichkeit waren. Überdies wurde der Hergang des Verbrechens, wie er sich durch die Angaben von des Seianus Gattin Apicata ergab, durch die Folterung des Eudemus und Lygdus bestätigt. Und kein Schriftsteller zeigte sich so gehässig, Tiberius hier einen Vorwurf zu machen, während sie doch sonst alles gegen ihn zusammensuchten und dabei übertrieben. Der Anlaß, dieses Gerücht zu überliefern und zugleich zu widerlegen, lag in meinem Wunsche, mit einem deutlichen Beispiel unwahres Geschwätz zurückzuweisen und jeden, in dessen Hand mein Werk kommen mag, zu bitten, nicht glaubhafte Gerüchte, die verbreitet werden, nicht gierig aufzunehmen und ihnen nicht den Vorzug zu geben vor der noch nicht zum Absonderlichen entstellten Wahrheit.

(12) Als übrigens Tiberius von der Rednerbühne herab die Lobrede auf seinen Sohn hielt, waren die Haltung und die Kundgebungen der Trauer seitens des Senats und des Volkes mehr scheinbar als von Herzen kommend. Im stillen freute man sich, daß das Haus des Germanicus wieder neu

erstarke. Dieses erste Anzeichen der Volksgunst und das Verhalten seiner Mutter Agrippina, die ihre Hoffnungen nur schlecht verhehlte, beschleunigten sein Verderben. Denn sobald Seianus sah, daß der Tod des Drusus nicht die Bestrafung seiner Mörder nach sich zog und daß er auch ohne öffentliche Teilnahme blieb, schritt er ohne Hemmung auf der Bahn des Verbrechens weiter, und weil dieser erste Schritt Erfolg gehabt hatte, überlegte er bei sich, wie er die Söhne des Germanicus, die ohne Zweifel die Nachfolge antreten würden, aus dem Wege schaffen könne. Alle drei Personen konnten nicht vergiftet werden. Dem standen die vortreffliche Treue der Wächter und die unerschütterliche Sittenreinheit Agrippinas im Wege. Deshalb zog er über ihren Starrsinn los und hetzte die von altem Haß beseelte Augusta und Livia, die unter dem Eindruck ihrer kürzlichen Teilnahme an dem Komplott stand, dazu auf, Agrippina bei dem Caesar anzuschwärzen, ihr Kinderreichtum mache sie überheblich und sie lechze, gestützt auf die Sympathien des Volkes, nach der Herrschermacht. Und dabei bediente er sich abgefeimter Verleumder, die er sich ausgewählt hatte, darunter des Iulius Postumus, der durch seinen Ehebruch mit Mutilia Prisca in den engsten Kreis der Großmutter gekommen und für seine Pläne ein besonders geeignetes Werkzeug war. Denn Prisca übte auf Augusta einen starken Einfluß aus und machte die alte Frau, die schon ihrem ganzen Wesen nach immer um ihre Macht bangte, zur unversöhnlichen Feindin ihrer Schwiegerenkelin[16]. Auch die nächste Umgebung der Agrippina verlockte man dazu, diese durch böse Einflüsterungen noch weiter in ihre hochfliegenden Pläne hineinzusteigern.

(13) Aber Tiberius gab sich unablässig seinen Regierungsgeschäften hin. Er fand in seiner Arbeit Trost und war mit der Rechtsprechung für die Bürger und mit den Bittgesuchen der Bundesgenossen beschäftigt. Auf seine Veranlassung erfolgte der Senatsbeschluß, die Gemeinden Cibyra in Asien und Aegium in Achaia, die durch ein Erdbeben zerstört worden waren, sollen durch einen Steuererlaß für drei Jahre

unterstützt werden. Vibius Serenus[17], der Prokonsul im jenseitigen Spanien, der wegen Mißbrauchs seiner amtlichen Stellung verurteilt worden war, wurde wegen seiner Brutalität auf die Insel Amorgus[18] verbannt. Carsidius Sacerdos[19] wurde von der Anklage, den Staatsfeind Tacfarinas durch Getreidelieferungen unterstützt zu haben, freigesprochen, von der gleichen Beschuldigung C. Gracchus. Als dieser noch ein kleines Kind war, hatte ihn sein Vater Sempronius[20] auf die Insel Cercina[21] in die Verbannung mitgenommen. Dort war er unter landesflüchtigen und ungebildeten Menschen aufgewachsen und verschaffte sich später durch einen Kramhandel in Afrika und Sizilien seinen Lebensunterhalt. Dennoch entging er nicht den Gefahren, die mit einer bedeutenden Herkunft verbunden sind. Und wären nicht Aelius Lamia und L. Apronius[22], die Statthalter in Afrika gewesen waren, für den Unschuldigen eingetreten, so hätten ihn die Berühmtheit seines unseligen Geschlechtes und das Unglück seines Vaters mit ins Verderben gerissen.

(14) Auch in diesem Jahr kamen Gesandtschaften aus griechischen Gemeinden. Die Samier baten, daß für den Tempel der Iuno, die Coer[23] für einen solchen des Aesculapius ein altverbrieftes Asylrecht bestätigt werde. Die Samier beriefen sich auf einen Beschluß der Amphictyonen, die in der Zeit, da sich die Griechen nach der Gründung von Städten in Asien an der Meeresküste festsetzten, in allen Fragen den obersten Gerichtshof bildeten[24]. Die Coer konnten sich auf gleich alte Rechtsansprüche berufen, wozu noch ein lokal bedingtes Verdienst kam. Denn sie hatten römische Bürger in den Tempel des Aesculapius gebracht, als auf Befehl des Königs Mithridates diese auf allen Inseln und in allen Städten Asiens ermordet wurden[25].

Nach mancherlei, oftmals vergeblichen Beschwerden seitens der Prätoren setzte dann der Caesar das zuchtlose Gebaren der Schauspieler auf die Tagesordnung des Senats: vielfach werde von ihnen die öffentliche Ordnung gestört und abscheuliche Zustände in den Familien fielen ihnen zur Last. Das einstige Spiel oscischen Ursprungs[26], das einer recht unbedeutenden Volksbelustigung diente, sei so schändlich geworden und übe eine solche Macht aus, daß man mit einem Beschluß der Väter dagegen einschreiten müsse. Darauf wurden die Schauspieler aus Italien ausgewiesen.

(15) Dasselbe Jahr brachte dem Caesar noch einen weiteren Trauerfall. Der eine von den Zwillingssöhnen des Drusus starb. In nicht geringere Trauer versetzte ihn auch der Tod eines Freundes. Es handelte sich um Lucilius Longus[27], seinen Gefährten in frohen und traurigen Tagen, der ihn als einziger der Senatoren nach Rhodus in seine freiwillige Verbannung begleitet hatte. Daher beschlossen die Väter, obwohl er ein Emporkömmling war, für ihn ein zensorisches Begräbnis[28] und ein Standbild, das ihm auf öffentliche Kosten auf dem Forum aufgestellt werden sollte. Denn damals wurde noch alles vor dem Senat verhandelt. Ja, sogar der Procurator von Asien, Lucilius Capito, mußte sich vor ihnen gegen eine Anklage seiner Provinz verteidigen, wobei der Princeps mit allem Nachdruck erklärte, er habe ihm nur das Verfügungsrecht über die Sklaven und über sein Privatvermögen eingeräumt[29]. Wenn er sich die Befugnisse eines Prätors angemaßt und sich militärischen Eingreifens bedient habe, so liege darin eine Mißachtung seiner Aufträge. Man solle die Bundesgenossen anhören. Der Fall wurde untersucht und der Angeklagte verurteilt. Wegen dieser Bestrafung und weil man auch im vergangenen Jahr gegen C. Silanus eingeschritten war[30], beschlossen die Städte Asiens einen Tempel für Tiberius, seine Mutter und den Senat. Sein Bau wurde genehmigt. Dafür stattete Nero den Senatoren und seinem Großvater den Dank ab, wobei die Zuhörer, denen das Bild des Germanicus noch frisch vor Augen stand und die ihn zu sehen und zu hören glaubten, ihren freudigen Gefühlen Ausdruck gaben. Und wirklich trat der Jüngling mit Bescheidenheit auf, und seine äußere Erscheinung entsprach der eines fürstlichen Mannes, was ihn angesichts der Haßgefühle des Seianus gegen ihn und der Gefahr, die sie für ihn bedeuteten, nur noch beliebter machte.

(16) Um die gleiche Zeit sprach der Caesar im Senat über

die Ersatzwahl eines Iuppiterpriesters für den verstorbenen Servius Maluginensis und zugleich über ein neu einzubringendes Gesetz. Nach alter Sitte würden nämlich drei aus einer Confarreationsehe[31] stammende Patrizier zugleich benannt und aus diesen dann einer ausgewählt. Dafür stünde jedoch nicht mehr wie früher eine genügende Anzahl zur Verfügung, da der Brauch, eine solche Confarreationsehe zu schließen, ganz abgekommen sei oder nur noch von wenigen beibehalten werde. Dafür führte er eine Reihe von Gründen an, in erster Linie die Gleichgültigkeit beider Geschlechter; dazu kämen die Umständlichkeiten, die mit der Zeremonie unmittelbar verbunden seien und denen man geflissentlich aus dem Wege gehe. Auch scheide der Mann, der dieses Priesteramt erlange, aus der rechtlichen Unterstellung unter den Vater aus, und ebenso die Frau, die einen solchen Priester heirate. Deshalb müsse der Senat durch einen Beschluß Abhilfe schaffen, oder es müßte dies durch ein Gesetz geschehen, so wie Augustus manche Bestimmungen aus jenem rohen Altertum den Bedürfnissen der Gegenwart angepaßt habe. Und so wurde nach der Verhandlung dieser religiösen Angelegenheiten beschlossen, es solle an der Satzung der Priester nichts geändert werden. Doch wurde ein Gesetz erlassen, die Iuppiterpriesterin solle in den gottesdienstlichen Angelegenheiten ihrem Manne unterstehen, im übrigen gleiche Rechte wie die übrigen Frauen genießen. Der Sohn des Maluginensis wurde an die Stelle seines Vaters gesetzt. Um aber die priesterliche Würde zu heben und bei den Priestern selbst stärkere Neigung, das Priesteramt auszuüben, zu wecken, wurden der Jungfrau Cornelia, die an die Stelle der Scantia gesetzt wurde, zwei Millionen Sesterzen zugesprochen. Auch solle die Augusta, sooft sie das Theater betrete, sich unter die Vestalinnen setzen.

(17) Unter dem Konsulat des Cornelius Cethegus und 24
Visellius Varro[32] schlossen die Oberpriester und nach ihrem n. Chr.
Beispiel ebenso die übrigen Priester auch Nero und Drusus in ihre Gebete ein, die sie für das Wohlergehen des Princeps an die Götter richteten, wobei weniger liebende Fürsorge für

die Jünglinge eine Rolle spielte als Schmeichelei, die bei verderbten Sitten gleichermaßen gefährlich ist, mag man sie unterlassen oder auch übertreiben. Denn Tiberius, der dem Hause des Germanicus niemals wohlgesinnt war, empfand es als eine unerträgliche Kränkung, daß man jetzt sogar die jungen Leute ihm in seinem Alter gleichstelle. Er berief die Oberpriester und befragte sie, ob sie sich auf Bitten oder Drohungen Agrippinas dazu verstanden hätten. Obwohl sie dies verneinten, wurden sie doch zurechtgewiesen, allerdings gelinde. Denn ein großer Teil gehörte zu seiner Verwandtschaft oder zu den führenden Männern der Bürgerschaft. Im Senat jedoch hielt er eine Rede, in der er für die Zukunft davor warnte, innerlich noch nicht gefestigte Jünglinge durch verfrühte Ehrungen zu hochfahrendem Wesen zu verleiten. Denn Seianus bedrängte ihn mit Klagen, die Bürgerschaft sei wie in einem Bürgerkrieg gespalten. Der eine Teil nenne sich die Partei der Agrippina, und wenn man nicht Maßnahmen dagegen treffe, werde sie weiter anwachsen. Es gebe kein anderes Mittel gegen die überhandnehmende Zwietracht, als daß der eine oder andere der tatkräftigsten Männer beseitigt werde.

(18) Aus diesem Grunde griff er C. Silius und Titius Sabinus an. Beiden wurde die Freundschaft mit Germanicus verderblich. Bei Silius kam noch hinzu, daß er sieben Jahre der Befehlshaber eines großen Heeres gewesen war; auch hatte er in Germanien als Sieger in dem Krieg mit Sacrovir die Triumphinsignien erworben[33], und so war die Furcht, die sich bei anderen verbreitete, um so größer, je tiefer sein Sturz war. Sehr viele glaubten, er habe durch seine eigene Unbeherrschtheit die gegen ihn vorliegende Mißstimmung gesteigert, da er sich unbescheiden damit brüstete, er habe seine Truppe im Gehorsam erhalten, während andere sich zu Meuterei hätten hinreißen lassen. Und Tiberius wäre nicht an der Regierung geblieben, wenn auch seine Legionen zu einem Umsturz geneigt hätten. Der Caesar glaubte, dadurch werde seine Stellung untergraben und er habe einem solchen Verdienst nichts Gleichwertiges gegenüberzustellen. Denn

Wohltaten sind nur so weit willkommen, als man glaubt, zu einer entsprechenden Gegenleistung imstande zu sein. Übersteigen sie erheblich diese Möglichkeit, erntet man statt des Dankes Haß.

(19) Sosia Galla war die Gemahlin des Silius. Wegen ihres engen Verhältnisses zu Agrippina war sie dem Princeps verhaßt. Man beschloß, den Fall des Sabinus einstweilen zu vertagen und sich auf diese beiden zu stürzen. Der Konsul Varro wurde auf sie angesetzt. Er schützte die Feindschaft mit seinem Vater vor und erwies sich zu seiner eigenen Schande den Haßgefühlen des Seianus dienstbar. Als der Angeklagte um kurzen Aufschub bat, bis der Ankläger das Konsulat niederlege, erhob der Caesar Einspruch: es sei doch üblich, daß Privatpersonen von Beamten vor Gericht geladen werden, und man dürfe das Recht des Konsuls nicht brechen, dessen Wachsamkeit dafür bürge, daß das Gemeinwesen keinen Schaden nehme. Es war eine Eigenart des Tiberius, die neu ersonnenen Verbrechen in altertümliche Redensarten[34] zu hüllen. Deshalb wurden mit großer Dringlichkeit die Väter zusammenberufen, als ob es sich bei Silius um ein gesetzliches Verfahren handle oder Varro wirklich Konsul[35] wäre oder der damalige Zustand noch ein Gemeinwesen darstellte. Der Angeklagte schwieg, oder wenn er ein Wort zu seiner Verteidigung sagte, gab er deutlich zu verstehen, wessen Groll auf ihm laste. Die Anklagepunkte waren: er sei in die Kriegsabsichten des Sacrovir eingeweiht gewesen und habe sie lange verheimlicht, er habe den Sieg zu häßlicher Habsucht mißbraucht und seine Gemahlin Sosia habe sich daran beteiligt. Unbestreitbar haftete an ihnen die Schuld der Erpressung, aber das ganze Verfahren wurde unter dem Gesichtspunkt der Majestätsbeleidigung durchgeführt, und Silius kam der drohenden Verurteilung durch Selbstmord zuvor.

(20) Dennoch fiel man brutal über sein Vermögen her, nicht etwa in der Absicht, den Steuerpflichtigen[36] wieder ihr Geld zu erstatten, von denen auch keiner eine entsprechende Forderung stellte, sondern man zog die freigebigen Spenden des Augustus ab und rechnete im einzelnen aus, was der Fiskus

zu fordern hatte. Dies war der erste Fall, daß Tiberius sich um fremdes Geld kümmerte. Sosia wurde in die Verbannung geschickt auf des Asinius Gallus Antrag, der dahin gegangen war, ein Teil ihres Vermögens solle eingezogen, der andere den Kindern überlassen werden. Dagegen wollte M'. Lepidus[37], daß nur ein Viertel den Anklägern zufalle, wie es den Gesetzen entspreche, während das übrige den Kindern überlassen werde. Dieser Lepidus ist, wie ich wenigstens finde, ein für jene Zeiten charaktervoller und weiser Mann gewesen[38]. Denn in sehr vielen Fällen wußte er rücksichtslose Schmeicheleien anderer zum Besseren zu wenden. Doch brauchte er sich dabei keiner Zurückhaltung zu befleißigen, da er sich bei Tiberius stets gleichbleibender Achtung und Gunst erfreute. Dies zwingt mich dazu, zu zweifeln, ob denn, wie alles andere, so auch die Zuneigung der Fürsten gegenüber den einen, die Abneigung gegen die anderen vom Schicksal und dem bei der Geburt vorbestimmten Los abhänge oder ob darauf einen gewissen Einfluß auch unsere eigenen Entschließungen haben und ob es möglich ist, zwischen unnachgiebiger Selbstbehauptung und häßlicher Willfährigkeit einen Weg zu gehen, der frei ist von Ehrgeiz und von Gefahren. Aber Messalinus Cotta[39], der von gleich vornehmer Abkunft, aber von ganz anderem Charakter war, beantragte, der Senat solle beschließen, daß Beamte, auch wenn sie keine Schuld treffe und sie von fremder Verfehlung nichts wüßten, für Vergehen ihrer Gattinnen, die in einer Provinz sich abspielen, ebenso bestraft werden, wie wenn sie diese selbst verübt hätten.

(21) Dann wurde über Calpurnius Piso[40], einen temperamentvollen Mann aus dem Adel, verhandelt. Er hatte, wie ich berichtet habe, im Senat laut ausgerufen, er wolle wegen der Umtriebe der Denunzianten die Stadt verlassen. Auch hatte er unter Mißachtung der Machtstellung der Augusta es gewagt, Urgulania vor Gericht zu ziehen und aus dem fürstlichen Hause vorzuladen. Für den Augenblick nahm dies Tiberius gelassen hin. Aber in seinem Herzen nährte er den Groll, und wenn sich auch die erste Zornaufwallung gelegt hatte, so blieb doch die Erinnerung an den Vorfall lebendig.

Q. Granius beschuldigte den Piso, in einem privaten Gespräch sich gegen die Hoheit des Princeps vergangen zu haben, und fügte hinzu, in seiner Wohnung befinde sich Gift und er habe ein Schwert bei sich, wenn er in die Kurie gehe. Diesen Anklagepunkt ließ man als eine ungeheuerliche Übertreibung fallen. Für die übrigen Beschuldigungen, die sich zu einem Berge häuften, ließ man die Anklage zu. Doch kam sie nicht zur Verhandlung, weil Piso noch zur rechten Zeit starb. Auch der Fall des verbannten Cassius Severus kam auf die Tagesordnung. Er war von niedriger Herkunft, führte einen anrüchigen Lebenswandel, aber war ein eindrucksvoller Redner. Durch seine Händel, bei denen er kein Maß kannte, hatte er es so weit gebracht, daß er durch ein Urteil des vereidigten Senats[41] nach Kreta verbannt wurde. Dort setzte er die gleichen Umtriebe fort und zog zu dem alten Haß neuen auf sich. Sein Vermögen wurde eingezogen, er selbst geächtet. Auf dem Felseneiland Seriphus verbrachte er seine alten Tage.

(22) Um die gleiche Zeit stürzte der Prätor Plautius Silvanus aus unbekannten Gründen seine Gemahlin Apronia aus dem Fenster herab. Als ihn sein Schwiegervater L. Apronius vor den Caesar schleppte, sagte er verstörten Sinnes aus, er sei schlaftrunken gewesen und habe nichts gemerkt. Seine Gemahlin habe Selbstmord begangen. Unverzüglich eilte Tiberius in die Wohnung, besichtigte das Schlafzimmer, in dem sich Spuren dafür fanden, daß sie sich gewehrt und man auf sie eingeschlagen hatte. Er trug es dem Senat vor, und als ein Gerichtshof gebildet wurde, sandte Urgulania, die Großmutter des Silvanus, dem Enkel einen Dolch. Man wollte darin einen Wink des Princeps erblicken, weil ja Augusta mit Urgulania befreundet war. Der Angeklagte machte mit dem Dolch einen Selbstmordversuch und ließ sich dann die Adern öffnen. Bald darauf wurde Numantina, seine erste Gemahlin, beschuldigt, durch Zaubersprüche und Giftmischerei ihren Mann wahnsinnig gemacht zu haben. Doch wurde sie für unschuldig befunden.

(23) Dieses Jahr befreite endlich das römische Volk von

dem langen Krieg gegen den Numider Tacfarinas. Die bisherigen Heerführer ließen den Feind ungeschoren, sobald sie zu der Überzeugung gekommen waren, ihre Leistungen reichten dazu aus, die Triumphinsignien zu erlangen. Schon standen in Rom drei lorbeerumkränzte Statuen[42], und immer noch durchzog Tacfarinas plündernd Afrika, verstärkt durch die Hilfstruppen der Mauren, die, während Ptolemäus, der jugendliche Sohn Iubas, sich um nichts kümmerte, das Sklavenleben unter dem Regiment der königlichen Freigelassenen mit dem Krieg vertauscht hatten. In dem König der Garamanten hatte er für seine Beutezüge einen Hehler und Helfershelfer. Er rückte nicht etwa mit einem richtigen Heer heran, sondern schickte nur leichte Truppen aus, die sich von ferne zeigten und deren Stärke daher übertrieben wurde. Aus der Provinz selbst strömten mittellose Abenteurer um so freudiger herbei, weil ja der Caesar nach den Erfolgen des Blaesus, als ob in Afrika kein Feind mehr stünde, den Rücktransport der neunten Legion befohlen und der Prokonsul dieses Jahres, P. Dolabella[43], es nicht gewagt hatte, sie zurückzuhalten, da er die Befehle des Princeps mehr fürchtete als die unsichere Kriegslage.

(24) Und so streute Tacfarinas das Gerücht aus, das römische Reich werde auch von anderen Völkern in Stücke gerissen und Afrika werde daher allmählich geräumt. Die Zurückbleibenden könnten vernichtet werden, wenn alle, denen die Freiheit höher stehe als die Knechtschaft, sich auf den Feind werfen. Er verstärkte seine Streitkräfte, schlug ein Lager und begann die Einschließung der Stadt Thubuscum[44]. Dolabella zog jedoch alle seine verfügbaren Truppen zusammen, und weil der römische Namen Schrecken verbreitete und auch die Numider einer richtigen Kampffront des Fußvolkes nicht standzuhalten vermögen, genügte sein bloßer Anmarsch, um die Stadt zu entsetzen, die er dann an günstig gelegenen Punkten befestigte. Zugleich ließ er die Häuptlinge der Musulamier, die abzufallen drohten, mit dem Beil hinrichten. Weil ferner die Erfahrung mehrerer Feldzüge gegen Tacfarinas gelehrt hatte, man dürfe nicht bei der Verfolgung eines

bald da, bald dort auftauchenden Feindes eine schwerbewaffnete Truppenmacht einheitlich ansetzen, rief er den König Ptolemäus mit seinem Volk auf und stellte vier Marschkolonnen zusammen, die er Legaten oder Tribunen unterstellte. Die zum Plündern bestimmten Abteilungen führten auserlesene Leute der Mauren an. Er selbst behielt sich das Oberkommando vor.

(25) Bald darauf lief die Meldung ein, die Numider hätten bei einem halbverfallenen Kastell, an das sie selbst früher einmal Feuer gelegt hatten — sein Name ist Auzea[45] —, ihre Hütten aufgeschlagen und im Vertrauen auf das Gelände — der Platz war von weiten Bergwäldern rings umschlossen — sich gelagert. Jetzt wurden die leichten Kohorten sowie die Reiterabteilungen ohne Kenntnis des Ziels in aller Eile gegen den Feind in Marsch gesetzt. Bei Tagesanbruch fielen sie unter dem Schmettern der Trompeten und mit wildem Kampfgeschrei über die noch schlaftrunkenen Barbaren her, während die Pferde der Numider noch angebunden dastanden oder auf den abseits gelegenen Weiden umherrannten. Auf seiten der Römer war das Fußvolk in dichter Formation aufmarschiert, die Abteilungen der Reiterei standen an den ihnen zugewiesenen Plätzen. Alle Vorkehrungen für den Kampf waren getroffen. Die Feinde dagegen, die gänzlich ahnungslos waren, hatten sich nicht gerüstet, hatten keine Ordnung und keine planvolle Führung; wie das Vieh wurden sie weggeschleppt, abgeschlachtet, aufgegriffen. Die erbitterten Soldaten stillten, im Gedenken an die Strapazen und angesichts des ersehnten Kampfes, um den sie immer wieder betrogen worden waren, einer wie der andere bei dem Blutvergießen ihren Rachedurst. In den Manipeln wurde das Losungswort durchgegeben: „Alle nehmen sich Tacfarinas zum Ziel, den man ja aus so vielen Kämpfen kennt. Erst mit dem Tode des Führers findet man Ruhe und nimmt der Krieg sein Ende." Seine Leibwache war bereits rings um ihn gefallen, sein Sohn gefesselt, von allen Seiten stürmten die Römer auf ihn ein, da stürzte er sich in den Geschoßhagel und entging so der Gefangenschaft durch einen Tod, der seine Gegner

blutige Verluste kostete. Damit war den Kämpfen ein Ende gesetzt.

(26) Als Dolabella sich um die Triumphinsignien bewarb, schlug sie Tiberius ihm ab. Er tat dies aus Rücksicht auf Seianus, damit nicht der Ruhm seines Onkels Blaesus verdunkelt werde. Aber dadurch wurde Blaesus nicht berühmter, dagegen wurde durch die verweigerte Ehrung der Ruhm Dolabellas erhöht. Denn er hatte mit einem kleineren Heere Gefangene von hohem Rang gemacht, den Tod des Führers herbeigeführt und den Ruhm erworben, den Krieg beendigt zu haben. Danach kamen auch Gesandte der Garamanten. Sie bildeten eine seltene Erscheinung in Rom und waren nach dem Tode des Tacfarinas von dem bestürzten, aber sich keiner Schuld bewußten Volk geschickt worden, um dem römischen Volk Genugtuung zu leisten. Da man ferner festgestellt hatte, wie sehr sich Ptolemäus in diesem Krieg eingesetzt hatte, erneuerte man eine der alten Sitte entsprechende Ehrung und schickte einen der Senatoren ab, der ihm einen elfenbeinernen Stab und eine gestickte Toga, althergebrachte Geschenke der Väter, überbringen und ihn als König, Bundesgenossen und Freund begrüßen sollte.

(27) In demselben Sommer brach in Italien ein Bürgerkrieg aus, der jedoch durch einen Zufall im Keime erstickt wurde. Anstifter des Aufruhrs war T. Curtisius, vormals Soldat in einer Prätorianerkohorte. Zuerst hatte er heimliche Zusammenkünfte in Brundisium und in den umliegenden Landstädten veranstaltet, dann schlug er öffentlich Bekanntmachungen an, in denen er die in den entlegenen Berggegenden mit Landarbeit beschäftigten mutigen Sklaven zur Freiheit aufrief. Da landeten, gleichsam ein Geschenk der Götter, drei Zweiruderer, die dem Verkehr in jenen Gegenden dienten. In der gleichen Gegend befand sich auch der Quästor Curtius Lupus, dem nach einem alten Brauche als Verwaltungsbezirk die staatlichen Gebirgstriften[46] zugefallen waren. Er stellte einen Trupp Seesoldaten zusammen und zersprengte den Verschwörerkreis, der eben seine Tätigkeit aufnehmen wollte. Von dem Caesar wurde eiligst der Tribun Staius mit

einer starken Abteilung gesandt, der den Anführer selbst mit seinen verwegensten Spießgesellen nach Rom schleppte, das schon in ängstlicher Unruhe war. Denn die Menge der Sklaven wuchs ungeheuer, während die freigeborene Plebs von Tag zu Tag abnahm.

(28) Unter denselben Konsuln kam es zu einem schrecklichen Beispiel von Elend und Unmenschlichkeit: ein Vater als Angeklagter und ein Sohn als Ankläger — beide hießen Vibius Serenus[47] — wurden in den Senat geführt. Aus der Verbannung zurückgeholt, voll Schmutz und Unrat und jetzt sogar an eine Kette gefesselt, wurde der Vater seinem die Anklage vertretenden Sohne gegenübergestellt. Der junge Mann, der in elegantem Aufzug und mit heiterer Miene auftrat, erklärte, es sei ein Anschlag gegen den Princeps geplant und es seien Leute nach Gallien geschickt worden, um zum Krieg zu hetzen, wobei er gleichermaßen den Angeber wie den Zeugen spielte. Er fügte noch hinzu, der gewesene Prätor Cornutus sei der Geldgeber gewesen. Dieser fühlte sich den ihn bedrängenden Nöten nicht mehr gewachsen, und weil er mit der Einleitung des Prozesses schon als verlorener Mann galt, beging er beschleunigt Selbstmord. Der Angeklagte dagegen wandte sich ungebeugten Mutes gegen seinen Sohn, und mit seinen Ketten klirrend, rief er die Rache der Götter an, sie möchten ihm wieder die Verbannung schenken, wo er fern von solchem Gebaren leben könne, seinen Sohn aber möge dereinst schwerste Strafe ereilen. Dabei beteuerte er, Cornutus sei unschuldig und habe sich grundlos in Schrecken versetzen lassen. Dies könne man ohne weiteres erkennen, wenn noch weitere Namen genannt würden. Denn er habe doch nicht die Ermordung des Princeps und einen Umsturz mit einem einzigen Helfershelfer geplant.

(29) Darauf nannte der Ankläger den Cn. Lentulus und Seius Tubero[48] zur großen Beschämung des Caesaren, da die ersten Männer der Bürgerschaft, seine eigenen vertrauten Freunde, Lentulus, ein hochbetagter Greis, und Seius Tubero, ein kranker, schwächlicher Mann, der Aufwiegelung des äußeren Feindes und der Erregung von Unruhen in dem Ge-

meinwesen beschuldigt wurden. Doch wurden diese Personen sofort außer Verfolgung gesetzt[49]. Gegen den Vater wurden seine Sklaven peinlich vernommen[50]. Doch fiel das Verhör gegen den Ankläger aus. Dieser verlor über seiner Freveltat den Verstand, und zugleich erschreckte ihn das im Volk umgehende Gerede, das ihm Kerker, Sturz vom Tarpeiischen Felsen oder die Strafen für Vatermord[51] androhte. Und so verließ er die Stadt. Doch holte man ihn von Ravenna zurück und zwang ihn, die Anklage durchzuführen, wobei Tiberius seinen alten Haß gegen den verbannten Serenus nicht verhehlte. Denn nach der Verurteilung Libos[52] hatte er in einem Briefe an den Caesar sich darüber mißliebig ausgelassen, daß lediglich *seine* Einsatzbereitschaft keinen Lohn gezeitigt habe. Dazu hatte er einige allzu herausfordernde Bemerkungen gefügt, die man vorsichtshalber einen Herrn nicht hören läßt, der hochmütig und zu leicht beleidigt ist. Dies brachte der Caesar acht Jahre später zur Sprache, wobei er ihm noch sonst allerlei vorwarf, was in der Zwischenzeit vorgekommen sei, obgleich die Sklaven auf der Folter unerschütterlich das Gegenteil ausgesagt hatten.

(30) Als dann die Abstimmung ergab, daß Serenus nach althergebrachtem Brauch bestraft werden solle, erhob der Caesar dagegen Einspruch, um den Eindruck der Gehässigkeit zu mildern. Auch den Antrag des Gallus Asinius, ihn auf der Insel Gyarus oder Donusa[53] einzusperren, lehnte er mit dem Hinweis ab, beide Inseln seien wasserarm, und wem man das Leben genehmige, dem müsse man auch die Mittel zum Leben zur Verfügung stellen. So wurde Serenus nach Amorgus zurückgebracht. Und weil Cornutus Selbstmord begangen hatte, verhandelte man über die Abschaffung der Belohnungen an die Ankläger, falls ein wegen Majestätsbeleidigung Angeklagter vor dem Abschluß des Gerichtsverfahrens sich das Leben nehme. Der Antrag wäre auch durchgegangen, hätte nicht der Caesar mit ungewöhnlicher Härte und entgegen seiner Gewohnheit offen zugunsten der Ankläger sich darüber beschwert, daß man die Gesetze nicht achte und das Gemeinwesen am Abgrund stehe. Besser wäre es, das Recht

ganz zu beseitigen, als dessen Hüter zu entfernen. So wurden die Denunzianten, eine Menschenklasse, die zum Verderben des Volkes erfunden und auch durch Strafen nie richtig gebändigt wurde, sogar durch Belohnungen auf den Plan gerufen.

(31) Jedoch unterbrach diese Kette von traurigen Vorkommnissen ein im Grunde unbedeutendes, aber erfreuliches Ereignis: den C. Cominius, einen römischen Ritter, der der Abfassung eines Schmähgedichtes gegen den Caesar überführt worden war, begnadigte dieser auf die Bitte seines Bruders, der Senator war. Um so seltsamer berührte es, daß er, der also doch den besseren Weg kannte und wußte, welche Bedeutung die Milde für seinen Ruf hatte, immer wieder den härteren Maßregeln den Vorzug gab. Denn wo er fehlgriff, war es nicht geistige Beschränktheit, auch bleibt es nicht verborgen, wenn die Taten der Herrscher auf Grund wahrer Gesinnung und wenn sie mit geheuchelter Freude gepriesen werden. Ja, er selbst, der doch sonst so gelassen war und gleichsam um den Ausdruck rang, sprach gelöster und fand rascher die Worte, sooft er sich für jemand einsetzte. Dagegen, als der einstige Quästor des Germanicus, P. Suillius[54], aus Italien verbannt wurde, weil er überführt war, für eine von ihm zu treffende richterliche Entscheidung Geld angenommen zu haben, beantragte er, ihn auf eine Insel zu entfernen, und setzte sich dafür mit solcher Heftigkeit ein, daß er eidlich beteuerte, dies sei eine Angelegenheit des Gemeinwesens. Dies wurde ihm im Augenblick übelgenommen, schlug ihm aber später zum Lob aus, als Suillius zurückgekehrt war. Denn die folgende Zeit sah ihn als allmächtigen und käuflichen Menschen, der die Freundschaft des Princeps Claudius lange mit Glück, doch nie zu guten Zwecken ausnützte. Die gleiche Strafe wurde für den Senator Catus Firmius festgesetzt, da er mit der falschen Beschuldigung eines Majestätsverbrechens seine Schwester belangt habe. Catus hatte, wie berichtet[55], Libo heimtückisch in eine Falle gelockt und dann durch eine Anzeige ins Verderben gestürzt. Eingedenk dieses Dienstes, aber unter anderen Vorwänden, bat nun Tiberius,

von seiner Verbannung abzusehen, während er keine Einwände dagegen erhob, daß er aus dem Senat ausgestoßen wurde.

(32) Sehr vieles von dem, was ich berichtet habe und noch berichten werde, wird vielleicht kleinlich und der Erwähnung unwert erscheinen. Ich bin mir dessen wohl bewußt. Aber niemand wird meine Jahrbücher mit den Schriften derer vergleichen, die die alte Geschichte des römischen Volkes dargestellt haben. Jene haben gewaltige Kriege, die Eroberung von Städten, die Gefangennahme und Besiegung von Königen oder, wenn sie es einmal vorzogen, sich der Schilderung der inneren Verhältnisse zuzuwenden, die Auseinandersetzungen zwischen den Konsuln und den Tribunen, Acker- und Getreidegesetze, die Kämpfe zwischen Plebs und Optimaten geschildert und konnten sich dabei auf freiem Feld ergehen. Mein Bereich ist eng begrenzt, und meine Arbeit bringt keinen Ruhm: es herrschte ein stetiger oder nur unbedeutend gestörter Friede, die Zustände in der Hauptstadt boten ein Bild des Jammers, und dem Princeps war nichts daran gelegen, die Grenzen des Reiches weiter vorzuschieben. Doch wird es nicht ohne Nutzen sein, einen tieferen Einblick in jene Vorfälle zu gewinnen, die beim ersten Blick unbedeutend erscheinen, die aber den bewegenden Ausgangspunkt von großen Ereignissen bilden.

(33) Alle Völker und Städte haben entweder eine demokratische oder aristokratische oder monarchische Staatsform. Eine Form des Gemeinwesens, die die wesentlichen Vorzüge dieser drei verschmilzt, kann man leichter loben als verwirklichen, oder wenn sie verwirklicht wird, kann sie nicht von Dauer sein. Wie es daher einst, als die Macht in den Händen der Plebs war oder als die Väter den bestimmenden Einfluß ausübten, darauf ankam, das Wesen der großen Masse kennenzulernen und die Mittel, mit denen sie maßvoll gelenkt würde, und diejenigen, die sich mit der Denkungsart des Senats und der Optimaten am gründlichsten vertraut gemacht hatten, für gute Kenner der Zeitverhältnisse und für weise Männer galten, so dürfte jetzt, da sich die Staatsform

gewandelt hat und das römische Gemeinwesen nichts anderes darstellt als eine Alleinherrschaft, die Sammlung und Überlieferung solcher Vorgänge angebracht sein. Denn es sind nur wenige, die aus eigener Einsicht das sittlich Gute von dem Verwerflichen, das Nützliche vom Schädlichen zu unterscheiden vermögen. Die meisten lassen sich erst durch die Erfahrungen der anderen belehren. Indessen, so nützlich dies auch sein mag, so wenig dient es angenehmer Unterhaltung. Denn Beschreibungen von Ländern und Völkern, wechselvolle Kämpfe, das ruhmvolle Ende von Feldherren, dies alles fesselt und erfrischt den Sinn des Lesers. Ich reihe grausame Befehle, unaufhörliche Anklagen, heuchlerische Freundschaften, den Sturz von Unschuldigen und Prozesse, die immer wieder den gleichen Ausgang nehmen, aneinander, wobei mir die Gleichförmigkeit des Geschehens bis zum Überdruß entgegensteht. Dazu kommt, daß sich gegen die alten Schriftsteller nur selten eine mißgünstige Stimme erhebt. Auch kümmert sich niemand darum, ob man die punischen oder römischen Heere mit Vorliebe verherrlicht. Dagegen leben die Nachkommen vieler, die unter des Tiberius Regierung Strafe oder Entehrung erlitten haben, heute noch, und mögen auch die Familien selbst ausgestorben sein, werden sich doch manche finden, die ähnlicher Lebensart sind und daher glauben, Übeltaten, die man anderen vorwirft, bedeuten auch für sie einen Vorwurf. Auch gegen Ruhm und Tugend sind sie feindlich eingestellt: mit einer allzu nah gerückten Darstellung glauben sie, beleuchte man ihr Gegenbild. Doch ich greife mein Beginnen wieder auf.

(34) Unter dem Konsulat des Cornelius Cossus und Asinius Agrippa[56] wurde Cremutius Coordus unter der neuen, bisher nie gehörten Beschuldigung angeklagt, er habe in einem von ihm herausgegebenen Geschichtswerk M. Brutus gelobt und C. Cassius den letzten Römer genannt[57]. Ankläger waren Satrius Secundus und Pinarius Natta[58], Klienten des Seianus. Dies war für den Angeklagten verderblich. Auch hörte der Caesar die Verteidigung mit finsterer Miene an. Diese begann Cremutius, bereits entschlossen, das Leben zu

25 n. Chr.

verlassen, folgendermaßen: „Meine Worte, versammelte Väter, sind es, die man mir vorwirft. So ganz unschuldig bin ich, was mein Handeln betrifft. Doch jene Worte richteten sich nicht gegen den Princeps oder gegen den Vater des Princeps[59], für die das Majestätsgesetz gilt. Brutus und Cassius soll ich gelobt haben, deren Taten sehr viele dargestellt haben, aber keiner ohne ehrende Erwähnung gelassen hat. Titus Livius, ein Darsteller von erstklassiger Beredsamkeit und Zuverlässigkeit, hat Cn. Pompeius solches Lob gespendet, daß ihn Augustus einen Pompeianer nannte. Und dies tat ihrer Freundschaft keinen Eintrag. Scipio, Afranius[60], eben diesen Cassius, diesen Brutus nennt er nirgends Straßenräuber und Vatermörder, Namen, die ihnen heutzutage beigelegt werden, sondern oft hervorragende Männer. Des Asinius Pollio Schriften gedenken ihrer mit hoher Achtung. Messalla Corvinus[61] pries Cassius als seinen Oberfeldherrn, und beide blieben zeit ihres Lebens im Genuß ihres Reichtums und ihrer Ehren. Welch andere Antwort fand der Diktator Caesar auf das Buch von Marcus Cicero, in dem dieser Cato in den Himmel erhob? Keine andere, als daß er eine Gegenschrift verfaßte, wie bei einem Gerichtsverfahren[62]. Des Antonius Briefe, des Brutus Volksreden enthalten Schmähungen gegen Augustus, die zwar haltlos, aber doch äußerst scharf sind. Von Bibaculus und Catullus liest man Gedichte, die voll sind von Lästerungen gegen die Caesaren[63]. Aber selbst der vergöttlichte Iulius, selbst der vergöttlichte Augustus haben sie hingenommen und ihnen freien Lauf gelassen. Ob dies aus persönlicher Mäßigung oder aus Staatsklugheit geschah, will ich nicht ohne weiteres entscheiden. Denn was man unbeachtet läßt, das verliert seine Bedeutung; wenn man über eine Sache in Zorn gerät, erweckt man den Anschein, als fühle man sich getroffen.

(35) Von den Griechen will ich nicht reden. Nicht nur ihr Freimut, sondern auch ihre Frechheit blieb unbestraft. Oder falls jemand dagegen einschritt, so strafte er Worte mit Worten. Aber ganz ungehemmt und ohne irgendwie Widerspruch zu erregen, konnte man sich über diejenigen äußern, die der

Tod dem Hasse oder der Gunst entzogen hatte. Haben denn etwa Cassius und Brutus noch die Waffen in der Hand, und behaupten sie noch das Schlachtfeld von Philippi, und hetze ich für sie zum Zweck eines Bürgerkrieges das Volk in öffentlichen Reden auf? Oder haben nicht jene, die vor siebzig Jahren gefallen sind, so, wie sie uns aus ihren nicht einmal von dem Sieger vertilgten Bildern bekannt sind, ihren festen Platz in der geschichtlichen Darstellung? Jedem zollt die Nachwelt die Ehre, die ihm gebührt. Und es werden nicht wenige sein, die, wenn mich das Verdammungsurteil trifft, nicht nur des Cassius und Brutus, sondern auch meiner gedenken."

Dann verließ er die Senatssitzung und starb den freiwilligen Hungertod. Die Väter beschlossen, daß seine Bücher durch die Ädilen verbrannt werden sollten. Aber sie blieben erhalten, man versteckte sie und gab sie wieder heraus[64]. Um so mehr darf man über die Gedankenlosigkeit derer lachen, die, auf ihre augenblickliche Machtstellung bauend, glauben, es könne auch das Gedenken bei der Nachwelt ausgelöscht werden. Im Gegenteil, werden geistig hochstehende Männer bestraft, so erhöht sich ihr Ansehen. Und nichts anderes haben auswärtige Könige oder, wer sonst deren grausames Verfahren sich zu eigen gemacht hat, erreicht, als daß sie Schande auf sich luden, während sich jene Ruhm erwarben.

(36) Übrigens setzte sich die Reihe der Anklagen in diesem Jahre so ununterbrochen fort, daß sogar an den Tagen des Latinerfestes[65] Calpurnius Salvianus bei dem Stadtpräfekten Drusus[66], als dieser zur Übernahme seines Amtes das Tribunal betrat, eine Klage gegen Sextius Marius[67] vorbrachte. Dies mißbilligte der Caesar in aller Öffentlichkeit, und es führte zur Verbannung des Salvianus. Den Einwohnern von Cycicus wurde amtlich Vernachlässigung der Verehrung des Augustus[68] zum Vorwurf gemacht, und sie wurden zudem gewaltsamer Übergriffe gegenüber römischen Bürgern beschuldigt. Sie verloren ihre Freiheit, die sie sich im Kriege mit Mithridates durch ihr Verhalten während der Belagerung sowie dadurch verdient hatten, daß der König ebenso durch

ihre Standhaftigkeit wie durch das Entsatzheer des Lucullus geschlagen wurde. Aber Fonteius Capito, der als Prokonsul Asien verwaltet hatte, wurde freigesprochen, da es sich herausstellte, daß die Beschuldigungen des Vibius Serenus[69] gegen ihn erdichtet waren. Doch erwuchsen Serenus daraus keine nachteiligen Folgen. Der Haß im Volke festigte nur seine Stellung. Denn je schärfer ein Ankläger vorging, desto unantastbarer war seine Person. Nur die unbedeutenden und unbekannten Personen wurden bestraft.

(37) Um die gleiche Zeit schickte das jenseitige Spanien Gesandte an den Senat mit der Bitte, nach dem Beispiel Asiens einen Tempel für Tiberius und seine Mutter erbauen zu dürfen. Bei dieser Gelegenheit glaubte der Caesar, der ohnehin die Kraft besaß, auf Ehrungen zu verzichten, er solle denen antworten, die ihn in ihrem Gerede ehrgeiziger Neigungen beschuldigten, und hielt etwa folgende Rede: „Ich weiß, versammelte Väter, daß sehr viele mir einen Mangel an Charakterfestigkeit vorwerfen, weil ich den asiatischen Gemeinden kürzlich bei ihrem gleichen Ansuchen nicht entgegengetreten bin. Darum will ich die Rechtfertigung meines früheren Schweigens und die Haltung, die ich künftig einnehmen werde, zugleich darlegen. Da der vergöttlichte Augustus es nicht verhinderte, daß ihm und der Stadt Rom in Pergamum[70] ein Tempel errichtet werde, so bin ich, der ich alle seine Taten und Worte wie Gesetze beachte, dem vorliegenden Beispiel um so bedenkenloser gefolgt, weil mit der mir zugedachten Huldigung zugleich die Verehrung des Senats verbunden wurde. Wohl mag die einmalige Annahme verzeihlich sein, doch ehrsüchtig, ja überheblich wäre es, sich in allen Provinzen durch ein Götterbild heiligen zu lassen. Auch würde die Verehrung des Augustus verschwinden, wenn sie durch jegliche Art von Schmeichelei zur Alltäglichkeit würde.

(38) Ich, versammelte Väter, bezeuge vor euch, ich bin ein sterblicher Mensch, erfülle menschliche Pflichten und finde mein Genügen daran, wenn ich meinen Platz als Princeps ausfülle, und die Nachwelt soll sich dessen bewußt sein. Sie

trägt zu meinem Andenken genug und übergenug bei, wenn sie glaubt, daß ich mich würdig meiner Vorfahren, fürsorglich für euer Ergehen, standhaft in Gefahren und nicht ängstlich erwiesen habe, wo ich um des öffentlichen Wohles willen Anstoß erregen mußte. Das sind meine Tempel in euren Herzen, das sind die schönsten Standbilder, die nicht vergänglich sein werden. Denn die aus Stein errichteten werden ja, wenn sich das Urteil der Nachwelt in Haß verkehrt, mißachtet wie Gräber. Deshalb bitte ich die Bundesgenossen, die Bürger, ja die Götter selbst: diese, sie möchten mir bis an mein Lebensende ruhige Besonnenheit schenken, die erkennt, was vor Menschen und Göttern Recht ist, jene, sie möchten, wenn ich einmal aus dem Leben geschieden bin, mit Lob und gutem Gedenken meine Taten und meines Namens Ruf begleiten." Auch weiterhin beharrte er in vertraulichen Gesprächen auf der Ablehnung einer solchen Verehrung seiner Person. Dies deuteten die einen als Bescheidenheit, viele als mangelndes Selbstvertrauen, manche als niedrige Denkungsart, weil ja die Besten unter den Sterblichen sich die höchsten Ziele setzten. So seien Hercules und Liber bei den Griechen, Quirinus bei uns unter die Götter gezählt worden. Besser habe Augustus getan, der mit einer solchen Ehre[71] gerechnet habe. Alles andere stehe den Fürsten sofort zur Verfügung; nur auf das eine müßten sie unermüdlich ihr Streben richten: auf ein gefeiertes Andenken. Denn wer den Nachruhm mißachte, mißachte auch die Tugenden.

(39) Aber Seianus, den sein allzu großes Glück betörte und zugleich weibliche Begehrlichkeit aufstachelte, da Livia die versprochene eheliche Verbindung verlangte, verfaßte ein Schreiben an den Caesar. Denn damals herrschte der Brauch, auch wenn der Caesar in Rom anwesend war, sich schriftlich an ihn zu wenden. Das Schreiben hatte folgenden Inhalt: „Durch das Wohlwollen Deines Vaters Augustus und in der Folge durch sehr häufige Huldbeweise Deinerseits habe ich mich daran gewöhnt, meine Hoffnungen und meine Wünsche dem Princeps noch vor den Göttern zu Gehör zu bringen. Nie habe ich um glanzvolle Ehrenämter gebeten. Lieber

habe ich gewacht und mich abgemüht, wie nur einer der Soldaten, für das Wohlergehen des Imperators. Und doch habe ich das Herrlichste, das es gibt, erreicht: ich werde der verwandtschaftlichen Verbindung mit dem Caesar gewürdigt. Darauf baue ich meine Hoffnung. Und da ich gehört habe, daß Augustus bei der Verheiratung seiner Tochter[72] manchmal auch römische Ritter in seine Erwägungen einbezogen hat, so mögest Du, wenn man einen Gatten für Livia sucht, an einen Freund denken, der sich einzig mit der Ehre der verwandtschaftlichen Verbindung begnügen wird. Denn ich entziehe mich nicht den mir auferlegten Ämtern. Ich erachte es für genügend, wenn mein Haus gegen die ungerechten Anfeindungen Agrippinas gesichert wird, und zwar um meiner Kinder willen. Ich werde ja lang und überlang gelebt haben, wenn ich mein Leben unter einem solchen Fürsten beendige."

(40) Daraufhin lobte Tiberius die anhängliche Ergebenheit des Seianus, streifte nur kurz seine eigenen Gnadenerweise gegen ihn und fügte der Bitte, man möge ihm Zeit lassen, da er die Angelegenheit ganz unbefangen überdenken wolle, hinzu: Die übrigen Menschen bauen ihre Entschließungen darauf auf, was ihnen nach ihrer Meinung Nutzen bringt! Das Los der Fürsten unterscheide sich dadurch, daß sie sich in den wesentlichen Fragen nach der öffentlichen Meinung richten müssen. Deshalb greife er nicht zu der Ausflucht, die für seine Antwort naheliege: Livia könne ja selbst entscheiden, ob sie nach Drusus eine neue Ehe eingehen oder es auf sich nehmen wolle, in dem gleichen Hause weiterzuleben. Sie habe noch eine Mutter und eine Großmutter, Ratgeberinnen, die ihr näherstünden. Er wolle sich offener aussprechen: was zuerst die Feindschaft der Agrippina betreffe, so werde diese noch viel heftiger aufflammen, wenn die Heirat Livias das Haus der Caesaren gleichsam in zwei Parteien spalte. Auch so schon trete die Eifersucht beider Frauen offen zutage, und in diese Zwietracht würden seine Enkel mit hineingerissen. Was solle erst werden, wenn durch eine solche Ehe der Streit noch verstärkt werde? „Du täuschest dich ja, Seianus, wenn du glaubst, du werdest in dem gleichen Stande

bleiben können und Livia, die zuerst mit C. Caesar und dann mit Drusus verheiratet war, werde es sich gefallen lassen, an der Seite eines römischen Ritters alt zu werden. Angenommen auch, ich ließe es zu, glaubst du, diejenigen werden es hinnehmen, die ihren Bruder, ihren Vater und unsere Vorfahren in der höchsten Machtstellung gesehen haben? Zwar ist es dein Wunsch, dich auf diesen deinen Rang zu beschränken; aber jene Staatsbeamten und maßgebenden Persönlichkeiten, die gegen deinen Willen sich bei dir eindrängen und alle möglichen Fragen an dich richten, machen kein Hehl daraus, daß du schon längst über den hohen Rang eines Ritters hinausgewachsen bist und die Freundschaften, wie sie mein Vater pflegte, weit in den Schatten gestellt hast. Aus Neid gegen dich erheben sie auch gegen mich Vorwürfe. Freilich hat Augustus daran gedacht, seine Tochter einem römischen Ritter zu geben. Es ist wahrhaftig erstaunlich, wenn Augustus, der doch in alle möglichen Sorgen verstrickt war und voraussah, welch gewaltigen Aufstieg der nehme, den er durch eine solche Verbindung über andere erhebe, einen C. Procullius und manche sonstigen Persönlichkeiten gesprächsweise erwähnte, die sich durch eine beschauliche Lebensführung auszeichneten und sich in keine Staatsgeschäfte mischten. Aber, wenn schon das Zögern des Augustus uns zu denken gibt, wieviel schwerer wiegt es, daß er seine Tochter dem Marcus Agrippa und hernach mir zur Frau gab? Und das ist es, was ich dir als meinem Freund nicht verhehlt habe. Im übrigen werde ich weder deinen Absichten noch denen Livias im Wege stehen. Die Pläne, mit denen ich mich beschäftige, durch welche Bande ich dich sonst noch an mich zu fesseln beabsichtige, will ich für jetzt beiseite lassen. Nur das möchte ich dir eröffnen; nichts ist so hoch, daß du es nicht durch deine Verdienste und deine Gesinnung mir gegenüber verdient hättest. Ist die Zeit gekommen, werde ich darüber, sei es im Senat oder in der Volksversammlung, nicht schweigen."

(41) Seianus seinerseits, dessen Befürchtungen sich schon nicht mehr allein auf seine Heirat richteten, sondern bereits höheren Wünschen galten, verwahrte sich dagegen, daß man

stillen Verdächtigungen, dem Stadtklatsch und den Stimmen des Neides, die über ihn herfielen, Gehör schenke. Und um nicht durch Einschränkung der Gesellschaften, die er in seinem Hause häufig gab, seinen Einfluß zu schwächen oder durch ihre Zulassung den Beschuldigungen Vorschub zu leisten, verfiel er darauf, Tiberius zu veranlassen, in anmutigen Gegenden, fern von Rom, sein Leben zu verbringen. Denn er versprach sich davon viele Vorteile: bei ihm werde es liegen, wer bei Tiberius vorgelassen werde, und auch der schriftliche Verkehr werde zum großen Teil durch seine Hand gehen, da dieser durch Soldaten vermittelt werde. Bald werde der Caesar, dessen Leben sich ohnehin schon dem Ende zuneige, in der Abgeschiedenheit mürbe gemacht, bereitwilliger die Regierungsgeschäfte abgeben. Auch werde die gehässige Stimmung gegen ihn selbst abnehmen, wenn der großen Masse der Besucher der Zugang verwehrt sei, und indem das leere Getue wegfalle, werde seine wirkliche Macht wachsen. Und so schalt er allmählich auf die Geschäfte in der Hauptstadt, auf die Zudringlichkeit des Volkes, auf die Menge der Besucher und pries dafür die Ruhe und Einsamkeit, wo man frei sei von lästigen Widerwärtigkeiten und sich den wesentlichen Aufgaben am besten widmen könne.

(42) Und zufällig fand in jenen Tagen der Prozeß gegen Votienus Montanus[73], einen geistig hochstehenden Mann, statt und brachte den schon schwankenden Tiberius vollends dazu, die Versammlungen der Väter zu meiden und sich den Äußerungen zu entziehen, die sehr oft mit bedrückender Wahrheit in seiner Gegenwart sich gegen ihn richteten. Denn als Votienus wegen Beleidigungen des Caesaren vor Gericht gestellt war und Aemilius, ein gewöhnlicher Soldat, als Zeuge im Eifer der Beweisführung umfassende Aussagen machte und trotz dem lärmenden Widerspruch mit großer Hartnäckigkeit darauf beharrte, mußte Tiberius die Beschimpfungen, mit denen man ihn sonst im geheimen herunterriß, mit anhören. Er war davon so erschüttert, daß er laut rief, er werde sich jetzt sofort oder im Laufe der Untersuchung rechtfertigen, und sich nur mit Mühe durch die Bitten seiner nächsten

Umgebung und durch die Schmeichelei aller Anwesenden beruhigen ließ. Votienus wurde wegen Majestätsverbrechens bestraft. Der Caesar verharrte um so eigensinniger in seiner Hartherzigkeit, die man ihm gegenüber Angeklagten vorwarf, und bestrafte die des Ehebruchs mit Varius Ligus[74] beschuldigte Aquilia mit Verbannung, obgleich der designierte Konsul Lentulus Gaetulicus sie auf Grund des Iulischen Gesetzes[75] verurteilt hatte. Den Apidius Merula strich er aus der Senatsliste, weil er auf die Regierungshandlungen des vergöttlichten Augustus nicht den Eid geleistet hatte[76].

(43) Darauf wurden die Gesandtschaften der Lacedämonier und Messenier angehört. Es ging um den rechtlichen Anspruch auf den Tempel der Diana Limnatis[77], von dem die Lacedämonier unter Berufung auf geschichtliche Überlieferung und Lieder von Dichtern behaupteten, er sei von ihren Vorfahren und auf ihrem Grund und Boden geweiht worden. Aber er sei ihnen von dem Macedonier Philipp, mit dem sie Krieg geführt hätten, mit Waffengewalt weggenommen und später durch die Entscheidung des C. Caesar und M. Antonius zurückgegeben worden. Dagegen brachten die Messenier vor: vor alters sei unter den Nachkommen des Hercules die Peloponnes geteilt worden und ihrem König sei der Denthaliatische Bezirk, in dem sich dieser Tempel befinde, zugefallen. Davon zeugten noch Inschriften in Stein und auf uralten Erztafeln. Wenn man sie dazu aufrufe, urkundliche Belege von Dichtern und Jahrbüchern vorzuweisen, so könnten sie über zahlreichere und gewichtigere verfügen. Auch habe Philipp seine Entscheidung nicht auf Grund seiner Macht getroffen, sondern der Wirklichkeit Rechnung getragen. Und ebenso habe der König Antigonus, ebenso der Oberfeldherr Mummius[78] geurteilt. So hätten die Milesier, als ihnen amtlich die Schiedsrichterrolle übertragen war, und zuletzt Atidius Geminus, der Prätor von Achaia, entschieden. Dennoch fiel die Entscheidung zugunsten der Messenier. Auch die Segestaner erschienen und forderten, man solle den verfallenen Tempel der Venus auf dem Berge Eryx[79] wieder instand setzen, wobei sie die bekannte, für

Tiberius' Ohren schmeichelhafte Sage von dessen Ursprung vorbrachten. Er übernahm diese Aufgabe gerne als Blutsverwandter. Dann wurde das Ersuchen der Massilienser[80] behandelt, wobei man sich auf den Vorgang des P. Rutilius[81] berief. Denn dieser war kraft Gesetzes verbannt[82] worden, und die Smyrnäer[83] hatten ihn als Bürger aufgenommen. In der gleichen Rechtslage hatte Vulcacius Moschus[84], der von Massilia aufgenommen worden war, sein Vermögen diesem Gemeinwesen, als ob es seine Vaterstadt wäre, hinterlassen.

(44) In diesem Jahr starben die beiden angesehenen Männer Cn. Lentulus und L. Domitius[85]. Abgesehen von dem Konsulat und den Triumphinsignien für die Besiegung der Geten, hatte sich Lentulus durch seine mit Anstand ertragene Armut und hernach durch seinen redlich erworbenen und maßvoll verwendeten großen Reichtum Ruhm erworben. Domitius konnte sich eines Vaters rühmen, der im Bürgerkrieg die See beherrscht hatte, bis er sich an die Partei des Antonius und dann an die des Caesaren anschloß. Sein Großvater war in der Schlacht bei Pharsalus auf der Seite der Optimaten gefallen. Er selbst wurde zum Gemahl der jüngeren Antonia[86], der Tochter der Octavia, ausersehen, überschritt später mit einem Heere die Elbe und drang tiefer in Germanien ein als irgendeiner seiner Vorgänger. Wegen dieser Erfolge erlangte er die Triumphinsignien. Auch L. Antonius starb, der einem hochberühmten, aber unglücklichen Geschlecht angehörte. Denn als sein Vater Iullus Antonius[87] wegen des Ehebruchs mit Iulia mit dem Tode bestraft worden war, entfernte Augustus den noch ganz jungen Sohn, den Enkel seiner Schwester, in die Stadt Massilia, angeblich damit er dort studiere, während damit nur das Wort „Verbannung" beschönigt werden sollte. Doch wurde ihm ein ehrenvolles Begräbnis zuteil, und seine Gebeine wurden in dem Grabhügel der Octavier laut Senatsbeschluß beigesetzt.

(45) Unter denselben Konsuln wurde in dem diesseitigen Spanien von einem Bauern aus dem Stamme der Termesti-

ner[88] ein brutales Verbrechen verübt. Er fiel über den Prätor der Provinz, L. Piso, der — es herrschte ja Frieden — ganz unbesorgt sich auf einer Reise befand, unversehens her und ermordete ihn mit einem einzigen Hieb. Dank seinem schnellen Pferde konnte er entfliehen. Als er ein Waldgebiet erreicht hatte, ließ er sein Pferd laufen und entzog sich seinen Verfolgern in dem abschüssigen, unwegsamen Gelände. Doch kam man ihm bald auf die Spur. Man fing sein Pferd ein und führte es in den nächstgelegenen Dörfern umher. So stellte man den Eigentümer fest. Als man ihn aufgefunden hatte, wollte man ihn auf der Folter zur Angabe seiner Spießgesellen zwingen. Doch er schrie mit lauter Stimme in der Landessprache, alles Fragen sei vergeblich. Seine Genossen sollten sich nur dazustellen und zuschauen, kein Schmerz werde stark genug sein, die Wahrheit aus ihm herauszulocken. Als er dann am nächsten Tag erneut zum Verhör geschleppt wurde, riß er sich von seinen Wächtern los und schmetterte seinen Kopf mit solcher Kraft an einen Felsen, daß er sofort sein Leben aushauchte. Doch nimmt man an, Pisos Ermordung sei eine hinterlistige Tat der Termestiner gewesen. Denn er trieb unterschlagene Gemeindegelder strenger, als es Barbaren ertragen, ein.

(46) Unter dem Konsulat des Lentulus Gaetulicus und C. Calvisius wurden Poppaeus Sabinus[89] die Triumphinsignien zuerkannt. Er hatte thracische Stämme, die in ihrer Bergwildnis Widerstand leisteten, niedergeworfen. Den Anlaß zu der Erhebung bildete, abgesehen von ihrer Stammesart, der Widerstand gegen Aushebungen und die Forderung, ihre kräftigsten Leute für den Kriegsdienst bei uns zur Verfügung zu stellen, wie sie denn gewohnt waren, auch ihren Königen nur zu gehorchen, wenn es ihnen gerade paßte, oder, wenn sie Hilfstruppen schickten, diese unter eigene Führung zu stellen und nur gegen ihre Grenznachbarn Krieg zu führen. Und damals hatte sich das Gerücht verbreitet, sie würden aufgeteilt und, unter andere Völkerschaften vermischt, in entlegene Länder verschleppt werden. Doch bevor sie die Waffen erhoben, schickten sie Gesandte, um ihre Freundschaft

26 n. Chr.

und ihren Gehorsam zu bezeugen, die von dauerndem Bestand sein würde, wenn man ihnen nicht neue Lasten aufbürde; wenn man ihnen aber, wie einem besiegten Volk, mit Knechtschaft drohe, so hätten sie Schwerter und Kämpfer und entschlossenen Mut zur Freiheit oder zum Tode. Dabei wiesen sie auf ihre Felskastelle hin, auf die sie ihre Eltern und Gattinnen gebracht hatten, und drohten mit einem schwierigen, blutigen Kleinkrieg.

(47) Aber Sabinus gab eine entgegenkommende Antwort und zog inzwischen sein Heer zusammen. Als Pomponius Labeo[90] von Mösien aus mit einer Legion und der König Rhoemetalces mit einem Hilfskorps seiner treugebliebenen Landsleute angekommen waren, vereinigte er diese mit der ihm zur Verfügung stehenden Truppe und zog gegen den Feind, der sich schon in den engen Gebirgspässen aufgestellt hatte. Einige, die besonders kühn waren, sah man auch auf dem frei liegenden Hügelgelände. Gegen diese führte der römische Feldherr seine Truppe in Kampfformation heran und vertrieb sie ohne besondere Mühe, wobei die Barbaren nur geringe Verluste erlitten, da sie sich in ihre nahen Schlupfwinkel zurückziehen konnten. Dann legte er an Ort und Stelle ein befestigtes Lager an und besetzte mit einer starken Abteilung einen Berg, dessen schmaler Rücken sich eben bis zu dem nächstgelegenen Kastell hinzog, das teils von einer starken, richtig bewaffneten Truppe, teils von einem ungeordneten Haufen verteidigt wurde. Zugleich schickte er gegen die Kühnsten, die vor dem Wall nach ihrer Landessitte singend und tanzend umhersprangen, auserlesene Pfeilschützen vor. Solange sich diese nur aus der Ferne am Kampf beteiligten, verursachten sie zahlreiche Verluste, ohne selbst solche zu erleiden. Als sie aber näher heranrückten, wurden sie durch einen plötzlichen Ausfall verjagt, wobei sie durch eine Sugambrische Kohorte[91] unterstützt und aufgefangen wurden. Der römische Heerführer hatte diese als einsatzbereite Kampftruppe, die ebenso durch ihre Kriegsgesänge wie durch ihren Waffenlärm einen grimmigen Eindruck erweckte, in der Nähe aufgestellt.

(48) Dann wurde das Lager nahe an den Feind verlegt. Man ließ in den bisherigen Befestigungen die Thracer zurück, die, wie oben schon berichtet[92], auf unserer Seite standen. Ihnen wurde gestattet, zu sengen und zu brennen und zu rauben. Nur mußte sich das Plündern auf den Tag beschränken, während sie die Nacht im Lager zubringen und es sichern und bewachen sollten. Diese Anordnung wurde zuerst eingehalten. Dann aber gaben sie sich dem Wohlleben hin, bereicherten sich durch ihre Raubzüge, vernachlässigten die Bewachung, veranstalteten ausgelassene Gastereien oder lagen schlafend und betrunken umher. Als nun der Feind von ihrem sorglosen Treiben erfuhr, bildete er zwei Kampfgruppen, von denen die eine über die Plünderer herfallen, die andere das römische Lager angreifen sollte, nicht etwa in der Hoffnung, es zu erobern, sondern jeder sollte bei dem Kampfgeschrei und dem Geschoßhagel nur an seine persönliche Gefahr denken und den Lärm der anderen Schlacht nicht vernehmen. Außerdem wählte man die Nachtzeit, um die Furcht zu vermehren. Diejenigen, die den Wall der Legionen angriffen, wurden ohne Mühe zurückgeworfen, aber die thracischen Hilfstruppen wurden, durch den plötzlichen Überfall in Schrecken versetzt, zum Teil bei den Befestigungen, an denen sie umherlagen, zum größeren Teil, während sie sich draußen herumtrieben, niedergemacht, was mit um so größerer Erbitterung geschah, weil man sie beschuldigte, sie trügen ihre Waffen als Überläufer und Verräter zu ihrem und ihres Vaterlandes Knechtschaft.

(49) Am folgenden Tag ließ Sabinus sein Heer auf ebenem Gelände aufmarschieren. Er wollte sehen, ob etwa die Barbaren, durch den nächtlichen Erfolg ermutigt, einen Kampf wagten. Doch als sie von dem Kastell und den anstoßenden Hügeln nicht herunterkamen, begann er die Belagerung zunächst von Stützpunkten aus, deren Anlage bereits im Gange war. Dann ließ er einen fortlaufenden Graben mit einer Brustwehr in einem Umkreis von viertausend Schritten anlegen. Darauf zog er die Umfassungslinie mit ihren Sperriegeln allmählich enger zusammen, um die Belagerten von Wasser und

Futter abzuschneiden. Auch wurde ein Damm errichtet, um von ihm Steine, Speere und Feuerbrände auf den nun schon nahen Feind zu schleudern. Doch nichts setzte diesem so sehr zu wie der Durst, da für eine so große Menge von Kämpfern und Nichtkämpfern nur noch eine einzige Quelle zur Verfügung stand. Zugleich verendeten die Pferde und Rinder, die sich nach der Sitte der Barbaren bei den Eingeschlossenen befanden, infolge Futtermangels. Daneben lagen tote Menschen, die ein Opfer der Verwundungen und des Durstes geworden waren. Alles war durch Verwesungsgeruch verpestet, und ansteckende Seuchen gingen um. Und zu der drangvollen Lage gesellte sich als größtes Übel die Uneinigkeit: die einen wollten die Übergabe, die andern sich gegenseitig niederstechen. Manche rieten auch, nicht ungerächt umzukommen, sondern einen Ausfall zu machen.

(50) Und nicht nur bei den niederen Dienstgraden herrschten diese Meinungsverschiedenheiten, sondern einer der Anführer, namens Dinis, ein Mann in vorgeschrittenem Alter, der in langer Erfahrung die römische Macht und Milde kennengelernt hatte, legte dar, man müsse die Waffen niederlegen, was das einzige Rettungsmittel in ihrer hoffnungslosen Lage sei. Er war der erste, der sich mit Frau und Kindern dem Sieger ergab. Es folgten ihm die wegen Alters oder Geschlechtes Schwachen sowie alle, denen ihr Leben lieber war als der Ruhm. Aber die wehrfähige Mannschaft schied sich in zwei Gruppen, für Tarsa oder für Turesis. Beide waren entschlossen, ihr Leben für die Freiheit zu opfern. Allein Tarsa rief, man müsse das Ende beschleunigt herbeiführen und sich von Hoffnung und Furcht zugleich losreißen. Er gab dazu das Beispiel, indem er sich das Schwert in die Brust stieß. Und es waren nicht wenige, die auf die gleiche Weise den Tod fanden. Turesis wartete mit seiner Gruppe die Nacht ab, was unserem Heerführer nicht unbekannt blieb. Daher wurden die Feldwachen mit verstärkter Mannschaft dichter aufgestellt. Bei Beginn der Nacht kam es zu schweren Regengüssen. Durch ihr Lärmen und Schreien und dann wieder durch tiefe Stille hatten die Feinde die Belagerer schon irre-

geführt. Da machte Sabinus bei seinen Leuten die Runde, ermahnte sie, sich nicht durch den irreführenden Lärm oder die täuschende Ruhe dazu bringen zu lassen, dem Feind in eine Falle zu gehen, sondern jeder solle unverrückt auf seinem Posten ausharren und nicht blindlings sein Geschoß werfen.

(51) Inzwischen stürmten die Barbaren haufenweise herunter und warfen auf den Wall Steine aus der Hand, Pfähle mit feuergehärteter Spitze und abgehauenes Hartholz. Zugleich füllten sie mit Strauchwerk, Reisigbündeln und Leichen die Gräben. Einige trugen Brücken und Leitern, die sie vorher angefertigt hatten, gegen die Brustwehren vor, ergriffen sie, rissen sie ein und drangen Mann gegen Mann auf die Verteidiger ein. Die römischen Soldaten dagegen stießen sie mit ihren Waffen herunter, rückten ihnen mit den Schildbuckeln auf den Leib, warfen ihre Mauerlanzen[93] und wälzten wuchtige Steine, die sie zusammengetragen hatten, herab. Die Hoffnung, den Sieg schon in Händen zu halten, und die noch brennendere Schande, die ihrer im Falle des Weichens harrte, steigerten ihren Mut; dazu kamen die Erkenntnis, daß es nur noch den einen Weg zur Rettung gebe, und zugleich der Anblick der vielen Mütter und Gattinnen, die jammernd dastanden. Die Nacht ließ die Kühnheit oder auch die Angst wachsen. Beim Zustoßen hatte man kein sicheres Ziel und konnte sich gegen das Getroffenwerden nicht vorsehen. Auch war es nicht möglich, Freund und Feind zu erkennen, und die von den Bergwänden widerhallenden Rufe der Feinde, die wie vom Rücken kommend klangen, hatten eine derartige Verwirrung verursacht, daß die Römer einige Befestigungen, als wäre der Feind eingebrochen, aufgaben. Doch waren es nur ganz wenige Feinde, die durchbrachen. Die übrigen wurden, als die Tapfersten schon niedergeschlagen oder verwundet waren, mit Tagesanbruch auf die höchste Erhebung des Kastells zurückgedrängt, wo sie endlich zur Übergabe gezwungen wurden. Die Umgegend wurde im Einvernehmen mit der Bevölkerung besetzt. Den übrigen kam der frühe und harte Winter in dem Haemusgebirge zustatten und

bewahrte sie vor der Unterwerfung durch Gewalt oder durch Belagerung.

(52) In Rom kam es zu einer Erschütterung des fürstlichen Hauses, die das erste Glied in der Kette der Machenschaften zu Agrippinas Verderben bilden sollte: Claudia Pulchra[94], ihre Base, wurde auf die Anklage von Domitius Afer hin vor Gericht gestellt. Dieser Mann, der erst kürzlich Prätor geworden war, in bescheidenem Ansehen stand, aber darauf aus war, um jeden Preis sich schnell einen Namen zu machen, erhob gegen sie den Vorwurf unsittlichen Lebenswandels, des Ehebruchs mit Furnius sowie der Giftmischerei und Zauberei, die sich gegen den Princeps richte. Agrippina, stets von ihrer Leidenschaftlichkeit beherrscht und jetzt, angesichts der Gefahr, in der sich ihre Verwandte befand, zornentbrannt, eilte zu Tiberius und traf ihn an, wie er gerade seinem Vater ein Opfer darbrachte. Dies gab ihr gleich Anlaß, mit erbitterten Vorwürfen zu beginnen: es reime sich nicht zusammen, dem vergöttlichten Augustus Opfer darzubringen und zugleich seine Nachkommen zu verfolgen. Nicht in stumme Bildnisse sei sein göttlicher Geist übergegangen, sondern sie sei sein leibhaftes Ebenbild, sie sei aus göttlichem Blut entsprossen, sie wisse um die Gefahr, in der sie schwebe, und hülle sich in Trauerkleidung. Umsonst werde Pulchra vorgeschoben, deren Verderben einzig und allein daher rühre, daß sie sich in recht unkluger Weise Agrippina für ihre Verehrung ausgesucht und dabei vergessen habe, daß Sosia[95] aus demselben Anlaß ins Unglück geraten sei. Diese Worte entlockten seinem sonst verschlossenen Herzen eine seiner seltenen Äußerungen. Er faßte sie an der Hand und bedeutete ihr mit einem griechischen Vers[96], darin liege doch keine Kränkung, daß sie nicht auf dem Throne sitze. Pulchra und Furnius wurden verurteilt, Afer unter die Redner ersten Ranges eingereiht, da sich der Ruf seines Talentes verbreitete und der Caesar diesen noch dadurch bekräftigte, daß er ihn einen Redner eigener Prägung nannte. In der Folge bewies die Art, wie er die Anklagen oder die Verteidigung von Angeklagten übernahm, daß sein Ruf als Redner besser war als der seines Charakters.

Nur litt auch seine Beredsamkeit gegen Ende seines Lebens stark darunter, daß er sich trotz seinem erlahmten Geiste nicht zum Schweigen verstehen konnte.

(53) Aber als Agrippina, die in ihrer Erbitterung verharrte und zudem krank darniederlag, von dem Caesar besucht wurde, gab sie sich zuerst lange Zeit stummem Weinen hin und bat ihn dann unter bitteren Vorwürfen, er möge ihr in ihrer Verlassenheit zur Seite stehen und ihr einen Gemahl geben. Sie sei immer noch jung genug, und eine ehrbare Frau finde nur in der Ehe Trost. Es gebe in der Bürgerschaft genug Männer, die es sich zur Ehre anrechnen würden, die Gattin des Germanicus mitsamt seinen Kindern zu sich zu nehmen. Doch der Caesar, der sich über die politische Tragweite dieser Bitte im klaren war, aber Unwillen oder Furcht nicht verraten wollte, verließ sie trotz ihrem Drängen ohne Bescheid. Dieser Vorfall ist von den Geschichtsschreibern nicht überliefert; aber ich habe ihn in den Denkwürdigkeiten der Tochter Agrippinas, der Mutter des Princeps Nero, gefunden, worin sie ihr eigenes Leben und das Schicksal der Ihrigen für die Nachwelt aufgezeichnet hat.

(54) Übrigens brachte Seianus Agrippina, die unvorsichtig ihrer Trauer Ausdruck gab, in noch tiefere Not. Er stiftete Leute an, die ihr unter dem Schein der Freundschaft warnend mitteilten, man plane, sie zu vergiften; sie solle es vermeiden, bei ihrem Schwiegervater zu speisen. Und als sie, unfähig, sich zu verstellen, neben ihm bei Tische saß, ließ sie sich durch keine Miene und kein Gespräch anders stimmen und berührte keine Speise, bis Tiberius es merkte, sei es zufällig oder weil er den Grund gehört hatte. Und um noch näher auf die Spur zu kommen, lobte er die eben aufgetragenen Früchte und reichte sie eigenhändig seiner Schwiegertochter. Dies vermehrte noch den Argwohn Agrippinas, und ohne davon zu kosten, reichte sie diese den Dienern. Dennoch richtete Tiberius unmittelbar darauf kein Wort an sie, sondern wandte sich seiner Mutter zu und sagte, es wäre nicht absonderlich, wenn er strenger gegen die verfahren werde, die ihn der Giftmischerei verdächtige. Daraus entstand das Gerücht, man habe es auf

ihren Sturz abgesehen. Der Imperator wage diesen zwar nicht in der Öffentlichkeit, aber man suche nach einer Gelegenheit, im geheimen ihn durchzuführen.

(55) Der Caesar indessen besuchte, um das Gerede davon abzulenken, häufig die Senatssitzungen und hörte sich mehrere Tage lang die Gesandtschaften von Asien an, die sich darum stritten, in welcher Gemeinde ein Tempel errichtet werden solle. Elf Städte wetteiferten miteinander, alle mit gleichem Bemühen, aber nicht mit gleichem Gewicht. Was sie vorbrachten, lag nicht weit auseinander: das Alter ihres Stammes, ihr Eintreten für das römische Volk in den Kriegen mit Perseus, Aristonicus und anderen Königen[97]. Die Städte Hypaepa und Tralles, zusammen mit Laodicea und Magnesia[98], wurden als zuwenig leistungsfähig übergangen. Auch die Einwohner von Ilium[99], die sich auf Troia als Roms Mutterstadt beriefen, konnten nur ihre ruhmvolle alte Geschichte in die Waagschale werfen. Kurze Zeit war man schwankend, weil die Halicarnasser behauptet hatten, zwölfhundert Jahre hindurch habe ihre Stadt nie ein Erdbeben erlitten und die Fundamente des Tempels würden auf natürlichem Felsboden stehen. Von den Pergamenern nahm man an, sie seien ausreichend schon durch den dort für Augustus errichteten Tempel — eben darauf stützten sie ihr Verlangen — bedacht. Die Bürger von Ephesos und Milet schienen, dort mit dem Kult des Apollo, hier mit dem der Diana, genug in Anspruch genommen zu sein. So beschränkte sich die Wahl auf Sardes oder Smyrna. Die Sardianer lasen eine Urkunde aus Etrurien vor, um sich als Blutsverwandte der Etrusker zu erweisen. Tyrrhenus und Lydus, die Söhne des Königs Atys, hätten wegen der großen Bevölkerungszahl ihr Volk geteilt; Lydus sei in dem Heimatland geblieben, Tyrrhenus sei das Los zugefallen, neue Wohnsitze zu begründen. Und nach den Namen ihrer Führer hätten sie ihre Benennungen erhalten, die einen in Asien, die andern in Italien. Die Macht der Lyder sei noch dadurch gewachsen, daß sie Volksteile nach Griechenland ausschickten, das hernach von Pelops seinen Namen erhielt[100]. Zugleich wiesen sie auf schriftliche

Dokumente von Oberfeldherren und auf die mit uns geschlossenen Bündnisse in dem macedonischen Krieg, auf die Ergiebigkeit ihrer Flüsse, ihr mildes Klima und auf die allseitige Fruchtbarkeit ihres Landes hin.

(56) Die Smyrnäer dagegen griffen auf ihre uralte Vergangenheit zurück, sei es, daß Tantalus, der Sohn Iuppiters, ihr Gründer sei oder Theseus, ebenfalls von göttlicher Abstammung, oder irgendeine der Amazonen; dann gingen sie — worauf sie sich am meisten stützten — auf ihre dem römischen Volk erwiesenen Dienste über, auf ihre Seemacht, die sie nicht nur für auswärtige Kriege, sondern auch für die eingesetzt hätten, die in Italien durchzustehen waren[101]. Sie seien die ersten gewesen, die der Stadt Rom einen Tempel errichtet hätten, und zwar unter dem Konsul M. Porcius[102] und zu einer Zeit, da die Macht des römischen Volkes schon groß war, aber noch nicht ihren Höhepunkt erreicht hatte, weil ja noch die punische Stadt stand und Asiens Könige stark waren. Zugleich führten sie L. Sulla als Zeugen dafür an, daß auf die Meldung von der schweren Notlage seines Heeres infolge des harten Winters und des Mangels an Kleidungsstücken in der Volksversammlung von Smyrna alle Anwesenden ihre Gewänder abnahmen und sie unseren Legionen schickten[103]. So gaben die Väter, um ihre Meinung befragt, den Smyrnäern den Vorzug. Vibius Marsus beantragte, man solle M'. Lepidus[104], dem diese Provinz zugefallen war, einen überzähligen Legaten beigeben, der den Tempelbau in die Hand nehmen solle. Und weil Lepidus es aus Bescheidenheit ablehnte, die Wahl persönlich vorzunehmen, wurde der gewesene Prätor Valerius Naso auserlost und dorthin gesandt.

(57) Inzwischen führte der Caesar seinen schon lange erwogenen und immer wieder aufgeschobenen Plan durch und reiste nach Campanien ab, angeblich um in Capua einen Tempel für Iuppiter, bei Nola[105] einen für Augustus einzuweihen. In Wirklichkeit aber war er fest entschlossen, von jetzt an fern von Rom zu leben. Obgleich ich die Ursachen seines Weggangs im Anschluß an die meisten Quellen auf die

Machenschaften des Seianus zurückgeführt habe, bewegt mich doch sehr häufig — er hat ja nach dessen Hinrichtung noch weitere sechs Jahre ununterbrochen in der gleichen Abgeschiedenheit verbracht — die Frage, ob man nicht richtiger den Grund bei ihm selbst zu suchen habe, und zwar in seinem Bemühen, seine Grausamkeit und seine Wollust, die er in seinen Handlungen offen erkennen ließ, an entlegenen Plätzen zu verbergen. Manche glaubten auch, er habe sich im Alter wegen seines körperlichen Zustandes geschämt. Denn seine hochaufgeschossene Gestalt war übermäßig hager und gebeugt. Sein Scheitel war kahl, sein Gesicht voller Ausschlag und meistens mit Pflastern beklebt. In der Abgeschiedenheit von Rhodus hatte er sich daran gewöhnt, Gesellschaften zu meiden und seine sinnlichen Gelüste zu verbergen. Auch wird überliefert, die Unbeherrschtheit seiner Mutter, die er als Mitregentin ablehnte und doch nicht abweisen konnte, weil er die Herrschaft selbst von ihr als Geschenk erhalten hatte, habe ihn fortgetrieben. Denn Augustus hatte es sich überlegt, ob er nicht Germanicus, den allgemein gefeierten Enkel seiner Schwester, über das römische Reich setzen solle. Aber den Bitten seiner Gemahlin nachgebend, ließ er Tiberius den Germanicus adoptieren und adoptierte selbst den Tiberius. Dies war es, was Augusta ihm vorwarf und was sie Forderungen erheben ließ.

(58) Die Abreise vollzog sich mit kleinem Gefolge; nur ein einziger Senator, der ehemalige Konsul Cocceius Nerva[106], ein rechtskundiger Mann, war dabei und, abgesehen von Seianus, sonst kein vornehmer römischer Ritter außer Curtius Atticus[107]. Die übrigen Begleiter waren Gelehrte, meistens Griechen, deren Gespräche zu seiner Unterhaltung beitragen sollten. Sternkundige Leute behaupteten, Tiberius habe unter einer Konstellation Rom verlassen, die ihm die Rückkehr versagte. Dies wurde für viele zum Verderben, die sein nahes Lebensende vermuteten und dies ausschwatzten. Denn sie sahen nicht den so unglaublichen Fall voraus, daß er elf Jahre freiwillig von seiner Vaterstadt fernbleiben würde. Bald stellte es sich auch heraus, daß diese Wahrsage-

rei mit Trug sich nahe berührte und wie tief die Wahrheit sich in Dunkel hüllte. Denn daß er nicht mehr in die Stadt zurückkehren werde, war nicht etwa eine Prophezeiung von ungefähr: in allem andern aber fehlte es ihnen an einer richtigen Erkenntnis, da er sich in der nahen Umgebung der Stadt auf dem Lande oder am Meeresstrande und oft vor den Mauern Roms aufhielt und ein sehr hohes Alter erreichte.

(59) Zufällig geriet der Caesar in jenen Tagen in Lebensgefahr, die dem leeren Gerede neue Nahrung und ihm selbst Veranlassung gab, noch stärker auf die Freundschaft und Zuverlässigkeit von Seianus zu vertrauen. Sie speisten auf einem Landsitz namens Spelunca[108], zwischen dem Amunclanischen Meer und den Fundaner Bergen[109] in einer natürlichen Grotte. An ihrem Eingang wurden plötzlich einige Diener durch herabfallende Steine verschüttet. Allgemeiner Schrecken und Flucht der Teilnehmer an dem Essen! Seianus beugte sich mit Knien, Gesicht und Händen über den Caesar und stemmte sich gegen den Steinregen. In dieser Haltung trafen ihn die Soldaten an, die zu Hilfe kamen. Seitdem stand er noch größer da, und so verderblich auch seine Ratschläge waren, er wurde vertrauensvoll angehört als ein Mann, der um sich selbst nicht besorgt war. Auch spielte er den Richter gegenüber den Nachkommen des Germanicus, indem er Leute vorschob, die als Ankläger auftreten und sich in erster Linie auf Nero stürzen sollten, den nächsten Anwärter auf die Nachfolge. Bei aller jugendlichen Bescheidenheit vergaß dieser doch gewöhnlich, was im gegebenen Augenblick tunlich war, da er von Freigelassenen und Klienten, die rasch an die Macht kommen wollten, sich dazu drängen ließ, sich stolz und selbstbewußt zu zeigen. So wolle es das römische Volk, so wünsche es das Heer, und Seianus, der jetzt mit der Duldsamkeit des Greises und der Schlaffheit des Jünglings gleichermaßen sein Spiel treibe, werde nichts dagegen unternehmen.

(60) Wenn Nero dies und ähnliches hörte, dachte er zwar an nichts Böses. Doch ließ er bisweilen trotzige und unbedachte Äußerungen fallen, die von den ihm beigegebenen Aufpassern aufgefangen und übertrieben hinterbracht wurden, ohne

daß er die Möglichkeit der Verteidigung erhielt. Dazu ergaben sich noch beunruhigende Vorkommnisse verschiedener Art: der eine vermied es, ihm zu begegnen, andere erwiderten zwar seinen Gruß, aber wandten sich dann sofort ab, die meisten brachen das begonnene Gespräch ab; wenn es sich dagegen um Anhänger des Seianus handelte, stellten sich diese dazu und lachten über ihn. Tiberius freilich setzte eine finstere oder auch tückisch lächelnde Miene auf; mochte der Jüngling reden oder schweigen; sein Schweigen, sein Reden wurde ihm zum Vorwurf gemacht. Nicht einmal bei Nacht blieb er unbelauscht; seine Gattin erzählte es ihrer Mutter Livia und diese Seianus, wenn er wachte, schlief, seufzte. Seianus zog auch Drusus, Neros Bruder, auf seine Seite, indem er ihm Hoffnung auf den Platz des Princeps machte, wenn er nur erst den älteren, schon in seiner Stellung erschütterten Bruder beseitigt habe. Das leidenschaftliche Wesen des Drusus wurde, abgesehen von seiner Machtgier und dem zwischen Brüdern gerne bestehenden Haß, noch durch Neid aufgestachelt, weil die Mutter Agrippina Nero mehr zugetan war. Doch war Seianus dem Drusus nicht so sehr gewogen, daß er nicht auch für ihn die Saat zum künftigen Verderben gelegt hätte, da er wohl wußte, wie leidenschaftlich und daher Hinterlist leichter zugänglich er war.

(61) Am Ende des Jahres starben zwei hervorragende Männer, Asinius Agrippa[110], der eine eher berühmte als alte Ahnenreihe hatte und sich in seiner Lebensführung ihrer nicht unwürdig erwiesen hatte, und Q. Haterius[111], der, einer senatorischen Familie entstammend, zu seinen Lebzeiten als Redner gefeiert wurde. Jedoch die Denkmäler seines Talentes behaupten nicht den entsprechenden Platz in der öffentlichen Meinung. Denn seine Stärke lag mehr in schwungvollen als in sorgfältig ausgearbeiteten Reden, und während sonst, was wohl bedacht und mühevoll ausgearbeitet ist, bei der Nachwelt seinen Wert behält, ist jener volltönende Redefluß des Haterius zugleich mit seiner Person verhallt.

27 (62) Unter dem Konsulat des M. Licinius und L. Calpur-
n. Chr. nius[112] ereignete sich überraschend ein Unglück, das der Nie-

derlage in einem gewaltigen Krieg zu vergleichen war: sein Anfang und sein Ende fiel in eins zusammen. Ein gewisser Atilius, seines Standes ein Freigelassener, hatte in Fidenae[113] den Bau eines Amphitheaters begonnen, um dort Gladiatorenspiele zu veranstalten. Er führte ihn weder auf festen Fundamenten auf, noch versah er das Holzgerüst des Oberbaus mit festen Klammern, da er sich um den Bau nicht mit dem Rückhalt reicher Geldmittel und auch nicht, um bei seinen Mitbürgern Ehre einzulegen, sondern aus schnöder Gewinnsucht beworben hatte. Das schaulustige Publikum strömte in Massen herbei — die Menschen wurden ja unter der Regierung des Tiberius sonst von Volksbelustigungen ferngehalten —, Männer und Frauen jeglichen Alters, und die kurze Entfernung von Rom vermehrte noch den Zustrom. Um so schwerer war das Verhängnis: da die Menschenmenge sich zusammendrängte, ging der Bau aus den Fugen, brach nach innen zusammen und stürzte nach außen, riß das zahllose Volk, das aufmerksam dem Schauspiel zusah oder auch ringsherum außen stand, in die Tiefe und begrub es unter den Trümmern. Wer bei dem Einsturz gleich den Tod gefunden hatte, der entging wenigstens, so schlimm auch sein Geschick war, den Qualen. Mehr zu bedauern waren die, die mit verstümmelten Gliedmaßen noch am Leben waren und bei Tag ihre Frauen und Kinder erblicken und bei Nacht an ihrem Geheul und ihrem Stöhnen sie erkennen konnten. Schon waren auf die Kunde von dem Unglück auch sonst Leute herbeigeeilt; der eine jammerte um seinen Bruder, der andere um einen Verwandten oder um seine Eltern. Auch der, dessen Freunde oder Angehörige aus ganz anderem Anlaß das Haus verlassen hatten, schwebte in Angst, und solange man noch nicht genau wußte, wen das Unglück ereilt hatte, griff die Furcht infolge dieser Unsicherheit noch weiter um sich.

(63) Als man den Schutt wegzuräumen begann, lief alles zu den Toten, umarmte und küßte sie. Oft kam es zu einer Auseinandersetzung, wenn das Gesicht ziemlich entstellt war, aber die Gleichheit von Gestalt oder Alter bei dem Erken-

nen zu Irrtümern geführt hatte. Fünfzigtausend Menschen sind bei diesem Unglück verstümmelt oder erschlagen worden[114]. Für die Zukunft wurde durch einen Senatsbeschluß Vorsorge getroffen, daß niemand ein Gladiatorenspiel veranstalte, dessen Vermögen nicht mindestens 400 000 Sesterzen betrage, ferner daß kein Amphitheater erbaut werde, bevor nicht der Baugrund auf seine Festigkeit geprüft sei. Atilius wurde verbannt. Übrigens wurden unmittelbar nach dem Unglück die vornehmen Häuser weit aufgemacht und überall Verbandmittel und ärztliche Hilfe zur Verfügung gestellt. Und obgleich die Stadt in jenen Tagen das Bild der Trauer bot, glichen die Maßnahmen denen der alten Zeit, wo man nach schweren Schlachten den Verwundeten durch Spenden und Pflege geholfen hatte.

(64) Noch war dieses Unglück in frischer Erinnerung, als eine gewaltige Feuersbrunst in der Hauptstadt einen außerordentlichen Schaden anrichtete: auf dem Berge Caelius ging alles in Flammen auf. Man sprach von einem Jahr des Unheils; unter widrigen Vorzeichen habe der Princeps den Entschluß gefaßt, von Rom fernzubleiben. Und das Volk hätte, seiner Gepflogenheit entsprechend, Zufälliges als Schuld gedeutet, wenn nicht der Caesar dem entgegengetreten wäre, indem er nach Maßgabe des Schadens Gelder zuwies. Dafür wurde ihm der Dank ausgesprochen, im Senat von den führenden Persönlichkeiten, beim Volk durch die öffentliche Stimme, weil er ohne Ansehen der Person, und ohne die Bitten seiner nächsten Umgebung zu berücksichtigen, auch Unbekannte, ja manche ohne ihr Zutun, einbezogen und freigebig unterstützt hatte. Weiterhin wurde beantragt, der Berg Caelius solle fortan den Namen des Augustus führen, weil das in dem Haus des Senators Iunius befindliche Bild des Tiberius allein unversehrt geblieben war, während alles ringsum den Flammen zum Opfer fiel. So sei es auch einstens mit Claudia Quinta gehalten worden, deren Standbild zweimal von der Gewalt des Feuers verschont geblieben und daher von den Vorfahren im Tempel der Göttermutter geweiht worden sei[115]. Heilige Schützlinge der Götter seien die Clau-

dier, und man müsse ihrem Kult eine festlichere Bedeutung an dem Ort geben, an dem die Götter so viel Ehre dem Princeps erwiesen hätten.

(65) Es dürfte nicht am unrechten Platze sein, hier zu berichten, daß dieser Berg seit alters den Namen „Querquetulanus“[116] gehabt hat, weil er mit Eichen dicht bestanden war, und daß er nachher nach Caeles Vibenna, der als Heerführer des etruskischen Volkes für seine Hilfeleistung ihn als Wohnsitz von Tarquinius Priscus erhalten hatte, Caelius genannt wurde. Es mag sein, daß auch ein anderer König ihm diesen Wohnsitz gegeben hat. Denn die Schriftsteller sind sich in diesem Punkt nicht einig, während das übrige nicht umstritten ist. Von diesem Volk ist auch die Ebene und die Umgebung des Forums stark besiedelt gewesen, woher nach dem Namen der Zugewanderten der Tusker-Gau seinen Namen erhalten hat.

(66) Aber wie einerseits die Bemühungen des Adels und die Freigebigkeit des Princeps Trost im Unglück gebracht hatten, so wütete andererseits die täglich immer verderblicher wachsende Macht der Ankläger, und es gab kein Gegenmittel. Varus Quintilius[117], ein reicher Verwandter des Caesaren, wurde von Domitius Afer, der schon die Verurteilung von dessen Mutter Claudia Pulchra bewirkt hatte, vor Gericht gezogen, wobei sich niemand darüber wunderte, daß dieser Mensch, der schon lange in bedürftiger Lage war und den erst kürzlich erhaltenen Lohn in übler Weise durchgebracht hatte, nun sich zu neuen Schandtaten anschickte. Aber darüber staunte man, daß Publius Dolabella[118] sich an der Anzeige beteiligte, da er, als Mann von vornehmer Abkunft und mit Varus verwandt, seinen eigenen Adel, sein eigenes Blut zu vernichten sich anschickte. Jedoch leistete der Senat Widerstand und beschloß, auf den Imperator zu warten, was für den Augenblick die einzige Rettung vor heraufziehendem Unheil bildete.

(67) Der Caesar hatte in Campanien die Tempel geweiht und dann in einem Erlaß angeordnet, niemand solle ihn in seiner Ruhe stören und der Zudrang der städtischen Bevöl-

kerung solle durch militärische Posten verhindert werden. Trotzdem wurde ihm der Aufenthalt in den Landstädten und Kolonien und überhaupt in allen Ortschaften auf dem Festland zuwider, und so verbarg er sich auf der Insel Capreae, die von der Spitze des Vorgebirges von Surrentum durch eine dreitausend Schritt breite Meerenge getrennt ist. Am ehesten, möchte ich glauben, war es ihre Abgeschiedenheit, die ihn anzog. Denn das Meer ringsum hat keinen Hafen, und kaum für mittelgroße Fahrzeuge bieten sich einige wenige Ankerplätze. Auch kann man überhaupt nur mit einem kundigen Lotsen landen. Das Klima ist dort auch im Winter milde, weil das vorgelagerte Gebirge die rauhen Winde abhält; der Sommer ist sehr angenehm, weil der Westwind Zugang hat und das Meer ringsum offen daliegt. Man hatte den Ausblick auf den herrlichen Meerbusen, ehe der feuerspeiende Vesuv das Landschaftsbild verwandelte. Die Sage überliefert, Griechen hätten diese Gegend bewohnt und Capreae sei von Teleboern[119] besiedelt gewesen. Aber damals hatte Tiberius dort zwölf mächtige Landhäuser[120] mit verschiedenen Namen gebaut und von der Insel Besitz ergriffen. Und so angespannt er früher seinen Regierungsgeschäften oblag, um so hemmungsloser ergab er sich jetzt heimlich dem Wohlleben und einem schlimmen Müßiggang. Denn er behielt sein teils argwöhnisches, teils leichtgläubiges Wesen bei, und Seianus, schon in Rom gewohnt, dieses Wesen zu steigern, wühlte ihn noch stärker auf, indem er mit seinem hinterlistigen Vorgehen gegen Agrippina und Nero nicht mehr hinter dem Berge hielt. Man gab ihnen militärische Bewachung bei, die über die Boten, Besucher, ihre offenen und geheimen Schritte tagebuchartig berichteten. Zudem wurden Leute angestellt, die ihnen raten sollten, zu den Heeren Germaniens zu fliehen oder in dem dichtesten Gedränge des Forums das Bild des Augustus zu umfassen und das Volk und den Senat um Hilfe anzurufen. Wiesen sie dies auch zurück, so wurde es ihnen doch vorgeworfen, als ob sie dies wirklich beabsichtigten.

28 (68) Das Konsulatsjahr des Iunius Silanus und Silius Ner-
n. Chr. va[121] begann mit einem abscheulichen Vorfall: der erlauchte

Ritter Titius Sabinus[122] wurde ins Gefängnis geschleppt. Der Grund dafür war seine Freundschaft mit Germanicus. Denn er hatte seine hohe Verehrung für des Germanicus Gattin und Kinder nicht aufgegeben, war der ständige Besucher des Hauses geblieben und begleitete sie in der Öffentlichkeit, noch der einzige von so vielen Klienten. Deshalb fand er auch das Lob der Guten und erregte die Mißgunst der Übelwollenden. Gegen ihn gingen Lucanius Latiaris, Porcius Cato, Petilius Rufus und M. Opsius, alles ehemalige Prätoren, vor. Sie strebten nach dem Konsulat, zu dem man nur über Seianus gelangen konnte, und diesen selbst konnte man sich nur auf dem Weg des Verbrechens willig machen. Sie trafen miteinander die Abmachung, Latiaris, der mit Sabinus in einer losen Verbindung stand, solle die Schlinge legen und die übrigen nur als Zeugen auftreten. Dann würde man zur Anklage übergehen. Und so ließ sich Latiaris zuerst in nebensächliche Gespräche ein, dann pries er die Charakterstärke des Sabinus; er habe ja nicht, wie die übrigen, als Freund des Hauses in dessen guten Tagen, es nun in der Not im Stich gelassen. Zugleich erging er sich in Lobreden auf Germanicus und bedauerte Agrippina. Als Sabinus – das Unglück macht ja das menschliche Herz weich – in Tränen ausbrach und gleichfalls Klagen vernehmen ließ, griff er schon kühner zu belastenden Vorwürfen gegen Seianus mit dem Hinweis auf dessen Grausamkeit, Hochmut und Hoffnungen; auch enthielt er sich nicht der Schmähungen gegen Tiberius. Solche Gespräche schufen, als ob sie Verbotenes gegeneinander geäußert hätten, das Trugbild einer engen Freundschaft. Und schon suchte Sabinus auch seinerseits Latiaris auf, ging in dessen Haus ein und aus und lud seinen Kummer dort ab, als ob jener sein treuester Freund wäre.

(69) Die eben Genannten berieten sich nun, auf welche Weise solche Äußerungen einem größeren Kreis zu Gehör gebracht werden könnten. An dem jeweiligen Ort der Zusammenkunft sollten sie sich allein wähnen. Wenn sie sich aber hinter eine Tür stellen würden, so mußte man besorgt sein, gesehen zu werden oder durch ein Geräusch oder sonst

einen Zufall Verdacht zu erregen. So verkrochen sich die drei Senatoren zwischen dem Dach und der Zimmerdecke in ein Versteck, das eben so schmählich wie ihre List verabscheuungswürdig war: an Löchern und Spalten lauschten sie. Inzwischen traf Latiaris auf der Straße den Sabinus und nötigte ihn, als habe er ihm Neuigkeiten zu erzählen, in sein Haus und sein Schlafzimmer. Er überschüttete ihn mit der Mitteilung von vergangenen und kommenden Ereignissen, von denen er mehr als genug zu erzählen wußte, und kam auch auf die jüngsten Schrecknisse zu sprechen. Jener tat desgleichen, und zwar um so ausführlicher, da ja der Kummer, wenn er sich einmal Luft gemacht hat, nur schwer zum Schweigen gebracht wird. Dann wurde die Anklage beschleunigt. In einem an den Caesar geschickten Schreiben erzählten sie den Hergang ihres hinterlistigen Handelns und ihre eigene Schande. Nie sonst war die Bürgerschaft so angstvoll und verzagt. Man verschloß sich gegen die nächsten Angehörigen, vermied Zusammenkünfte und Unterredungen, ging bekannten und unbekannten Mithörern aus dem Wege; sogar stumme und leblose Gegenstände, Decken und Zimmerwände prüfte man nach.

(70) Der Caesar übermittelte zu den Feierlichkeiten des Jahresbeginns am 1. Jan. brieflich an den Senat seine Wünsche und wandte sich dann gegen Sabinus mit der Beschuldigung, er habe einige Freigelassene bestochen und ihm nach dem Leben getrachtet. Dabei forderte er unverhohlen seine Bestrafung. Ein entsprechender Beschluß ließ nicht lange auf sich warten. Sabinus wurde verurteilt und abgeführt. Dabei schrie er, soweit er, da sein Haupt verhüllt und ihm die Kehle zugeschnürt war, konnte: „So fängt man das Jahr an; das sind die Opfer, die Seianus dargebracht werden[123]!“ Wohin er den Blick wendete, wohin seine Worte drangen, floh alles, und niemand war mehr zu sehen; verlassen waren die Straßen und die freien Plätze. Einige kamen zurück und zeigten sich wieder, eben darum zitternd, daß sie Angst gezeigt hatten. Wo gebe es noch einen Tag, der kein Strafgericht bringe, wenn zwischen heiligen Handlungen und Gelübden, zu einer

Zeit, da man der Sitte gemäß sich sogar unheiliger Worte enthalte, Fesseln und Stricke umgelegt werden? Nicht ohne Vorbedacht habe sich Tiberius zu einer so gehässigen Handlung herbeigelassen. Dahinter stecke Absicht, und es sei wohlbedacht, damit man nicht glaube, die neuen Beamten würden irgendwie daran gehindert, wie die Tempel und Altäre so auch die Gefängnisse aufzuschließen. Zusätzlich erging ein Dankschreiben des Tiberius, daß sie einen Feind des Gemeinwesens bestraft hätten, mit dem Zusatz, er führe ein Leben in Unruhe und habe sich vor hinterlistigen Anschlägen seiner Feinde in acht zu nehmen. Er nannte dabei keinen Namen, jedoch herrschte kein Zweifel, daß dies auf Nero und Agrippina ziele.

(71) Wenn ich mir nicht vorgenommen hätte, jedes Ereignis in seinem Jahr anzuführen, hätte ich Lust vorzugreifen und sogleich das Ende zu berichten, das Lucanius und Opsius[124] sowie die übrigen Anstifter dieser Schandtat nahmen, nicht erst nach dem Regierungsantritt des C. Caesar, sondern noch zu Lebzeiten des Tiberius[125]. Denn dieser wollte zwar nicht, daß die Helfershelfer bei seinen Verbrechen von anderen ins Verderben gestürzt werden, jedoch wurde er meistens ihrer überdrüssig und ließ, da sich zu dem gleichen Dienst neue anboten, die alten und ihm lästig gewordenen fallen. Doch die Bestrafung dieser und anderer Schuldigen werde ich zu gegebener Zeit berichten. Damals stellte Asinius Gallus, dessen Kinder Agrippina zur Tante mütterlicherseits hatten[126], den Antrag, den Princeps zu bitten, seine Befürchtungen dem Senat offen zur Kenntnis zu bringen und zu gestatten, daß sie beseitigt werden. Keine seiner vermeintlichen Tugenden liebte Tiberius so sehr wie die Verstellungskunst. Um so mehr war er ärgerlich, wenn das aufgedeckt wurde, was er in sich zu verschließen suchte. Aber Seianus griff besänftigend ein, nicht aus Liebe zu Gallus, sondern um dem zögernden Princeps Zeit zu lassen, da er wohl wußte, daß dieser, langsam im Überlegen, wenn er dann losbrach, seinen unheildrohenden Worten brutale Handlungen folgen ließ.

Um dieselbe Zeit starb Iulia[127], die Enkelin des Augustus, die dieser, als des Ehebruchs überführt, verurteilt und auf die Insel Trimerus[128], in der Nähe der apulischen Küste, verbannt hatte. Dort ertrug sie zwanzig Jahre Verbannung und fristete ihr Dasein mit Hilfe Augustas, die zuerst ihre Stiefkinder heimlich aus dem Glück ins Unglück stürzte und dann in der Öffentlichkeit Mitleid mit den Unglücklichen zeigte.

(72) In dem gleichen Jahr brachen die Friesen, ein Volk jenseits des Rheins, den Frieden. Der Grund lag weniger in ihrer Unbotmäßigkeit als vielmehr in unserer Habsucht. Drusus[129] hatte ihnen einen mäßigen Tribut auferlegt, der ihren dürftigen Verhältnissen Rechnung trug; sie sollten für den Kriegsbedarf Ochsenhäute liefern, ohne daß jemand genauer darüber wachte, wie dick und groß sie waren, bis Olennius, ein zur Verwaltung des Gebietes der Friesen eingesetzter Primipilar, die Häute der Auerochsen als Norm für die Annahme der Stücke bestimmte. Diese Forderung, die auch für andere Völker hart gewesen wäre, fiel den Germanen besonders schwer, weil zwar ihre Waldgebiete reich an riesigen Tieren sind, aber ihr Hausvieh nur mäßig groß ist. Zuerst mußten sie die Rinder selbst, dann ihre Äcker ausliefern und zuletzt ihre Frauen und Kinder in die Sklaverei geben. Das führte zu erbitterten Beschwerden, und als man ihnen nicht half, suchten sie ihr Heil im Kriege. Die zum Einzug des Tributs bestellten Soldaten wurden ergriffen und an den Galgen gehängt. Olennius rettete sich vor den Erbitterten durch die Flucht. Er fand Aufnahme in einem Kastell, namens Flevum[130]; eine nicht unbeträchtliche Besatzung römischer Truppen und solcher der Bundesgenossen deckte dort die Küste des Ozeans.

(73) Als der Proprätor von Niedergermanien, L. Apronius[131], dies erfuhr, rief er die Veteranenabteilungen aus der Oberen Provinz und auserlesene Abteilungen der bundesgenössischen Reiterei herbei; mit beiden Heeren zugleich fuhr er den Rhein hinunter und marschierte in das Land der Friesen ein, als bereits die Belagerung des Kastells aufgehoben war und die Aufrührer zum Schutz ihres eigenen Landes abgezogen waren. Nun sicherte er die zunächstgele-

genen Meeresniederungen durch Dämme und Brücken, um die schwereren Truppen hinüberzuführen. Inzwischen befahl er einer Reiterabteilung der Canninefaten[132] und dem gesamten bei uns dienenden Fußvolk der Germanen, Furten ausfindig zu machen und die Feinde im Rücken zu umgehen. Doch diese waren schon zum Kampfe aufgestellt und schlugen die bundesgenössischen Reiterabteilungen und die zu Hilfe geschickte Legionsreiterei zurück. Darauf wurden drei leichte Kohorten und dann wieder zwei, sodann nach einer Pause auch bundesgenössische Reiterei eingesetzt. Sie hätten eine ausreichende Kampfkraft gebildet, wenn sie sich vereint auf den Feind geworfen hätten. Doch da sie in Abständen anrückten, hatten sie die in Verwirrung geratene Kampffront nicht zum Halten bringen können und wurden so in dem Strom der wilden Flucht mit fortgerissen. Apronius übergab dem Cethegus Labeo, dem Legaten der fünften Legion, den Rest der Hilfstruppen. Doch seine Leute gerieten in Bedrängnis und er selbst in eine gefährdete Lage; darum schickte er Boten ab und bat dringend um den Einsatz der Hauptmacht der Legionen. Den anderen voraus stürmte die fünfte Legion vor, schlug in erbittertem Kampf den Feind und nahm die durch Verluste geschwächten Kohorten und Reiterabteilungen auf. Doch der römische Heerführer schritt zu keiner Vergeltung und begrub auch nicht die Toten, obgleich viele Tribunen und Präfekten und Centurionen der ersten Rangklasse gefallen waren. Bald darauf erfuhr man von Überläufern, es seien neunhundert Römer bei einem Hain, namens Baduhenna, nachdem sie noch am folgenden Tag den Kampf fortgesetzt hätten, erschlagen worden. Eine andere vierhundert Mann starke Gruppe habe den Bauernhof eines ehemaligen Söldners, namens Cruptorix, besetzt, und sie hätten sich, als man Verrat befürchtete, gegenseitig umgebracht.

(74) Berühmt wurde von da an der Name Friesen unter den Germanen, wobei Tiberius die Verluste verheimlichte, um niemand die Kriegführung zu überlassen[133]. Auch kümmerte sich der Senat nicht darum, ob dem Reich an seinen Grenzen Schande zugefügt werde. Der Schrecken im Innern

lastete auf den Herzen, und das einzige Mittel, mit dem man ihm zu begegnen suchte, war die Schmeichelei. So stimmte denn der Senat, obgleich ganz andere Fragen zur Beratung standen, dafür, einen Altar der Milde und einen solchen der Freundschaft zu errichten und zu beiden Seiten die Standbilder des Caesaren und des Seianus aufzustellen. Auch baten sie wiederholt flehentlich, beide möchten sich doch wieder bei ihnen sehen lassen. Doch kamen sie nicht in die Hauptstadt oder in deren Nähe. Sie glaubten, genug zu tun, wenn sie die Insel verließen und sich in dem nächstgelegenen Gebiet von Campanien erblicken ließen. Dorthin kamen die Väter, die Ritter, ein großer Teil der Plebs, ängstlich bemüht um Seianus, bei dem Zutritt zu erhalten noch schwieriger war, weshalb man dies auf Schleichwegen und durch Beteiligung an seinen Machenschaften zu erreichen suchte. Es steht hinreichend fest, daß sich seine Anmaßung steigerte, als er diese schändliche, so unverblümte Unterwürfigkeit sah. Denn in Rom ist man das geschäftige Hinundherlaufen gewöhnt, und bei der Größe der Stadt weiß man nicht, zu welchem Geschäft jeder gerade eilt. Hier aber lagen sie ohne Unterschied auf freiem Feld oder am Strande herum und ließen sich Tag und Nacht gleichermaßen die Gunst oder die Zurückweisung der Türhüter gefallen, bis auch dieses verboten wurde. Und so kamen diejenigen, die er keines Gespräches, keines Blickes gewürdigt hatte, zitternd in die Hauptstadt zurück, manche auch in abwegiger Fröhlichkeit. Denn ihrer unseligen Freundschaft mit Seianus sollte bald ein bitteres Ende folgen.

(75) Übrigens vermählte Tiberius seine Enkelin Agrippina, des Germanicus Tochter, persönlich mit Cn. Domitius[134] und befahl, daß die Hochzeitsfeier in Rom stattfinde. Bei Domitius hatte er neben dem Alter seines Geschlechts die Blutsverwandtschaft mit dem Caesarenhause berücksichtigt. Denn dieser konnte sich rühmen, daß Octavia seine Großmutter und durch diese Augustus sein Großoheim war.

BUCH V

(1) Unter dem Konsulat des Rubellius und Rufus, die beide den Beinamen Geminus führten, starb Iulia Augusta in sehr hohem Alter. Durch die claudische Familie und die Adoption in das livische und iulische Geschlecht gehörte sie zu dem höchsten Adel[1]. In erster Ehe war sie mit Tiberius Nero verheiratet, von dem sie Kinder[2] hatte. Dieser war in dem Perusinischen Krieg außer Landes geflüchtet und kehrte erst nach dem Friedensschluß zwischen Sextus Pompeius und den Triumvirn wieder nach Rom zurück[3]. Dann fand Caesar an ihrer Schönheit Gefallen und nahm sie dem Gatten weg. Ob dies gegen ihren Willen geschah, ist unbekannt; aber es erfolgte so eilig, daß Caesar ihr nicht einmal Zeit zur Niederkunft ließ, sondern sie in schwangerem Zustand in sein Haus führte. Sie hatte weiterhin keine Nachkommen, aber durch die Eheschließung zwischen Agrippina und Germanicus blutmäßig mit Augustus verbunden[4], hatte sie mit ihm gemeinsame Urenkel. Ihre Sittenreinheit im häuslichen Leben entsprach dem alten Brauchtum; aber sie war freier, als man es den Frauen der alten Zeit zugebilligt hätte. Als Mutter war sie herrschsüchtig, als Gattin nachgiebig, und so paßte sie sich gut dem intriganten Wesen ihres Mannes und der Verstellungskunst ihres Sohnes Tiberius an. Ihr Leichenbegängnis war einfach, ihr Testament blieb lange unvollstreckt[5]. Die Gedächtnisrede hielt ihr von der Rednertribüne aus ihr Urenkel C. Caesar, der später die Regierung antrat. 29 n. Chr.

(2) Aber Tiberius entschuldigte sich brieflich, daß er seiner Mutter nicht die letzten Ehren erwiesen habe, mit dem Ausmaß seiner Geschäfte, ohne sein behagliches Leben irgendwie zu ändern. Die zu ihrem Andenken vom Senat reichlich beschlossenen Ehren beschränkte er unter dem Schein der Bescheidenheit. Nur ganz wenige nahm er an und fügte hinzu, man möge ihr keine göttliche Verehrung zuerkennen. So habe sie

es selbst gewollt. Ja, an einer Stelle des gleichen Briefes schalt er über die Weiberfreundschaften mit einem Seitenhieb auf den Konsul Fufius[6]. Dieser hatte sich der Gunst der Augusta in hohem Maße erfreut. Er besaß große Geschicklichkeit, Frauenherzen zu gewinnen, und eine scharfe Zunge und pflegte sich mit bissigen Witzen, die ja lange im Gedächtnis der Machthaber haften bleiben, über Tiberius lustig zu machen.

(3) Übrigens nahm seitdem die Gewaltherrschaft eine nunmehr schroffe und drückende Form an. Solange Augusta noch lebte, gab es wenigstens bei ihr noch eine Zufluchtsstätte, weil Tiberius seine altgewohnte Fügsamkeit gegenüber seiner Mutter beibehielt und auch Seianus es nicht wagte, ihren Einfluß zurückzudrängen; jetzt stürzten sie wie eine losgelassene Meute hervor. Es erging ein gegen Agrippina und Nero gerichtetes Schreiben, das, wie man allgemein glaubte, schon früher gebracht, aber von Augusta zurückgehalten worden war. Denn es war nicht lange nach ihrem Tode, daß es vorgelesen wurde. Es enthielt Worte von ausgesuchter Schroffheit. Doch erhob Tiberius in ihm gegen seinen Enkel nicht den Vorwurf bewaffneter Auflehnung, nicht den revolutionärer Umtriebe; vielmehr warf er ihm Liebschaften mit jungen Männern und Unzucht vor. Gegen seine Schwiegertochter wagte er nicht einmal dies zu erdichten, sondern er beklagte sich nur über ihre freche Zunge und ihren trotzigen Sinn. Der Senat hüllte sich in bestürztes, tiefes Schweigen, bis einige wenige Senatoren, die sich von einem ehrenhaften Verhalten doch nichts versprachen (das Unglück des Gemeinwesens wird ja gerne von einzelnen Personen dazu ausgenützt, sich in Gunst zu setzen), verlangten, die Angelegenheit auf die Tagesordnung zu setzen. Am eilfertigsten zeigte sich Cotta Messalinus[7], der mit einem rücksichtslosen Antrag auftrat. Aber die anderen führenden Männer des Senats und in erster Linie die Beamten waren in angstvoller Besorgnis. Denn Tiberius hatte trotz seinem scharfen Angriff alles Weitere offengelassen.

(4) Es befand sich im Senat Iunius Rusticus, der von dem

Caesar zur Abfassung der Senatsprotokolle bestimmt war[8] und von dem man deshalb glaubte, er habe Einblick in dessen Gedanken. Dieser ließ sich von einer verhängnisvollen Eingebung (bisher hatte er ja nie den Beweis von Charakterstärke geliefert) oder auch von falsch angebrachter Schlauheit, da er aus Furcht vor der ungewissen Zukunft die unmittelbar drohende Gefahr vergaß, dazu verleiten, sich zu den Unschlüssigen zu gesellen und die Konsuln zu warnen, in die Verhandlung einzutreten. Er legte dar, aus unbedeutenden Ursachen könnten sich die größten Umwälzungen ergeben. Der Sturz des Hauses des Germanicus könne einmal den Greis reuen. Zugleich versammelte sich das Volk, Bilder von Agrippina und Nero mit sich führend, um die Kurie und schrie unter Heilrufen auf den Caesar, der Brief sei gefälscht und gegen den Willen des Princeps bereite man seinem Hause den Untergang. So wurde an diesem Tage kein Unheil angerichtet. Es gingen sogar unter dem Namen von ehemaligen Konsuln erdichtete Aussprüche um, die sich gegen Seianus richteten, wobei viele im geheimen und daher um so frecher ihrem Witz die Zügel schießen ließen. Dies ließ den Zorn des Seianus noch mehr anschwellen und gab ihm Stoff zu weiteren Beschuldigungen: der Senat mißachte den Kummer des Princeps, das Volk sei abgefallen. Schon höre und lese man von ungewöhnlichen Volksversammlungen, von ungewöhnlichen Senatsbeschlüssen. Was fehle noch, und sie greifen zum Schwert und erwählen sich die als Anführer und Feldherren, deren Bildern sie wie den Fahnen nachgelaufen seien.

(5) Deshalb wiederholte der Caesar seine Vorwürfe gegen seinen Enkel und seine Schwiegertochter, schalt in einem Erlaß die Plebs und beklagte sich bei den Vätern, daß durch die Bosheit eines einzigen Senators die imperatorische Majestät öffentlich verspottet worden sei. Er verlangte jedoch, daß alles Weitere seiner Entschließung vorbehalten werde. So kam es zu keinen weiteren Beratungen. Man faßte zwar keinen endgültigen Beschluß (dies war ja verboten), aber sie beteuerten, ihrer Bereitschaft zu einer Bestrafung stehe nur der Machtspruch des Princeps im Wege ...

Hier ist in der Überlieferung eine Lücke, die fast drei Jahre umfaßt. Sie kann aus Cass. Dio 58, 2-11 und aus Sueton Tib. 65 etwa, wie folgt, ergänzt werden:

Agrippina (maior) und Nero wurden vom Senat als Feinde des Gemeinwesens verurteilt, Agrippina wurde auf die Insel Pandateria verbannt, Nero, ihr Sohn, nach der nahe gelegenen Insel Pontia verschickt. Er starb (vermutlich im folgenden Jahr) durch Hunger. Sein Bruder Drusus, dessen Frau Aemilia Lepida von Seianus verführt worden war, wurde auf Veranlassung von Seianus angeklagt, verurteilt und in den unteren Räumen des Palastes gefangengehalten. Caligula, der dritte Sohn des Germanicus, stand unter der Obhut seiner Großmutter Antonia und kam nach Capreae erst, als Tiberius bereits gegen Seianus argwöhnisch wurde.

30 n. Chr. *Konsuln waren M. Vinicius und L. Cassius Longinus. In diesem Jahr nahm Tiberius Rache an Asinius Gallus dafür, daß dieser ihn zwei Jahre zuvor hatte nötigen wollen, seine gehässige Gesinnung gegenüber Agrippina und deren Kinder offen zu bekennen (IV 71). Asinius hatte Vipsania geheiratet, die Tiberius nach Agrippas Tod (im Jahr 12) aus seiner Ehe hatte entlassen müssen. Asinius wurde vor allem von Tiberius dahin beschuldigt, daß er ihm die Freundschaft mit Seianus nicht gönne. Er wurde in Rom in Gewahrsam gehalten, wo er langsam zu Tode gequält wurde. In Rom häuften sich inzwischen die Hinrichtungen.*

Die Macht des Seianus, dem der Senat gänzlich hörig war, wuchs, zugleich aber auch die Sorge und das Mißtrauen des Tiberius gegenüber Seianus. Aber Tiberius wagte nicht, gegen ihn vorzugehen, sondern steigerte die Bezeugung seines Wohlwollens, indem er ihn u. a. neben sich zum Konsul des nächsten Jahres machte.

31 n. Chr. *Seianus trat das Konsulat an und blieb in Rom. Tiberius und Seianus übergaben das Konsulat schon nach vier Monaten an Memmius Regulus und Fulcinius Trio. Tiberius wurde von Antonia, der Mutter des Germanicus, davon in Kenntnis gesetzt, daß sich die Bemühungen der Anhänger des Seianus immer mehr zu einer richtigen Verschwörung*

verdichteten. Aber Tiberius wagte noch immer nicht, gegen Seianus vorzugehen. Er ernannte nur heimlich einen anderen zum Prätorianerpräfekten, nämlich Navius Sertorius Macro, der nun zum Vertrauten des Tiberius neben dem jungen Caligula auf Capreae wurde, während die weiteren Absichten des Tiberius undurchsichtig blieben. Ja, Tiberius beließ den Seianus neben sich selbst, während Caligula von ihm mit dem Pontifikat und von dem Senat, wie einst Germanicus, mit dem imperium proconsulare beliehen wurde.

Das Lob, das Tiberius dem Caligula anläßlich der Verleihung des Pontifikats spendete, und die offenkundige Zuneigung des Volkes für Caligula als dem Sohn des Germanicus sowie die spürbare Entfremdung des Tiberius belasteten Seianus, während Tiberius selbst sich immer mehr in die Angst vor einem Gewaltstreich des Seianus hineinsteigerte, dabei diesen aber über seine wirklichen Absichten irreführte.

Nach der Übernahme des Konsulats durch Fulcinius Trio und Memmius Regulus (siehe V 11) kam es dann zum Sturz des Seianus, wobei Macro das ausführende Organ war. Seianus wurde im Senat verhaftet und von dem Konsul Regulus gefesselt abgeführt. Nun kam der ganze Haß des Senats und des Volkes jäh zum Ausbruch. Der Senat trat im Tempel der Concordia am nächsten Tag zusammen und beschloß die Hinrichtung des Seianus, die sofort vollzogen wurde. Nach der Hinrichtung kam es zu schweren Ausschreitungen und Unruhen in Rom. Die offenen und scheinbaren Anhänger des Seianus wurden vom Volk ermordet, die Prätorianer verlegten sich auf Plünderungen und Brandstiftungen, die Senatoren, die um die Gunst des Seianus gebuhlt hatten, waren in angstvoller Bestürzung, der Senat faßte eine Menge Beschlüsse, die ihn von Seianus und seinen Machenschaften distanzieren sollten (keine Anlegung von Trauer, statt dessen Abhalten eines Dankfestes, Aufstellung eines Bildes der Freiheit u. a.), und ging bald dazu über, dem neuen Machthaber, Macro, seine kriecherische Ergebenheit zum Ausdruck zu bringen.

Tiberius selbst verließ neun Monate lang nicht seine Villa auf Capreae. Indessen ging in Rom das Wüten weiter, womit deutlich zutage trat, wie unbegründet die Meinung gewesen war, Seianus sei allein an den früheren Untaten schuldig und für sie verantwortlich gewesen. Tiberius verwies alle Anklagen wegen der Beteiligung an den Machenschaften des Seianus an den Senat, der sich nicht genug tun konnte, wahllos Todesurteile zu verhängen und durchzuführen sowie Vermögenskonfiskationen anzuordnen. Es genügte zur Verurteilung, wenn man in irgendeiner noch so losen Verbindung mit Seianus gestanden hatte. Die Gefängnisse füllten sich mit Senatoren und Rittern, mit Männern und Frauen, die dort nach der Verurteilung entweder erwürgt oder von dem Tarpeiischen Felsen herabgestürzt wurden.

BUCH VI

(V,6) Vierundvierzig Reden wurden über diese Frage[9] gehalten, von denen wenige aus Furcht, die Mehrzahl aus Gewohnheit ...[10] „bin ich der Auffassung gewesen, es werde mir Schande bringen oder Seianus verhaßt machen. Das Glück hat sich gewendet, und er, der ihn als Mitregenten und Schwiegersohn erkoren hatte, entschuldigt sich vor sich selbst, während die übrigen, die ihm in schmählicher Weise den Hof machten, mit verbrecherischen Mitteln gegen ihn vorgehen. Ob es jämmerlicher ist, wegen eines Freundschaftsverhältnisses angeklagt zu werden oder seinen Freund selbst anzuklagen, möchte ich nicht entscheiden.

Nicht auf Grausamkeit, nicht auf Milde von irgendeiner Seite will ich bauen, sondern frei und vor mir selbst gerechtfertigt, will ich meinem Sturz zuvorkommen. Euch beschwöre ich, bewahret mir nicht ein trauerndes, sondern frohes Gedenken, indem ihr auch mich zu denen zählt, die dem Unglück des Gemeinwesens durch ein rühmliches Ende entronnen sind."

(7) Dann behielt er sie, soweit sie den Wunsch hatten, zu ihm zu treten und mit ihm zu sprechen, bei sich oder ließ die andern gehen und verbrachte so einen Teil des Tages. Noch immer war eine zahlreiche Gesellschaft versammelt, und alle schauten auf sein Gesicht, das keine Spur von Aufregung verriet, so daß sie glaubten, seine letzte Stunde sei noch ferne. Da stürzte er sich in sein Schwert, das er in seinem Gewande verborgen hatte. Der Caesar verfolgte den Toten nicht weiter mit irgendwelchen Vorwürfen oder Schmähungen, während er doch gegen Blaesus[11] viele häßliche Beschuldigungen erhoben hatte.

(8) Dann wurde über P. Vitellius und Pomponius Secundus[12] verhandelt. Vitellius wurde von den Anzeigern[13] beschuldigt, die Schlüssel des Staatsschatzes, dessen Verwalter

er war, und die Kriegskasse revolutionären Bestrebungen zur Verfügung gestellt zu haben. Pomponius wurde von dem ehemaligen Prätor Considius vorgeworfen, der Freund des Aelius Gallus[14] zu sein, der nach der Bestrafung des Seianus in den Park des Pomponius geflohen sei, in der Annahme, dort die sicherste Zuflucht zu finden. Denn den Gefährdeten blieb keine andere Hilfe als die Charakterfestigkeit ihrer Brüder, die sich als Bürgen zur Verfügung stellten[15]. Indessen litt Vitellius, zwischen Furcht und Hoffnung schwebend, schwer unter der wiederholten Vertagung des Prozesses und bat unter dem Vorwand, etwas niederschreiben zu wollen, um ein Federmesser, mit dem er sich einen leichten Schnitt in die Ader beibrachte. So beendete er sein Leben in Kummer und Gram. Aber Pomponius, ein Mann feiner Lebensart und hervorragender Begabung, nahm gefaßt sein Unglück auf sich und überlebte so Tiberius.

(9) Hernach wurde beschlossen, auch die übrigen Kinder des Seianus[16] zu bestrafen, obwohl die Erbitterung der Plebs abflaute und man im allgemeinen durch die bisherigen Hinrichtungen gesättigt war. Und so wurde sein Sohn ins Gefängnis geworfen, der sich über sein Schicksal keinem Zweifel hingab, und auch das Mädchen, das so gar nichts ahnte, daß es wiederholt fragte, was es denn verbrochen habe und wohin man es schleppe. Sie wolle es nicht wieder tun, und man solle sie, wie Kinder, mit der Rute zurechtweisen. Schriftsteller dieser Zeit überliefern, weil man es für unerhört hielt, daß eine Jungfrau auf Anordnung der tresviri capitales[17] hingerichtet werde, sei sie vor der Erdrosselung von dem Henker mißbraucht worden. Dann seien die Leichen der beiden Kinder mit zugeschnürter Kehle auf die Gemonische Treppe geworfen worden.

(10) Um die gleiche Zeit wurden Asien und Achaia durch das nachdrückliche, aber nicht lange sich haltende Gerücht aufgeschreckt, Drusus, der Sohn des Germanicus, sei bei den Kykladischen Inseln und dann auf dem Festland gesehen worden[18]. In der Tat gab es dort einen Jüngling, der in etwa gleichem Alter stand und in dem einige Freigelassene des

Caesaren den Drusus erkannt haben wollten. Sie begleiteten ihn auch in betrügerischer Absicht, und unkundige Leute ließen sich durch den berühmten Namen und durch den Hang der Griechen für Neuigkeiten und absonderliche Geschehnisse anlocken. Denn man erfand — und glaubte es auch —, er sei aus dem Gewahrsam entflohen und befinde sich auf dem Wege zu den Heeren seines Vaters und werde in Ägypten und in Syrien einfallen. Schon strömte ihm die wehrfähige Mannschaft zu, schon huldigte ihm überall das Volk, während er selbst wegen der augenblicklichen Erfolge guter Dinge war und sich eitler Hoffnung hingab. Da kam dies Poppaeus Sabinus[19] zu Ohren. Dieser war damals in Macedonien tätig und verwaltete auch Achaia. Um nun der weiteren Entwicklung, mochte es sich um Wahres oder Falsches handeln, vorzubeugen, fuhr er eilends durch den Toronäischen und Thermäischen Meerbusen, dann weiter nach Euboea, einer Insel im Ägäischen Meere, und an dem Piraeus, an der Küste von Attica vorbei und gelangte an das Gestade von Korinth und an die Enge des Isthmus. Über das andere Meer kam er nach Nicopolis, einer römischen Gründung[20], wo er endlich erfuhr, der Mensch habe nach einem recht geschickt durchgeführten Verhör auf die Frage, wer er denn sei, erklärt, er sei der Sohn des M. Silanus[21]. Viele seiner Anhänger hätten sich dann aus dem Staube gemacht, und er selbst habe ein Schiff bestiegen, angeblich um nach Italien zu fahren. Er schrieb dies an Tiberius. Wie die Sache begonnen hat und wie sie ausgegangen ist, habe ich nicht weiter feststellen können.

(11) Am Ende des Jahres brach die schon seit langem geschürte Zwietracht zwischen den Konsuln offen aus. Trio, ein streitsüchtiger Mensch und ein geübter Gerichtsredner, hatte Regulus in versteckten Anspielungen vorgeworfen, er sei saumselig bei der Beseitigung der Helfershelfer des Seianus vorgegangen. Regulus, der maßvolle Zurückhaltung übte, wenn man ihn nicht reizte, gab seinem Amtsgenossen den Hieb nicht nur zurück, sondern veranlaßte eine Untersuchung gegen ihn als Mitschuldigen an der Verschwörung.

Obgleich viele Senatoren sie baten, den Haß abzulegen, da er doch nur Verderben bringen werde, verharrten sie in feindseligen Drohungen, bis sie von ihrem Amt abtraten.

32 n. Chr. (VI,1) Cn. Domitius und Camillus Scribonianus[1] hatten das Konsulat angetreten, als der Caesar durch die Meerenge zwischen Capreae und Surrentum und an der Küste von Campanien entlangfuhr, unschlüssig, ob er Rom betreten solle. Vielleicht hatte er sich auch für das Gegenteil bereits entschieden und tat nur so, als ob er kommen wolle. Oft reiste er bis in die nächste Umgebung der Stadt, besuchte seine Gärten am Tiber und zog sich dann wieder auf sein einsames Felseneiland zurück. Er schämte sich seiner Schandtaten und seiner Ausschweifungen, in die er sich derart hemmungslos gestürzt hatte, daß er sich nach Tyrannenart an freigeborenen Jugendlichen unzüchtig verging. Und nicht nur Gestalt und sonstige körperliche Vorzüge waren es, die seine Lüsternheit reizten, sondern bei dem einen war es die jugendliche Unschuld, bei dem andern die Ahnenreihe. Damals kamen bisher unbekannte Wörter auf: „Sellarien“ und „Spintrien“, die sich von Lasterhöhlen ableiteten, in denen man vielfache Unzucht trieb. Sklaven wurden angestellt, die seine Opfer zusammensuchen und herbeischleppen mußten. Wer sich willig zeigte, wurde beschenkt, wer sich sträubte, bedroht. Hielt ein Verwandter oder der Vater sie zurück, wurden sie von den Sklaven mit Gewalt fortgeschleppt, und diese ließen der Befriedigung ihrer eigenen Gelüste, als ob sie es mit Gefangenen zu tun hätten, freien Lauf.

(2) In Rom wurden mit Beginn des Jahres, wie wenn man erst kürzlich die Schandtaten der Livia entdeckt und nicht schon längst bestraft hätte, scharfe Anträge gestellt, die auf ihren Untergang zielten und sich sogar auf ihre Standbilder und auf ihr Andenken bezogen. Auch das Vermögen des Seianus sollte aus dem Staatsschatz herausgenommen und dem Fiskus[2] zugeschlagen werden, als ob dies schon einen Unterschied ausmachte. Dafür stimmten die Angehörigen des Geschlechtes der Scipionen, ferner der Silaner und Cassier, wobei sie sich mit allem Nachdruck der gleichen oder nur wenig

unterschiedlicher Worte bedienten. Da ließ sich plötzlich Togonius Gallus, der trotz seiner unbedeutenden Herkunft seinen Namen unter die der großen Männer einreihen wollte, auf lächerliche Weise vernehmen. Er bat den Princeps, Senatoren zu bestimmen, von denen zwanzig, durch das Los gewählt, jedesmal, wenn er die Kurie betrete, mit dem Schwert bewaffnet sein Leben beschützen sollten. Er hatte wahrhaftig ein Schreiben des Tiberius für ernst genommen, in dem dieser einen der beiden Konsuln zu seinem persönlichen Schutz erbat, um sicher von Capreae nach Rom zu reisen. Tiberius, der gerne Ernst und Scherz mischte, dankte jedoch den Vätern für ihr Entgegenkommen und stellte die Frage: „Welche kann man übergehen und welche auswählen? Solche, die bereits Ehrenämter bekleidet haben, oder Männer, die noch jünger sind, Privatpersonen oder Staatsbeamte? Wie wird denn das aussehen, wenn sie dann auf der Schwelle der Kurie ihre Schwerter ziehen. So viel liegt mir nicht am Leben, wenn ich es mit den Waffen schützen muß." Dies war seine Antwort; gegenüber Togonius schlug er einen maßvollen Ton an und begnügte sich, die Ablehnung des Antrages zu empfehlen.

(3) Aber Iunius Gallio[3], der beantragt hatte, die Prätorianer sollten nach der Ableistung ihrer Dienstzeit das Recht erhalten, in den „Vierzehn Reihen"[4] zu sitzen, tadelte er heftig und stellte die Frage, als ob er ihn persönlich vor sich hätte[5], was denn ihn die Soldaten angingen, die doch mündliche Befehle und auch Belohnungen von niemand außer dem Imperator anzunehmen hätten. Er habe da am Ende gar etwas ausfindig gemacht, was selbst der vergöttlichte Augustus übersehen habe. Ob es da nicht eher ein Spießgeselle des Seianus auf die Erregung von Zwietracht und Meuterei abgesehen habe und harmlose Soldatenherzen durch scheinbare Ehrungen dazu verführen wolle, die militärische Zucht zu untergraben. Dies war der Lohn, den Gallio für seine ausgeklügelte Schmeichelei erntete: er wurde sofort aus dem Senat gestoßen und dann aus Italien verbannt. Und weil man gegen ihn vorbrachte, er werde auf der berühmten, anmuti-

gen Insel Lesbos, die er sich ausgewählt habe, leicht die Verbannung ertragen, wurde er nach Rom zurückgeholt und Staatsbeamten zur Haft in ihren Häusern übergeben. Das gleiche Schreiben führte auch zu dem Sturz des ehemaligen Prätors Sextius Paconianus[6], zur großen Freude der Väter. Denn er war ein frecher, bösartiger Mensch, der alle Geheimnisse ausschnüffelte und von Seianus dazu ausersehen war, die Rolle des Helfershelfers bei dem gegen C. Caesar beabsichtigten Anschlag zu spielen. Als dies aufgedeckt war, kam der schon lange genährte Haß zum Ausbruch. Er wäre zum Tode verurteilt worden, hätte er sich nicht erboten, Geständnisse zu machen.

(4) Als er aber auf Lucanius Latiaris zu sprechen kam, da boten die beiden gleichermaßen verhaßten Männer, der Ankläger und der Angeklagte, ein höchst unterhaltsames Schauspiel. Latiaris, der, wie ich berichtet habe[7], einst die Hauptrolle bei dem Sturz des Titius Sabinus gespielt hatte, war jetzt der erste, der dafür büßen mußte. Indessen griff Haterius Agrippa[8] die Konsuln des vorausgegangenen Jahres an[9]. Warum sie denn jetzt schweigen, wo sie doch damals mit scharfer Anklage einander bedroht hätten. Gewiß, Furcht und Schuldbewußtsein seien es, die sie jetzt zu Verbündeten machen. Aber die Väter dürften nicht verschweigen, was sie gehört hätten. Regulus erwiderte: es sei immer noch Zeit zur Rache, und er werde sie in Anwesenheit des Princeps üben. Trio darauf: Eifersucht zwischen Amtsgenossen und etwaige Vorwürfe, die sie einander im Streit gemacht hätten, tilge man besser aus dem Gedächtnis. Da Agrippa auf seinem Standpunkt beharrte, bat der Konsular Sanquinius Maximus den Senat, nicht die Sorgen des Imperators noch dadurch zu vermehren, daß er noch zusätzliche unangenehme Vorkommnisse zusammensuche. Der Imperator werde schon selbst Mittel und Wege finden, Abhilfe zu schaffen. So wurde Regulus gerettet, und Trios Sturz war aufgeschoben. Haterius war verhaßter, weil er, durch Trägheit oder auch durch nächtliche Ausschweifungen entnervt, sich in seiner Gleichgültigkeit vor dem Princeps, mochte er noch so grausam sein, nicht fürch-

tete und bei Schlemmerei und Unzucht nur daran dachte, wie er erlauchte Männer ins Verderben stürzen könne.

(5) Darauf wurde Cotta Messalinus[10], der immer die härtesten Anträge gestellt und sich deshalb seit langem verhaßt gemacht hatte, bei der ersten besten Gelegenheit beschuldigt, er habe vielfach Andeutungen gemacht, als ob die Fähigkeit des Mannes bei C. Caesar fraglich sei; auch habe er, als er an dem Geburtstag der Augusta bei den Priestern speiste, dieses Essen einen Leichenschmaus genannt. Ferner habe er, als er mit M'. Lepidus und L. Arruntius[11] wegen einer Geldangelegenheit prozessierte, sich über deren großen Einfluß beklagt und hinzugefügt: „Für jene wird der Senat einstehen, für mich aber mein Tiberiolus." In allen diesen Punkten wurde er durch die ersten Männer der Bürgerschaft überführt, und da diese auf der Verfolgung der Vorwürfe bestanden, appellierte er an den Imperator. Bald darauf traf ein Schreiben des Tiberius ein, in dem dieser, wie wenn er ihn verteidigen wollte, auf den Ursprung seiner Freundschaft mit Cotta zurückgriff, dessen zahlreiche Verdienste erwähnte und forderte, man solle nicht auf böswillig verdrehten Äußerungen und harmlosen Tischgesprächen eine Anklage aufbauen.

(6) Auffallend mutete der Beginn des Briefes des Tiberius an, der folgendermaßen lautete: „Was ich euch, versammelte Väter, schreiben oder wie ich schreiben oder was ich in dieser Lage überhaupt nicht schreiben soll, wenn ich dies weiß, sollen mich die Götter und Göttinnen noch schlimmer strafen, als ich mich jeden Tag bestraft fühle." So sehr waren ihm seine eigenen Verbrechen und Schandtaten zur Pein geworden. Nicht umsonst pflegte der hervorragendste Weise[12] die Behauptung aufzustellen, wenn man die Herzen der Tyrannen aufschlösse, könne man Wunden und Hiebe erblicken, da ja, wie der Körper durch Schläge, so das Herz durch Grausamkeit, sinnliche Leidenschaft und böse Gedanken zerfleischt wird. Denn Tiberius fand weder in seiner hohen Stellung noch in seinem zurückgezogenen Dasein Schutz vor dem Eingeständnis seiner Herzenspein und den ihn ereilenden Strafen.

(7) Als somit der Senat die Möglichkeit erhalten hatte, über den Senator Caesilianus, der die meisten Beschuldigungen gegen Cotta vorgebracht hatte, einen Beschluß zu fassen, entschied man, die gleiche Strafe zu verhängen wie gegen Aruseius und Sanquinius, die Ankläger des L. Arruntius[13]. Dies war die größte Ehre, die Cotta je zuteil geworden ist, der, dem Adel angehörend, durch sein luxuriöses Leben verarmt und wegen seiner Schandtaten berüchtigt, nun der gleichen Genugtuung gewürdigt wurde, die dem höchst ehrenwerten Arruntius erwiesen worden war.

Hernach wurden Q. Servaeus und Minucius Thermus[14] vorgeführt. Servaeus war Prätor und der einstige Begleiter des Germanicus gewesen, Minucius stammte aus dem Ritterstande; beide hatten von ihrer Freundschaft mit Seianus nur wenig Gebrauch gemacht, weshalb sie auch größeres Mitleid fanden. Dagegen beschimpfte sie Tiberius als die Rädelsführer bei den Verbrechen und forderte C. Cestius[15], den Vater, auf, dem Senat vorzutragen, was er ihm geschrieben habe. Cestius übernahm die Anklage. Das war die unseligste Erscheinung jener Zeiten, daß die führenden Männer des Senates sich mit den niedrigsten Denunziationen befaßten, teils in aller Öffentlichkeit, sehr häufig auch im geheimen, daß man nicht mehr unterscheiden konnte zwischen Fremden und Verwandten, zwischen Freunden und Unbekannten, zwischen kürzlich Geschehenem und in das Dunkel vergangener Zeiten Versunkenem. Gleichviel, ob man sich auf dem Forum oder bei einem Essen über irgend etwas unterhalten hatte, man wurde angeklagt. Jeder wollte dem andern zuvorkommen und ihn eiligst zum Schuldigen stempeln, manche, um sich selbst zu sichern, die meisten, wie von einer ansteckenden Krankheit befallen. Minucius und Servaeus wurden verurteilt und reihten sich dann unter die Denunzianten ein. In das gleiche Verhängnis hineingezogen wurden Iulius Africanus, aus dem gallischen Stamm der Santonen[16], und Seius Quadratus, dessen Herkunft ich nicht habe feststellen können. Ich bin mir wohl bewußt, daß die meisten Schriftsteller viele Prozesse und Bestrafungen unerwähnt gelassen haben, da sie der Häufigkeit der Fälle erlagen oder weil sie fürchteten, sie möchten bei ihren Lesern mit dem, was sie selbst zu sehr betrübt hatte, gleichen Widerwillen erwecken. Ich bin auf sehr vieles gestoßen, was, obwohl wissenswert, von anderen beiseite gelassen wurde.

(8) So wagte es zu der Zeit, da alle übrigen die Freundschaft mit Seianus verleugnet hatten, ein römischer Ritter, M. Terentius, der dieser Freundschaft wegen angeklagt war, sich offen zu ihr zu bekennen und vor dem Senat folgende Rede zu halten: „Meinem Schicksal mag es vielleicht weniger dienlich sein, die Beschuldigung anzuerkennen, als sie abzulehnen. Doch wie meine Sache auch ausgehen mag, ich will gestehen, daß ich der Freund des Seianus gewesen bin, daß ich gewünscht habe, es zu werden, und daß ich mich gefreut habe, als ich es geworden war. Ich hatte ihn als Amtsgenossen seines Vaters die Prätorianerkohorten kommandieren und sodann zivile und militärische Ämter gleichzeitig bekleiden sehen. Seine Verwandten und unmittelbaren Angehörigen wurden mit Ehrenämtern überhäuft. Je näher man Seianus stand, um so mehr galt man auch als Freund des Caesaren; wem er dagegen feindlich gesinnt war, der hatte mit Furcht und Erniedrigung zu kämpfen. Ich verzichte darauf, einen einzelnen als Beispiel anzuführen: uns alle, die wir an seinem letzten Anschlag keinen Anteil gehabt haben, will ich auf meine alleinige Gefahr hin verteidigen. Denn nicht ein Seianus aus Volsinii, sondern ein Glied des claudischen und iulischen Hauses, in die er durch Verschwägerung gelangt war, dein Schwiegersohn, Caesar, dein Mitkonsul, dein Stellvertreter in der Staatsführung war es, den wir verehrt haben. Es ist nicht unsere Aufgabe, ein Urteil darüber abzugeben, wen du über alle anderen erhebst und aus welchen Gründen dies geschieht. Dir haben die Götter die höchste Entscheidung in die Hand gegeben; uns blieb nur die Ehre des Gehorsams übrig. Wir schauen ferner auf das, was vor unseren Augen liegt, wer aus deiner Hand Reichtum und Ehrenstellen erhält, wer die größte Macht zu nützen oder zu schaden besitzt. Daß Seianus sie besessen hat, das wird

niemand leugnen: die geheimen Gedanken des Princeps und seine verborgenen Absichten zu erforschen ist nicht erlaubt und ist gefährlich, und man würde auch damit keinen Erfolg haben. Denket, versammelte Väter, nicht an den letzten Tag des Seianus, sondern an jene sechzehn Jahre. Auch einem Satrius und Pomponius[17] haben wir gehuldigt. Sogar mit seinen Freigelassenen und Türhütern bekannt zu werden galt für etwas Großartiges. Was folgt hieraus? Soll diese Verteidigung allen ohne Unterschied gleichermaßen zugute kommen? Nein! Die Scheidewand muß richtig gezogen werden! Anschläge gegen das Gemeinwesen, Mordpläne gegen den Imperator sollen bestraft werden; was aber die Freundschaft mit Seianus und die ihm erwiesenen Dienste betrifft, so mag man dich, Caesar, und uns freisprechen, da wir damit zu gleicher Zeit Schluß gemacht haben."

(9) Diese aufrechte Rede — es hatte sich ja jemand gefunden, der offen heraussagte, was alle dachten — hatte eine solche Wirkung, daß seine Ankläger, unter Berücksichtigung auch ihrer früheren Vergehen, mit Verbannung oder mit dem Tode bestraft wurden.

Darauf kam ein Schreiben des Tiberius, in dem er sich gegen den ehemaligen Prätor Sex. Vistilius wandte. Diesen hatte er als den besonderen Liebling seines Bruders Drusus in sein Gefolge versetzt. Der Grund, daß Vistilius in Ungnade fiel, lag entweder darin, daß er wirklich ein Spottgedicht auf den unzüchtigen Lebenswandel des C. Caesar verfaßt hatte oder daß man hier einer Erfindung Glauben geschenkt hatte. Er wurde deshalb von der Hofgesellschaft des Princeps ausgeschlossen. Nachdem er mit altersschwacher Hand sich die Adern zu öffnen versucht hatte, verband er sie wieder und richtete ein Bittgesuch an Tiberius. Als dieses schroff abgewiesen wurde, öffnete er die Adern von neuem.

Dann wurden in einem Gesamtverfahren Annius Pollio, Appius Silanus und zugleich mit ihnen Scaurus Mamercus und Sabinus Calvisius wegen Majestätsbeleidigung belangt. Mit seinem Vater Pollio wurde auch Vinicianus in die Anklage einbezogen. Alle stammten aus berühmtem Geschlecht und hatten zum Teil höchste Ehrenämter bekleidet[18]. Ein Beben hatte die Väter erfaßt (wie wenige mochte es geben, die nicht verschwägert oder befreundet mit so vielen erlauchten Männern waren?). Doch Celsus, der Tribun einer Stadtkohorte[19], der damals zu den Zeugen gehörte, rettete Appius und Calvisius aus ihrer gefährdeten Lage. Der Caesar vertagte den Prozeß gegen Pollio, Vinicianus und Scaurus, um die Untersuchung persönlich zusammen mit dem Senat vorzunehmen, nicht ohne einige bedrohliche Andeutungen gegen Scaurus zu machen.

(10) Nicht einmal die Frauen blieben von Prozessen verschont. Weil man sie nicht der Absicht beschuldigen konnte, die Macht im Staate an sich zu reißen, wurden sie wegen ihrer Tränen angeklagt. Umgebracht wurde die greise Vitia, die Mutter des Fufius Geminus, weil sie die Hinrichtung ihres Sohnes beweint habe.

Solche Entscheidungen traf der Senat, und kein anderes Bild boten die Verhandlungen vor dem Princeps: Vescularius Flaccus und Iulius Marinus wurden zur Hinrichtung abgeführt. Sie gehörten zu den ältesten Vertrauten des Princeps, hatten ihn nach Rhodus begleitet und unzertrennlich bei ihm auf Capreae ausgeharrt. Vescularius hatte bei dem Anschlag gegen Libo[20] die Rolle des Zwischenträgers gespielt, mit Beteiligung von Marinus hatte Seianus den Curtius Atticus[21] beseitigt. Um so freudiger wurde es begrüßt, daß nun die Ratgeber ihren eigenen Machenschaften zum Opfer gefallen waren. Um die gleiche Zeit starb der Pontifex L. Piso (eine Seltenheit bei einer so hohen Stellung) eines natürlichen Todes. Er hatte nie aus eigenem Antrieb einen Antrag gestellt, der knechtischer Gesinnung entsprang, und wenn eine Zwangslage zu einem solchen drängte, hatte er weise Mäßigung walten lassen. Daß sein Vater Censor gewesen war, habe ich erwähnt[22]. Er wurde achtzig Jahre alt und hatte sich in Thracien die Triumphinsignien erworben. Aber sein besonderer Ruhm rührte daher, daß er als Stadtpräfekt die seit kurzem lebenslängliche und, weil man nicht zu gehorchen gewohnt war, als drückend empfundene Amtsgewalt mit erstaunlicher Milde ausübte.

(11) Wenn nämlich früher Könige und in der Folge Staatsbeamte von zu Hause wegreisten, wurde, damit nicht die Stadt ohne Regierung sei, ein Mann auf Zeit gewählt, der Recht sprechen und bei unvorhergesehenen Ereignissen helfend eingreifen sollte. So wird berichtet, Romulus habe Denter Romulius, dann Tullus Hostilius den Numa Marcius und Tarquinius Superbus den Spurius Lucretius eingesetzt. Später waren es die Konsuln, die sich so vertreten ließen. Noch hat sich hiervon die äußere Form erhalten: jedesmal wird anläßlich des Latinerfestes ein Präfekt zur Wahrnehmung der Geschäfte der Konsuln ernannt. Übrigens hat Augustus in den Bürgerkriegen Cilnius Maecenas, der dem Ritterstand angehörte, die volle Regierungsgewalt über Rom und ganz Italien übertragen[23]. Dann, als er sich der Alleinherrschaft bemächtigt hatte, berief er wegen der großen Bevölkerungszahl und weil die Mithilfe der Strafgesetze sich zu langsam auswirkte, einen der Konsularen, um die Sklaven im Zaum zu halten und auch den Teil der Bürgerschaft, der zu frecher Auflehnung neigt, wenn er sich vor Gewalt nicht fürchtet. Der erste, der diese Amtsbefugnis erhielt und nach wenigen Tagen, angeblich als unfähig, sie auszuüben, wieder verlor, war Messala Corvinus. Dann wußte sie Taurus Statilius[24] trotz seinem vorgeschrittenen Alter vortrefflich zu handhaben. Endlich bewährte sich Piso in dieser Stellung in gleichbleibender Tüchtigkeit fünfzehn Jahre lang, wofür er durch ein Staatsbegräbnis auf Grund eines Senatsbeschlusses geehrt wurde.

(12) Darauf brachte der Volkstribun Quintilianus bei den Vätern einen Antrag über ein sibyllinisches Buch[25] ein, dessen Aufnahme unter die übrigen Bücher der gleichen Seherin auf Grund eines entsprechenden Senatsbeschlusses der Quindecimvir Caninius Gallus[26] verlangt hatte. Da dieser Beschluß ohne weitere Aussprache erfolgt war, schickte der Caesar ein Schreiben mit einem gelinden Tadel für den Tribunen: seine mangelnde Vertrautheit mit der alten Sitte sei

seiner Jugend zuzuschreiben. Dem Gallus jedoch machte er den Vorwurf, obgleich er alt genug sei, die heiligen Gebräuche zu kennen, habe er die Sache, ohne daß man den Verfasser des Gedichtes kenne und ohne, wie üblich, ein Gutachten seines Kollegiums einzuholen und durch die „magistri“[27] vorher lesen und beurteilen zu lassen, in einer ungenügend besuchten Senatssitzung zur Sprache gebracht. Zugleich rief er in Erinnerung, Augustus habe, weil viel Unechtes unter dem berühmten Namen verbreitet wurde, eine Frist festgesetzt, innerhalb der solche Schriften dem Stadtprätor übergeben werden sollten; auch dürften sie nicht im Privatbesitz bleiben. Schon die Vorfahren hatten einen solchen Beschluß gefaßt: nach dem Brande des Capitols im Bundesgenossenkrieg hatte man in Samos, Ilium, Erythrae[28], ja auch in Afrika, in Sizilien und in den italischen Kolonien die Weissagungen der Sibylle zusammengesucht — mag es nun eine oder mögen es mehrere gewesen sein — und die Priester beauftragt, die echten, soweit menschliche Kraft es vermöge, auszusondern. Und so wurde auch jetzt dieses Buch der Untersuchung durch die Fünfzehnmänner unterzogen.

(13) Unter den gleichen Konsuln kam es durch eine drückende Teuerung fast zu einem Aufruhr. Immer wieder wurden mehrere Tage im Theater mit einer dem Imperator gegenüber ungewöhnlichen Hemmungslosigkeit stürmische Forderungen erhoben. Darüber aufgebracht, beschuldigte er die Staatsbeamten und die Väter, daß sie nicht durch ihre amtliche Autorität das Volk im Zaum gehalten hätten. Er bemerkte dazu, aus welchen Provinzen er mehr Getreide als Augustus herbeischaffe. So wurde, um die Plebs zurechtzuweisen, ein Senatsbeschluß von alter Strenge gefaßt, und mit einem nicht minder scharfen Edikt ließen sich die Konsuln vernehmen. Tiberius selbst hüllte sich in Schweigen. Doch wurde ihm dies nicht als Leutseligkeit ausgelegt, wie er geglaubt hatte, sondern als Hochmut.

(14) Am Ende des Jahres fielen die römischen Ritter Geminius, Celsus und Pompeius der Anklage wegen Teilnahme an der Verschwörung zum Opfer. Von diesen war Geminius als

Verschwender und Weichling zum Freund des Seianus geworden, ohne diese Freundschaft irgendwie zu ernsthaften Zwecken auszunützen. Der Tribun Iulius Celsus löste im Gefängnis die Kette, legte sie sich um den Hals und brach sich selbst das Genick, indem er sie hin und her zog. Dagegen wurde Rubrius Fabatus unter Bewachung gestellt, weil man vermutete, er habe, angesichts der hoffnungslosen Verhältnisse in Rom, zu den Parthern fliehen wollen, um dort Mitleid zu finden. Und wirklich griff man ihn bei der Meerenge von Sizilien auf, ein Centurio brachte ihn zurück, und obgleich er keine glaubhaften Gründe für seine weite Reise vorbringen konnte, wurde ihm kein Leid angetan, mehr, weil man ihn vergaß, als weil man Gnade walten ließ.

33 n. Chr. (15) Unter dem Konsulat von Ser. Galba und L. Sulla[29] wählte der Caesar nach langen Überlegungen, wen er für seine Enkelinnen[30] als Ehemänner bestimmen solle – sie standen in heiratsfähigem Alter –, L. Cassius und M. Vinicius aus. Vinicius stammte aus einer Landstadt. Er war in Cales[31] geboren, sein Vater und Großvater hatten das Konsulat bekleidet; übrigens gehörte seine Familie dem Ritterstand an. Er selbst war von sanfter Gemütsart und verfügte über eine geschliffene Beredsamkeit. Cassius entstammte einem plebeischen Geschlecht Roms, das alt und angesehen war. Er hatte väterlicherseits eine strenge Erziehung genossen und empfahl sich mehr durch sein umgängliches als tatkräftiges Wesen. Mit ihm vermählte er Drusilla, mit Vinicius Iulia, beides Töchter des Germanicus. Er schrieb in dieser Angelegenheit an den Senat, wobei er den beiden jungen Männern nur sparsames Lob spendete. Dann ging er nach einer ziemlich vagen Begründung seiner Abwesenheit zu wichtigeren Punkten über: zu den Feindschaften, denen er sich durch sein Wirken für das Gemeinwesen ausgesetzt habe, und zu der Forderung, der Präfekt Macro[32] und einige der Tribunen und Centurionen sollten ihn jedesmal begleiten, wenn er die Kurie betrete. Der Senat faßte auch einen weitgehenden Beschluß, indem er weder Rang noch Zahl dieser Begleitung vorschrieb. Trotzdem besuchte Tiberius nie ein Haus in Rom,

geschweige denn eine Beratung von Staatsangelegenheiten, sondern ging in der Regel auf abgelegenen Wegen um seine Vaterstadt herum und mied sie.

(16) Inzwischen stürzte sich die große Meute der Ankläger auf die Personen, die ihr Einkommen durch Wucher vermehrten, im Widerspruch zu dem Gesetz des Diktators Caesar, der darin das Gebiet des Geldverleihens und des Geldbesitzes in Italien geregelt hatte. Es war schon längst nicht mehr beachtet worden, da ja der Eigennutz über den Gemeinnutz gestellt wird. Allerdings war der Zinswucher ein altes Übel in Rom und bildete die häufigste Ursache von Aufruhr und Zwietracht. Deshalb hielt man es auch, solange noch die alten und weniger verdorbenen Sitten galten, in engen Schranken. Denn zuerst wurde durch die Zwölftafeln bestimmt, daß niemand mehr als ein Prozent[33] Jahreszins nehmen dürfe, während vorher der Zinsfuß in das Belieben der Kapitalisten gestellt war. Dann wurde er auf einen tribunizischen Antrag hin auf ein halbes Prozent herabgesetzt und zuletzt das Zinsnehmen ganz verboten. Es ergingen auch viele Volksbeschlüsse, um den Betrügereien entgegenzuwirken, die jedesmal, wenn man gegen sie eingeschritten war, durch erstaunliche Kniffe wieder auflebten. Doch jetzt brachte der Prätor Gracchus, dem die Untersuchung zugefallen war, gezwungen durch die große Zahl derer, denen Prozesse drohten, die Sache vor den Senat. Die verängstigten Väter — keiner war ja frei von solcher Schuld — baten den Princeps um Nachsicht, mit dessen Einwilligung ein Jahr und sechs Monate Frist gegeben wurde, innerhalb der jeder entsprechend den gesetzlichen Vorschriften seine persönlichen Geldverhältnisse in Ordnung bringen sollte.

(17) Das führte zu einer Verknappung auf dem Geldmarkt, da das gesamte Schuldenwesen mit einmal in Bewegung kam[34] und weil infolge so vieler Verurteilungen und der dadurch bedingten Güterverkäufe das gemünzte Geld im Fiskus oder im Staatsschatz zurückbehalten wurde[35]. Im Hinblick auf diesen Vorgang hatte der Senat vorgeschrieben, jeder solle zwei Drittel seines Kapitalvermögens in Italien in

Grund und Boden anlegen[36]. Aber die Gläubiger forderten das Ganze ein, und die Schuldner, denen gekündigt war, hielten es nicht für vereinbar mit ihrem guten Ruf, ihren Verbindlichkeiten nicht nachzukommen. Da gab es nun zuerst ein Gerenne mit Bittgesuchen, dann einen Spektakel vor dem Tribunal des Prätors. Gerade das Mittel, das man zur Abhilfe gesucht hatte, Verkauf und Kauf, schlug zum Gegenteil aus, da die Kapitalisten all ihr Geld zum Kauf von Grundstücken eingezogen hatten. Das massenhafte Verkaufsangebot drückte die Preise, und je tiefer einer verschuldet war, um so schwerer war er dazu zu bringen, seinen Besitz zu veräußern. Viele wurden von Haus und Hof vertrieben. Der Zusammenbruch der wirtschaftlichen Existenz hatte den Verlust von Stellung und Ruf zur Folge. Endlich griff der Caesar helfend ein. Er stellte den Banken hundert Millionen Sesterzen zur Verfügung, wodurch die Aufnahme von zinslosen Darlehen auf drei Jahre ermöglicht wurde, sofern der Schuldner dem Staat doppelte Sicherheit in Form von Grundstücken gebe. So wurde der Kredit wiederhergestellt, und allmählich fanden sich auch wieder private Geldgeber. Doch vollzog sich der Ankauf von Grundbesitz nicht entsprechend den Richtlinien des Senatsbeschlusses. Wie gewöhnlich in solchen Fällen ging man anfangs mit Strenge an die Sache heran und behandelte sie zum Schluß mit Lauheit.

(18) Darauf kehrte die alte Schreckenszeit zurück: Considius Proculus wurde wegen Majestätsverbrechen vor Gericht gestellt. Während er ohne jede Befürchtung seinen Geburtstag feierte, wurde er in die Kurie geschleppt, verurteilt und sofort umgebracht. Seine Schwester Sancia wurde auf die Anklage von Q. Pomponius hin geächtet. Dieser, ein Mensch von ruheloser Wesensart, gab vor, er begehe dies und derartiges nur, um sich bei dem Princeps in Gunst zu setzen und so seinem gefährdeten Bruder Pomponius Secundus helfen zu können. Auch gegen Pompeia Macrina wurde auf Verbannung erkannt; ihren Gatten Argolicus und ihren Schwiegervater Laco, die beide zu den führenden Männern der Achaeer gehörten, hatte der Caesar bereits gestürzt. Ihr Vater, ein

erlauchter römischer Ritter, und ihr Bruder, ein ehemaliger Prätor, brachten sich selbst um, da ihre Verurteilung zu erwarten war. Zum Vorwurf wurde ihnen gemacht, daß ihr Urgroßvater Theophanes aus Mytilene zu den engsten Freunden des Cn. Pompeius gezählt habe und daß die Griechen dem verstorbenen Theophanes in ihrer üblichen Schmeichelei göttliche Ehren erwiesen hatten.

(19) Nach ihnen wurde Sex. Marius, der reichste Mann in Spanien, angezeigt, er habe mit seiner Tochter Blutschande getrieben. Er wurde von dem Tarpeiischen Felsen herabgestürzt. Und damit kein Zweifel darüber herrsche, daß sein großer Reichtum schuld an seinem Unglück sei, beschlagnahmte Tiberius seine Gold- und Silberminen, obgleich sie für Staatsbesitz erklärt wurden, für sich persönlich. Durch die Hinrichtungen nur noch mehr aufgereizt, befahl er, alle im Gefängnis Inhaftierten, die der Beteiligung an der Verschwörung des Seianus angeklagt waren, umzubringen. Massen von Leichen lagen herum, jeglichen Geschlechts, jeglichen Alters, Leute von hohem und niederem Stande, einzeln oder in Haufen. Weder Verwandten noch Freunden wurde es vergönnt, heranzutreten, sie zu beweinen, ja nicht einmal, sie länger zu betrachten. Wachen waren ringsum aufgestellt, die aufmerksam darauf achteten, ob jemand irgendwelches Zeichen von Trauer verrate, und die verwesenden Leichen hüteten, bis diese in den Tiber geschleppt wurden, wo sie fortgetrieben oder an das Ufer geschwemmt wurden, ohne daß man sie dort verbrannte oder auch nur berührte. Die Macht des Schreckens hatte zeitweilig jedes Gefühl menschlicher Schicksalsverbundenheit ausgelöscht, und je mehr die Grausamkeit um sich griff, desto mehr kam das Mitgefühl zum Erliegen.

(20) Um die gleiche Zeit erhielt C. Caesar, der seinen Großvater bei seiner Reise nach Capreae begleitet hatte, Claudia, die Tochter des M. Silanus, zur Gemahlin[37]. Er verbarg seinen brutalen Charakter hinter einer schlau berechnenden Bescheidenheit, ohne bei der Verurteilung seiner Mutter, bei dem Sturz seiner Brüder ein Wort zu verlieren. Jeder Laune des Tiberius wußte er sich täglich in seiner äußeren

Haltung anzupassen, ja fast die gleichen Ausdrücke zu verwenden. Daher ging auch bald der witzige Ausspruch des Redners Passienus[38] um: „Nie hat es einen besseren Sklaven und einen schlechteren Herrn gegeben."

Nicht übergehen möchte ich die Prophezeiung des Tiberius über Servius Galba, der damals Konsul war. Er ließ diesen zu sich kommen und forschte ihn in allen möglichen Gesprächen aus. Zuletzt sagte er zu ihm in griechischer Sprache folgendes: „Auch du, Galba, wirst einmal das Herrschersein kosten!" Er deutete damit auf die späte und kurze Machtstellung Galbas hin, die er somit auf Grund seiner astrologischen Kenntnisse voraussagte. Er hatte in Rhodus Zeit gehabt, diese sich anzueignen, wobei er als Lehrer Thrasyllus gehabt hatte, dessen Wissen er auf folgende Weise erprobt hatte.

(21) Sooft ihn eine solche Frage beschäftigte, begab er sich auf einen hochgelegenen Teil seines Palastes, wobei er nur einen einzigen Freigelassenen als Mitwisser beizog. Dieser, ein ungebildeter Mensch, der jedoch körperlich kräftig war, mußte auf dem unwegsamen, steil abschüssigen Gelände — der Palast ragt über dem Felsen auf — dem, dessen Kenntnisse Tiberius auf die Probe zu stellen beschlossen hatte, vorausgehen und ihn auf dem Rückweg, wenn er sich der Gaukelei oder gar des Betrugs verdächtig gemacht hatte, in das unten liegende Meer hinunterstürzen, damit er nicht das Geheimnis preisgebe. Und so wurde auch Thrasyllus über diese Felsen geführt. Als ihn Tiberius fragte, machte er auf ihn großen Eindruck, da er ihm die Erhebung auf den Thron und auch sonst die Zukunft in geschickter Weise voraussagte. Er fragte ihn weiter, ob er sich auch sein eigenes Horoskop gestellt habe und ob er wisse, was das jetzige Jahr, was der heutige Tag ihm bringe. Jener berechnete die Positionen der Gestirne und ihren Abstand, stutzte zuerst und erbleichte dann, und je mehr er sich in seine Beobachtungen vertiefte, desto mehr zitterte er in angstvollem Erstaunen und rief zuletzt aus, er befinde sich in einer bedenklichen Lage, fast habe seine letzte Stunde geschlagen. Da umarmte Tiberius ihn und

beglückwünschte ihn, daß er die Gefahr vorausgesehen habe und daß ihm daher nichts geschehen werde. Seine Aussprüche als Orakel betrachtend, nahm er ihn in den Kreis seiner engsten Freunde auf.

(22) Wenn ich von diesen und ähnlichen Begebenheiten höre, weiß ich nicht, wie ich mich entscheiden soll, ob in dem Ablauf des Menschenlebens das Schicksal oder eine unabänderliche Notwendigkeit oder reiner Zufall waltet. Denn man wird finden, daß die weisesten Männer der alten Zeit und alle, die in ihre Schule gegangen sind, darüber ganz verschieden gedacht haben und viele fest überzeugt sind, daß die Götter sich nicht um unsere Geburt, nicht um unser Ende, ja überhaupt nicht um die Menschen kümmern und daß daher so häufig Unglück über die Guten komme und Glück den Schlechten zuteil werde. Andere glauben dagegen, es walte zwar das Schicksal in dem menschlichen Geschehen, aber es richte sich nicht nach dem Lauf der Gestirne, sondern stehe im Zusammenhang mit dem von Anfang bestehenden natürlichen Kausalgesetz. Und doch lassen sie uns die Freiheit, unsere Lebensführung selbst zu bestimmen. Habe man die Wahl einmal getroffen, sei auch der weitere Lauf des Geschehens fest bestimmt. Was die große Masse für schlecht oder gut halte, das sei es gar nicht. Viele, die von Unglück betroffen scheinen, seien glücklich, aber sehr viele, obgleich sie in großem Reichtum leben, in höchst elender Lage, sofern jene ihr schweres Geschick standhaft ertragen, diese ihr Glück unüberlegt genießen. Jedoch lassen sich die meisten Menschen nicht den Glauben nehmen, daß gleich mit der Geburt jedem die Zukunft vorausbestimmt wird. Freilich falle manches anders aus, als die Voraussage laute. Doch daran seien die Betrügereien unwissender Wahrsager schuld. So werde der Glaube an eine Kunst untergraben, die sich seit alter Zeit bis in die Gegenwart glänzend bewährt habe. Denn daß der Sohn eben dieses Thrasyllus die Regierung Neros vorausgesagt hat, werde ich zu gegebener Zeit berichten[39], um mich von meinem Vorhaben jetzt nicht zu weit zu entfernen.

(23) Unter den gleichen Konsuln verbreitete sich die Kunde

von dem Tod des Asinius Gallus[40]. Daß er verhungert war, darüber herrschte kein Zweifel, nur ob freiwillig oder gezwungen galt als ungewiß. Als der Caesar befragt wurde, ob er seine Bestattung zulasse, schämte er sich nicht, seine Genehmigung zu geben und zudem noch die Umstände zu bedauern, die den Angeklagten weggerafft hätten, noch ehe er gerichtlich überführt worden sei. Freilich hatte es im Verlauf von drei Jahren an Zeit gefehlt, den greisen Konsular, den Vater von so vielen ehemaligen Konsuln, vor Gericht zu stellen. Darauf kam Drusus[41] ums Leben. Er hatte sich mit kümmerlichster Nahrung, die Auspolsterung seines Lagers kauend, neun Tage lang am Leben erhalten. Manche überliefern auch, Macro habe den Auftrag gehabt, wenn Seianus einen bewaffneten Aufstand versuche, Drusus, der in dem Palatium inhaftiert war, aus dem Gefängnis herauszuholen und ihn als Führer an die Spitze des Volkes zu stellen. Weil dann das Gerücht umging, der Caesar werde sich mit seiner Schwiegertochter und seinem Enkel aussöhnen, wollte er lieber Grausamkeit anwenden als Reue zeigen.

(24) Ja, er zog sogar gegen den Toten los, warf ihm körperliche Laster und eine den Seinigen verderbliche und dem Gemeinwesen feindselige Gesinnung vor und befahl, ein Tagebuch, in dem alle seine Handlungen und Äußerungen verzeichnet waren, vorzulesen. Dies empfand man als den Höhepunkt der Gemeinheit. Daß so viele Jahre hindurch Leute ihn umgaben, die seine Miene, sein Seufzen, sein verstecktes Murmeln belauerten, und daß er als Großvater dies anhören, lesen und der Öffentlichkeit habe preisgeben können, erschien kaum glaublich. Aber die Briefe des Centurionen Attius und des Freigelassenen Didymus gaben die Namen der Sklaven an, die jedesmal, wenn Drusus sein Schlafgemach verlassen wollte, ihn geschlagen und in Schrecken versetzt hatten. Auch hatte der Centurio seine eigenen Ausdrücke, die voller Roheit waren, als etwas Rühmliches sowie die Worte des Sterbenden hinzugefügt, in denen Drusus zuerst, eine geistige Umnachtung vortäuschend, wie ein Wahnsinniger Verwünschungen gegen Tiberius und dann, als er die Hoffnung auf sein Leben

aufgegeben hatte, wohlüberdachte Verfluchungsformeln ausstieß: wie er gegen seine Schwiegertochter, den Sohn seines Bruders, seine Enkel und sein ganzes Haus mit Mord gewütet habe, so mögen an ihm der Name und das Geschlecht seiner Vorfahren und seiner Nachkommen gerächt werden. Die Väter gaben zwar mit lärmendem Einspruch ihrem scheinbaren Abscheu Ausdruck; aber tief in ihren Herzen saß das Entsetzen über das Unfaßbare, daß der einst so schlaue Mann, der seine Verbrechen ins Dunkel zu hüllen verstand, sich nun so selbstsicher fühle, daß er gleichsam den Vorhang wegzog, um seinen Enkel vorzuführen, wie er, den Schlägen eines Centurio, den Hieben von Sklaven ausgeliefert, um die kümmerlichsten Lebensmittel vergebens bat.

(25) Noch war dieser Schlag nicht verwunden, als man von Agrippina hörte: sie hatte, wie ich glaube, nach der Hinrichtung des Seianus neue Hoffnung geschöpft und sich deshalb nicht das Leben genommen; aber als die brutale Behandlung nicht nachließ, verübte sie Selbstmord. Doch ist es auch möglich, daß man ihr die Lebensmittel entzog und so ein Ende vortäuschte, das wie ein Selbstmord aussah. Tiberius wenigstens erging sich in den gemeinsten Vorwürfen: er beschuldigte sie der Unzucht und des Ehebruchs mit Asinius Gallus, dessen Tod ihr das Leben verleidet habe. Aber Agrippina, unfähig, sich mit der ihr gemäßen Stellung zu begnügen, und herrschsüchtig, wie sie war, hatte sich männlichen Aufgaben zugewandt und damit die weiblichen Schwächen abgelegt. Daß sie an dem gleichen Tage starb, an dem zwei Jahre zuvor Seianus bestraft worden war, und daß dies geschichtlich festgehalten werden müsse, fügte der Caesar hinzu und tat sich noch etwas darauf zugute, daß sie nicht erdrosselt und nicht in die Gemonien geworfen worden sei. Dafür wurde ihm Dank gesagt und beschlossen, an jedem 18. Oktober, als dem Todestag von beiden, Iuppiter ein Weihgeschenk darzubringen.

(26) Bald darauf faßte Cocceius Nerva[42] den Entschluß, aus dem Leben zu scheiden. Er war der ständige Begleiter des Princeps, ein Kenner des gesamten göttlichen und mensch-

lichen Rechts; seine Stellung war unerschüttert, und er war bei bester Gesundheit. Als dies Tiberius erfuhr, machte er ihm einen Besuch, forschte nach den Gründen und verlegte sich auf Bitten. Zuletzt gestand er, es laste schwer auf seinem Herzen und auf seinem Ruf, wenn sein nächster Freund ohne vernünftige Gründe zum Sterben dem Leben entfliehe. Nerva ließ sich auf keine weitere Unterhaltung ein und blieb dabei, keine Nahrung zu sich zu nehmen. Leute, die mit seiner Denkungsart vertraut waren, berichteten, je näher ihm das Unglück des Gemeinwesens vor Augen gestanden sei, desto erbitterter und besorgter sei er gewesen, und er habe, solange er noch makellos und unangefochten gewesen sei, ein Ende in Ehren finden wollen.

Übrigens riß Agrippina, was kaum glaublich ist, Plancina mit ins Verderben. Einst die Gattin Cn. Pisos, die ihre Freude über den Tod des Germanicus offen zu erkennen gegeben hatte, war sie bei dem Sturz Pisos durch die Bitten Livias und nicht weniger durch ihre Feindschaft mit Agrippina geschützt worden. Sobald Haß und Gunst aufgehört hatten[43], trat wieder das Recht in Kraft. Wegen ihrer wohlbekannten Verbrechen belangt, unterzog sie sich der zwar verspäteten, aber wohlverdienten Todesstrafe mit eigener Hand.

(27) Zu all dem Leid, von dem die Bürgerschaft heimgesucht wurde, zählte es auch, daß Iulia, die Tochter des Drusus, die einstige Gattin Neros, sich in die Familie des Rubellius Blandus verheiratete, dessen Großvater, einen römischen Ritter aus Tibur, noch viele gekannt hatten. Am Ende des Jahres starb Aelius Lamia[44] und bekam ein censorisches Begräbnis. Von der trügerischen Hoffnung auf die Statthalterschaft von Syrien hatte ihn endlich seine Ernennung zum Stadtkommandanten von Rom erlöst[45]. Er stammte aus angesehenem Geschlecht, war in hohem Alter noch recht rüstig, und daß die Provinz ihm vorenthalten wurde, hatte sein Ansehen nur noch erhöht. Als dann Flaccus Pomponius, der Proprätor von Syrien, gestorben war, wurde ein Schreiben des Caesaren verlesen, in dem er den Vorwurf erhob, daß die hervorragenden, zur Führung der Heere geeigneten Männer

dieses Amt ablehnen. In dieser Notlage sehe er sich zu der Bitte gezwungen, man möge einige Konsulare zur Übernahme von Provinzen veranlassen. Dabei vergaß er, daß Arruntius an der Abreise nach Spanien schon seit zehn Jahren gehindert wurde[46]. In dem gleichen Jahr starb auch M'. Lepidus, über dessen maßvolle Besonnenheit und Weisheit ich in den vorausgegangenen Büchern ausgiebig berichtet habe[47]. Auch auf seinen Adel brauche ich nicht ausführlicher hinzuweisen; das Geschlecht der Aemilier hat ja zahlreiche gute Bürger hervorgebracht, und auch die sittlich entarteten Angehörigen dieser Familie haben in glänzenden Verhältnissen gelebt.

(28) Unter dem Konsulat des Paulus Fabius und des L. Vi- 34
tellius[48] erschien nach dem Verlauf vieler Jahrhunderte wieder n. Chr.
der Vogel Phönix in Ägypten und bot den gelehrtesten Männern der einheimischen und der griechischen Bevölkerung Stoff zu vielfacher Erörterung dieser Wundererscheinung. Worüber sie sich einig sind, aber auch vieles Umstrittene, dessen Kenntnis aber nicht unangebracht ist, will ich berichten. Daß dieses Tier der Sonne heilig und in der Form seines Schnabels und der Zeichnung seines Gefieders von den anderen Vögeln verschieden ist, darüber herrscht Einigkeit bei allen, die seine Gestalt beschrieben haben. Über die Zahl der Jahre, die zwischen seinem Erscheinen liegen, gibt es verschiedene Überlieferungen. Die verbreitetste rechnet mit fünfhundert Jahren. Manche behaupten, er erscheine immer wieder nach 1461 Jahren[49]. Früher seien die Vögel dreimal, das erste Mal einer unter der Regierung des Sesosis, dann einer unter der des Amasis und darauf des Ptolemäus[50], des dritten Herrschers aus dem macedonischen Geschlecht, in die Stadt, die den Namen Heliopolis[51] hat, geflogen, begleitet von vielen anderen Vögeln, welche die so ungewöhnliche Erscheinung anstaunten. Allein die alten Zeiten liegen im dunkeln: zwischen Ptolemäus und Tiberius liegen nicht ganz 250 Jahre. Daher glaubten manche, dies sei nicht der echte Phönix, er komme nicht aus dem Araberland und habe keines der Merkmale, die ihm die alte Überlieferung beimißt. Wenn

nämlich die Zahl seiner Jahre um ist und der Tod naht, baue er in seinem Heimatland ein Nest und lasse seinen Samen hineinfließen, woraus dann ein junger Vogel erstehe. Sobald das Junge erwachsen sei, sei dessen erste Sorge, den Vater zu begraben. Dies geschehe aber nicht ohne Überlegung, sondern er hebe eine bestimmte Menge Myrrhen auf, versuche damit einen weiten Flug und nehme, wenn er auf dem Flug die Last zu tragen vermöge, den Körper des Vaters auf, trage ihn bis zu dem Altar des Sonnengottes und verbrenne ihn dort. Das sind nun allerdings ungewisse und ins Märchenhafte gehobene Behauptungen. Doch darüber herrscht kein Zweifel, daß man diesen Vogel manchmal in Ägypten sieht.

(29) In Rom jedoch ging das Morden ununterbrochen weiter: Pomponius Labeo, der, wie ich berichtet habe, Statthalter in Mösien war[52], öffnete sich die Adern und verblutete. Seine Gattin Paxaea folgte seinem Beispiel. Denn die Furcht vor dem Henker legte die rasche Wahl solcher Todesart nahe, und während die Verurteilten, ihres Vermögens beraubt, nicht begraben werden durften, wurden diejenigen, die sich selbst entleibten, beerdigt, und ihre Testamente blieben in Kraft. So lohnte es sich, wenn man sich beschleunigt davonmachte. Doch der Caesar richtete ein Schreiben an den Senat, in dem er darlegte, es sei bei den Vorfahren Sitte gewesen, sooft sie jemand das Freundschaftsverhältnis aufkündigten, diesem ihr Haus zu verbieten und damit den Abbruch der Beziehungen zu bestätigen. So habe er es auch mit Labeo gehalten. Als aber dieser wegen der schlechten Verwaltung seiner Provinz und wegen anderer Verfehlungen in Bedrängnis geriet, habe er seine Schuld durch eine gehässige Tat verschleiert und ohne Grund seine Gemahlin in Schrecken versetzt, die zwar ebenfalls schuldig, aber nicht in Gefahr gewesen sei. Darauf wurde erneut Mamercus Scaurus[53] vor Gericht gestellt. Er gehörte dem hohen Adel an und war ein ausgezeichneter Gerichtsredner, aber führte einen anstößigen Lebenswandel. Nicht die Freundschaft mit Seianus brachte ihn zu Fall, sondern der Haß Macros, der sich nicht weniger verhängnisvoll auswirkte. Macro bediente sich der gleichen

Mittel, nur heimlicher; er hatte den Inhalt einer von Scaurus verfaßten Tragödie[54] dem Tiberius hinterbracht und einige Verse daraus zitiert, die man auf Tiberius beziehen konnte. Aber die Ankläger Servilius und Cornelius warfen ihm Ehebruch mit Livia und Beteiligung an dem Geheimdienst der Magier vor. Scaurus erwies sich als würdig des alten Aemiliergeschlechts und kam auf Zureden seiner Gemahlin Sextia, die ihn zum Selbstmord trieb und mit ihm in den Tod ging, der Verurteilung zuvor.

(30) Doch auch die Ankläger fielen, wenn sich Gelegenheit bot, der Bestrafung anheim: so wurden die durch den Sturz des Scaurus berüchtigten Servilius und Cornelius geächtet und nach Inseln deportiert, weil sie für die Unterlassung einer Anzeige von Varius Ligus[55] Geld angenommen hatten. Auch Abudius Ruso, der Ädil gewesen war, machte dem Lentulus Gaetulicus, unter dem er eine Legion befehligt hatte, den Prozeß, weil er den Sohn des Seianus zu seinem Schwiegersohn bestimmt habe; er wurde aber seinerseits verurteilt und aus Rom verwiesen. Gaetulicus befehligte damals die Legionen von Obergermanien und hatte sich bei ihnen außerordentliche Beliebtheit erworben dank unbegrenzter Milde und lauer Handhabung der Disziplin. Auch das zunächststehende Heer war ihm zugetan, was er seinem Schwiegervater L. Apronius verdankte. Daher kam es auch, daß sich das Gerücht beharrlich erhielt, er habe es gewagt, Tiberius brieflich zu erklären, nicht aus eigenem Antrieb habe er sich mit Seianus verschwägert, sondern auf den Rat des Tiberius. Er habe sich genauso wie Tiberius irren können. Der gleiche Irrtum dürfe nicht jenem ohne Nachteil hingehen und anderen Anlaß zum Verderben werden. Seine Treue sei unerschüttert und werde es auch bleiben, wenn man nicht hinterlistig gegen ihn vorgehe. Ernenne man für ihn einen Nachfolger, so sei dies für ihn gleichbedeutend mit der Todesbotschaft. Sie sollten so etwas wie eine vertragliche Abmachung dahin treffen, daß der Princeps Herr über das ganze übrige Reich sei und er selbst seine Provinz behalte. So merkwürdig dies auch ist, so fand es doch deshalb Glauben, weil er als einziger von

allen Verwandten des Seianus unangefochten und in hoher Gunst blieb. Tiberius dachte daran, wie allgemein verhaßt er sei und daß am Ende seines Lebens seine ganze Herrschaft mehr auf dem Glauben an sie als auf tatsächlicher Gewalt beruhe.

35 n. Chr. (31) Unter dem Konsulat des C. Cestius und M. Servilius[56] kamen adelige Parther nach Rom, und zwar ohne Wissen des Königs Artabanus[57]. Seine Furcht vor Germanicus hatte ihn veranlaßt, den Römern treu und gegen sein eigenes Volk gerecht zu sein. Aber dann benahm er sich hochmütig gegen uns und grausam gegen seine Untertanen, wobei ihm die glücklich geführten Kriege mit den Nachbarstämmen den Rücken steiften. Tiberius verachtete er als einen wehrlosen Greis und richtete seine gierigen Blicke auf Armenien, über das er nach dem Tode des Königs Artaxias[58] Arsaces, den ältesten seiner Söhne, gesetzt hatte. Auch eine grobe Beleidigung fügte er hinzu[59]: er schickte eine Abordnung, die die Herausgabe des von Vonones in Syrien und Cilicien hinterlassenen Schatzes fordern sollte. Zugleich sprach er von den alten Grenzen der Perser und Macedonier und drohte großsprecherisch, in das Reich, das Cyrus und später Alexander besessen hatte, einzufallen. Am nachdrücklichsten hatte die Parther zur Absendung geheimer Boten Sinnaces, der aus einer ebenso angesehenen wie reichen Familie stammte, und nächst diesem Abdus, ein Verschnittener, veranlaßt. Dies macht bei den Barbaren nicht verächtlich, ja erhöht sogar den Einfluß. Die beiden zogen noch andere führende Männer hinzu, und weil sie niemand aus dem Geschlecht der Arsaciden hatten, den sie auf den Thron hätten setzen können — die meisten waren von Artabanus umgebracht, oder sie waren noch nicht erwachsen —, forderten sie von Rom Phraates, den Sohn des Königs Phraates[60]: nur eines Namens und eines Hauptes bedürfe es und der Zustimmung des Caesaren, damit man einen Sproß aus dem Arsacidengeschlecht an dem Ufer des Euphrat sehe.

(32) Das entsprach dem Wunsche des Tiberius. Er stattete Phraates reichlich aus und bekleidete ihn mit der hohen

Würde seines Vaters, wobei er an seinem Grundsatz festhielt, mit Verhandlungen und Schlauheit die auswärtige Politik zu betreiben und nicht die Waffen sprechen zu lassen. Aber Artabanus, der inzwischen von dem Anschlag erfahren hatte, zögerte zuerst aus Furcht und gab sich dann seinem glühenden Rachedurst hin. Den Barbaren kommt ja Zögern sklavisch und sofortiges Handeln königlich vor. Jedoch war die Rücksicht auf den Nutzen ausschlaggebend: er lud unter dem Scheine der Freundschaft Abdus zur Tafel, um ihn durch ein langsam wirkendes Gift unschädlich zu machen, während er Sinnaces durch Verstellung und Geschenke und zugleich durch Geschäfte hinhielt. Phraates, der in Syrien die römische Lebensweise, an die er so viele Jahre sich gewöhnt hatte, aufgegeben und die Gebräuche der Parther angenommen hatte, erlag, da er die heimische Lebensart nicht mehr ertragen konnte, einer Krankheit. Jedoch gab Tiberius seine Pläne nicht auf. Er bestellte Tiridates, der demselben Geschlecht entstammte, als Rivalen des Artabanus, beauftragte den Hiberer Mithridates[61] mit der Wiedereroberung Armeniens und versöhnte ihn mit seinem Bruder Pharasmanes, der den angestammten Thron innehatte. Mit der Durchführung aller Unternehmungen im Orient betraute er L. Vitellius[62]. Mir ist nicht unbekannt, welch schlechten Ruf dieser Mann in Rom genossen hat und wieviel Häßliches über ihn geredet wurde. Jedoch bei der Verwaltung der Provinzen befleißigte er sich altbewährter Tüchtigkeit. Von dort zurückgekehrt, wandelte er sich, wurde aus Angst vor C. Caesar und durch die enge Freundschaft mit Claudius zum gemeinen Sklaven und galt bei der Nachwelt als Muster eines ehrlosen Schmeichlers. Was er zuerst gewesen, ist hinter dem Bild, das er zuletzt bot, verschwunden, und die guten Seiten des jungen Mannes hat das schändliche Verhalten des Greises vergessen lassen.

(33) Aber von den Kleinkönigen veranlaßte zuerst Mithridates den Pharasmanes, seine Unternehmungen mit List und Gewalt zu unterstützen. Es fanden sich auch bestechliche Personen, die die Diener des Arsaces mit viel Gold auf die Bahn des Verbrechens trieben. Zugleich brachen die Hiberer

mit starken Truppen in Armenien ein und bemächtigten sich der Stadt Artaxata[63]. Als Artabanus dies erfuhr, beauftragte er seinen Sohn Orodes mit der Vergeltung. Er gab ihm parthische Truppen und schickte Leute aus, um Söldner anzuwerben. Pharasmanes dagegen verband sich mit den Albanern, bot die Sarmaten[64] auf, deren Häuptlinge von beiden Seiten Geschenke annahmen, um sich dann nach ihrer Stammessitte entgegengesetzten Parteien zur Verfügung zu stellen. Doch die Hiberer, die dort die Übergänge in der Hand hatten, ließen über den Kaspischen Paß[65] die Sarmatenscharen plötzlich Armenien überschwemmen. Dagegen konnte der Teil der Sarmaten, der auf dem Weg zu den Parthern war, leicht abgewehrt werden, da die Feinde alle anderen Zugänge abgeriegelt hatten und der Sommer den einzigen noch übrigen zwischen dem Meer und den Ausläufern der Albanischen Berge unzugänglich machte, da durch die etesischen Winde[66] die Küstenniederungen überflutet werden, während im Winter der Südwind die Fluten zurückfließen läßt. Von der landeinwärts getriebenen Flut wird dann die flache Meeresküste wieder frei.

(34) Inzwischen forderte Pharasmanes den Orodes, der ohne Bundesgenossen war, während er selbst sich durch Hilfstruppen verstärkte, zur Schlacht heraus. Als dieser ihr auswich, rückte er auf ihn los: er schickte Reiterei gegen das Lager und beunruhigte die Furagierkommandos. Oft legte er auch wie bei einer Belagerung ringsum eine Postenkette, bis die Parther, nicht gewöhnt, sich so verächtlich behandeln zu lassen, sich um ihren König scharten und eine Schlacht forderten. Ihre Kampfkraft beruhte nur auf der Reiterei; Pharasmanes verfügte auch über starkes Fußvolk. Denn die Hiberer und Albaner sind als Bewohner von bergigem Waldgebiet an harte Ausdauer eher gewöhnt. Sie behaupten, von den Thessalern abzustammen, aus der Zeit, da Iason nach der Entführung Medeas und nach Geburt ihrer Kinder zu den herrenlosen Kolchern zurückkehrte und den bald darauf erledigten Thron des Aeetas bestieg. Viel Rühmens machen sie von seinem Namen und von dem Orakel des Phrixus[67].

Und niemand wird einen Widder opfern, weil man glaubt, Phrixus sei auf einem solchen hergekommen, mag es sich nun dabei um ein wirkliches Tier oder nur um eine Schiffsfigur gehandelt haben.

Als nun auf beiden Seiten die Heere zur Schlacht aufgestellt waren, hielt der Parther eine Ansprache, in der er auf die Herrschaft über den Orient, über den Ruhm der Arsaciden und demgegenüber von dem unbekannten Hiberer und seiner Söldnertruppe sprach. Pharasmanes wies darauf hin, daß sie frei geblieben seien von parthischer Zwingherrschaft, und je höher sie ihre Ziele steckten, um so größeren Ruhm würden sie als Sieger ernten. Um so größer sei aber auch die Schande und die Gefahr, die ihrer warten, wenn sie sich zur Flucht wenden. Zugleich wies er auf die waffenstarrende Kampffront seiner Leute und auf die goldschimmernden Heerhaufen der Meder hin; hier stünden die Männer, dort winke die Beute.

(35) Bei den Sarmaten freilich vernahm man nicht allein die Stimme des Heerführers; jeder spornte sich selbst an, es ja nicht nur zu einem Kampfe mit Pfeil und Bogen kommen zu lassen. Man müsse auf den Feind losstürmen und im Nahkampf ihm zuvorkommen. So boten die Kämpfenden ein wechselvolles Schauspiel: die Parther, in der Kunst des Verfolgens wie in der des Fliehens gleichermaßen geübt, zogen ihre Reiterabteilungen auseinander, um Raum zum Schießen zu gewinnen, während die Sarmaten auf ihre Bogen, mit denen sie nur auf kürzere Entfernung etwas ausrichten, verzichteten und mit ihren Spießen und Schwertern anstürmten. Wie es bei einem Reiterkampf üblich ist, wechselten Angriff und Zurückweichen; manchmal drängten sie in geschlossener Formation mit ihren Körpern und mit dem Stoß ihrer Waffen den Feind zurück oder wurden selbst zurückgedrängt. Schon packten auch die Albaner und Hiberer zu, stießen die Feinde von den Pferden herunter und verwickelten sie in einen doppelten Kampf: von oben hieben die Reiter ein, während die Kämpfer zu Fuß näher an den Feind herankommen und ihn verwunden konnten. Als indessen Pharas-

manes und Orodes den Tapferen zur Seite standen oder den Wankenden zu Hilfe kamen, weithin sichtbar und darum einander erkennend, ritten sie mit Geschrei und erhobener Waffe aufeinander los, mit größerer Wucht Pharasmanes. Denn sein Hieb drang durch den Helm seines Gegners hindurch, jedoch vermochte er keinen zweiten Hieb zu führen. Sein Pferd riß ihn fort, auch deckten die tapfersten seiner Gefolgsleute den Verwundeten. Jedoch glaubte man fälschlich dem Gerücht, er sei gefallen, was die Parther so in Schrecken versetzte, daß sie auf den Sieg verzichteten.

(36) Nun setzte Artabanus die ganze Macht seines Reiches zur Rache ein. Da die Hiberer ortskundig waren, waren sie im Kampfe im Vorteil. Trotzdem wäre er nicht zurückgewichen, wenn nicht Vitellius seine Legionen zusammengezogen und durch das Gerücht, das er verbreitete, er werde in Mesopotamien einfallen, Artabanus von einem Krieg mit den Römern abgeschreckt hätte. So gab Artabanus Armenien auf und geriet in eine mißliche Lage, da Vitellius seine Untertanen veranlaßte, ihren König im Stich zu lassen, der im Frieden grausam sei und sie durch seine unglücklichen Kämpfe ins Verderben stürze. Und so veranlaßte Sinnaces, der, wie ich oben berichtet habe[68], sein Feind war, seinen Vater Abdagaeses und andere, die insgeheim ins Vertrauen gezogen wurden und sich jetzt angesichts der fortgesetzten Niederlagen eher dazu verstanden, zum Abfall. Nach und nach gesellten sich auch solche dazu, die, mehr aus Furcht als aus Anhänglichkeit gefügig, nun, da sich die Anführer gefunden hatten, ebenfalls Mut bekommen hatten. Und schon stand Artabanus niemand mehr zur Verfügung außer seinen ausländischen, landflüchtigen Leibwächtern, Leuten, die für das Gute kein Verständnis und keine Zurückhaltung gegenüber dem Schlechten üben, sondern lediglich als Handlanger für jedes Verbrechen vom Sold leben. Diese zog er an sich und floh eilends in die entfernten Grenzgebiete Scythiens in der Hoffnung auf Hilfe, weil er mit den Hyrcanern und Carmaniern[69] in verwandtschaftlichen Beziehungen stand: auch könnten ja inzwischen die Parther, die gegenüber Abwe-

senden gerecht urteilten, gegenüber Anwesenden aber wankelmütig seien, ihren Sinn ändern und Reue bei ihnen einkehren.

(37) Als sich nach der Flucht des Artabanus die Stimmung des Volkes dem neuen König zuwandte, forderte Vitellius den Tiridates auf, die Gelegenheit wahrzunehmen, und führte den Kern der Legionen und der Bundesgenossen an das Ufer des Euphrat. Als sie dort opferten — Vitellius nach römischem Brauch ein Schaf und ein Rind, während Tiridates ein Roß für den Flußgott schmückte, um diesen zu versöhnen —, meldeten die Anwohner, der Euphrat schwelle, ohne daß es stark geregnet habe, ganz von selbst gewaltig an. Aus dem weißen Schaum würden sich Kreise bilden, die die Form von einem Diadem annehmen, was ein gutes Vorzeichen für einen günstigen Übergang sei. Einige deuteten es schlauer so aus: das Unternehmen verlaufe zwar in seinem Anfang glücklich, aber dies halte nicht lange an, weil die Vorzeichen auf der Erde oder am Himmel zuverlässiger seien, während das unstete Element der Flüsse die Vorzeichen, die es gebe, auch gleich wieder entrücke. Aber als man eine Schiffsbrücke geschlagen und das Heer hinübergeführt hatte, erschien als erster Ornospades mit vielen Tausend Reitern im Lager. Einst ein Verbannter, war er dem Tiberius bei der Beendigung des Dalmatischen Krieges rühmlich beigestanden und dafür mit dem römischen Bürgerrecht beschenkt worden. Darauf hatte er die Freundschaft seines Königs wiedergewonnen und stand bei ihm in hohen Ehren als Statthalter des von den berühmten Flüssen Euphrat und Tigris umflossenen und danach Mesopotamien genannten ebenen Landes. Nicht lange darauf brachte Sinnaces neue Verstärkungen, und Abdagaeses, die Hauptstütze der Partei, kam mit dem Schatz und dem königlichen Schmuck. Vitellius glaubte, es genüge, wenn er die römischen Waffen gezeigt habe, und ermahnte Tiridates, er solle seines Großvaters Phraates und seines Pflegevaters, des Caesaren, und all des Herrlichen, das mit dem einen wie mit dem andern sich verbinde, gedenken, und er mahnte auch die führenden Männer, sie sollten dem König Gehorsam, uns Ach-

tung und jeder für seine Person Ehre und Treue bewahren. Dann kehrte er mit seinen Legionen nach Syrien zurück.

(38) Ich habe die Ereignisse von zwei Sommern miteinander verbunden, damit man sich von dem unglücklichen Geschehen, das sich im Innern abspielte, erholen könne. Denn obgleich schon drei Jahre seit der Hinrichtung des Seianus verflossen waren, stimmten nicht Zeit, nicht Bitten, nicht das Gefühl der Übersättigung, was doch sonst mildernd zu wirken pflegt, Tiberius weicher. Er bestrafte ungeklärte oder verjährte Fälle, als ob es sich um die schwersten der allerletzten Zeit handle. In solcher Angst befangen, wollte Fulcinius Trio[70] sich den Angriffen der Ankläger nicht weiter aussetzen und machte ein Testament, in dem er viele erbitterte Vorwürfe gegen Macro und die maßgebenden Freigelassenen des Caesaren richtete und diesen selbst als schwachsinnigen Greis bezeichnete, der infolge seiner dauernden Abwesenheit von Rom gleichsam in der Verbannung lebe. Dieses Schriftstück suchten die Erben zu verbergen; aber Tiberius ließ es im Senat verlesen. Entweder wollte er seine Duldsamkeit gegenüber dem Freimut anderer und seine Mißachtung der üblen Nachrede über seine Person zeigen, oder er zog, weil er lange nichts von den Verbrechen des Seianus wußte, es nun vor, daß alle Äußerungen darüber bekannt würden, um die Wahrheit, die von der Schmeichelei verdunkelt wird, wenigstens auf dem Wege der Schmähungen kennenzulernen. In den gleichen Tagen nahm sich der Senator Granius Marcianus, der von G. Gracchus wegen Majestätsbeleidigung angeklagt worden war, das Leben. Der ehemalige Prätor Tarius Gratianus wurde nach dem gleichen Gesetz zum Tode verurteilt.

(39) Dasselbe Ende fanden Trebellenus Rufus und Sextius Paconianus. Trebellenus legte selbst Hand an sich, Paconianus[71] wurde im Gefängnis wegen eines dort auf den Princeps verfaßten Gedichtes erdrosselt. Diese Berichte erhielt Tiberius nicht, wie vordem, durch das Meer getrennt und auch nicht durch weither kommende Boten, sondern in unmittelbarer Nähe der Stadt, so daß er noch am gleichen Tage oder am

nächsten Morgen die Schreiben der Konsuln beantwortete und das in den Häusern fließende Blut und die Hände der Henker gleichsam vor Augen hatte.

Am Jahresende starb Poppaeus Sabinus[72]. Er stammte aus einem unbedeutenden Geschlecht, hatte aber durch seine Freundschaft mit den Herrschern das Konsulat und die Triumphinsignien erlangt und war vierundzwanzig Jahre lang Statthalter der größten Provinzen gewesen, nicht wegen hervorragender Befähigung, sondern weil er seinen Aufgaben eben gewachsen war, aber darüber hinaus nichts leistete.

(40) Es folgten die Konsuln Quintus Plautius und Sex. Papinius[73]. Weder daß in diesem Jahre L. Aruseius . . .[74] hingerichtet wurden, betrachtete man als etwas Gräßliches — so hatte man sich an das Unheil gewöhnt —; aber man entsetzte sich darüber, daß der römische Ritter Vibulenus Agrippa nach der Rede seiner Ankläger mitten in der Kurie Gift aus seiner Togafalte hervorholte und es zu sich nahm. Er stürzte zu Boden und wurde als Sterbender von den Liktoren mit eilfertigen Händen in das Gefängnis geschleppt, wo dem bereits Toten die Kehle mit einem Strick zugeschnürt wurde. Auch den Tigranes, den einstigen Herrscher über Armenien und jetzigen Angeklagten, schützte nicht sein Königstitel davor, wie ein gewöhnlicher Bürger hingerichtet zu werden. Aber der Konsular C. Galba[75] und die beiden Blaesus starben eines freiwilligen Todes: Galba, weil ihm der Caesar in einem unfreundlichen Schreiben verboten hatte, um eine Provinz zu losen; den beiden Blaesus waren, solange ihr Haus noch unangetastet war, Priestertümer versprochen worden; aber als es erschüttert war, hatte Tiberius die Verleihung immer wieder hinausgeschoben und übertrug sie jetzt als erledigt an andere. Dies betrachteten sie als einen Wink, sich das Leben zu nehmen, was sie denn auch taten. Aemilia Lepida, die, wie oben berichtet[76], dem jungen Drusus zur Frau gegeben worden war und ihren Mann häufig mit Beschuldigungen verfolgte, blieb, solange ihr Vater Lepidus am Leben war, wenngleich verabscheut, doch unbestraft. Dann fiel sie den Denunzianten zum Opfer und wurde wegen Ehebruchs

36 n. Chr.

mit einem Sklaven angeklagt. Darüber, daß sie das Verbrechen wirklich begangen hatte, herrschte kein Zweifel. Daher verzichtete sie auf eine Verteidigung und machte ihrem Leben ein Ende.

(41) Um dieselbe Zeit zog der dem Cappodocer Archelaus untertänige Stamm der Cieten[77], weil er gezwungen wurde, wie bei uns üblich, Schätzungslisten einzureichen und sich Abgaben gefallen zu lassen[78], auf die Berghöhen des Taurus. Dank dem dortigen günstigen Gelände vermochte er sich so lange gegen die unkriegerischen Truppen des Königs zu halten, bis der Legat M. Trebellius, von Vitellius, dem Statthalter Syriens, mit viertausend Legionssoldaten und auserlesenen Hilfstruppen abgesandt, zwei von den Barbaren besetzte Hügel — der kleine heißt Cadra, der andere Davara — mit Befestigungsanlagen umschloß. Den einen Teil, der einen Ausfall wagte, zwang er im Kampfe, den anderen durch Durst zur Übergabe.

Aber Tiridates besetzte mit Zustimmung der Parther Nicephorium, Anthemusias und alle übrigen Städte, die, von Macedonien gegründet, griechische Namen haben, ferner die parthischen Orte Halus und Artemita[79]. Alle, die den bei den Scythen erzogenen Artabanus wegen seiner Grausamkeit verflucht hatten und dagegen auf das dank seiner römischen Bildung leutselige Wesen des Tiridates ihre Hoffnung setzten, konnten sich in Jubel nicht genug tun.

(42) Der größten Schmeichelei befleißigte sich Seleucia, eine mächtige Stadt, die, von Mauern umgeben, nicht in Barbarentum entartet ist, sondern an dem Geist ihres Gründers Seleucus treu festhält[80]. Dreihundert nach der Größe ihres Vermögens oder ihrer Einsicht ausgewählte Bürger bilden eine Art Senat. Das Volk verfügt über die ihm zustehende Machtbefugnis. Solange beide einig sind, brauchen sie sich aus den Parthern nichts zu machen; sobald sie aber uneins werden und jeder für sich gegen seine Rivalen Hilfe herbeiruft, gewinnt der für die eine Partei Herbeigerufene über alle Macht. So war es jüngst auch unter der Regierung des Artabanus gegangen, der aus eigennützigen Gründen die Plebs dem Adel

auslieferte. Denn eine Volksherrschaft grenzt an Freiheit, während eine oligarchische Regierung einer monarchischen Willkürherrschaft nähersteht. Als jetzt Tiridates ankam, huldigte man ihm mit den Ehrungen der alten Könige sowie mit denen, die die neue Zeit noch verschwenderischer ausgedacht hat. Zugleich erging man sich in Schmähungen gegen Artabanus: er sei nur mütterlicherseits ein Arsacide, im übrigen aber von unedler Abkunft. Tiridates legte die Stadtverwaltung von Seleucia in die Hände des Volkes. Während er dann überlegte, an welchem Tage die feierliche Thronbesteigung stattfinden solle, erhielt er Schreiben von Phraates und Hiero, die die einflußreichsten Präfekturen bekleideten, in denen sie um kurzen Aufschub baten. Er beschloß, auf so mächtige Männer zu warten, und reiste zunächst nach seiner Residenz Ctesiphon[81]. Aber da sie den Zeitpunkt ihres Erscheinens Tag um Tag hinausschoben, krönte der „Surena"[82] vor einer großen, zustimmenden Menschenmenge Tiridates nach heimischer Sitte mit dem königlichen Diadem.

(43) Wenn dieser sofort das Innere des Reiches und die übrigen Stämme aufgesucht hätte, so wäre die Unschlüssigkeit der übrigen beseitigt worden und alle hätten sich auf ihn geeinigt. Durch die Belagerung eines Kastells, in das Artabanus sein Geld und seinen Harem verbracht hatte, ließ er den anderen Zeit, sich von den vertraglichen Verpflichtungen loszusagen. Denn Phraates und Hiero und alle anderen, die die anberaumte Krönungsfeier nicht mitgemacht hatten, wandten sich zum Teil aus Furcht, zum Teil aus Haß gegen Abdagaeses, der damals den Hof und den neuen König beherrschte, wieder Artabanus zu. Man fand ihn in Hyrcanien, wie er, von Schmutz bedeckt, mit dem Bogen sich seine Nahrung verschaffte. Zuerst erschrak er, weil er einen hinterlistigen Anschlag auf sein Leben befürchtete. Als man ihm aber versicherte, man sei gekommen, um ihn wieder auf den Thron zu setzen, faßte er Mut und fragte, wie es denn zu dieser plötzlichen Wandlung komme. Da bezeichnete Hiero schimpfend Tiridates einen Knaben; auch sei die Regierung nicht in der Hand eines Arsaciden, sondern nur dem Namen nach

führe sie ein unter ausländischem Einfluß verweichlichter Schwächling. Die tatsächliche Gewalt liege bei dem Hause des Abdagaeses.

(44) Der alterfahrene Despot merkte, daß zwar ihre Zuneigung zu ihm unecht, aber ihr Haß nicht vorgespielt sei. Er wartete nur noch, bis er scythische Hilfsvölker aufgeboten hatte, und brach dann eilends auf, um den Umtrieben seiner Feinde und der Reue seiner Freunde zuvorzukommen. Auch hatte er sein schmutziges Äußere beibehalten, um bei dem Volk Mitleid zu erregen. Keinen Betrug, keine Bitten, nichts unterließ er, um die Unschlüssigen an sich zu locken und die Entschlossenen zu bestärken. Und schon rückte er mit ansehnlicher Heeresmacht auf Seleucia zu, während Tiridates, durch die Kunde von dem Anmarsch des Artabanus und gleich auch durch sein Erscheinen außer Fassung gebracht, zwischen dem Entschluß, dem Feind entgegenzutreten oder den Krieg hinhaltend zu führen, hin und her gerissen wurde. Die einen, die zum Kampfe rieten und für eine beschleunigte Entscheidung eintraten, wiesen darauf hin, daß die feindlichen Truppen zerstreut sowie durch den langen Marsch erschöpft und auch noch nicht genügend zu einem einheitlichen Gehorsam zusammengewachsen seien: den sie kürzlich als Feinde verraten hätten, der finde jetzt wieder ihre Gunst. Aber Abdagaeses trat dafür ein, sich nach Mesopotamien zurückzuziehen, um, von dem Strom gedeckt[83], inzwischen die Armenier und Elymaeer[84] sowie die übrigen rückwärts liegenden Völkerschaften aufzubieten und so mit verbündeten und von dem römischen Heerführer geschickten Truppen das Glück zu versuchen. Diese Ansicht drang durch, da Abdagaeses den größten Einfluß besaß und Tiridates in gefährlicher Lage feige war. Allein der Abzug bot das Bild einer Flucht. Zuerst liefen die Araber[85] und dann alle übrigen in ihre Heimat oder in das Lager des Artabanus weg, bis schließlich Tiridates mit geringer Begleitung nach Syrien zurückkehrte und alle von der Schande des Verrats befreite.

(45) In dem gleichen Jahr wurde Rom durch eine schwere Feuersbrunst heimgesucht: der an den Aventin angrenzende

Teil des Circus und der Aventin selbst brannten ab. Dieses Unglück wußte der Caesar in eine Ruhmestat umzuwandeln, indem er den Wert der Häuser und der Mietskasernen den Geschädigten ersetzte. Hundert Millionen Sesterzen stellte er für diesen wohltätigen Zweck zur Verfügung, was um so dankbarer vom Volk aufgenommen wurde, weil er bei Bauten für seine eigene Person sparsam war. Auch zu öffentlichen Zwecken hat er nur zwei Gebäude errichtet, den Tempel für Augustus und die Bühne des Theaters des Pompeius[86]. Und als diese fertig waren, weihte er sie nicht ein, entweder weil er es verachtete, sich um Gunst zu bemühen, oder weil er zu alt war. Zur Abschätzung des Schadens, den jeder erlitten hatte, wurden die vier Schwiegerenkel des Caesaren: Cn. Domitius, Cassius Longinus, M. Vinicius und Rubellius Blandus[87] auserwählt und ihnen P. Petronius[88], der durch die Konsuln benannt wurde, beigegeben. Jeder suchte seinem erfinderischen Talent entsprechend nach Ehrungen für den Princeps, die dann auch beschlossen wurden. Welche er abgelehnt oder angenommen hat, ist, da er ja bald darauf starb, ungewiß geblieben.

Denn bald darauf traten die letzten Konsuln unter Tiberius ihr Amt an, Cn. Acerronius und C. Pontius. Macro war bereits allzu mächtig geworden. Er wußte sich täglich mehr bei C. Caesar in Gunst zu setzen, um die er sich unablässig bemüht hatte. Nach dem Tode der schon erwähnten[89] Gemahlin des C. Caesar, Claudia, hatte er seine eigene Gattin Ennia veranlaßt, so zu tun, als ob sie in den Jüngling verliebt sei, um ihn dadurch in ihre Netze zu locken und durch einen Ehevertrag an sich zu fesseln. Dieser lehnte nichts ab, wenn er nur zur Herrschaft komme. Denn trotz seinem leidenschaftlichen Wesen hatte er an der Seite seines Großvaters Falschheit und Verstellungskunst gründlich erlernt. 37 n. Chr.

(46) Dies war dem Princeps wohl bekannt. Er schwankte deshalb, in wessen Hände er das Gemeinwesen legen solle; zuerst standen die beiden Enkel zur Wahl. Von ihnen stand ihm der Sohn des Drusus blutsmäßig näher, auch fühlte er eine größere Liebe zu ihm, aber er war noch nicht erwachsen.

Der Sohn des Germanicus stand in blühendem Alter und genoß die Beliebtheit des Volkes, weshalb er auch seinem Großvater verhaßt war. Auch an Claudius dachte er, weil dieser in gesetztem Alter stand und bildungsbeflissen war, ein Bestreben, dem sein schwacher Verstand im Wege war. Wenn man aber außerhalb der Familie nach einem Nachfolger suche, fürchtete er, werde das Andenken des Augustus und der Name der Caesaren dem Hohn und Spott preisgegeben. Denn es war ihm weniger um die Gunst der Mitwelt als um die Anerkennung bei der Nachwelt zu tun. In seiner Unschlüssigkeit und mit seinen geschwächten körperlichen Kräften überließ er zuletzt die Entscheidung, zu der er sich nicht aufraffen konnte, dem Schicksal. Doch machte er einige beiläufige Bemerkungen, aus denen man schließen konnte, daß er das Kommende richtig voraussah. Denn dem Macro machte er ganz unverhohlen den Vorwurf, er wende sich von der untergehenden Sonne ab und schaue nach der aufgehenden, und dem C. Caesar sagte er gelegentlich bei einem Gespräch, als dieser über L. Sulla spottete, voraus: „Du wirst alle Fehler Sullas und keine einzige seiner Tugenden haben." Als er dabei unter vielen Tränen seinen jüngeren Enkel umarmte und der andere eine finstere Miene machte, sagte er: „Diesen wirst du umbringen und dich ein anderer[90]!" Aber trotz der Verschlechterung seiner Gesundheit verzichtete er auf keine seiner Ausschweifungen. Er wollte im Leiden Stärke vortäuschen und pflegte die Künste der Ärzte und alle zu verspotten, die nach dem dreißigsten Jahr noch fremden Rats bedürften, um zu erkennen, was ihnen körperlich nützlich oder schädlich sei.

(47) Inzwischen wurde in Rom schon der Same ausgestreut, der nach dem Tode des Tiberius weitere Mordtaten zeitigen sollte. Laelius Balbus hatte Acutia, die einstige Gattin des P. Vitellius[91], wegen Majestätsverbrechens angeklagt. Sie wurde verurteilt und dem Ankläger eine Belohnung zugesprochen, wogegen der Volkstribun Iunius Otho[92] Einspruch erhob. Daraus entwickelte sich gegenseitiger Haß, der dann zu Othos Verderben führte. Darauf wurde die durch viele

Liebschaften berüchtigte Albucilla, die mit Satrius Secundus, der die Verschwörung des Seianus angezeigt hatte[93], verheiratet gewesen war, wegen Unehrerbietigkeit gegenüber dem Princeps angezeigt. In die Anklage wurden als ihre Mitwisser und als Ehebrecher Cn. Domitius, Vibius Marsus und L. Arruntius verwickelt. Über den hohen Adel des Domitius habe ich oben berichtet[94]. Auch Marsus hatte vor langer Zeit hohe Ehrenämter bekleidet und als gelehrter Mann einen Namen. Aber aus dem an den Senat geschickten Untersuchungsprotokoll ging hervor, daß bei der Befragung der Zeugen und bei der Folterung der Sklaven Macro den Vorsitz geführt hatte, und da kein Schreiben des Imperators, das sich gegen die Angeklagten gerichtet hätte, vorlag, kam der Verdacht auf, die Beschuldigungen seien, in der Hauptsache vielleicht ohne Wissen des kranken Princeps, infolge der bekannten Feindschaft Macros gegen Arruntius erfunden worden.

(48) Domitius arbeitete nun seine Verteidigungsrede aus, und Marsus tat so, als ob er sich zum freiwilligen Hungertode entschlossen habe. So fristeten beide ihr Leben. Zu seinen Freunden, die ihm zu zögern und zu warten rieten, sagte Arruntius, eines schicke sich nicht für alle. Er habe genug gelebt und nur das eine zu bereuen, daß er zwischen Possenspiel[95] und Gefahren ein bedrücktes Greisenalter ertragen habe, lange dem Seianus, jetzt dem Macro, immer irgendeinem Machthaber verhaßt, ohne jede Schuld, nur weil er Schandtaten nicht habe hinnehmen wollen. Allerdings könne man in den wenigen Tagen, die der Princeps noch zu leben habe, ihm aus dem Wege gehen. Aber wie könne man dem jungen Mann, der schon vor der Türe stehe, entgehen? Wenn Tiberius nach so vielseitiger Lebenserfahrung durch die Gewalt seiner Herrscherstellung aus der Bahn gerissen worden sei und sein Wesen verändert habe, werde dann ein C. Caesar, der kaum dem Knabenalter entwachsen, gänzlich unerfahren und in schlimmster Lasterhaftigkeit aufgewachsen sei, einen besseren Weg einschlagen unter der Anleitung Macros, der, noch charakterloser als Seianus, dazu ausersehen worden sei, diesen zu erledigen, und dabei mit noch mehr Verbrechen das Ge-

meinwesen in Unglück gestürzt habe. Schon sehe er härtere Knechtschaft voraus, und deshalb entfliehe er dem Geschehenen und zugleich dem Kommenden. Während dieser prophetischen Worte öffnete er sich die Adern. Was folgte, wird den Beweis liefern, daß Arruntius gut daran getan hat, zu sterben. Albucilla machte einen mißglückten Selbstmordversuch und wurde verwundet auf Befehl des Senats ins Gefängnis gebracht. Es wurde beschlossen, daß von den Männern, die ihre Helfershelfer bei ihrem unzüchtigen Treiben gewesen waren, der ehemalige Prätor Carsidius Sacerdos[96] auf eine Insel deportiert werde, Pontius Fregellanus seinen senatorischen Rang verliere und Laelius Balbus die gleiche Strafe erleide. Dies erweckte Freude, weil Balbus als ein frecher Redner betrachtet wurde, der ohne Bedenken über Unschuldige herfiel.

(49) In denselben Tagen wählte Sex. Papinius, der aus einer konsularischen Familie stammte, einen plötzlichen und schrecklichen Tod: er stürzte sich aus dem Fenster. Die Schuld suchte man auf seine Mutter zu schieben. Diese, schon lange geschieden, sollte den Jüngling durch Liebkosungen und durch Verleitung zu einem ausschweifenden Lebenswandel in eine Lage gebracht haben, aus der er nur noch durch den Tod einen Ausweg fand. Sie wurde daher im Senat angeklagt, und obgleich sie sich den Vätern zu Füßen warf und auf das allgemeine traurige Menschenlos sowie auf die weibliche Schwäche, die bei einem solchen Schicksalsschlag sich besonders anfällig zeige, hinwies und noch anderes mit dem Ausdruck des gleichen Schmerzes und des gleichen Jammerns weitschweifig vorbrachte, wurde sie dennoch auf zehn Jahre aus der Stadt verwiesen, bis ihr jüngerer Sohn der Gefährdung der Jünglingsjahre entwachsen sei.

(50) Schon zerfiel Tiberius körperlich und schon verließen ihn seine Kräfte, aber noch nicht die Kunst der Verstellung. Noch zeigte er sein starres Wesen und seine Gestrafftheit im Gespräch und in der Miene. Auch suchte er mitunter hinter einer gesuchten Freundlichkeit den offensichtlichen Zerfall zu verbergen. Er wechselte öfters seinen Aufenthaltsort und

nahm endlich seinen Wohnsitz auf dem Vorgebirge Misenum[97] in dem Landhaus, dessen Besitzer einst L. Lucullus[98] gewesen war. Daß ihm hier seine letzte Stunde nahte, wurde auf folgende Weise bekannt. Es befand sich bei ihm ein äußerst tüchtiger Arzt, namens Charikles, der allerdings den Princeps, wenn er krank war, nicht zu behandeln pflegte, aber ihm mit seinem Rat häufig beistand. Dieser verabschiedete sich von Tiberius, wie wenn er zur Erledigung eigener Geschäfte weggehe, und faßte ihn scheinbar zur Ehrfurchtsbezeugung an der Hand. Dabei fühlte er ihm den Puls. Doch Tiberius merkte es. Vielleicht dadurch aufgebracht und daher erst recht seinen Zorn unterdrückend, befahl er, das Essen aufzutragen, und blieb über die übliche Zeit hinaus bei Tisch, wie wenn er damit seinem abreisenden Freund eine Ehre erweisen wolle. Charikles aber versicherte dem Macro, der Atem gehe schwächer und es werde nicht mehr länger als zwei Tage dauern. Daher wurden in Eile alle Maßnahmen unter den Anwesenden besprochen und Kuriere an die Legaten und Heere abgeschickt. Am 16. März glaubte man, sein Atem stehe still und er habe der Sterblichkeit den Tribut gezollt. Alles strömte herbei, um Glück zu wünschen, während C. Caesar aus dem Sterbezimmer trat, um die Regierungsgewalt zu übernehmen. Da wurde plötzlich mitgeteilt, Tiberius spreche und sehe wieder und rufe, man solle ihm zur Erholung von seiner Ohnmacht Essen bringen. Alles stob darauf, von Entsetzen gepackt, nach allen Richtungen auseinander; der eine stellte sich traurig, der andere unwissend. C. Caesar verharrte in starrem Schweigen und erwartete, eben noch in den höchsten Hoffnungen schwelgend, das Schlimmste. Nur Macro verlor den Kopf nicht: er befahl, man solle auf den Greis einen Haufen Decken werfen, ihn so ersticken und dann das Zimmer verlassen. So endete Tiberius im 78. Lebensjahr.

(51) Sein Vater war Nero[99]; beiderseits entstammte er dem claudischen Geschlecht, obgleich seine Mutter in die livische und später in die iulische Familie durch Adoption übergegangen war. Seine Lebensschicksale waren von frühester

Kindheit an wechselvoll. Er hatte als Verbannter seinen geächteten Vater begleitet, und als er in des Augustus Haus als Stiefsohn eintrat, hatte er sich mit vielen Rivalen auseinanderzusetzen, solange Marcellus und Agrippa, dann die beiden Caesaren Gaius und Lucius lebten. Auch erfreute sich sein Bruder Drusus größerer Beliebtheit bei der Bürgerschaft. Aber in die schwierigste Lage geriet er durch seine Ehe mit Iulia, in der er die Sittenlosigkeit seiner Gemahlin geduldig hinnahm oder auch ihr auszuweichen suchte[100]. Dann, von Rhodus heimgekehrt, lebte er in dem kinderlosen Palast des Princeps zwölf Jahre[101] und hatte darauf rund dreiundzwanzig Jahre die unumschränkte Herrschaft über das römische Reich inne. Auch sein Charakter wechselte im Laufe der Zeiten: Lebensweise und Ruf waren untadelig, solange er Privatmann oder unter Augustus mit militärischen Kommandos beauftragt war. Versteckte Heimtücke unter der Maske des Tugendhaften zeigte er, solange Germanicus und Drusus noch am Leben waren. Gutes und Böses vermischten sich in ihm zu Lebzeiten seiner Mutter. Als ein grausames Scheusal, das aber seine sinnlichen Ausschweifungen verschleierte, entpuppte er sich, solange er Seianus liebte oder fürchtete. Zuletzt stürzte er sich in Verbrechen und zugleich in Schande, als er Schamgefühl und Furcht beiseite geschoben hatte und nur noch seiner eigenen Eingebung folgte.

ANMERKUNGEN

BUCH I

1. Die urbs Roma steht an der Spitze des Werkes; um die stadtrömischen Geschehnisse geht es in erster Linie dem Geschichtsschreiber. — Für die geschichtlichen Ereignisse siehe die Zeittafel am Schluß.
2. Tacitus denkt wohl hauptsächlich an die „Römische Geschichte" des Livius, den er auch IV 34 als eloquentiae ac fidei praeclarus in primis nennt, sowie an C. Sallustius, der III 30 als rerum Romanarum florentissimus auctor bezeichnet wird.
3. Von 31-23 bekleidete er neunmal das Konsulat; die tribunicia potestas hatte er schon im Jahre 37 durch Volksbeschluß erhalten. Sie lief nach der Niederlegung des Konsulats automatisch weiter.
4. Getreidespenden waren seit der lex frumentaria des C. Gracchus (123 v. Chr.) in Rom eine stehende Einrichtung geworden, wobei ursprünglich jeder in Rom ansässige Bürger monatlich fünf Scheffel Weizen vom Staat ungefähr um die Hälfte des Preises, seit der lex frumentaria des Clodius sogar umsonst erhalten konnte. Caesar setzte die Zahl der Empfangsberechtigten auf 150000 fest, Augustus erhöhte sie auf über 200000.
5. Seine Verfügungen (rescripta oder edicta) traten an die Stelle der früher vom Volk beschlossenen Gesetze.
6. Siehe den Stammbaum.
7. Insel in der Nähe von Elba (heute Pianosa).
8. Tacitus will mit diesem emphatischen Ausruf seine Freude darüber ausdrücken, daß Augustus trotz dem Einfluß Livias es wagte, Germanicus als Rivalen an die Seite des Tiberius zu setzen.
9. Eben Drusus, der Sohn der Vipsania, siehe I 12.
10. Tiberius verbrachte die Jahre 6 v. Chr. bis 2 n. Chr. in Rhodus. Er hatte dorthin von Augustus Urlaub erbeten, um dem sittenlosen Lebenswandel seiner Gemahlin Iulia aus dem Wege zu gehen und zugleich das Zusammensein mit den noch lebenden Adoptivsöhnen zu vermeiden.
11. Dorthin hatte ihn Augustus kurz vor seinem Tode geschickt. Illyricum umfaßte Dalmatien, Pannonien und Mösien.

12. Nola, eine kleine Stadt in Campanien, die im 2. Punischen Krieg Rom treu blieb. Dort starb Augustus im Jahre 14 n. Chr.
13. Über Sextus Pompeius siehe III 11, über Sextus Appuleius siehe II 50, IV 22.
14. Die Reihenfolge erklärt sich daraus, daß dem Nichtbeamten der Eid von einem Beamten abgenommen werden mußte, während der Beamte selbständig schwören durfte. Der Eid enthielt das Gelöbnis des Gehorsams.
15. Testamente und sonstige Dokumente, auch Geld und Kostbarkeiten, wurden in dem Tempel der Vesta aufbewahrt.
16. Als heredes primi, d. h. als Erben ersten Grades.
17. Die dem populus (d. h. dem Staatsvolk) vermachte Summe kam in das aerarium (Staatsschatz), die der Plebs vermachte wurde unter die ärmere Bevölkerung verteilt. 1 sestertius war, soweit ein vergleichbarer Wert überhaupt möglich ist, in der damaligen Zeit etwa gleich 30 Pf.
18. Die cohortes civium Romanorum waren Truppenteile, die nicht in einen Legionsverband eingeteilt, aber den Legionen gleichgestellt waren. In der Kaiserzeit waren es mindestens 32 Kohorten.
19. Seine Regierungszeit wird hier von seinem 1. Konsulat an, das er am 19. August 43 antrat, gerechnet. Eine andere Berechnung schließt sich an die Schlacht von Actium im Jahre 31 v. Chr. an, eine weitere geht von dem Jahr 27 v. Chr. aus, wo er den Titel „Augustus“ erhielt.
20. Octavius starb im Jahr 58 v. Chr., als sein Sohn etwas über vier Jahre alt war.
21. Augustus war achtzehnmal, Valerius Corvus sechsmal, Marius siebenmal Konsul gewesen.
22. Die Übertragung der tribunicia potestas fand am 27. Juni 23 v. Chr. statt.
23. Der Titel „Imperator“ wurde gewöhnlich dem Feldherrn von seinen Soldaten durch Akklamation nach einem Sieg von entscheidender Bedeutung verliehen und mußte dann von dem Senat bestätigt werden.
24. Unter „Vater“ ist wie auch nachher „Adoptivvater“ (Caesar) zu verstehen.
25. Es waren die 4. Legion und die „Martische“ des M. Antonius.
26. Die Rutenbündel der Liktoren mit den Beilen drückten das Recht über Leben und Tod aus.
27. Er wurde Proprätor, womit seine rechtlich nicht begründete Stellung legalisiert wurde.

28. Hirtius und Pansa, die beiden Konsuln des Jahres 43, fielen bei Mutina (h. Modena). Die anderweitigen Versionen sind spätere Erfindungen. Mit „Caesar“ ist Augustus gemeint.
29. Antonius, Lepidus und Octavianus erhielten im Jahre 43 Vollmacht für die Neuordnung des Staates.
30. Mit Sex. Pompeius hatte Octavian im Jahre 39 v. Chr. einen Scheinfrieden geschlossen, dem im nächsten Jahr schon wieder Krieg folgte. Lepidus spielte in dem Triumvirat, in dem von Anfang an gegenseitiges Mißtrauen herrschte, eine unbedeutende Nebenrolle und wurde im Jahr 36 aus ihm entfernt. Das Bündnis von Brundisium wurde im Jahr 40 v. Chr., das von Tarent im Jahr 37 geschlossen. Tacitus hat hier die Reihenfolge aus kompositorischen Gründen umgekehrt. Er hat damit das Bündnis von Tarent in Beziehung zu der Heirat des Antonius mit Octavia gesetzt, die das Bündnis bekräftigen sollte.
31. Über M. Lollius siehe III 48. Er erlitt im Jahr 16 v. Chr. durch die Germanen eine schwere Niederlage und verlor einen Adler. Über die Niederlage des Varus im Jahr 9 n. Chr. siehe I 61.
32. M. Varro Murena und Egnatius Rufus hatten im Jahr 23 v. Chr. eine Verschwörung gegen Augustus angezettelt. Iullus Antonius, der Sohn des Triumvirn und der Fulvia, wurde des Ehebruchs mit Iulia überführt (siehe I 53) und stand im Verdacht, nach der Herrschaft gestrebt zu haben.
33. Tiberius Nero, der Vater des Tiberius, mußte im Jahr 38 v. Chr. seine neunzehnjährige Gattin scheinbar freiwillig Augustus überlassen, und dies in einer Zeit, da sie mit ihrem zweiten Sohn Drusus schwanger war.
34. Überliefert ist (korrupt) „que tedii“, was wohl mit Q. Vitellii wiederzugeben ist. II 41 berichtet Tacitus, daß er mit einigen anderen als Verschwender aus dem Senat gestoßen wurde. — P. Vedius Pollio, ein Ritter aus Caesarea in Bithynien, galt als ein unerreichter Ausbund von brutaler Schlemmerei; er soll sogar seine Muränen mit lebendigen Sklaven gefüttert haben.
35. Sacerdos ist die allgemeine Bezeichnung für Priester, pontifex drückt ihre priesterliche Funktion der Aufsicht über Religion und Kultus aus. Das collegium pontificum, anfänglich aus 4, seit 300 v. Chr. aus 8, seit Sulla aus 15 Mitgliedern bestehend, bildete mit dem pontifex maximus an der Spitze eine rechtliche Einheit. Dazu kamen die 15 flamines (vom Anblasen des Opferfeuers); sie waren Einzelpriester je für eine bestimmte Gottheit. Außerdem gab es noch die 6 Virgines Vestae. —

Augustus gestattete den Kultus seiner Person im Jahr 29 v. Chr. nur im Verein mit der Dea Roma und nur in den Provinzen des Reiches.

36. Zum drittenmal; zuerst im Jahr 7 v. Chr., dann 4 n. Chr. je auf fünf Jahre, dann im Jahr 9 n. Chr. auf Lebenszeit.

37. Die von den Römern abhängigen Königreiche waren: Iudaea, Cilicien, Pontus, Cappadocien, Thracien, Mauretanien.

38. Vipsanias Mutter war die Tochter des römischen Ritters Pomponius, des bekannten Freundes Ciceros; Tiberius mußte sich auf Anordnung des Augustus von ihr trennen, um dessen Tochter Iulia zu heiraten. Vipsania war die Mutter des Drusus (siehe III 19 und den Stammbaum).

39. Asinius Pollio (76 v. Chr. bis 5 n. Chr.), unter Caesar und Antonius militärischer Befehlshaber, zog sich unter Augustus in das Privatleben zurück und ergab sich wissenschaftlichen und literarischen Neigungen. Er führte in Rom die „recitationes" ein, Vorlesungen vor einem Kreis geladener Gäste, und gründete dort die erste Bibliothek. Vergil widmete ihm seine 4. Ecloge, Horaz die 1. Ode des 2. Buches.

40. Die Konsuln hatten die Sitzung mit der Aufforderung an Tiberius, die Regierung zu übernehmen, eingeleitet.

41. Palatium heißt der Palast, den sich Augustus auf dem mons Palatinus, auf dem die älteste nach der Sage von Romulus gegründete Stadt stand, erbaute, und in der Folge der Raum, auf dem sich die übrigen Kaiserpaläste erhoben.

42. „Parens" und „mater patriae" ist die weibliche Angleichung an den Titel „pater patriae".

43. Iulia ist der andere Name für Livia, seit sie in das iulische Geschlecht aufgenommen war.

44. Mit der Zuweisung eines Liktors hätte ihr Tiberius Exekutivgewalt zugebilligt.

45. Damit verfügte Germanicus über die Regierungsgewalt in den Provinzen.

46. Consul designatus war man in der Zeitspanne zwischen Wahl und Amtsantritt. — Als solcher hätte er im Senat zuerst oder, falls Tiberius selbst einen Antrag stellte, unter den ersten über seine eigene Erhöhung abstimmen müssen.

47. Die comitia centuriata auf dem Marsfelde. Dabei hatte sich in früherer Zeit das Gesamtvolk, nach Centurien geordnet, versammelt, um die Wahlen der höheren Beamten vorzunehmen und staatswichtige Entscheidungen (über Krieg und Frieden, Bündnisse u. a.) zu treffen.

48. Die Tribus waren noch als Stimmkörper formell vorhanden. Die Wahlen waren von Iulius Caesar dem Volk abgenommen, von Augustus aber scheinbar ihm zurückgegeben worden. Jetzt wurde auch der Schein und der Name einer Beteiligung des Volkes aufgehoben und die von dem Senat nach dem Vorschlag des Caesaren gewählten Staatsbeamten dem Volk öffentlich vorgestellt, wofür die Bezeichnung comitia tributa beibehalten wurde.

49. Die Prätoren trugen bei den Spielen, die sie leiteten, das Triumphkleid und fuhren auf dem currus triumphalis.

50. Pannonien war das Land zwischen Ostalpen, Donau und Save, das nach wiederholten Kriegen (seit dem Jahr 35 v. Chr.) zusammen mit Illyricum im Jahr 9 n. Chr. unterworfen wurde.

51. Die Centurionen sind die Unteroffiziere, die, aus dem Mannschaftsstand hervorgegangen, wegen besonderer Tapferkeit vor dem Feind oder Tüchtigkeit im sonstigen Dienst befördert wurden. Sie stehen an der Spitze einer Centurie, deren es in der Legion 60 gab. In jeder Legion gab es 6 tribuni militum (oder militares). Vor Caesar befehligten je 2 von ihnen zwei Monate lang die Legion. Seit Caesar bekamen sie nur noch selten ein kleineres Truppenkommando und wurden immer mehr Intendantur- und Verwaltungsbeamte.

52. Das As ist die kleinste römische Währungseinheit mit einem heute vergleichbaren Wert von etwa 10 Pf.

53. Der Denar — eine römische Silbermünze, seit 187 v. Chr. nachweisbar — war gleich 4 Sesterzen. Der Sesterz betrug das Zweieinhalbfache des As, seit dem 2. Pun. Krieg das Vierfache.

54. Die Mannschaften bekamen vielfach nicht nach der gesetzlichen Dienstzeit von 16 Jahren ihre Entlassung, sondern wurden in besonderen Formationen (vexilla veteranorum) zurückbehalten, in denen sie Diensterleichterungen bekamen und in der Regel nur zum Kampfeinsatz verwendet wurden.

55. Zu dem stehenden Heer kamen die Prätorianer, die Garde, hinzu, praetorium genannt, ursprünglich die Leibgarde des princeps, die ihn auf seinen Reisen begleitete, seit Tiberius dauernd in Rom stationiert, mit 9 Kohorten zu je 500 Mann, einschließlich der 3 cohortes urbanae (der Stadtbesatzung).

56. Also die Manipelfahnen jeder der 10 Kohorten, zusammen 30 für jede Legion.

57. Nauportus (h. Oberlaibach in Krain), unter Augustus bedeutende Stadt, Stapelplatz des Kriegsmaterials und Versorgungsbasis für das Heer.

58. Municipium war die Bezeichnung für eine städtische Gemeinde außerhalb Roms, die römisches Bürgerrecht und örtliche Selbstverwaltung besaß.

59. Gregarius miles ist der Soldat des Mannschaftsstandes in seinem Verhältnis zu den Chargen des ganzen Heeres, m. manipularis im Verhältnis zu seiner Legion, m. legionarius im Verhältnis zu den bundesgenössischen Formationen.

60. Tribunal (Tribüne) bezeichnet hier den erhöhten Platz auf dem principium des Lagers, von dem aus der Heerführer seine Ansprachen an die Soldaten hielt. Siehe auch Anm. 119.

61. Gladiatoren hatte vielfach der Statthalter in seinem Gefolge, um in seiner Provinz Spiele zu veranstalten.

62. Filii familiarum, die noch unter der patria potestas standen und kein Eigentum besaßen, daher auch nichts verschenken konnten.

63. Die Mondfinsternis fand am 26. September statt. In der Zeit bis zu diesem Tag muß also die Nachricht von dem Tode des Augustus nach Pannonien und die von der Meuterei nach Rom gekommen sein.

64. Dadurch sollte der hinsterbenden Göttin Luna geholfen werden. Vielleicht hatte das Lärmen auch apotropäischen Sinn (Abwehr böser Geister).

65. Das eine (obere) Heer stand in Mainz (Mogontiacum), das andere (untere) in Köln. Die Einteilung in Germania Superior und Inferior gab es damals noch nicht.

66. Die von Caesar unterworfenen gallischen Provinzen (ohne Narbonensis) zahlten ihre Abgaben an den römischen Staat in Geld, anfangs 40 Millionen Sesterzen. Es fand jeweils eine durch die römischen Beauftragten vorgenommene Vermögensschätzung statt. Germanicus hielt sie in seiner Eigenschaft als Statthalter der gallischen Provinz, der zugleich der Oberkommandierende der am Rhein stehenden Legionen war, ab.

67. Die Ubier, zur Zeit Caesars an der Lahn seßhaft, siedelte M. Agrippa im Jahr 38 v. Chr. auf dem westlichen Rheinufer an. Ihre Hauptstadt war Ara Ubiorum, das im Jahr 50 n. Chr. zu Ehren von Agrippina, der Gemahlin des Germanicus, die dort geboren war, zur Colonia Agrippinensium (Köln) erhoben wurde. Die Ubier zeichneten sich dadurch aus, daß sie stets den Römern treu blieben.

68. Drusus und sein Sohn Germanicus (s. Stammbaum). Drusus hatte den Beinamen Germanicus durch Senatsbeschluß wegen

seiner Taten in Germanien erhalten. Der Beiname war in seiner Familie erblich.

69. 60 Centurionen befanden sich in einer vollzähligen Legion (zu 10 Kohorten), die 6000 Mann stark war. So prügelten jetzt 60 Mann je einen Centurio, wie sonst 60 Centurionen 6000 Mann prügelten.
70. C. Caesar Caligula im Jahr 41 n. Chr. — Cassius Chaerea war damals tribunus in der Prätorianergarde.
71. Livia war eigentlich die „Stief"großmutter der Agrippina (maior). Agrippinas Mutter Iulia war in der Verbannung und starb in diesem Jahr. Daher vertrat Livia die Stelle einer Stiefmutter (siehe Stammbaum).
72. Damit wollten sie zum Ausdruck bringen, daß ihnen jegliche Absicht, Germanicus zu kränken, fernliege.
73. Durch die nach Gallien abziehenden Legionen.
74. Auxilia heißen die Hilfstruppen bei dem Heer, socii die Bundesgenossen in der Heimat.
75. Die Soldaten pflegten ihr Geld bei den Feldzeichen bzw. bei den signiferi, die zugleich Rechnungsführer waren, zu deponieren.
76. Die Vereidigung fand auf Tiberius statt.
77. Chauci, ein germanischer Volksstamm zwischen der unteren Ems und Elbe. Sie teilten sich in die Chauci minores westlich der Weser (diese sind hier gemeint) und in die Chauci maiores östlich der Weser. Sie waren im Jahr 5 n. Chr. unter römische Oberhoheit gekommen.
78. Die veterani waren in vexilla eingeteilt (s. a. Anm. 54). Jede Legion hatte ein vexillum in der Stärke einer Kohorte, dessen Fahnenträger vexillarius veteranorum legionis hieß. So wurde aber auch der Angehörige der durch ein vexillum gekennzeichneten Einheit genannt.
79. M'. Ennius war dazu als Lagerkommandant nicht befugt, da Todesstrafen über den gemeinen Soldaten zu verhängen erst der legatus pro praetore das Recht hatte.
80. In der Nähe der Stadt. Germanicus hatte sein Quartier in der Stadt selbst.
81. Gemeint ist das vexillum der Veteranentruppe, die, wie Germanicus, in der Stadt einquartiert war.
82. Die I 14 erwähnte Abordnung, die Germanicus die Verleihung des imperium proconsulare mitteilen und ihm zugleich das Beileid des Senats zum Tode des Augustus überbringen sollte.
83. C. Caesar, der spätere Princeps Caligula, der, im Jahr 12 n. Chr. geboren, damals erst zwei Jahre alt war.

84. Die Treverer waren ein keltisch-germanisches Mischvolk an der unteren Mosel mit der Hauptstadt Augusta Treverorum (Trier).

85. Mit „Vater“ ist, wie auch sonst, der „Adoptivvater“ Tiberius gemeint.

86. Im Jahre 47 v. Chr. vor dem Zug nach Afrika, als sich die Soldaten weigerten, ihm dorthin zu folgen. — „Quirites“ ist die offizielle Anrede der römischen Bürger. Nach der römischen sagenhaften Überlieferung waren die Qu. Sabiner aus der Stadt Cures, die unter Titus Tatius den Quirinal besiedelten. Das Wort bedeutete den römischen civis im Gegensatz zu dem miles der Legionen. Dadurch, daß Caesar seine Soldaten nicht mit dem üblichen „commilitones“, sondern mit Qu. anredete, bezeichnete er sie als entlassen und als nicht mehr dem Heer angehörig.

87. Im Jahr 30 v. Chr., als die nach der Schlacht bei Actium nach Brundisium geschickten Veteranen revoltierten, während Octavian (Augustus) selbst auf Samos den Winter verbrachte.

88. Rätien, das heutige Graubünden mit Tirol, wurde im Jahr 15 v. Chr. zusammen mit Vindelicien (nördliches Alpenvorland bis zur Donau) von Drusus und Tiberius unterworfen und dann zu einer Provinz zusammengefaßt.

89. Suebi, ein westgermanischer Volksstamm, mit dem Caesar zum ersten Mal zusammenstieß, solange sie in der Gegend des Main ihre Wohnsitze hatten und unter Ariovist in Gallien einzudringen versuchten. Bei Tacitus ein Sammelbegriff für alle vor dem Jahr 9 n. Chr. freien Germanen (Semnonen, Quaden, Marcomannen, Hermunduren).

90. Die alten Centurionen waren bei der Meuterei verjagt worden. Sie mußten in erster Linie bei der Neuverteilung der Centurionenstellen berücksichtigt werden.

91. Vetera (Xanten am Rhein), ein römisches Legionslager, angelegt zur Zeit des Augustus. Später wurden unter Claudius und Nero für zwei Legionen Steinbauten errichtet. Im Bataveraufstand wurde die Besatzung von Civilis eingeschlossen und zur Übergabe gezwungen. Danach wurde in der Nähe des früheren Lagers ein neues für eine Legion errichtet.

92. Die Rheinflotte, die von Drusus, dem Vater des Germanicus, erbaut (siehe II 18) und von Tiberius zu seinen Unternehmungen benützt worden war.

93. Germanicus nahm also etwa die Hälfte der am Niederrhein stehenden vier Legionen, soweit sie ihren Sollbestand von 6000 Mann aufwiesen, mit.

94. Die silva Caesia war ein nicht sicher lokalisierbares Waldgebiet nördlich der Ruhr. Germanicus war bei Vetera über den Rhein gegangen, durchschnitt (scindit) das Waldgebiet auf dem von Tiberius begonnenen Richtweg und schlug auf ihm (d. h. in beiderseitiger Anlehnung an den Wald), der an dieser Stelle sehr breit gewesen sein muß, sein Lager.

95. Dabei ist an Waffentänze und dgl. zu denken (vgl. Tac. Germania 24).

96. Die Marser wohnten zwischen Lippe und Ruhr. Nach Tac. Germ. 2 waren sie eines der vier Hauptvölker der Germanen. Auf ihrem Gebiet befand sich das berühmte Heiligtum der Tamfana (s. Anm. 97). Sie spielten für kürzere Zeit eine wichtige Rolle, so in der Varusschlacht und in den Kriegen des Germanicus, aber verschwanden aus dem geschichtlichen Geschehen, weil sie vermutlich keinen eigenen Volksstamm, sondern nur einen Stammesverband gebildet hatten, der sich wieder auflöste.

97. Es handelte sich wohl um einen heiligen Hain, der das kultische Zentrum des Stammesverbandes bildete, mit Altar sowie einfachen sakralen Bauten. Die Germanen kannten keine Tempelbauten (Tac. Germ. 9).

98. Die Bructerer hatten ihre Wohnsitze nördlich von den Marsern zwischen Lippe und oberer Ems; westlich von den Marsern am Rhein saßen die Tencterer; südlich von diesen, ebenfalls am Rhein, bis zu den Chatten hin die Usipeter (auch Usipi genannt), zwischen den Usipetern, Chatten und Ruhr die Tubanten.

99. Pandateria, Insel vor der campanischen Küste, nordwestlich vom Golf von Neapel (h. Vandotena), üblicher Verbannungsort in der Kaiserzeit.

100. Der Zusatz ist von Tacitus hinzugefügt, wohl um dieses Regium (h. Reggio di Calabria) an der Meerenge von Messina von Regium Lepidi (Reggio im Modenesischen) zu unterscheiden.

101. Sie war die Tochter des Augustus und die Mutter der voraussichtlichen Thronerben Gaius und Lucius (s. Stammbaum).

102. Agrippa Postumus war ihr letzter überlebender Sohn gewesen (s. Stammbaum).

103. Ihm hatten die durch ihr soziales Reformwerk berühmten beiden Gracchen, Ti. Sempronius und C. Gracchus, angehört.

104. Iulia hatte nach dem Tode ihres Mannes M. Agrippa im Jahr 13 v. Chr. Tiberius geheiratet (s. Stammbaum).

105. Cercina, eine Insel an der „Kleinen Syrte“, noch heute Kerkenah.

106. Er war 9 n. Chr. unter Varus Legat gewesen und hatte sich mit seinen zwei Legionen gerettet.

107. Titus Tatius, sagenhafter König der Sabiner, zog nach dem Raub der Sabinerinnen gegen Rom, wo er durch den Verrat der Tarpeia das Kapitol eroberte und nach der Aussöhnung der Frauen Mitregent des Romulus wurde.

108. Maecenas, C. Cilnius, aus dem etruskischen Arretium stammend, Freund des Augustus, Förderer der Künste und der Dichter, besonders des Vergil und Horaz, gestorben 8 v. Chr. — Bathyllus war ein berühmter Pantomime aus Alexandria, der Erfinder des römischen Pantomimus, ein Freigelassener des Maecenas.

109. Die Chatten waren ein starker germanischer Volksstamm auf dem rechten Rheinufer (im heutigen Hessen). Sie wurden 11/10 v. Chr. von Drusus unterworfen. 17 n. Chr. triumphierte Germanicus über sie.

110. Adrana, die heutige Eder (in Hessen), die sich in die Fulda ergießt.

111. Mattium, nördlich der Eder, vielleicht das heutige Dorf Metze bei Gudensberg. Der Name der Mattiaci, die wir später bei Wiesbaden (Aquae Mattiacae) finden, hängt mit ihnen zusammen.

112. Am linken Rheinufer. Als neue Provinz wird das Gebiet betrachtet, das die Römer vor der Niederlage des Varus auf der rechten Seite des Rheins besessen hatten.

113. Der Bericht war in den verlorenen Büchern VII-XI enthalten. In Buch XI 16 wird aus dem Jahr 47 n. Chr. von dem Sohn des Arminius als gestorben gesprochen. Nach Strabon (VII 1, 4) hieß er Thumelicus.

114. Amisia, die heutige Ems.

115. Der germanische Volksstamm der Friesen wohnte zwischen Zuidersee und Ems. Sie waren seit 12 v. Chr. von Drusus unterworfen.

116. Die vier am Oberrhein stationierten Legionen. Die jetzt in der Zuidersee vereinigten Seen hingen früher nicht zusammen. Er fuhr in diese vom Rhein aus durch die fossa Drusiana, die heutige Ijssel.

117. Lupia, die heutige Lippe.

118. Über die Lokalisierung der Varus-Schlacht sind sich die Gelehrten auch heute noch nicht einig. Der moderne Name „Teu-

toburger Wald" ist erst im 18. Jahrhundert aufgekommen, dadurch daß der „Lippische Wald" genannte Teil des Osning mit dem „Teutoburgiensis saltus" identifiziert wurde.

119. Unter „principia" ist der Hauptplatz im Lager zu verstehen, wo sich das Feldherrnzelt (praetorium) und die Unterkünfte der Legaten und Tribunen befanden, wo die Fahnen abgestellt wurden und die Soldaten zu der contio antraten. Sein Umfang stand jeweils im Verhältnis zu dem des ganzen Lagers.

120. Die „Langen Brücken" sind Bohlenwege über das Sumpf- und Moorgebiet.

121. L. Domitius Ahenobarbus war Statthalter am Niederrhein gewesen. Über ihn siehe IV 44.

122. D. h. noch im Hinaufklettern begriffen waren.

123. Der ältere Plinius, aus Comum (Como) stammend, lebte vom Jahr 23-79 n. Chr. Er war kaiserlicher Procurator in Germanien, Gallien und Afrika und genoß das besondere Vertrauen Vespasians. Er war ein überaus fruchtbarer Schriftsteller. Erhalten ist nur sein großes Sammelwerk naturalis historia in 37 Büchern. Als höherer Offizier in Germanien, vermutlich im Jahr 50 n. Chr., unter Pomponius Secundus, hatte er Gelegenheit, die germanischen Verhältnisse an Ort und Stelle kennenzulernen, um diese Kenntnisse in einem Werk von zwanzig Büchern niederzulegen. Plinius d. Jüngere sagt ep. III 5: quibus omnia, quae cum Germanis gessimus, bella collegit. Inchoavit, cum in Germania militaret (er hat in zwanzig Büchern alle Kriege, die wir mit den Germanen geführt haben, dargestellt. Er begann damit, als er in Germanien Kriegsdienste leistete). Leider ist das Werk, das eine der wichtigsten Quellen für die antike Geschichtsschreibung über die Germanen und insbesondere für Tacitus selbst war, verloren. (S. auch Einleitung S. 6.)

124. Visurgis, die Weser. Inwiefern hier die Weser genannt ist, wo doch Vitellius und Germanicus auf dem Wege von der Ems zum Rhein waren, ist nicht klar. Vermutlich handelte es sich um einen Irrtum, den Tacitus schon von seiner Quelle übernommen hat.

125. Diesen Namen hat Augustus seit dem Jahr 27 v. Chr. geführt.

126. Damit hätten seine Amtshandlungen Gesetzeskraft als verbindlich für gleichgelagerte Fälle gehabt. Während der republikanischen Zeit wurden nur die Gesetze beschworen. Das erste Beispiel einer Eidesleistung auf Amtshandlungen einer

einzelnen Person war der Schwur der Triumvirn am 1. Januar 43 v. Chr., daß alles, was von ihnen geschehen sei, aufrechtzuerhalten sei, ein Schwur, den auch die anderen Behörden zu leisten hatten. Das gleiche geschah dann auch zu Lebzeiten des Augustus.

127. Die lex Cornelia de maiestate des Diktators Caesar scheint eine Bestimmung enthalten zu haben, die, wie aus Cic. fam. III 11, 2 hervorgeht, bei Beleidigung hochgestellter Persönlichkeiten ein Verfahren ermöglichte. Augustus hatte dieses Gesetz im Jahr 12 n. Chr. wieder in Kraft gesetzt. Das Majestätsgesetz war nicht ein einzelnes Gesetz, sondern es waren zu verschiedenen Zeiten wiederholt Gesetze zur Verfolgung derer gegeben worden, die sich gegen die Gesamtheit des populus Romanus vergangen hatten (schon in den Zwölf Tafeln). Das Gesetz des Diktators Caesar gab dem wegen Majestätsverbrechens Belangten die Möglichkeit der Appellation an das Volk. Daß Augustus die Verfolgung wegen Beleidigung einer einzelnen Person sanktionierte und an die Stelle der Majestät des Volkes die seiner Person und der Angehörigen des fürstlichen Hauses setzte, war das Neue.

128. Über Cassius Severus siehe IV 21.

129. Das Vereinswesen war in Rom streng geregelt und stand unter der Aufsicht des Staates. Collegien wurden nur genehmigt, wenn sie als nützlich für den Staat bezeichnet wurden. Die Genehmigung erteilte der Senat nach Einholung des Consenses des Princeps.

130. Die Konsuln führten den Vorsitz im Senat und hatten seit Augustus die Jurisdiktion in kriminellen Angelegenheiten über die Senatoren und deren unmittelbare Angehörigen sowie in Fällen von crimen maiestatis und repetundarum.

131. Unter Augustus war ein Teil der Provinzen unmittelbar dem Princeps, der andere dem Senat unterstellt worden. Die Statthalter der kaiserlichen Provinzen wurden von dem Princeps ernannt und hatten den Titel legati pro praetore oder in kleineren Provinzen procuratores, diejenigen der Senatsprovinzen führten den Titel proconsules. Bithynien war eine Senatsprovinz, Marcellus daher proconsul, aber zugleich auch ehemaliger praetor, wie ihn Tacitus hier betitelt.

132. Der einberufende Beamte berichtete zuerst über den vorliegenden Beratungsgegenstand (Tagesordnung). Dann wurden die Senatoren der Reihe nach aufgefordert, ihre Meinung zu äußern (palam). Zuerst sprach der princeps senatus, dann die

übrigen der Reihe nach entsprechend ihrem Rang, den sie bekleidet hatten (senatorii, praetorii), und ihrem Lebensalter, wobei sich die meisten der vorgetragenen Ansicht eines Vorredners anschlossen. Der vorsitzende Beamte faßte dann die geäußerten Ansichten (sententiae) in einen Antrag zusammen und ließ abstimmen, meist in der Form, daß die Senatoren in zwei Gruppen auseinander traten (discessio). Ein Eid wurde nur in ganz besonders wichtigen Fällen abgelegt.

133. Offenbar war es dem Princeps freigestellt, an erster oder letzter Stelle seine Stimme abzugeben.

134. Damit wurde der Prozeß auf das privat-rechtliche Gebiet überwiesen, auf dem es sich nur um die Wiedererstattung (recipere) des unrechtmäßig angeeigneten Geldes, nicht um ein kriminelles Vergehen handelte.

135. Über Ateius Capito s. III 75. Er war von 13. n. Chr. bis zu seinem Tode, 22 n. Chr., curator aquarum. Über L. Arruntius siehe I 13.

136. Es waren Senatsprovinzen. S. Anm. 131.

137. Tarraco (h. Tarragona). Colonia Tarraconensis hieß der östliche und nördliche Teil des heutigen Spaniens. Schon zu seinen Lebzeiten hatte Augustus dort einen Altar. Jetzt wird der ganzen Provinz gestattet, dort einen gemeinsamen Tempel zu gründen, wie solche Augustus im Verein mit der „Roma" — neben dem überall verbreiteten privaten Kult einzelner Städte — in Pergamum, Nicomedia, Ancyra hatte.

138. Die Steuer war bereits im Jahr 43 v. Chr. von den Triumvirn eingeführt worden, und zwar zur Finanzierung ihrer militärischen Maßnahmen. Im Jahr 6 n. Chr. begründete dann Augustus das aerarium militare, um die Prämien für die entlassenen Soldaten zu bestreiten, also eine Art Versorgungskasse.

139. Clanis (h. Chiana), der unterhalb Orvieto in den Tiber mündet.

140. Der heutige Arno.

141. Interamnates, die Einwohner von Interamna Nahars (h. Terni), ein umbrisches Municipium am Nar.

142. Nar, der heutige Nera, linker Nebenfluß des Tiber.

143. Reatini, die Einwohner von Reate (Municipium im Sabinerland, h. Rieti), Heimat des M. Terentius Varro.

144. Der lacus Velinus liegt zwischen Reate und Interamna (h. Velino).

145. Überliefert ist „sociorum". Aber der Bezug auf die socii ist nicht erklärlich, da die Bewohner des damaligen Italiens seit

mindestens einem Jahrhundert cives Romani waren. Die Änderung in „maiorum" liegt nahe.

146. Über Poppaeus Sabinus siehe IV 46, V 10, VI 39, XIII 45. Er war der Großvater der Poppaea Sabina, der Gemahlin Neros.
147. Mösien, römische Provinz an der unteren Donau, seit Domitian (85 n. Chr.) geteilt in Moesia Superior und Moesia Inferior. Mösien war kaiserliche Provinz. Im 1. Jh. v. Chr. war es von Macedonien aus unterworfen worden und hatte im Jahr 44 n. Chr. eine eigene Verwaltung erhalten.
148. Seit Augustus bildete Achaia, nachdem es seit dem Jahr 146 v. Chr. zu der Provinz Macedonia gehört hatte, eine eigene Provinz mit der römischen Kolonie Korinth als Hauptort.

BUCH II

1. Phraates IV., König der Parther seit 37 v. Chr., hatte seine männlichen Verwandten mitsamt seinem Vater Orodes umgebracht, wurde in dem Jahr 32 (oder 27) v. Chr. vertrieben, kehrte dann wieder zurück und lieferte die bei Carrhae erbeuteten römischen Feldzeichen an Augustus aus. Später schickte er je vier Söhne und Enkel als Geiseln nach Rom. Der älteste dieser vier Söhne war Vonones.
2. Vonones war seit 9 v. Chr. in Rom; zwischen 6 und 9 n. Chr. als König eingesetzt, wurde er von dem Arsaciden Artabanus III. 11 n. Chr. verjagt und bei einem Fluchtversuch 19 n. Chr. getötet. Er hatte etwa 20 Jahre in Rom gelebt.
3. Ein scythisches Volk im Südosten des Kaspischen Meeres.
4. Artavasdes, der Sohn und Nachfolger des von Lucullus und Pompeius besiegten Tigranes I., wurde von Antonius 34 v. Chr. in seine Gefangenschaft gelockt. Antonius glaubte, von ihm in dem parthischen Feldzug verraten worden zu sein (36 v. Chr.), und übergab ihn Kleopatra, die ihn umbringen ließ.
5. Tigranes II., der Sohn des Artavasdes, war von Antonius mit Vater und Brüdern nach Ägypten geschickt, dann von Augustus nach Rom gebracht und von den Armeniern nach der Ermordung des Artaxias 20 v. Chr. als Herrscher erbeten und von Tiberius eingesetzt worden. Er starb 6 v. Chr.
6. C. Caesar, der Sohn von Iulia und M. Agrippa (s. Stammbaum). Er wurde im Jahr 1 n. Chr. in seinem Konsulat nach dem Orient geschickt.

7. Über Creticus Silanus siehe II 43.
8. Siehe II 68.
9. Über P. Vitellius siehe I 70.
10. Batavi, ein germanischer Volksstamm, zuerst von Caesar bell. Gall. IV 10, 1 erwähnt, hatte seine Wohnsitze auf der Insula Batavorum (h. Betuvi). Sie wurden durch die Feldzüge des Drusus dem römischen Reich eingegliedert und waren, abgesehen von dem Aufstand des Civilis (im Jahr 70), den Römern immer treu. Sie genossen Steuerfreiheit und waren somit bevorzugte Untertanen.
11. Vahalis, der heutige Waal.
12. Mosa, die heutige Maas.
13. Drusus legte im Jahr 11 v. Chr. am Zusammenfluß von Elison und Lippe das Kastell Aliso als Ausgangspunkt für seine Operationen und zugleich als Versorgungsbasis an. Nach allgemeiner Ansicht stimmt die Örtlichkeit mit Haltern (an der unteren Lippe) überein.
14. Drusus hatte einen Teil des nördlichen Rheinarmes in die Ijssel geleitet und diese bis zu ihrer Mündung verbreitert.
15. „Classis Amisiae relicta laevo amne“ kann nicht heißen „an dem linken Ufer der A.“, sondern muß übersetzt werden „in dem linken Flußbett der A.“, die damals also in zwei Armen floß.
16. Die Angrivarii hatten ihre Wohnsitze zwischen Hunte und Weser (Visurgis).
17. Hercules ist interpretatio Romana für den germanischen Donnergott.
18. Unter den „Freunden“ ist die cohors amicorum (et praetoriae) der republikanischen Feldherren zu verstehen, die in der Prinzipatszeit ihren militärischen Charakter verloren hatte und nur noch das engere Gefolge der kaiserlichen Prinzen und Statthalter bezeichnete.
19. Die nicht sicher lokalisierbare Ebene „Idistaviso“ lag vermutlich auf dem rechten Weserufer zwischen dem Strom und den Weserbergen.
20. Die Räter und Vindelicier gehörten zu den oben genannten gallischen, die Chauken zu den germanischen Hilfstruppen.
21. Die Reste des Walles sind bei dem Dorfe Leese nördlich von dem ersten Kampfplatz gefunden worden.
22. Über Seius Tubero siehe IV 29.
23. Tiberius führte sieben Jahre Krieg in Germanien (s. I 34) und wurde dann im Jahr 7 v. Chr. erneut dorthin gesandt.
24. Im Jahr 6 n. Chr. drang Tiberius von der Donau her gegen

Maroboduus vor (s. II 46). — Die Sugambrer, zu der germanischen Gruppe der Istaevonen gehörig, waren an dem rechten Rheinufer seßhaft, gegenüber den Eburonen nördlich von den Ubiern.

25. Germanicus erhielt das Konsulat erst für das Jahr 18. Als Statthalter erhielt er keinen Nachfolger. Die beiden rheinischen Legaten waren von nun an dem Princeps unmittelbar unterstellt. Der Rhein bildete die Reichsgrenze.

26. Die Verleihung des Lorbeerkranzes bildete einen wesentlichen Bestandteil des Triumphes. Der Feldherr legte den Lorbeerkranz in den Schoß des Iuppiterbildes auf dem Kapitol.

27. M. Scribonius Libo Drusus war ein Enkel des L. Scribonius Libo (Konsul 34 v. Chr.). Dessen Schwester war Scribonia, die zweite Gemahlin des Augustus, die also seine Großtante war.

28. Die Caesares, Nero und Drusus Caesar, die Söhne der Agrippina und des Germanicus, waren als Urenkel der Scribonia seine Vettern (consobrini), s. Stammbaum. Sein Urgroßvater war Cn. Pompeius, insofern seine Mutter Pompeia eine Tochter des Sex. Pompeius war.

29. Über Fonteius Agrippa siehe II 86, über Vibius Serenus siehe IV 13. 28-30.

30. Die actores waren Geschäftsführer in staatlicher oder kommunaler Verwaltung, meist zuverlässige Sklaven, in den Municipien auch Freigelassene, die in der späteren Kaiserzeit zum Teil in hohe Ämter gelangten.

31. Cotta Messalinus hieß mit seinem vollen Namen nach seiner Mutter, deren Geschlecht sonst mit ihr erloschen wäre, M. Aurelius Cotta Maximus und nahm nach dem Tode seines Bruders (s. I 8) dessen Beinamen Messalinus an. Er war ein Freund des Ovid (vgl. ex Ponto I 5. 9, II 3. 8, III 2. 5, IV 16. 41) und Großvater des XIII 34 genannten Aurelius Cotta. Siehe auch IV 20, V 3, VI 5.

32. Über Cn. Lentulus siehe IV 44.

33. Über Pomponius Flaccus siehe II 41. 66, VI 27. Er war damals consul designatus.

34. In der Handschrift steht nur LP, was ebensogut zu Plancus wie Piso ergänzt werden kann. — Über Asinius Gallus siehe I 12. — Papius Mutilus war im Jahr 9 n. Chr. consul suffectus. — Über L. Apronius siehe I 56.

35. Das Hornsignal bildete das Zeichen zum Zusammentritt der comitia centuriata und kündigte somit eine wichtige Staatsaktion an, zu der das Volk herbeigerufen wurde. — Die porta

Esquilina befand sich an der Ostseite der Stadt. Auf dem campus Esquilinus fanden gewöhnlich die Hinrichtungen statt. — Unter mos maiorum ist die Enthauptung mit dem Beil nach vorausgegangener Auspeitschung zu verstehen.

36. Über Q. Haterius siehe IV 61. — Octavius Fronto wird von Tacitus nur hier genannt und auch sonst nicht erwähnt.
37. Vestis serica ist ein Kleid aus durchsichtiger indischer Seide. Vgl. Seneca de ben. VII 9, 5. — Serica war seit Augustus die Bezeichnung für den fernsten Osten, besonders für China, dessen Bewohner Seres hießen.
38. Der Eintritt in den Senatorenstand setzte ein Mindestvermögen von einer Million, der in den Ritterstand von 400 000 Sesterzen voraus.
39. Über Urgulania siehe IV 22. Ihre Enkelin Plautia Urganilla war die Gemahlin des Kaisers Claudius.
40. Die Ernennung der Beamten auf fünf Jahre, die alljährlich neu erfolgen sollte und daher zu einer fünffachen Vermehrung der Beamtenzahl geführt hätte (quinquiplicari), gab dem Princeps scheinbar eine große Machtfülle in die Hand. Allein diese Beamten konnten sich in dieser Zeit dem Abhängigkeitsverhältnis von dem Princeps weithin entziehen, da sie von ihm nicht mehr durch die Hoffnung auf Anstellung hingehalten werden konnten. Auch wenn der Princeps die Legionslegaten schon mit der Ernennung zu diesem Amt (iam tum) zu Prätoren bestimmte, war er in seiner Wahl gebunden. In Wirklichkeit bedeutete dieser Vorschlag eine Einbuße der Macht des Princeps, was Tiberius wohl durchschaute. Aber er tat so, als merke er es nicht.
41. Sein Großvater war sehr reich gewesen. Sein Vater Q. Hortensius hatte in seiner Jugend einen anrüchigen Lebenswandel geführt, war zuerst auf der Seite Caesars gestanden und hatte sich dann an Brutus und Cassius angeschlossen, was ihn sein Vermögen und nach der Schlacht bei Philippi auch sein Leben kostete.
42. Über Postumus Agrippa siehe I 3.5.6.
43. Damit der Tod des Agrippa weniger nachweisbar wäre.
44. Cosa lag Planasia gegenüber am Portus Herculis auf einem Vorgebirge, das später Mons Argentarius hieß (h. Monte Argentario).
45. Clemens war als Sklave Eigentum des Agrippa gewesen und zusammen mit der übrigen Erbschaft an Tiberius gefallen.
46. Über Sallustius Crispus siehe III 30.

47. Dabei ist wohl in erster Linie an Freigelassene oder Sklaven zu denken.
48. Der Tempel des Saturnus lag am Forum Romanum vor dem Clivus Capitolinus. Der Tempel wurde im Jahr 497 v. Chr. geweiht, 43 v. Chr. wiederhergestellt.
49. Die horti Caesaris lagen auf dem rechten Tiberufer südlich vom Ianiculus.
50. Bovillae lag westlich der via Appia nahe dem Albanerberge, 11 Meilen von Rom entfernt.
51. Tacitus greift mit diesen Ausführungen auf das Jahr 14 zurück. Archelaus hatte sein Land im Jahr 36 v. Chr. von Antonius erhalten. — Cappadocia ist die weite Landschaft zwischen Taurus und Pontus Euxinus, die in Cappadocia am Pontus Euxinus, das Königreich Pontus, und in das Binnenreich Großcappadocien zerfiel, das unter Traian zur provincia Cappadocia mit der Hauptstadt Caesarea gemacht wurde.
52. Siehe Anm. I 138.
53. Commagena war die nördlichste Landschaft von Syrien, das Bindeglied zwischen Syrien und Cilicien, und eine Provinz des Seleucidenreiches mit der Hauptstadt Samosata am mittleren Euphrat. — Antiochus III., Sohn des Mithridates. Philopator II. war nicht König von ganz Cilicien, sondern nur von einem Bezirk im Osten des Landes.
54. Siehe II 3.
55. Über Creticus Silanus siehe II 4. Er war durch Adoption aus der Familie der Iunii Silani in die der Caecilii Metelli gekommen und hieß mit vollem Namen Q. Caecilius Metellus Creticus. Er war praetor urbanus und proconsul Sardiniae gewesen, dann im Jahr 7 n. Chr. consul und verwaltete Syrien seit dem Jahr 11 n. Chr. — Cn. Calpurnius Piso war unter Augustus triumvir monetalis. Über sein Konsulat und seine Verwaltung von Hispania Tarraconensis siehe III 12. Seneca de ira I 16, 13 berichtet über seine Grausamkeit, die er sich als Prokonsul (wohl von Afrika) hat zuschulden kommen lassen.
56. Nach der Schlacht bei Pharsalus in den Jahren 47/46.
57. Seine Mutter Antonia war eine der beiden Töchter des Antonius aus seiner Ehe mit Octavia, der Schwester des Augustus (s. Stammbaum).

58. Atticus

Agrippa ∞ Pomponia

Tiberius ∞ Vipsania Agrippina

Drusus ∞ Livia (Livilla)

59. Über Livia (Livilla) siehe II 84, IV 3 ff.
60. Drusus und Germanicus waren eigentlich Vettern. Aber durch die im Jahr 4 n. Chr. erfolgte Adoption durch Tiberius wurden sie „Brüder“.
61. Die Semnonen, zuerst 5 v. Chr. als Bewohner des Spree- und Havelgebietes in Erscheinung tretend, zuletzt erwähnt zum Jahr 177 n. Chr. Die Langobarden hatten ihre Wohnsitze nach ihrer Auswanderung aus Skandinavien an der linken Seite der unteren Elbe, wo Tiberius im Jahr 5 n. Chr. auf sie stieß.
62. Unter der silva Hercynia wird gewöhnlich die Gebirgsschwelle von der Donauquelle bis zu den Karpaten verstanden. Bei Tacitus ist es der östliche Teil der deutschen Mittelgebirge (Böhmerwald, Erzgebirge, Sudeten).
63. Im Jahr 6 n. Chr. wollte Tiberius Maroboduus zugleich von Süden und von Westen angreifen. Doch kam es nicht dazu, weil er durch den Aufstand in Pannonien und Dalmatien abberufen wurde.
64. Nach Böhmen. Die Marcomannen bildeten den westgermanischen Zweig der suebischen Völkergruppe. Sie traten zuerst im Heer des Ariovist auf und waren dann in der Maingegend seßhaft. Unter Marobod entwickelten sie sich zu einem großen, selbständigen Volk und drangen in das von den Boiern verlassene Böhmen ein.
65. Nicht den Frieden zwischen den streitenden Parteien, sondern den Frieden für Rom.
66. Unter Asia ist der Westrand von Kleinasien zu verstehen.
67. Sardes (h. Sart), Magnesia am Sipylos (h. Manisa), Philadelphea (h. Alaschar), Apollonis nahe dem Dorf Palamout; Mostene, Hyrcania, südlich von Smyrna, Hierocaesaria (zwischen Papasli und Ak Hissar auf dem linken Ufer des Kumtchai), Tmolus lagen in Lydien; Temnos, Aegeae (zwischen Sari-Tcham und Halemly), Myrina und Cyme (h. Namurt) lagen in Mysien.
68. Herrenloser Besitz verfiel dem Fiskus.

69. M. Aemilius Lepidus war der Großneffe des ehemaligen Triumvirn Lepidus.
70. A. Postumius hatte den Tempel als Diktator vor der Schlacht am See Regillus im Jahr 499 v. Chr. gelobt. Im Jahr 493 wurde er vollendet.
71. Das Forum holitarium, der Gemüsemarkt, lag zwischen dem mons Capitolinus und dem Tiber. Dort war auch der Tempel der Spes.
72. Duilius hatte den Seesieg im 1. Punischen Krieg im Jahr 260 v. Chr. errungen (s. Zeittafel).
73. Ihre Mutter war vermutlich die Halbschwester des Augustus, Octavia maior, die mit Sex. Appuleius (Konsul 29 v. Chr.) verheiratet war.
74. Die lex Iulia vom Jahr 17 v. Chr. Die „härtere Strafe" bei Ehebruch bestand in teilweiser Konfiskation des Vermögens und Relegation auf eine Insel.
75. Sein Vater war der Redner Q. Haterius (siehe IV 61), der sechs Söhne verloren hatte. Vermutlich war seine Mutter eine Tochter des M. Agrippa und der Marcella, der Tochter der Octavia, die die Großmutter des Germanicus war. Des Germanicus Mutter Antonia war die Halbschwester dieser Marcella, und die Mutter des Haterius Agrippa war die Halbschwester der Agrippina, der Gemahlin des Germanicus (s. Stammbaum).
76. Die lex Papia Poppaea de maritandis ordinibus. Sie bestimmte unter anderem, daß bei der Verlosung der Senatsprovinzen die Verheirateten und die Väter je nach der Zahl ihrer Kinder bevorzugt werden und daß ihnen ein Teil der Zeit, die sonst vor und zwischen den Ämtern eingehalten werden mußte, erlassen wurde.
77. Über Tacfarinas siehe III 20. 32. 73, IV 23.
78. Die Cinithier hatten ihre Wohnsitze an der Kleinen Syrte.
79. M. Furius Camillus war der Eroberer von Veii im Jahr 396 v. Chr. nach zehnjähriger Belagerung. Er ging wegen angeblicher Unterschlagung der Beute ins Exil nach Ardea. Nach der Zerstörung Roms durch die Gallier unter Brennus soll er zurückgekehrt sein und die Gallier vernichtend geschlagen haben. An ihn knüpfen sich viele sagenhafte Züge.
80. Nicopolis in Epirus, Actium gegenüber, am Eingang des heutigen Golfs von Arta. Es wurde von Augustus zur Erinnerung an seinen Sieg bei Actium gegründet.
81. S. Anm. 60.

82. Perinthus, später in Heraclea umbenannt, h. Eregli.
83. Die berühmten Kabirenmysterien, ein Kult vorgriechischer Gottheiten, der „Großen Götter“, die hauptsächlich in Samothrake verehrt wurden.
84. Colophon in Ionien zwischen Smyrna und Ephesus. Die Clarische Orakelhöhle hat man zwischen Notion und dem heutigen Tschille gegenüber Giaurköi wiedergefunden.
85. Im 1. Mithridatischen Krieg in den Jahren 87/86 v. Chr. und in der Schlacht bei Actium im Jahr 31 v. Chr.
86. Der Hügel westlich der Akropolis von Athen, wo der älteste Gerichtshof tagte, in älterer Zeit höchste staatliche Instanz, später (seit 462 v. Chr.) nur noch über die Blutgerichtsbarkeit verfügend.
87. Siehe II 4.
88. Polemo I. war der Sohn des Rhetors Zeno von Laodicea. Durch Antonius und Augustus wurde er als Herrscher von Olba in Cilicien und als König des östlichen Pontus, Kleinarmeniens und des Bosporus eingesetzt.
89. Der Vorgang ist auf einer goldenen Münze erhalten. — Artaxata war Hauptstadt von Großarmenien am nördlichen Ufer des Araxes (h. Aras), gegründet 189 v. Chr. durch Artaxias I. auf den Rat Hannibals. Ruinen bei Ardaschar am Garni-Tschai.
90. Er hatte den Titel legatus pro praetore mit der Befugnis eines Prätors.
91. Cyrrhus, östlich der durch Alexander berühmt gewordenen Stadt Issus in Syrien (heute Choros).
92. Germanicus hatte bei seiner richterlichen Tätigkeit ein consilium angesehener Römer bei sich.
93. Die Nabatäer waren ein arabisches Volk nördlich vom arabischen Meerbusen.
94. Pompeiopolis, das frühere Soloi (h. Mezetlü), bedeutender Hafenplatz in Cilicien, Kolonie von Rhodus, von Alexander 333 unterworfen, von Tigranes zerstört und später durch Pompeius wiederaufgebaut und nach ihm benannt.
95. Auf einem Papyrus (Berliner Mus.) sind zwei Erlasse des Germanicus erhalten, die sich auf seine ägyptische Reise beziehen. In dem einen gibt er Weisungen über die Beschaffung der Mittel für seine und seines Gefolges Beförderung, in dem anderen verbittet er sich Titulierungen, die nur dem Princeps und seiner Gemahlin zukommen. — In Rom herrschte damals Hungersnot, weshalb er die Staatsspeicher (horrea) öffnen ließ.

96. Von Livius XXIX 19, 11 für das Jahr 205 (Scipio Africanus maior).
97. Canopus, in der Nähe der westlichen Nilmündung, nicht weit von Alexandria, von dem ein Kanal bis Canopus und in die nahe Nilmündung führte.
98. Aus der noch erhaltenen Inschrift geht hervor, daß der Dolmetscher die Zahlenangaben und das Ausmaß der Eroberungen erheblich übertrieben hat.
99. Rhamses II., aus der 19. Dynastie im 14. Jahrhundert.
100. Unter dem „Bithynischen Meer“ ist der Pontus Euxinus, unter dem „Lycischen Meer“ der nordöstliche Teil des Mittelmeeres zu verstehen.
101. Im westlichen Teil des alten Theben bei Medinet Habu befinden sich noch jetzt zwei sitzende Kolosse, die beide als Bildnisse des Königs Amenhoteps aus der 18. Dynastie gelten. Den nördlichen Koloß, der zerstört und in fünf Lagen wiederhergestellt ist, bezeichneten die Griechen als Memnon, den Sohn des Tithonus und der Eos, der von Achilleus getötet worden sei. Auf seinen Beinen befinden sich zahlreiche griechische und lateinische Inschriften aus der Zeit von Nero bis Septimius Severus von denen, die das Tönen des Kolosses gehört haben wollten.
102. Der See lag südlich von Memphis im östlichen Teil des heutigen Fajum. Später verfiel die Anlage.
103. Im Süden von Ägypten, wo der Fluß durch ein enges Felsental fließt. Es sind die Engen und Stromschnellen bei Elephantine, deren Lotung wohl bei der reißenden Strömung nicht möglich war.
104. Sie saßen auf dem rechten Ufer der unteren Weichsel (siehe Tac. Germ. 43). Seit der Mitte des 1. Jh. n. Chr. schieben sie sich allmählich nach Süden vor und wandern um 200 nach dem Pontus zu ab. 230 haben sie feste Wohnsitze in Südrußland, von wo sie Einfälle in das römische Reich unternehmen (seit etwa 280).
105. Das Land zwischen Rätien und Pannonien. Mit Rätien kam 15 v. Chr. auch Noricum unter römische Herrschaft. Mit dem Princeps Claudius begann dann die Romanisierung des Landes.
106. Die Hermunduren waren ein suebischer Volksstamm, ursprünglich zwischen Elbe, Harz und Thüringer Wald, später auch südlich davon, dann im Reich des Maroboduus und in seinem germanischen Volksverband, um 100 n. Chr. (Tac. Germ. 41)

zwischen Donau und Fichtelgebirge. Nach 200 verschwinden sie aus der Geschichte.

107. Forum Iulium, heute Fréjus, war damals, wie Ravenna, Flottenstation.

108. Marus, die heutige March; Cusus, die heutige Waag.

109. Die Quaden saßen in Mähren neben dem böhmischen Reich der Marcomannen.

110. Von Augustus zwischen Quirinal und Kapitol erbaut, anläßlich eines Gelübdes wegen der Rache an den Mördern Caesars. In dem Tempel waren die von den Parthern ausgelieferten Feldzeichen aufgestellt.

111. Die Bastarner waren der östlichste germanische Volksstamm, um 200 v. Chr. am Schwarzen Meer, später an der Donau, wo sie bei dem Versuch, weiter vorzudringen, im Jahr 29/28 v. Chr. bekriegt und bezwungen wurden. — Die Scythen, ein Sammelname für nichtgermanische Völkerschaften nordöstlich der Donau. Das Reich des Cotys reichte vom Schwarzen Meer vor Mösien hin bis zur Donau.

112. Die Albaner saßen an den Abhängen des Kaukasus (h. Schirwan und Daghestan). Sie wurden 65 v. Chr. von Pompeius unterworfen. — Die Heniocher nordwestlich von ihnen.

113. Pyramus, ein Fluß in Cilicien, mündend in die Bucht von Issus (h. Djihan).

114. Antiochia am Orontes (Azy), Hauptstadt Syriens (h. Antaki). In der Vorstadt Epidaphne wohnte Germanicus (siehe II 83).

115. Seleucia Pieria, nicht weit von Antiochia am Meer gelegen (h. Kepsy).

116. Alle Legaten hatten zum mindesten die Quästur bekleidet und waren damit im Senatorenrang.

117. Cos, dorische Insel an der kleinasiatischen Küste vor Carien; sie leistete im Jahr 88 v. Chr. Widerstand gegen Mithridates und wurde geplündert. Zur provincia Asia gehörig.

118. Zuerst mußte ein Ankläger dem Gericht zur Kenntnis bringen, daß er eine Person anklagen wolle (nomen deferre), dann setzte das Gericht einen Termin fest (diem prodicere), an dem beide Parteien zu erscheinen hatten, gewöhnlich am 10. Tag nach der Anmeldung der Klage. — Es ist anzunehmen, daß unter Augustus und Tiberius über gemeine Verbrechen (Giftmord u. a.) nicht der Senat, sondern aus dessen Mitte ernannte (oder erwählte) Richter unter dem Vorsitz des das Verfahren leitenden Prätors auf dem Forum in der Weise der gewöhnlichen Gerichte verhandelten und daß eine solche Klage bei

dem zuständigen Prätor eingebracht werden mußte. Der Hohn des Piso ist darin zu erblicken, daß er den Marsus Vibius als unbefugt für die Mitteilung seiner Zurückberufung nach Rom ablehnt und sodann daß er es als selbstverständlich betrachtet, daß eine Anklage auf Vergiftung des Germanicus genauso behandelt werde, wie wenn dieses Verbrechen gegen jede andere gewöhnliche Person verübt worden wäre, während Germanicus selbst (cap. 71) und seine Freunde voraussetzen, daß dieses Verbrechen gegen einen Angehörigen der fürstlichen Familie im Senat verhandelt werde.

119. Laodicia, am Meer gelegen, gegenüber von Zypern, südlich der Mündung des Orontes, Gründung von Seleucus I. zu Ehren seiner Mutter. Hauptstadt einer Satrapie von Syrien.

120. Celenderis, heute Kilindri oder Gülnar.

121. Drusus, der Vater des Germanicus und der Stiefsohn des Augustus, sowie Germanicus.

122. Die Salier waren eine patrizische Priesterschaft des Kriegsgottes Mars, die an ihren Festen (19. März und 19. Oktober) mit den heiligen Lanzen und Schilden (ancilia) in altrömischer Kriegstracht durch die Stadt zogen und dabei einen Kriegstanz aufführten, bei dem sie ihr Lied (carmen Saliare) sangen, dessen altertümlicher Text nicht mehr verstanden wurde. Es wurden dabei einzelne Götter angerufen. Augustus wurde durch die Aufnahme seines Namens in das Lied geehrt.

123. Sein Bild sollte also zusammen mit den Götterbildern in dem feierlichen Aufzug, mit dem die Spiele eröffnet wurden, vorangetragen werden.

124. Siehe Anmerkung I, 35.

125. Gemeint ist Daphne, wie die Vorstadt von Antiochia hieß. Epidaphne war nur der Beiname der Stadt. Siehe auch Anm. 114. — Unter dem Tribunal ist ein Podium zu verstehen.

126. Nur die Medaillons für die regierenden Fürsten waren aus Gold.

127. Durch Anklage nach der lex de adulteriis coercendis. Der Ehemann mußte sich von der bei Ehebruch ertappten Frau sofort scheiden lassen, wenn er nicht selbst wegen Kuppelei angeklagt und bestraft werden wollte. In einer Frist von 60 Tagen hatte er dann das Recht der alleinigen Anklage, nach dieser Frist verlor er dieses Anrecht.

128. Seriphos, zwischen Kythnos und Siphnos, eine der Kykladen (heute Serpho), durch seinen einstigen Reichtum an Eisen bekannt.

BUCH III

1. Ein Teil der Fahrt fiel noch in das Jahr 19 n. Chr. Die neuen Konsuln traten ihr Amt an, noch ehe Agrippina nach Rom kam. — Corcyra, h. Corfu.
2. Brundisium, h. Brindisi.
3. Alle Städte in Italien waren damals entweder coloniae oder municipia. Sie hatten beide die gleiche staatsrechtliche Stellung, d. h., ihre Bewohner besaßen das römische Bürgerrecht. Coloniae schließt hier die municipia ein.
4. Tarracina (h. Terracina), an der via Appia, eine alte Seestadt der Volscer, auch Anxur genannt; in dem letzten Jahrhundert der Republik Militärstation, in der Kaiserzeit vielbesuchter Villenort.
5. Die Kinder waren Nero, Drusus, Agrippina und Drusilla (s. Stammbaum). In den Osten hatte ihn C. Caligula begleitet. Iulia wurde auf der Reise geboren.
6. Antonia war die jüngste Tochter des Triumvirn Antonius.
7. Eine der häufigen ironischen Bemerkungen des Schriftstellers.
8. Ticinum (h. Pavia), Gründung der Ligurer, in der Nähe der Brücken über Ticinus und Padus.
9. Drusus; Claudius ist nicht erwähnt.
10. Lucius Caesar im Jahr 2 n. Chr. und Gaius Caesar im Jahr 4 n. Chr.
11. Ein Fest zu Ehren der Göttermutter (Magna Mater), das Anfang Mai gefeiert wurde, hauptsächlich mit Schauspielen.
12. Achaia siehe Anm. I 148.
13. Das Volk nahm an, sie habe sich aus Schuldbewußtsein selbst vergiftet, und weil man keine Vergiftungserscheinungen an ihrem Körper feststellen konnte, sah man dies als Beweis dafür an, daß sie auch Germanicus, ohne eine Spur zu hinterlassen, vergiftet habe.
14. Drusus war (siehe III 7) damals in Illyricum.
15. Ancona war die nördlichste Stadt in der Landschaft Picenum, eine zu Ravenna gehörige Flottenstation mit wichtigem Hafen an der Adria. — Die via Flaminia führte von Ariminum (h. Rimini) durch Umbrien nach Rom.
16. Narnia lag im südlichen Umbrien (h. Narni) am Nar, vor dessen Mündung in den Tiber.
17. Über Fulcinius Trio siehe II 28; über Vitellius I 70, über Veranius II 56.
18. Über L. Arruntius und Asinius Gallus siehe I 13. — Bei Vini-

cius ist die Abkürzung des Vornamens in der Handschrift verderbt: entweder ist P. Vinicius gemeint, der im Jahr 2 n. Chr. Konsul war, oder der Konsul des Jahres 5 v. Chr., L. Vinicius. Da P. Vinicius mehrfach von dem Rhetor Seneca als Redner erwähnt wird (Controv. IV 11: pulchre dixit et nove), ist wohl an diesen zu denken. — Aeserninus Marcellus, Sohn des Konsuls von 22 v. Chr. und einer Tochter des Asinius Pollio. Über Sex. Pompeius siehe I 7, III 32. 72, über M'. Lepidus III 32, über L. Piso, den Bruder des Cn. Piso, II 32. Livineius Regulus war, wie die anderen, ehemaliger Konsul.

19. Er war legatus pro praetore in Hispania Citerior gewesen.

20. Also wurde von Tiberius der Senat bei der Beauftragung Pisos beigezogen, obgleich es sich um eine kaiserliche Provinz handelte.

21. Siehe Anmerkung II 118.

22. Hinweis auf das II 75 Berichtete.

23. In der Handschrift ist hier eine Lücke. In ihr war berichtet worden, daß Piso auf sein Ersuchen eine nochmalige Verhandlung zugestanden worden war (comperendinatio). In cap. 15 ist die Rede von einer wiederholten Anklage und der sich anschließenden Verteidigung. Piso hat offenbar durch Beschuldigungen, die er gegen Germanicus erhob und die er schon früher Tiberius brieflich zur Kenntnis gebracht hatte (II 78), diese erneute Verhandlung begründet. Nun scheinen die Ankläger verlangt zu haben, daß die dort erwähnten Briefe des Piso an Tiberius sowie die der Plancina dem Senat vorgelegt werden, um so die Richter noch mehr zu erbittern.

24. Die Gemonien waren eine steinerne Treppe, über die man die im Gefängnis Erdrosselten an Haken in den Tiber schleppte.

25. Man wußte im Senat, daß Augusta ihre Freundin um jeden Preis gerettet wissen wollte, und vermutete, daß auch Tiberius sich dem Willen der Augusta würde fügen müssen.

26. Siehe Anmerkung 23.

27. In der Handschrift ist ein Wort ausgefallen, etwa „queritur". Auch fehlt der Name des von Tiberius Befragten. Wahrscheinlich war es einer der beiden Söhne Pisos.

28. Der Triumvir Antonius, der zweimal, in den Jahren 44 und 32 v. Chr., „bellum patriae fecit" und zum Staatsfeind erklärt wurde, was zugleich die Beseitigung seines Namens auf den öffentlichen Denkmälern bedeutete, aber später unter dem Triumvirat und der Regierung des Augustus wieder rückgängig gemacht wurde. — Iullus Antonius war der Sohn des Trium-

virn, der wegen Ehebruchs mit Iulia, der Tochter des Augustus, zum Tode verurteilt wurde.

29. Diese Strafe bestand in der Verbannung und der Ausstoßung aus dem Senat.
30. Siehe I 75, II 48.
31. Über Mars Ultor siehe II 64 und Anm. II 110.
32. Über Caecina Severus siehe I 31.
33. Nach III 11 hatte Drusus vorläufig auf den „Kleinen Triumph" verzichtet und war ohne ihn nach Rom zurückgekehrt. Um ihn jetzt durchführen zu können, mußte er die Stadt verlassen und erneut das niedergelegte imperium übernehmen.
34. Die Enkelin des T. Pomponius Atticus, siehe Anm. II 57.
35. Die Zeitangabe stimmt nicht, da Tacfarinas im Jahre 17 n. Chr. von Camillus besiegt worden war. Siehe II 52.
36. Thala in Tunesien, noch heute Thala. Bei Sallust Iug. als große und reiche Stadt bezeichnet.
37. Die Eltern ihrer Mutter Cornelia waren Sulla, der Sohn des Diktators, und Pompeia, die Tochter des Pompeius.
38. Über M. Servilius siehe II 48.
39. Die Haft in der Kaserne der Prätorianer war strenger und härter als die von den Konsuln „in carcere" verfügte.
40. Hätte Drusus von seinem Vater den Auftrag gehabt, für Milde zu stimmen, so hätte er, wie sie meinten, sich diesen Ruhm nicht entgehen lassen. Durch sein Zurücktreten von der Stimmabgabe als erster sollte aber das Gehässige der beabsichtigten Härte von ihm ferngehalten werden.
41. Die Verbannung konnte entweder durch einen Senatsbeschluß oder durch beauftragte Richter nach der lex Iulia de adulteriis oder in der Kaiserzeit durch edictum des Princeps (relegatio) verhängt werden.
42. Die lex Papia Poppaea hatte ihren Namen von den consules suffecti des Jahres 9 n. Chr., Papia Mutilius und Poppaeus Secundus.
43. Der Diktator Caesar hatte schon im Jahr 46 v. Chr. Belohnungen für die Kindererzeugung ausgesetzt. Tacitus meint hier die lex Iulia de maritandis ordinibus, die Augustus im Jahre 17 n. Chr. erlassen hatte.
44. Ein besonderer Artikel der lex Papia Poppaea bestimmte Belohnungen für diejenigen, die von Übertretungen des Gesetzes Anzeige erstatteten, und gab daher Anlaß zum Überhandnehmen des Denunziantentums.
45. Tacitus zeigt sich hier in besonderem Maße als Vertreter der

alten Senatsrepublik aus aristokratischer Sicht. Nach seiner Ansicht ist die Gesetzgebung, die den Zwölf Tafeln folgte, nicht mehr als gerecht zu bezeichnen, da sie in ihrer Veranlassung und in ihrer Durchführung von unsachlichen Motiven bestimmt war, wobei ihm die Ständekämpfe und die sozialen Revolutionen vor Augen schweben. Unter diesem Gesichtspunkt sind auch seine anschließenden Äußerungen über die Gracchen und deren Zusammenstellung mit Saturninus zu verstehen.

46. Der ältere der beiden Gracchen, Tiberius, im Jahr 133 v. Chr. Er wollte als Volkstribun in richtiger Einschätzung der sozialen Mißstände durch seine Reformen die Hebung der niederen Volksschichten und den Rückgang der freien Bevölkerung Italiens aufhalten, wurde aber ermordet. Zehn Jahre später fand das gleiche Ende sein jüngerer Bruder Gaius, der die Reformpläne seines Bruders wieder aufgriff und durchführen wollte. — Saturninus war im Jahr 102 tribunus plebis, er trat in die Fußstapfen der beiden Gracchen, aber fiel als übler Demagog seiner Selbstsucht zum Opfer.

47. „Im Namen des Senats“: Drusus war in dem 2. Tribunat des C. Gracchus dessen Kollege und von dem Senat dafür gewonnen, durch eigene Anträge Gracchus zu überbieten, um sich die Volksgunst zu verschaffen, wofür er auch nachher Macedonien als Provinz erhielt. Den italischen Bundesgenossen wurde das römische Bürgerrecht versprochen. Als diese im Jahre 91 es mit den Waffen forderten, erweiterte er als Volkstribun die gracchischen Gesetzesvorschläge und wollte die ausschließliche richterliche Befugnis dem Ritterstand wieder entziehen, um so den Senat zu befriedigen. Aber er zog sich zuletzt den Haß beider Teile zu und wurde auf Anstiften des Senats umgebracht. Gleich darauf brach der Bundesgenossenkrieg aus (bellum Italicum).

48. Der Krieg zwischen Marius und Sulla.

49. Diese Bestimmungen beziehen sich auf die richterlichen Befugnisse. Vor den Gracchen waren diese in der Hand des Senats; C. Gracchus überwies sie dem Ritterstand, bei dem sie — nicht ohne vorübergehende Veränderungen – blieben, bis Sulla mit der lex iudiciaria im Jahre 81 sie wieder dem Senat zurückgab.

50. Lepidus war 78 Konsul. Er machte den Versuch, die sullanische Ordnung wieder aufzuheben, wodurch es zu einem kurzen Bürgerkrieg kam, in dem er von Pompeius besiegt wurde.

51. Sulla hatte den Volkstribunen im allgemeinen nur das Interzessionsrecht belassen. Zu den „alten Befugnissen", die sie zurückerhielten, gehörte das Recht, selbständig Gesetzesanträge einzubringen ohne vorhergehende Einwilligung des Senats.
52. Dies verstieß gegen eine Bestimmung des Zwölf-Tafel-Gesetzes und bezog sich auf einen Antrag im Jahr 58 v. Chr., der die Verbannung Ciceros bezweckte.
53. Pompeius war im Jahr 52 v. Chr. zum dritten Mal Konsul.
54. Besonders durch die Gesetze de vi und de ambitu, die er zwei Tage nach der Amtsübernahme einbrachte. Das Gesetz de vi betraf den Mord an Clodius, die Niederbrennung der Curie und den Angriff auf das Haus des Interrex Lepidus, das Gesetz de ambitu bezog sich auf die Wahlumtriebe. Beide Anträge hatten den allgemeinen Zweck der Reform des Gerichtsverfahrens.
55. Die Beamten sollten erst fünf Jahre nach der Niederlegung ihres Amtes in die Provinz gehen und keiner sich abwesend um ein Amt bewerben dürfen. Er selbst handelte dagegen, indem er sich Spanien, das ihm auf fünf Jahre als Provinz zugewiesen war, für weitere fünf Jahre zuweisen ließ und für Caesar erwirkte, daß er sich abwesend um das Konsulat bewerben könne. Auch schützte er seinen Schwiegersohn Scipio durch Bearbeitung der Richter gegen die verdiente Anwendung des Gesetzes de ambitu.
56. Als Konsul hielt er Truppen in der Stadt, nach seinem Konsulat in der Nähe der Stadt. Er wurde im Jahr 48 v. Chr. bei Pharsalus von Caesar besiegt. Von diesem Jahr an, gerechnet bis zu dem sechsten Konsulat des Augustus im Jahr 28, sind es zwanzig Jahre.
57. Nero war damals 15 oder 16 Jahre alt.
58. Das Vigintivirat ist nach der Zahl der Männer, die es jeweils bekleideten, genannt. Diese waren auf vier Tätigkeitsbereiche mit niederer magistratischer Würde ziviler und militärischer Art verteilt.
59. Für Tiberius im Jahr 24 v. Chr., für Drusus im Jahr 19 v. Chr.
60. Er war der Sohn der Plautia Urgilla und starb wenige Tage nach der Verlobung.
61. L. Volusius war im Jahr 12 v. Chr. consul suffectus und im Jahr 6 v. Chr. Prokonsul von Afrika.
62. An ihn hat Horaz carm. II 2 gerichtet. C. Sallustius, der Verfasser der coniuratio Catilinae, des bellum Iugurthinum und von Historiae, von denen nur noch Bruchstücke erhalten sind.

63. Über ihn siehe III 11.
64. Es handelte sich dabei um eine Senatsprovinz.
65. Im Jahre 15 n. Chr. stand er im 40. Dienstjahr (I 64), war aber noch im Jahre 16 in Germanien (siehe II 16).
66. Die lex Oppia des Volkstribunen C. Oppius aus dem Jahr 215 v. Chr. war gegen den überhandnehmenden Luxus der römischen Frauen gerichtet. Doch wurde sie schon im Jahr 195 v. Chr. wieder aufgehoben.
67. Über M'. Lepidus siehe III 32; über Iunius Blaesus I 16.
68. Die einhellige Schmeichelei der Senatoren machte es ihm leicht, seine nicht ernstgemeinte Weigerung fallenzulassen.
69. Er war ein in Macedonien gebürtiger und dort ansässiger römischer Bürger.
70. Die genannten drei Volksstämme hatten in dem Hämus- und Rhodopegebirge ihre Wohnsitze.
71. Philippopolis (h. Filibe), von dem Vater Alexanders d. Gr. gegründet, lag an dem südöstlichen Hebrus-Ufer (in Südbulgarien).
72. P. Vellaeus war legatus pro praetore von Mösien, Nachfolger von Pomponius Flaccus, siehe II 66.
73. Die Treverer waren ein keltisch-germanisches Mischvolk an der unteren Mosel zwischen Rhein, Maas, Nahe und Eifel. Ihre Hauptstadt war Augusta Treverorum (h. Trier).
74. Die (H)aeduer saßen zwischen Arar (h. Saône) und Liger (h. Loire). Ihre Hauptstadt war Augustodunum (h. Autun).
75. Vermutlich hatten sie von Caesar das Bürgerrecht erhalten. Von ihm und von Augustus rühren die vielfachen Iulii in Gallien her. Wer das römische Bürgerrecht erhielt, pflegte den Gentilnamen dessen anzunehmen, von dem er es erhalten hatte.
76. Die Andecavi und Turoni wohnten an der unteren Loire. Der Vorort der Andecavi war Andes (h. Angers), der der Turoni Caesarodunum (bzw. Turonum, das heutige Tours).
77. Acilius Aviola war legatus pro praetore von Gallia Lugdunensis.
78. Lugdunum (h. Lyon) war die Hauptstadt Galliens und das politische Zentrum des Keltenlandes.
79. Augustodunum (h. Autun) bildete einen kulturellen Mittelpunkt.
80. Die Sequaner, bekannt aus Caesars „Gallischem Krieg", saßen in der Franche-Comté mit der Hauptstadt Vesontio (h. Besançon).
81. Hier ist in der Handschrift eine Lücke: das von decorum prin-

cipibus abhängige Verbum ist ausgefallen. Vermutlich ist zu ergänzen „in den Krieg zu ziehen".

82. Tiberius will zum Ausdruck bringen: jetzt, da ihn keine Furcht wegen eines für Rom bedenklichen Fortganges und Ausganges des Krieges mehr bestimmen und also sein Entschluß, nach Gallien zu gehen, auch nicht als durch Besorgnis eingegeben mißdeutet werden kann, wolle er nach Gallien gehen.
83. Dolabella Cornelius war Konsul im Jahr 10 n. Chr., 14 legatus pro praetore in Dalmatien, 23 und 24 Prokonsul in Afrika.
84. Die Absicht des Tiberius, nach Gallien zu gehen, ließ erwarten, daß er zuerst nach Rom zurückkehren würde. Dolabella wollte dies durch eine Ovatio gefeiert wissen, wohl mit der Begründung, daß im Verlauf der Abwesenheit des Tiberius von Rom sein Heer in Gallien siegreich gewesen sei.
85. Über Sulpicius Quirinus siehe II 30.
86. Die Homonadenser hatten ihre Wohnsitze auf den fast unzugänglichen Höhen des Taurus, von wo sie Raubzüge in das umliegende Land machten.
87. M. Lollius (an ihn ist von Horaz carm. IV 9 gerichtet), war im Jahr 25 v. Chr. der erste legatus pro praetore von Galatien. Vorher schon im Jahr 16 v. Chr. legatus pro praetore von Germanien und 21 v. Chr. Konsul.
88. Siehe III 22.
89. P. Petronius war der Schwiegervater des späteren Kaisers Vitellius. Augur seit 7 n. Chr., consul suffectus 19 n. Chr., 29-35 n. Chr. proconsul Asiae und (vermutlich) 39-42 legatus pro praetore Syriae. Er ist gestorben unter Claudius, mit dem er befreundet war.
90. Über Haterius Agrippa siehe I 77, III 22.
91. Über Rubellius Blandus siehe VI 27.
92. Das aerarium befand sich in dem Hintergebäude des Saturnus-Tempels am Kapitol. Dort war auch das Staatsarchiv, in dem u. a. die Senatsbeschlüsse registriert und deponiert wurden, womit sie Gültigkeit erlangten.
93. Sulpicius ist der ältere Bruder des späteren Kaisers Galba. Er beging Selbstmord, als Tiberius ihm später verbot, sich um das Konsulat zu bewerben. — Über D. Haterius siehe I 77.
94. Nämlich seit Tiberius und seinen Nachfolgern.
95. Tiberius Nero ist der offizielle Name des Tiberius vor seinem Regierungsantritt.
96. Tiberius war am 16. November 42 geboren. Er erhielt die tri-

bunicia potestas im Jahre 7 v. Chr. Drusus muß im Jahr 14 v. Chr. geboren sein.

97. Über Q. Haterius siehe IV 61.

98. Servius Maluginensis (siehe III 71, IV 16) war bei der Verlosung einer konsularischen Provinz unter den verfügbaren Konsularen zuerst an der Reihe. Er mußte also, falls sein Priesteramt kein Hindernis bildete, da Afrika schon vergeben war, Asien ohne weiteres erhalten.

99. Cornelius Merula hatte Selbstmord verübt nach der Rückkehr des Marius und Cinna im Jahr 87 v. Chr. Das Priestertum flamonium Diale hatte Augustus im Jahr 11 v. Chr. wiederhergestellt.

100. Lentulus war Konsul des Jahres 14 v. Chr. gewesen.

101. Gemeint sind die Urkunden, auf die sich das Bestehen der Asyle gründete, und die näheren Bestimmungen für die Asylie (persönliche Sicherheit und Unverletzlichkeit des Eigentums).

102. Magnesia am Mäander, wo ein durch seine Pracht und durch seine Kunstwerke berühmtes Heiligtum der Diana Leukophryne sich befand.

103. Er hatte den Beinamen Asiaticus. Er war im Jahr 190 v. Chr. Konsul gewesen und hatte, unterstützt von seinem Bruder, den syrischen Krieg geführt, wobei er bei Magnesia über Antiochus gesiegt hatte.

104. Aphrodisias, in Phrygien an der Grenze Kariens. — Stratonicea in Karien.

105. Hierocaesaria in Lydien.

106. Gemeint ist die Göttin Anaïtis, eine befruchtende und nährende Allmutter, dargestellt mit vielen Brüsten und umgeben von allerlei Tieren.

107. Perpenna war im Jahr 131 v. Chr. Konsul, besiegte im Jahr 130 den Aristonicus. Als unehelicher Bruder des Königs Attalus III., der die Römer als Erben seines Reiches eingesetzt hatte, versuchte er, dieses Erbe für sich zu erobern. — P. Servilius Isauricus war mit Caesar Konsul im Jahr 48 v. Chr. und im Jahr 46 proconsul Asiae. Den Beinamen Isauricus hatte er von seinem Vater, der die Isaurier besiegt hatte, geerbt.

108. In den Städten Paphos, Amathus und Salamis (Zypern).

109. Smyrna (heute Ismir), an der Mündung des Hermos, in der Kaiserzeit neben Pergamum der Hauptsitz des Kaiserkultes der Provinz Asia.

110. Tenos, eine der Kykladen, heute Tino, zwischen Andros und Mykonos.

111. Das Theater des Marcellus war beim Campus Martius unmittelbar vor der Stadt.

112. „DIVO AUGUSTO IULIA“ lautete wohl die Inschrift mit angefügtem TIBERIUS.

113. Die Ludi Magni Romani wurden regelmäßig im September und sonst auch bei außerordentlichen Anlässen gefeiert.

114. Das Priesterkollegium der „Fünfzehn Männer“ hatte die Aufsicht über die „Sibyllinischen Bücher“. — Die „Sieben Männer“ bildeten ein besonders vornehmes Priesterkollegium, das mit der Durchführung der lectisternia (Götterspeisungen bei den supplicationes) beauftragt war. — Die Sodales Augustales waren ein eigenes Kollegium für den Kult des Divus Augustus. Die Fetiales hatten die völkerrechtlichen Akte des Senats bzw. des Volkes (Kriegsbeginn, Friedensschluß, Verträge mit fremden Staaten) zu sanktionieren.

115. Die Senatoren zweiten Ranges (pedarii senatores) hatten im allgemeinen keine Gelegenheit, sich zum Wort zu melden, sondern stimmten nur ab (pedibus ibant). Offenbar waren es Männer, die aus dem Ritterstand in den Senat gekommen waren, ohne vorher ein Amt bekleidet zu haben, das sonst die Voraussetzung hierfür bildete.

116. C. Iunius Silanus war im Jahr 10 n. Chr. consul, in den Jahren 20/21 n. Chr. proconsul Asiae.

117. L. Cotta war 144 v. Chr. Konsul und mit Scipio verfeindet. — Servius Galba war ein berühmter Redner um die gleiche Zeit. — P. Rutilius war im Jahr 105 v. Chr. Konsul und galt als ein Muster der Uneigennützigkeit. — M. Scaurus war Konsul im Jahr 115, Censor 109, seit 115 princeps senatus. Die Anklage fiel in das Jahr 116 v. Chr.

118. Siehe Anm. II 30. Er tritt hier offenbar mit richterlicher Befugnis auf.

119. Volesus Messala war im Jahr 5 n. Chr. Konsul. Von ihm berichtet Seneca de ira: „Unter Augustus Prokonsul von Asien, hatte er an einem Tage dreihundert Menschen mit dem Beil hinrichten lassen, ging darauf mit stolzer Miene zwischen den Leichnamen hindurch und rief, als hätte er etwas Großes getan, auf griechisch: ‚Wahrhaft königlich!‘“

120. Gyarus war eine der Kykladen, zwischen Andros und Ceos (h. Giura).

121. Der gens Atia hatte die Mutter von Augustus angehört.

122. Cythnus war eine der Kykladen, südlich von Ceos (h. Therma).

123. Q. Fulvius Flaccus hatte im Jahr 180 v. Chr. der Fortuna Equestris einen Tempel gelobt, der im Jahr 173 v. Chr. eingeweiht wurde. Wahrscheinlich war er durch Feuer dann zerstört worden.

124. Sein Großvater L. Aemilius Paulus, Konsul im Jahr 50 v. Chr., hatte in seinem Konsulat die alte Basilica Fulvia wiederhergestellt und später an ihre Stelle eine neue Basilika erbaut, die nach ihm Basilica Pauli hieß (avitum decus). Wegen der Bürgerkriege wurde der Bau erst von dem Vater des Lepidus zu Ende geführt, brannte dann aber wieder im Jahr 14 v. Chr. ab und mußte nochmals errichtet werden.

125. Über Statilius Taurus siehe VI 11. Er wird von dem Geschichtsschreiber Velleius zu den hervorragendsten Mitarbeitern des Augustus gerechnet, war mehrere Mal Konsul und baute ein Amphitheater. — L. Marcius Philippus war der Sohn des Stiefvaters des Augustus (im Jahr 56 v. Chr. Konsul), erbaute einen Tempel des Hercules. — Cornelius Balbus erbaute ein nach ihm benanntes Theater.

126. Siehe III 23. Nur die Szene war abgebrannt, da der übrige Bau aus Stein war.

127. Der Spartacus-Aufstand in den Jahren 73-71 v. Chr. Es handelt sich um die Heere der Konsuln des Jahres 72, Cn. Lentulus und L. Gellius.

128. Mit Sertorius in den Jahren 78-72, der sich in Spanien mit Unterstützung der einheimischen Bevölkerung ein eigenes Heer und eine Flotte geschaffen hatte und sich erfolgreich gegen die römischen Feldherren verteidigte, bis er durch Meuchelmord aus dem Weg geräumt wurde. — Mithridates VI., König von Pontus in den Jahren 121-64 v. Chr., führte drei Kriege in den Jahren 88-64 mit Rom, den 3. in den Jahren 74-63 gegen Pompeius (s. Zeittafel).

129. Lepcis (oder Leptis) minor (h. Lemta), in der Bycacene (Nordafrika).

130. Die Garamanten saßen im heutigen Fezzan mit den Städten Ganrama und Gira. In die Gebirgspässe, die zu den Garamanten führten, verbrachten die Räuberhorden die im Küstengebiet gemachte Beute.

131. P. Cornelius Lentulus Scipio war Legat der 9. Legion und im Jahr 15 n. Chr. Prätor, im Jahr 24 n. Chr. consul suffectus.

132. Cirta war die Residenz Massinissas und seiner Nachfolger, die Hauptstadt Numidiens (h. Constantine).

133. Asinius Saloninus war der Sohn des Asinius Gallus (siehe I 12.

13, VI 23), der mit der Tochter (Vipsania) des M. Agrippa nach ihrer Scheidung von Tiberius verheiratet, also der Bruder des Drusus, des Sohnes des Tiberius war. Er sollte eine der Töchter des Germanicus heiraten. — Über Ateius siehe III 70.

134. Iunia, die Halbschwester des Cato Uticensis, war zuerst an M. Iunius Brutus verheiratet (aus dieser Ehe stammte der Caesarmörder M. Brutus), dann an den Konsul des Jahres 62 v. Chr., D. Iunius Silanus. Aus dieser Ehe stammten die beiden Schwestern des Brutus mit Namen Tertia, die mit C. Cassius, und Tertulla, die mit dem Triumvirn Lepidus verheiratet war.

135. Die Bilder von Cassius und Brutus durften nicht bei öffentlichen Aufzügen mitgeführt werden.

BUCH IV

1. Vulsinii, in Etrurien (h. Bolsena), auf einem Hügel am Zusammenfluß von Chiana und Paglia.
2. Es lebten damals Drusus (minor), der Sohn des Tiberius (iuvenis filius), die Söhne des Germanicus: Nero und Drusus (nepotes adulti) und Caligula, ferner die Söhne des Drusus: Tiberius Gemellus und Germanicus.
3. Drusus, der Sohn des Tiberius.
4. Der municeps hatte die gleichen Rechte wie der in Rom wohnende römische Bürger. Aber derjenige, dessen Vorfahren außerhalb Roms ihren Wohnsitz gehabt hatten, konnte sich nicht darauf berufen, daß diese höhere Ämter bekleidet hatten, da dazu der Wohnsitz in Rom erforderlich gewesen wäre. Er galt also als homo novus.
5. Die damals zur Entlassung heranstanden.
6. Nach der Regierung des Tiberius kamen noch zu dem imperium Romanum Britannien, Dacien (nördlich der Donau) und Teile des Partherreiches.
7. Gemeint ist das Mare Inferum an der Südwestseite Italiens mit dem Kriegshafen Misenum bei Neapel und das Mare Superum (das Adriatische Meer) mit dem Kriegshafen Ravenna, das damals noch am Meer lag.
8. Forum Iulium, siehe Anm. II 107.
9. Iuba II., der Sohn des von Caesar im Jahr 46 v. Chr. bei Thapsus zusammen mit den Pompeianern besiegten Königs

Iuba. Er hatte im Jahr 25 v. Chr. von Augustus sein Mauretanisches Reich (zusammen mit einem Teil Numidiens) wieder erhalten. Er betätigte sich literarisch auf dem Gebiet der Volkskunde und der Geographie.

10. (H)iberien, das heutige Georgien. — Albanien, das Gebiet westlich vom Kaspischen Meer am unteren Flußgebiet des Kyros.
11. Pannonien, das Land zwischen Donau und Save, im Jahr 9 n. Chr. endgültig unterworfen und kaiserliche Provinz. — Mösien, an der unteren Donau, seit Domitian (85 n. Chr.) geteilt in M. Superior und M. Inferior. — Dalmatien war seit dem Jahr 10 n. Chr. kaiserliche Provinz unter dem Namen Illyricum.
12. Entweder wurde das Getreide von den Provinzialen durch den Staat gekauft oder als Abgabe geliefert, um das Heer und Rom zu versorgen. Die pecuniae vectigales sind die direkten Abgaben in Geld (Zölle u. dgl., Luxussteuern der römischen Bürger und das von Augustus eingeführte tributum der Provinzen), die der Staat unmittelbar sich aneignete. Die übrigen Staatseinkünfte (cetera fructuum) aus Waldungen, Salinen, Bergwerken u. a. wurden an Personen des Ritterstandes verpachtet, die sich zu Gesellschaften zusammenschlossen.
13. Zur Verwaltung seiner Güter und Einkünfte hatte der Princeps in allen Provinzen procuratores, die in den Senatsprovinzen diese speziellen Angelegenheiten, in den kaiserlichen Provinzen die gesamte Finanzverwaltung in Händen hatten. Der Unterschied zwischen dem Privatvermögen (res suae-fiscus) und dem aerarium verwischte sich in der Kaiserzeit immer mehr.
14. Die „Modestia“ ist hier gewissermaßen personifiziert als göttliches Wesen zu denken.
15. Der Princeps saß im Senat zwischen den beiden Konsuln, deren Sessel über die der anderen Senatoren erhöht waren.
16. Germanicus, der Gemahl der Agrippina, war der Enkel der Augusta gewesen (siehe Stammbaum).
17. Über Vibius Serenus siehe II 30.
18. Amorgus war eine Insel der Kykladen östlich von Samos (h. Amurgo).
19. Über Carsidius Sacerdos siehe VI 48.
20. Über Sempronius Gracchus siehe I 53.
21. Cercina (h. Kerkenah), eine Insel in dem Meerbusen von Gabès (Kleine Syrte).

22. L. Aelius Lamia war Konsul im Jahr 3 n. Chr. — Über L. Apronius siehe III 21.
23. Samos und Cos (siehe II 75), Inseln im Ägäischen Meer nahe der Küste von Kleinasien.
24. Amphictyonen (eigentlich Umwohner) waren Verbände griechischer Stadtstaaten, die sich um ein zentrales Heiligtum bildeten.
25. Im Jahre 88 v. Chr., wobei 80 000 römische Bürger ermordet wurden.
26. Unter dem Oscum ludicrum sind die sog. Atellanae fabulae zu verstehen, ein campanisches Lustspiel, das nach dem Landstädtchen Atella benannt wurde. Es war ein Erzeugnis oscisch-griechischer Mischkultur mit komischen Darstellungen aus dem Volksleben und stehenden Figuren, wie dem Bucco, Maccus, und bürgerte sich rasch in Rom ein.
27. Lucilius Longus war im Jahr 7 n. Chr. consul suffectus.
28. Censorium funus entspricht dem publicum funus (siehe III 5). Es hieß c., weil die nähere Durchführung des Staatsbegräbnisses von den Censoren vergeben wurde (locare).
29. Er war procurator der res privata des Princeps (s. Anm. 13). Hier liegt der bezeichnende Fall vor, daß Tiberius sogar seine ihm persönlich unterstellten Beamten sich vor dem Senat verantworten ließ.
30. Siehe III 66-69.
31. Die confarreatio war die feierlichste Form der Eheschließung. Sie wurde von dem obersten Priester in Anwesenheit von mindestens zehn Zeugen vorgenommen, wobei die Eheleute von einem Kuchen (panis farreus) essen mußten.
32. Visellius Varro war der Sohn des III 41 f. erwähnten C. Visellius Varro, des Legaten von Niedergermanien.
33. Über die Taten des C. Silius in Germanien und Gallien siehe I 31, II 6. 7. 25, III 45. Er war von 14-21 n. Chr. Legat von Obergermanien gewesen.
34. Eine solche altertümliche Redensart war, wenn in Rom der Notstand ausgerufen wurde: videant consules, ne quid detrimenti res publica capiat.
35. D. h. ein Konsul im Sinne der alten Republikzeit.
36. Gemeint sind die Steuerpflichtigen in den Provinzen.
37. Über M'. Lepidus siehe III 32.
38. Siehe I 13.
39. Über Messalinus Cotta siehe II 32.
40. Über Calpurnius Piso siehe II 32.

41. Über die Vereidigung des Senats siehe Anm. I 132.
42. Eine des Camillus (II 52), eine zweite des Apronius (III 21), eine dritte des Blaesus (III 72).
43. Über Dolabella siehe III 47.
44. Thubuscum, identifiziert mit Tupusuctu (h. Tiklat), am Nasacath.
45. Auzea vermutlich identisch mit Auzia, Stadt in Mauretania Caesariensis (h. Aumale), 100 km südöstlich von Algier.
46. Die Handschrift hat „calles", was soviel wie „Gebirgstriften" bedeutet. Ob eine Änderung in „Cales" (Stadt in Campanien) angängig ist, ist sehr fraglich, da von einer „provincia Cales" sonst nichts bekannt ist. Wahrscheinlich sind unter den „Calles" die Waldgebiete im östlichen Campanien zu verstehen, die seit alter Zeit (vetere ex more) von einem Quästor verwaltet wurden. (Vgl. auch die Calles Italicae in Cic. pro Sestio 5.)
47. Über den Vater Vibius Serenus siehe II 30, über den Sohn IV 36.
48. Über Cn. Lentulus siehe IV 44. — Seius Tubero war consul suffectus im Jahr 18 n. Chr. und der Bruder des Seianus. Siehe II 20.
49. Nach Cassius Dio 57, 24 soll Tiberius ausgerufen haben: „Da bin ich nicht mehr wert zu leben, wenn auch Lentulus mich haßt."
50. Siehe II 30.
51. „Robur" hieß der Kerker im Tullianum, in dem die Eingekerkerten erdrosselt wurden oder verhungerten. Die Strafe für Vatermord bestand darin, daß der Mörder mit verhülltem Haupt in einen Ledersack eingenäht und dann in den Tiber geworfen wurde.
52. Über Libo siehe II 30.
53. Über Gyarus siehe Anm. III 120. – Donusa war eine Insel der Kykladen (h. Stenosa).
54. P. Suillius (Rufus), der Halbbruder des berühmten Feldherrn Corbulo (XI 18), war mit der Tochter von Ovids früherer Frau verheiratet.
55. II 27f.
56. Cornelius Cossus war der ältere Bruder des Lentulus Gaetulicus (IV 42). — M. Asinius Agrippa, der 3. Sohn des Asinius Gallus. Sein Großvater mütterlicherseits war Agrippa, der Freund des Augustus, gewesen.
57. Cremutius Cordus hatte eine Geschichte des Augustus seit Caesars Tod mit republikanischer Tendenz verfaßt.

58. Über Satrius Secundus siehe VI 18. — Die Pinarier waren ein altes italisches Geschlecht, das sich von Numas Sohn Pinus ableitete.
59. Parens kann sich hier auf Augustus, aber auch auf Augusta beziehen (siehe II 50).
60. Scipio war der Schwiegervater des Pompeius, im Jahr 52 v. Chr. Konsul. Er beging im Jahr 46 nach der Schlacht bei Thapsus Selbstmord. — Afranius war Konsul im Jahr 60, als Legat des Pompeius in Spanien im Jahr 49, wo er von Caesar besiegt wurde. Er fand ebenfalls im Jahr 46 in Afrika den Tod.
61. Asinius Pollio schrieb Historiae in 7 Büchern vom Jahr 60 an. Auch Messalla Corvinus schrieb über die Bürgerkriege.
62. Gegen die Lobschrift Ciceros „Cato" gab Caesar zwei Bücher „Anticatones" heraus, die verloren sind.
63. Von Catulls Gedichten gehören hierher 29 und 57. Unter den „Caesares" sind der Diktator Caesar und Augustus zu verstehen.
64. Seine Tochter Marcia hatte sie gerettet (Cass. Dio 57, 24; Seneca ad Marciam 22).
65. Das Latinerfest fand alle Jahre viertägig statt. Angeblich war es von Tarquinius Superbus anläßlich der Vereinigung der Latiner mit den Römern gestiftet.
66. Der Sohn des Germanicus. Der praefectus urbis war der Stellvertreter der Konsuln und der übrigen Beamten während des Latinerfestes, die sich in dieser Zeit, um die üblichen Opfer darzubringen, auf dem Albanerberg befanden. Dieser praefectus ist nicht mit dem ständigen Stadtpräfekten zu verwechseln.
67. Über Sextus Marius siehe VI 19.
68. Sie hatten einen Tempel für Augustus zu bauen begonnen, ihn aber nicht fertiggebaut.
69. Vibius Serenus, der Sohn (s. cap. 28).
70. Pergamum, Stadt in Mysien (Kleinasien) in der Kaikos-Ebene, bekannt durch seine großartigen Ruinen (Pergamon-Altar).
71. Nämlich damit, daß ihm die Nachwelt göttliche Ehren zuerkenne, ohne daß er es verlangen müsse.
72. Der Tochter des Augustus und der Scribonia, die zuerst mit Marcellus, dann mit Agrippa und zuletzt mit Tiberius verheiratet war (siehe Stammbaum).
73. Votienus war ein von dem Rhetor Seneca öfters erwähnter Rhetor und Deklamator.
74. Über Varius Ligus siehe VI 30.

75. Nach der lex Iulia verlor sie durch das exilium das Bürgerrecht und den größten Teil ihres Vermögens, während die relegatio nur ausnahmsweise die Vermögenskonfiskation zur Folge hatte.
76. Über den Eid s. Anm. I 126.
77. Limnatis ist der Beiname der Artemis in Limnai (an der Grenze zwischen Messenien und Lakonien auf dem Taygetos), wo die Göttin ein auch noch in der Kaiserzeit berühmtes Heiligtum hatte.
78. Antigonos Doson. Im Jahr 222 v. Chr., nach dem Krieg mit Kleomenes, dem König von Sparta 235-219. — Mummius, als er nach der Zerstörung Korinths im Jahr 146 Griechenland zur römischen Provinz machte.
79. Segesta, Stadt im westlichen Sizilien. — Der Eryx (h. S. Giuliano) bei Drepanum (h. Trapani). Den Tempel soll nach der Sage Aeneas, der Sohn der Venus, gegründet haben. Von Iulus, dem Sohn des Aeneas, leitete sich das iulische Geschlecht ab.
80. Die Einwohner von Massilia (h. Marseille).
81. Über P. Rutilius siehe III 66.
82. Nämlich auf Grund der lex de pecuniis repetundis. Es gab mehrere Repetunden-Gesetze. Hier ist wohl die lex Servilia des Volkstribunen C. Servilius Glaucia aus dem Jahre 111 v. Chr. gemeint, durch die die Magistrate, die von römischen Untertanen und Bundesgenossen unter Verletzung ihrer Amtspflicht Geschenke angenommen, sich bestechlich erwiesen oder sich überhaupt unrechtmäßig bereichert hatten, zur Herausgabe des vierfachen Wertes verurteilt wurden, wozu zusätzlich noch Verbannung kommen konnte.
83. Über Smyrna siehe Anm. III 109.
84. Vulcacius Moschus, Rhetor aus Pergamum, wurde im Jahr 20 v. Chr. wegen Giftmordes angeklagt und von Asinius Pollio sowie von Torquatus, dem Freunde des Horaz (Ep. I 5, 9), verteidigt.
85. Über Cn. Cornelius Lentulus siehe II 32, III 68, Konsul im Jahr 18 v. Chr. Er hatte im Jahr 10 v. Chr. die Daher, die im Norden Mösiens an der Donau wohnten und Getae hießen, besiegt. — L. Domitius Ahenobarbus war der Enkel des Caesarfeindes. Sein Vater ging im Jahr 31 v. Chr. vor der Schlacht von Actium zu Octavian über.
86. Sueton Nero 5 berichtet richtig, daß L. Domitius die ältere Antonia, Drusus, der Bruder des Tiberius, die jüngere geheiratet habe.

87. L. Antonius war der Sohn des Iullus Antonius und der Claudia Marcella, der Tochter der Octavia. Iullus Antonius war der Sohn des Triumvirn und der Fulvia.
88. Ihre Stadt hieß Termes (h. Tiermes) im Norden des Duero.
89. Über Poppaeus Sabinus siehe I 80.
90. Pomponius Labeo war der Unterstatthalter des Sabinus in Mösien.
91. Die Sugambrer saßen zur Zeit Caesars rechts des Rheines zwischen Lippe und Sieg, bis sie 12 v. Chr. von Drusus besiegt, 8 v. Chr. zum großen Teil auf das linke Rheinufer verpflanzt und zwischen Ubiern und Batavern angesiedelt wurden.
92. Unter Rhoemetalces. Siehe IV 47.
93. Das heißt die Lanzen, die durch ihre Länge zur Verteidigung auf der Mauer besonders geeignet waren.
94. Claudia Pulchra war die Tochter des M. Valerius Messalla, der 12 v. Chr. als Konsul starb, und der jüngeren Marcella, der Tochter der Octavia, deren Bruder Augustus der Großvater der Agrippina war.
95. Über Sosia siehe IV 19.
96. Nach Sueton Tib. 53 lautete der Vers: „Wenn du nicht Herrscherin bist, mein Töchterchen, meinst du, man tue dir Unrecht."
97. Mit Perseus, dem König von Macedonien, in den Jahren 171 bis 168 v. Chr., und mit Aristonicus, dem Sohn des Königs Eumenes von Pergamum (131-129 v. Chr.). Mit den „anderen Königen" sind Mithridates und Pharnaces und die Partherkönige, vor allem Phraates IV. (37-32 v. Chr.) und Artabanus III. (10-40 n. Chr.) gemeint.
98. Hypaepa in Lydien am Tmolus (h. Bereki), Tralles in Karien (h. Aidin Guzelhissar). Laodicea in Phrygien (h. Eski Hissar), Magnesia am Mäander, berühmt durch seinen Artemistempel und die Epiphanie der Artemis Leukophryne.
99. Ilium siehe II 54, Pergamum III 63, Ephesus III 61, Milet II 54, Sardes II 47, Smyrna III 63. Halicarnassus war dorische Kolonie in Karien an der Südwestecke von Kleinasien (h. Budrun).
100. Tacitus hat hier ungenau die Peloponnes mit ganz Griechenland gleichgesetzt. — Pelops wird also von den Sardianern als Lyder ausgegeben.
101. Gemeint ist der Bundesgenossenkrieg von 90-88 v. Chr.
102. M. Porcius Cato Censorius war Konsul im Jahr 195 v. Chr.
103. Dies geschah im 1. Mithridatischen Krieg im Jahr 84 v. Chr.
104. Über Vibius Marsus siehe II 74, über M'. Lepidus III 32.

105. Capua (h. S. Maria di Capua), Nola (heute noch so genannt) in Süd-Campanien.

106. M. Cocceius Nerva war der Großvater des späteren Kaisers Nerva.

107. Über Curtius Atticus siehe VI 10. Er war der Freund von Ovid, der an ihn ex Ponto II 4. 7 gerichtet hat.

108. Spelunca („Höhle"), in der Nähe von dem an der via Appia gelegenen Tarracina (h. Sperlonga).

109. Amunclanum mare bezeichnet den Meerbusen von Gaëta. — Fundani montes sind die Berge von Fundi (h. Fondi) an der via Appia im Gebiet der Aurunci.

110. Über Asinius Agrippa siehe IV 34. Seine Großväter, Asinius Pollio und M. Agrippa, waren homines novi.

111. Über Q. Haterius siehe I 13, II 33, III 57.

112. M. Licinius Crassus war praetor urbanus im Jahr 24 n. Chr. — Über L. Calpurnius Piso siehe III 17.

113. Fidenae, fünf Meilen von Rom entfernt (heute bei Villa Spada), auf dem linken Tiberufer.

114. Sueton Tib. 40 gibt die Zahl mit „über 20 000" an.

115. Claudia Quinta war wahrscheinlich Enkelin des Appius Claudius Caecus. Nach einer, vor allem dichterischen, Ausschmükkung soll das Schiff, das das Symbol der Göttermutter nach Rom bringen sollte (siehe auch Livius XXIX 14, 12), im Tiber auf eine Untiefe geraten sein. Da sei Claudia Quinta, die die Mädchengruppe zur Einholung der Göttermutter führte, hervorgetreten, habe zu der Göttermutter gebetet, wenn sie sie als keusch erkenne, ihr zu folgen, und habe dann mühelos das Schiff an das Land gezogen.

116. „Querquetulanus" ist abgeleitet von „quercus" (Eiche). Tacitus nimmt hier den ganzen Berg für einen Teilbezirk, nämlich die vorrömischen Niederlassungen an den Abhängen des mons Caelius.

117. Er war der Sohn des Varus, der beim Aufstand des Arminius sein Leben verlor. Durch seine Mutter Claudia Pulchra (siehe IV 52) war er mit Tiberius verwandt und vor ihrer Verurteilung mit einer Tochter des Germanicus verlobt gewesen.

118. Über P. Dolabella siehe III 47. — Über den Prozeß der Claudia Pulchra und des Domitius Afer siehe IV 52.

119. Die Teleboer waren ein achäischer Volksstamm, der auf den Echinadischen Inseln vor Acarnanien gewohnt hatte.

120. Vermutlich waren die Landhäuser nach den zwölf römischen Hauptgöttern genannt worden.

121. Über Iunius Silanus siehe VI 19, XI 29. — P. Silius Nerva war der Enkel des gleichnamigen Konsuls des Jahres 20 v. Chr.
122. Über Titius Sabinus siehe IV 18.19.
123. Er weist damit ironisch auf die am 1. Januar, dem Tag des Amtsantritts der Beamten, üblichen Opfer hin.
124. Über Lucanius (Latiaris) siehe VI 4. Das Ende des Opsius war in den verlorenen Büchern berichtet.
125. Dies bezieht sich nur auf Lucanius (Latiaris). Die übrigen sind unter Caligula bestraft worden.
126. Über Asinius Gallus siehe I 12. Über die Verwandtschaft I 12 und I 3.
127. Die Schwester des Agrippa Postumus und der Agrippina (siehe Stammbaum).
128. Trimerus, eine kleine Insel im Adriatischen Meer (h. Tremiti).
129. Der Bruder des Tiberius.
130. Die nähere Lage des Kastells ist unbekannt. Der Name „Flevum“ ist noch erhalten in dem „Vlie-Strom“ und in der der Zuidersee vorgelagerten Insel „Vlieland“.
131. Über L. Apronius siehe III 21.
132. Die Canninefaten wohnten auf der Rheininsel neben den Batavern zwischen Rhein und Waal.
133. Angesichts des Mißerfolges hätte der Krieg mit dem Einsatz von stärkeren Kräften weitergeführt werden müssen, was aber Tiberius nicht wollte, um niemand größere Machtmittel in die Hand zu geben.
134. Sie war die Mutter des späteren Kaisers Nero (siehe I 3 und den Stammbaum). — Cn. Domitius Ahenobarbus war der Sohn des L. Domitius (siehe IV 44).

BUCH V UND VI

1. Ihr Vater M. Livius Drusus Claudianus, aus der patrizischen Familie der Claudii Pulchri, wurde in das Geschlecht der Livier, sie selbst von Augustus durch sein Testament in das der Iulier adoptiert. Bei ihrem Tode war sie 87 Jahre alt, also im Jahr 57 v. Chr. geboren.
2. Die Kinder waren der spätere Princeps Tiberius und sein Bruder Drusus (siehe Stammbaum).
3. Der Perusinische Krieg im Jahr 41/40 v. Chr. L. Antonius wurde durch Octavianus unter Mithilfe des M. Agrippa in Pe-

rusia (Etrurien) eingeschlossen und durch Hunger zur Übergabe gezwungen. Tiberius Nero war im Jahr 39 v. Chr. zurückgekehrt.

4. Germanicus war der Enkel der Livia Augusta, Agrippina die Enkelin des Augustus, C. Caesar (Caligula) somit der Urenkel der Livia (siehe Stammbaum).
5. Caligula vollzog dann das Testament der Augusta.
6. Fufius starb im Jahr 31 n. Chr., siehe VI 10.
7. Über Cotta Messalinus siehe II 32.
8. Schon Iulius Caesar hatte in seinem ersten Konsulat die regelmäßige Abfassung und Veröffentlichung der Senatsprotokolle (acta senatus) angeordnet, um Fälschungen oder Unklarheiten vorzubeugen. Ihre Veröffentlichung hatte dann Augustus untersagt und Tiberius wieder eingeführt. Die Kontrolle über die Genauigkeit und Vollständigkeit hatte ein Vertrauensmann des Princeps (curator actorum senatus oder ab actis) auszuüben.
9. Es handelte sich um die Bestrafung der Livia (siehe V 5) wegen der Ermordung des Drusus. Der Prozeß wurde im Jahr 31 durch die Anzeige von Apicata, der Frau des Seianus, eingeleitet.
10. Hier folgt nach einer kleineren Lücke der Schluß einer Ansprache eines mit Seianus befreundeten und deshalb angeklagten Mannes, welche dieser in seinem Hause an seine versammelten Freunde hielt.
11. Über Blaesus siehe III 35.
12. Über Vitellius siehe I 70. Er war einer der Freunde des Germanicus, die gegen Piso auftraten (siehe II 74, III 10.13). — P. Pomponius Secundus war consul suffectus im Jahre 44 n. Chr.
13. Nämlich der Verschwörung des Seianus. Unter ihnen befanden sich auch Denunzianten, die sich durch Anzeigen zu retten suchten.
14. Aelius Gallus war vermutlich der älteste Sohn des Seianus. Seianus selbst war von dem römischen Ritter Aelius Gallus adoptiert worden.
15. Sie übernahmen bis zu der Entscheidung des Tiberius verantwortlich die Bewachung.
16. Nach IV 3 hatte Seianus drei Kinder. Das älteste wurde bald nach seiner Hinrichtung umgebracht. Ein Sohn und eine Tochter, beide noch minderjährig, waren noch am Leben.
17. Die tresviri capitales waren die Oberkerkermeister.
18. Drusus war damals in einem unterirdischen Gewölbe des Palatiums eingekerkert.

19. Über Poppaeus Sabinus siehe I 80, über seine Provinzen IV 46.
20. Der sinus Toronaeus (h. Golf von Kassandra), nach der Stadt Torona (h. Agio Mana), der sinus Thermaeus (h. Golf von Saloniki), nach der Stadt Therma (später Thessalonike) genannt. — Das „andere Meer“ ist das ionische Meer. — Nicopolis siehe II 53, Stadt in Acarnanien am südlichsten Punkt von Epirus, wo Octavians Heer vor Actium gelagert hatte, gegründet 30 v. Chr.
21. Wohl identisch mit dem III 24 erwähnten M. Silanus.

1. Über Cn. Domitius siehe IV 75, über L. Arruntius Camillus Scribonianus siehe I 13. Er war vermutlich ein leiblicher Sohn des II 52 erwähnten Furius Camillus.
2. Das aerarium war die Staatskasse, der fiscus die Privatkasse des Princeps. Der Unterschied verwischte sich im Laufe der Prinzipatszeit immer mehr.
3. Iunius Gallio wird von dem Rhetor Seneca als einer der größten Redner seiner Zeit bezeichnet. Ovid richtete an ihn ex Ponto IV 11.
4. Die „Vierzehn Reihen“ hießen die den Rittern vorbehaltenen Sitzreihen im Theater.
5. Die Verhandlungen zwischen Tiberius und dem Senat spielten sich damals alle schriftlich ab.
6. Über Sextius Paconianus siehe VI 39.
7. Siehe IV 68 ff.
8. Über Haterius Agrippa siehe I 77.
9. Vgl. V 11.
10. Über Cotta Messalinus siehe II 32.
11. Über M'. Lepidus siehe III 32, über L. Arruntius I 13.
12. Platon im Gorgias 524 E.
13. Der Bericht über diese Anklage stand in den verlorenen Büchern.
14. Über Q. Servaeus siehe II 56, über Minucius Thermus XVI 20.
15. Über C. Cestius siehe III 36.
16. Iulius Africanus, der Vater des unter Claudius und Nero berühmten Redners; vgl. Tacitus im Dialogus 15. — Santones im Norden der Garumna (h. Garonne) am Meer seßhaft.
17. Über Satrius siehe IV 34. Er und Pomponius waren berüchtigte Anhänger des Seianus.
18. Es waren Helfershelfer des Seianus. Außer Vinicianus hatten alle das Konsulat bekleidet.
19. Über Celsus siehe VI 14.

20. Dazu siehe II 28.
21. Siehe IV 58. Über das Ende des Curtius Atticus hatte Tacitus in dem verlorenen Teil von Buch V berichtet.
22. Auch dies ist in dem verlorenen Teil von Buch V berichtet worden. Sein Vater war der Schwiegervater von Iulius Caesar gewesen (Konsul im Jahr 58, Censor 50). Gegen ihn war die Rede Ciceros „in Pisonem" gerichtet. Piso selbst war Konsul im Jahre 15 v. Chr.
23. Im Jahre 36 v. Chr. und zusammen mit Agrippa im Jahr 31 v. Chr. Maecenas war damit zeitweilig der Vertreter des Reichsoberhauptes.
24. Messala Corvinus, der berühmte Redner. Er war praefectus urbi im Jahre 25 v. Chr. — Taurus Statilius war der unmittelbare Nachfolger von Messala im Jahr 25 v. Chr., nachdem er im Jahr zuvor sein zweites Konsulat bekleidet hatte.
25. Die Sibyllinischen Bücher wurden in Rom hochheilig gehalten und im Keller des Iuppitertempels auf dem Kapitol aufbewahrt. Ein Priesterkollegium von 2, später von 10 und seit Sulla von 15 Mitgliedern hütete die Bücher. In Notzeiten wurden sie im Auftrag des Senats zu Rate gezogen. Sie fielen in dem Bundesgenossenkrieg im Jahr 83 v. Chr. einem Brand zum Opfer, worauf man sie erneut sammelte und in staatliche Obhut nahm.
26. L. Caninius Gallus. Sein Großvater war der oft in den Briefen Ciceros erwähnte Volkstribun Caninius Gallus, sein Vater im Jahre 37 v. Chr. Konsul gewesen. Er war damals 60 Jahre alt.
27. „Magistri" hießen die Vorsteher des Collegiums der Quindecimviri.
28. Über Samos und Ilium siehe IV 14, II 53. — Erythrae (h. Lithry) bei Tschesme, gegenüber der Insel Chios.
29. Ser. Galba, der spätere Kaiser. Über L. Sulla siehe III 31. Er war ein Urenkel des Diktators oder auch von dessen Bruder.
30. Es waren Drusilla und Iulia, Drusilla damals 15 Jahre, Iulia Livilla 14 Jahre alt (siehe Stammbaum), beide Töchter des Germanicus.
31. Cales, Stadt im Lande der Aurunker (h. Calvi Risorta).
32. Der Nachfolger des Seianus als praefectus praetorii, der den Sturz des Seianus geleitet hatte. Er wurde im Jahr 38 n. Chr. von Caligula zum Selbstmord gezwungen.
33. Da die Römer ihre Zinsen monatlich berechneten, bedeutet unciarium faenus 1 Prozent des Kapitals jährlich, nicht 8¹/₃ Prozent. Außerdem wäre der Schritt von der Ermäßigung um die Hälfte zu der gänzlichen Abschaffung des Zinses gar zu groß

gewesen. Der niedrige offizielle Zinsfuß ist bei den beschränkten Wirtschaftsverhältnissen der alten Zeit durchaus verständlich. Aber auch der Zinswucher erklärt sich aus dem offiziellen niederen Zinssatz, und um diesen geht es ja Tacitus bei der Darstellung der damaligen Verhältnisse.

34. Das ausgeliehene Geld wurde von den faeneratores (Kapitalisten) gekündigt, soweit der Zinsfuß gegen die gesetzlichen Bestimmungen verstieß.

35. Der Staat zog das konfiszierte Vermögen der Verurteilten und das aus dem Verkauf ihrer Liegenschaften erlöste Geld ein und thesaurierte es. Entweder kam das Geld entsprechend der alten Übung in das aerarium Saturni, oder es wurde willkürlich vom Senat oder vom Princeps dem Fiskus zugeschlagen.

36. Die entsprechende Stelle bei Sueton Tib. 48 lautet: ut faeneratores duas patrimonii partes in solo collocarent, *debitores totidem aeris alieni solverent.* (Dieser Zusatz fehlt bei Tacitus.) Die Gläubiger sollten also zwei Drittel ihrer Schulden zurückzahlen. Durch die letztere Forderung erhält die Darlegung des Tacitus erst ihren richtigen Sinn und wird der Satz „aber die Gläubiger forderten das Ganze“ verständlich. Es sollte damit ein Ausgleich zwischen dem baren Geld und dem Grundstücksbesitz gewährleistet werden. Die Gläubiger sollten das zurückbezahlte Geld gemäß dem Senatsbeschluß in Grund und Boden anlegen, wozu sie ja achtzehn Monate Frist hatten und wobei sie warten konnten, bis dieser infolge der Geldknappheit billiger wurde. Gegenüber der Einforderung des gesamten Schuldkapitals durch die Gläubiger wollten aber die Schuldner nicht Einspruch erheben, um sich nicht durch die Berufung auf den Senatsbeschluß bloßzustellen.

37. C. Caesar Caligula. — Claudia: ihr voller Name war Claudia Iunia Claudilla (vgl. VI 45). Über ihren Vater siehe III 24.

38. C. Passienus Crispus war im Jahr 44 n. Chr. zum zweiten Mal Konsul. Er war zweimal verheiratet, zuerst mit der Schwester des Cn. Domitius (IV 75), dann mit Agrippina, der Frau dieses Domitius und Schwester des Caligula, und wurde von dieser unter Claudius vergiftet.

39. Dies stand in den verlorenen Büchern.

40. Asinius Gallus (siehe I 12) war im Jahr 30 n. Chr. von Tiberius in Capreae sehr freundlich aufgenommen worden, dann aber durch einen Brief des Tiberius an den Senat angeklagt und nach Rom gebracht worden, wo er in dem Hause der Konsuln gefangengehalten wurde.

41. Drusus, der Sohn des Germanicus, siehe V 5 und die Ergänzung des Textes zu dem verlorenen Teil.
42. Über Cocceius Nerva siehe IV 58.
43. Mit dem Tod der Agrippina und der Livia Augusta, siehe V 1.
44. Über Aelius Lamia siehe IV 13, über das funus censorium Anm. IV 26.
45. Tiberius hatte Lamia in Rom zurückgehalten, während Syrien von dessen Legaten verwaltet wurde. Flaccus Pomponius trat an die Stelle von Lamia, als dieser im Jahr 32 Stadtpräfekt geworden war.
46. Über Arruntius siehe I 13. Er verwaltete Hispania Citerior seit dem Tode des L. Piso im Jahre 25 n. Chr. von Rom aus durch seine Legaten.
47. Siehe IV 20.
48. L. Vitellius war der Vater des späteren Kaisers.
49. 1461 Jahre umfassen die Periode, in der der Neujahrstag des ägyptischen Wandeljahres von 365 Tagen wieder zu dem astronomischen Neujahrstag zurückkehrt (4 mal 365 Tage und 1 Jahr). Die Zahlenangaben sind ursprünglich nur ein Versuch, in sinnfälliger Weise die unendlich lange Lebensdauer des Vogels augenscheinlich zu machen.
50. Wenn unter Sesosis der König Sesostris I. gemeint ist, so wären die Jahre 1970 bis 1935 anzusetzen. Amasis regierte 529 bis 526. Ptolemäus III. von 247-222.
51. Heliopolis, östlich von dem Beginn des Deltas (h. Matarea), das ursprüngliche Baalbeck, von den Griechen (unter Gleichsetzung von Baal mit Helios) umbenannt.
52. Siehe IV 47.
53. Über Mamercus Scaurus siehe I 13. Nach VI 19 war die Verhandlung gegen ihn von Tiberius aufgeschoben worden.
54. Die Tragödie hieß „Atreus". Tiberius soll gesagt haben: „Er hat mich wegen Blutvergießens zum Atreus gemacht, ich will ihn zum Aiax machen." Aiax hatte sich selbst umgebracht.
55. Über Varius Ligus siehe IV 42.
56. Über C. Cestius siehe III 36, über M. Servilius II 48.
57. Über Artabanus siehe II 3. 4. 58.
58. Über Artaxias siehe II 56.
59. Nach der Überlieferung bei Sueton warf er Tiberius Mordtaten, Feigheit und Genußsucht vor und forderte ihn auf, durch freiwilligen Tod dem gerechten Haß seiner Bürger Rechnung zu tragen.
60. Phraates war der Bruder des Vonones.

61. Über die Hiberer siehe IV 5.
62. Über L. Vitellius siehe VI 28.
63. Artaxata war die Hauptstadt Groß-Armeniens (siehe II 56), gegründet im Jahr 189 v. Chr. von Artaxias I. auf den Rat Hannibals.
64. Über die Albaner siehe II 68. — Die Sarmaten sind nördlich des Kaukasus anzusetzen.
65. Die montes Caspii sind (nach Ptolemäus) das Grenzgebirge zwischen Medien und Groß-Armenien. Dort die „Kaspischen Tore“ (h. Tengi Sirdara).
66. Etesiae sind jährlich wiederkehrende Winde, ein Name, der bei den Griechen die sommerlichen Nordostpassate des Ägäischen Meeres bedeutete, der aber mit der Erweiterung des geographischen Gesichtskreises eine vielfältigere Anwendung gefunden hat.
67. Nach der Sage floh Phrixus vor seiner Stiefmutter Ino auf einem Widder mit goldenem Vlies aus Böotien nach Kolchis und wurde der Schwiegersohn des Aietes, des Königs von Kolchis, des Vaters der Medea.
68. Siehe VI 31.
69. Scythien an der Ostseite des Kaspischen Meeres. Die südlichsten der Scythen waren die Hyrcaner und Daher. Die Carmanier (Carmania heute Kerman) wohnten auf der entgegengesetzten Seite des parthischen Reiches, im Süden am persischen Meerbusen.
70. Über Fulcinius Trio siehe V 11, VI 4.
71. Über Trebellenus Rufus siehe II 67; über Sextius Paconianus siehe VI 3.
72. Über Poppaeus Sabinus siehe I 80.
73. Über Q. Plautius siehe IV 22; über Sex. Papinius VI 49.
74. In der Lücke ist ausgefallen, was mit Aruseius (vielleicht der VI 7 erwähnte) geschehen ist, ebenso der Name des Hingerichteten.
75. Über C. Galba siehe III 52. Er war der ältere Bruder des späteren Kaisers Galba.
76. In dem verlorenen Teil von Buch V.
77. Die Cieten hatten ihre Wohnsitze in dem westlichen Teil von Cilicien (Cilicia Trachea).
78. Wie die römischen Provinzialen, die seit Augustus zu ihren früheren Abgaben noch eine Vermögenssteuer zu zahlen hatten.
79. Nicephorium und Anthemusias lagen in Mesopotamien, Artemita unweit des Tigris in Assyrien. Die Lage von Halus ist nicht sicher feststellbar.

80. Seleucia in Babylonien am rechten Tigrisufer, gegründet im Jahr 301 v. Chr. von Seleukos I.
81. Ctesiphon am linken Ufer des Tigris, gegenüber Seleucia, wo sich die Winterresidenz der Partherkönige befand.
82. Surena entspricht etwa dem römischen „Caesar“ und bezeichnet die Würde des ersten Staatsbeamten (Großvesir).
83. Nämlich von dem Tigris.
84. Die Elymaeer saßen an der Nordspitze des Persischen Meerbusens.
85. Gemeint sind die Araber von Osroene.
86. Der Augustus-Tempel wurde zwischen dem Kapitol und dem Palatin erbaut. — Über die scaena Pompeiani theatri siehe III 72.
87. Siehe IV 75, VI 15. 27. Die drei ersten waren mit Agrippina, Drusilla, Iulia, den Töchtern des Germanicus, Rubellius mit Iulia, der Tochter des Drusus und der Livia (Livilla), verheiratet (siehe Stammbaum).
88. Über P. Petronius siehe III 49.
89. Siehe VI 20.
90. Caligula brachte den Tiberius Gemellus noch im gleichen Jahre um, während er selbst im Jahr 41 ermordet wurde.
91. Über Laelius Balbus, der ein angesehener Redner war, siehe VI 48, über P. Vitellius V 8.
92. Er war der Sohn des III 60 erwähnten Otho.
93. Über Satrius Secundus siehe IV 34.
94. Siehe IV 75. — Über L. Arruntius siehe I 13, über Vibius Marsus II 74.
95. Damit meint er die heuchlerischen Abstimmungen im Senat und seine Ernennung zum Statthalter in Spanien (VI 27), ein Amt, das er faktisch nie antreten konnte.
96. Über Carsidius Sacerdos siehe IV 13. Er war praetor urbanus im Jahr 27 n. Chr.
97. Das Vorgebirge Misenum in Campanien (h. Punta di Miseno). Misenum war ein zu Cumae gehöriger Villenort mit Hafen und Flottenstation.
98. Der Besieger des Mithridates im 3. Mithridatischen Krieg (74-64). Siehe Zeittafel.
99. Siehe V 1 und den Stammbaum.
100. Darüber siehe I 53.
101. Tiberius kehrte von Rhodus im Jahr 2 n. Chr. zurück. L. Caesar war im Jahr 2 n. Chr. gestorben, C. Caesar starb im Jahr 4 n. Chr., hatte sich aber seit der Rückkehr des Tiberius nicht mehr in Rom aufgehalten.

ZEITTAFEL

I. Königtum und Republik

753 Gründung Roms (nach Varro)
510 Ende der Königsherrschaft
474 Sieg Hierons I. über die Etrusker bei Cumae
451/450 Die Dezemvirn
406-396 Krieg Roms gegen Veii
387 Schlacht an der Allia und Zerstörung Roms durch die Gallier
338 Latinerkrieg
327 Beginn der Samniterkriege
  1. Krieg 327-304. 321 Niederlage der Römer bei Caudium
  2. Krieg 298-290. 295 Schlacht bei Sentinum
282-272 Krieg mit Tarent und Pyrrhus
  280 Schlacht bei Heraclea
  275 Schlacht bei Beneventum
  272 Tod des Pyrrhus
264-241 1. Punischer Krieg
  260 Sieg des M. Duilius bei Mylae
  241 Sieg des C. Lutatius Catulus bei den Ägatischen Inseln. Sizilien erste römische Provinz
229-219 Die beiden Illyrischen Kriege
218-201 2. Punischer Krieg
  218 Schlacht am Ticinus und am Trebia
  217 Schlacht am Trasumennersee
  216 Schlacht bei Cannae
  212 Eroberung von Syrakus durch Marcellus, von Tarent durch Hannibal
  211 Hannibal vor Rom
  207 Schlacht am Metaurus
  202/01 Schlacht bei Zama. Friedensschluß
200-197 Krieg gegen Philipp V. von Macedonien (2. Mac. Krieg)
  197 Schlacht bei Kynoskephalae
  196 Griechenland wird für frei erklärt
192-189 Krieg gegen Antiochus von Syrien
  190 Schlacht bei Magnesia am Sipylus
  183 Tod Hannibals
  168 Schlacht bei Pydna (3. Mac. Krieg gegen Perseus)

149-146 3. Punischer Krieg
146 Zerstörung Karthagos und Korinths. Afrika und Macedonien römische Provinz
133 Zerstörung von Numantia. Ende des Aufstandes in Spanien. Asien röm. Provinz. Ti. Sempronius Gracchus Volkstribun
123 C. Sempronius Gracchus Volkstribun
111-105 Iugurthinischer Krieg
107-100 Konsulate des Marius
102 Sieg bei Aquae Sextiae
101 Sieg bei Vercellae
90-88 Bundesgenossenkrieg
88 Sulla erobert Rom (Diktator 82-79)
86 7. Konsulat des Marius und sein Tod
78 Sullas Tod. M. Aemilius Lepidus Konsul
74-63 3. Mithridatischer Krieg
73-71 Spartakus-Aufstand
70 Konsulat des Pompeius und Crassus
68-67 Seeräuberkrieg
63 Cicero Konsul. Catilinarische Verschwörung. Geburt des Augustus
60 1. Triumvirat (Caesar, Pompeius, Crassus)
59 Caesar Konsul
58-51 Caesars Kriege in Gallien
58 Caesar besiegt die Helvetier bei Bibracte
53 Crassus fällt bei Carrhae
49 Ausbruch des Bürgerkrieges
48 Schlacht bei Pharsalus. Tod des Pompeius
46 Schlacht bei Thapsus (Afrika)
45 Schlacht bei Munda (Spanien)
44 Caesars Ermordung
43 Triumvirat (Octavianus, Antonius, Lepidus)
42 Schlacht bei Philippi. Tod des Brutus und Cassius
31 Schlacht bei Actium. Tod des Antonius

II. Die Herrscher aus dem iulisch-claudischen und dem flavischen Hause 27 vor bis 96 nach Chr.

27 Octavian nimmt den Titel Augustus an
27 v. bis 14 n. Chr. Augustus
12-9 v. Chr. Sicherung des unteren Donaugebietes durch Tiberius gegen die Geten und Bastarner. Neue

Provinz Mösien. Feldzüge des Drusus zwischen Rhein und Elbe

9 v. Chr. Tod des Drusus

9 n. Chr. Niederlage des Varus im „Teutoburger Wald". Zurückverlegung der römischen Reichsgrenze an den Rhein

Tiberius 14-37
C. Caesar C a l i g u l a 37-41
Tiberius C l a u d i u s Germanicus 41-54
N e r o Claudius Caesar 54-68
Galba. Otho. Vitellius 69
Titus Flavius V e s p a s i a n u s 69-79
T i t u s Flavius Vespasianus 79-81
Titus Flavianus D o m i t i a n u s 81-96

Das Register, auch für die Bücher I–VI, wird der 2. Band dieser Ausgabe: Tacitus, Annalen XI-XVI, enthalten.

INHALT

Römische Literatur

IN RECLAMS UNIVERSAL-BIBLIOTHEK

Augustin, *Bekenntnisse.* Eingeleitet und übersetzt von W. Thimme. 2791-94/94a/b

Boethius, *Trost der Philosophie.* Übersetzt und herausgegeben von K. Büchner. Einführung F. Klingner. 3154/55

Caesar, *Der Bürgerkrieg.* Übersetzung, Anmerkungen und Nachwort M. Deißmann-Merten. 1090-92 – *Der Gallische Krieg.* Nachwort K. Büchner. 1012-15

Catull, *Gedichte.* Einleitung und Übersetzung R. Helm. 6638/38a

Cicero, *Cato der Ältere über das Greisenalter.* Hrsg. von E. v. Reusner. 803 – *Drei Reden vor Caesar. Für Marcellus. Für Ligarius. Für den König Deiotarus.* Übersetzung, Anmerkungen und Nachwort M. Giebel. 7907 – *Fragmente über die Rechtlichkeit (De legibus).* Übersetzung, Anmerkungen und Nachwort K. Büchner. 8319/20 – *Laelius (Über die Freundschaft).* Übersetzung, Anmerkungen und Nachwort R. Feger. 868 – *Rede für T. Annius Milo.* Lateinisch und deutsch. Übersetzt und herausgegeben von M. Giebel. 1170/71 – *Rede über den Oberbefehl des Cn. Pompeius. Rede für Archias.* Übersetzung, Anmerkungen und Nachwort O. Schönberger. 8554 – *Über den Staat.* Eingeleitet und übersetzt von W. Sontheimer. 7479/80 – *Vier Reden gegen Catilina.* Übersetzt und herausgegeben von D. Klose. Nachwort K. Büchner. 1236 – *Vier Reden gegen Catilina.* Lateinisch und deutsch. Übersetzt und herausgegeben von D. Klose. Mit einem Nachwort von K. Büchner. 9399/9400

Horaz, *Ars poetica / Die Dichtkunst.* Lateinisch und deutsch. Übersetzt und mit einem Nachwort herausgegeben von E. Schäfer. 9421 – *Gedichte und Lieder.* Auswahl und Übersetzung W. Plankl. 7708 – *Sermones / Satiren.* Lateinisch und deutsch. Übertragen und herausgegeben von K. Büchner. 431-33

Juvenal, *Satiren.* Einführung, Übersetzung und Anhang H. C. Schnur. 8598-8600

Livius, *Römische Geschichte. Der Zweite Punische Krieg.* Übersetzung W. Sontheimer. I. Teil. 21.–22. Buch. 2109/10 – II. Teil. 23.–25. Buch. 2111/12 – III. Teil. 26.–30. Buch. 2113-15

Lukrez, *De rerum natura / Die Welt aus Atomen.* Lateinisch und deutsch. Übersetzt und mit einem Nachwort herausgegeben von K. Büchner. 4257-59/59a-e

Marc Aurel, *Selbstbetrachtungen.* Übersetzung, Einleitung und Anmerkungen A. Wittstock. 1241/42

Martial, *Epigramme.* Ausgewählt, übersetzt und erläutert von H. C. Schnur. 1611/12

Ovid, *Metamorphosen.* Epos in 15 Büchern. Übersetzt und herausgegeben von H. Breitenbach. Einleitung L. P. Wilkinson. 356/57/57a-g – *Verwandlungen.* Auswahl. Bearbeitung und Nachwort W. Plankl und K. Vretska. 7711

Petron, *Satyricon.* Übersetzt und erläutert von H. C. Schnur. 8533-35

Plautus, *Captivi (Die Kriegsgefangenen).* Übersetzung und Nachwort A. Thierfelder. 7059 – *Curculio.* Nachwort und Anmerkungen A. Thierfelder. 8929 – *Epidikus (Jedesmal die Falsche).* Übersetzung, Nachwort und Anmerkungen A. Thierfelder. 8583 – *Miles Gloriosus.* Übersetzung, Nachwort und Anmerkungen A. Thierfelder. 2520 – *Poenulus (Der Onkel aus Afrika).* Übersetzung, Nachwort und Anmerkungen A. Thierfelder. 8779

Plinius der Jüngere, *Briefe.* Auswahl. Übersetzung und Nachwort M. Schuster. 7787

Sallust, *Bellum Iugurthinum / Der Krieg mit Jugurtha.* Lateinisch und deutsch. Herausgegeben von K. Büchner. 948/49/49a – *Die Verschwörung des Catilina.* Übersetzung, Anmerkungen und Nachwort K. Büchner. 889 – *De coniuratione Catilinae / Die Verschwörung des Catilina.* Lateinisch und deutsch. Übersetzt und herausgegeben von K. Büchner. 9428/29

Seneca, *De clementia / Über die Güte.* Lateinisch und deutsch. Herausgegeben von K. Büchner. 8385/86 – *Vom glückseligen Leben und andere Schriften.* Auswahl. Übersetzung L. Rumpel. Einführung und Anmerkungen P. Jaerisch. 7790/91

Tacitus, *Agricola.* Lateinisch und deutsch. Herausgegeben von R. Feger. 836/36a – *Annalen I–VI.* Übersetzung, Einleitung und Anmerkungen W. Sontheimer. 2457-60 – *Annalen XI–XVI.* Übersetzung und Anmerkungen W. Sontheimer. 2642-45 – *Dialog über die Redner.* Übersetzung, Anmerkungen und Nachwort H. Gugel. 3728 – *Germania.* Übersetzung, Erläuterungen und Nachwort M. Fuhrmann. 726 – *Germania.* Lateinisch und deutsch. Übersetzt, erläutert und mit einem Nachwort herausgegeben von M. Fuhrmann. 9391/92

Terenz, *Andria.* Lateinisch und deutsch. Übersetzt und herausgegeben von T. L. Wullen. 9345/46 – *Der Eunuch.* Übersetzung, Anmerkungen und Nachwort A. Thierfelder. 1868

Tibull, *Gedichte.* Übersetzt und erläutert F. W. Lenz. 1582

Vergil, *Aeneis.* Übersetzt und herausgegeben W. Plankl und K. Vretska. 221-24 – *Hirtengedichte (Eklogen).* Übersetzt und erläutert von H. C. Schnur. 637

PHILIPP RECLAM JUN. STUTTGART

FRIEDRICH HEILER

Die Religionen der Menschheit

in Vergangenheit und Gegenwart

Unter Mitarbeit von Kurt Goldammer, Franz Hesse, Günter Lanczkowski, Käthe Neumann, Annemarie Schimmel. Mit 48 Bildtafeln

Inhalt: Die Erscheinungsformen (Phänomenologie) der Religion – Die Religion der prähistorischen Zeit – Die Religion der schriftlosen Völker der Neuzeit – Die Religionen der vorkolumbischen Hochkulturen Amerikas – Die Religion der Chinesen – Die Religion der Japaner – Die Religion der Ägypter – Die Religionen der vorderasiatischen Kulturen – Die Religion der Etrusker – Die indo-europäische Religion – Die vorarische Religion Indiens – Die indischen Religionen (Die vedische Religion – Die Religion der priesterlichen Ritualtexte – Die Erlösungsmystik der Upaniṣaden – Die Übungsmystik des Yoga – Die Erlösungslehre des Sāmkhya – Die heterodoxen Erlösungsgemeinschaften: A. Der Jainismus – B. Der Buddhismus – Die nachbuddhistischen Religionen Indiens) – Die Religion der Iranier – Der Manichäismus – Die Religion der Mandäer – Die Religion der Griechen – Die Religion der Römer – Die Religion der Germanen – Die Religion der Kelten – Religion der Slaven und Balten – Die israelitisch-jüdische Religion in vorchristlicher Zeit – Das Judentum in nachchristlicher Zeit – Die Entwicklung des Christentums – Die christlichen Kirchen der Gegenwart – Der Islam – Versuche einer Synthese der Religionen – Literatur-, Namen- und Sachregister. Religionsstatistik.

PHILIPP RECLAM JUN. STUTTGART

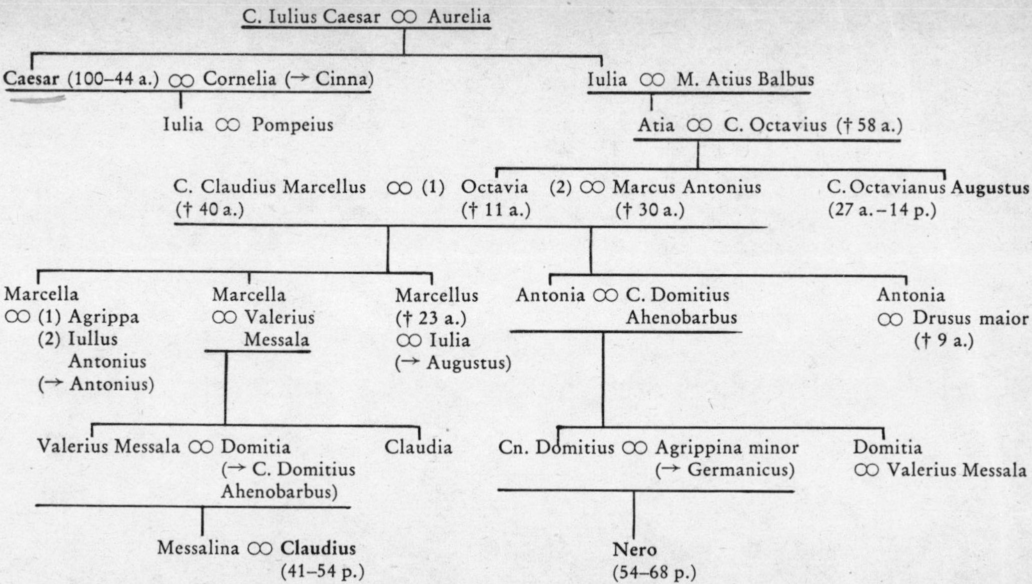
C. Iulius Caesar ∞ Aurelia
Caesar (100–44 a.) ∞ Cornelia (→ Cinna)
Iulia ∞ M. Atius Balbus
Iulia ∞ Pompeius
Atia ∞ C. Octavius († 58 a.)
C. Claudius Marcellus ∞ (1) Octavia (2) ∞ Marcus Antonius
(† 40 a.)
(† 11 a.)
(† 30 a.)
C. Octavianus **Augustus**
(27 a.–14 p.)
Marcella
∞ (1) Agrippa
(2) Iullus Antonius
(→ Antonius)
Marcella
∞ Valerius Messala
Marcellus
(† 23 a.)
∞ Iulia
(→ Augustus)
Antonia ∞ C. Domitius Ahenobarbus
Antonia
∞ Drusus maior
(† 9 a.)
Valerius Messala ∞ Domitia
(→ C. Domitius Ahenobarbus)
Claudia
Cn. Domitius ∞ Agrippina minor
(→ Germanicus)
Domitia
∞ Valerius Messala
Messalina ∞ **Claudius**
(41–54 p.)
Nero
(54–68 p.)

C. Octavianus **Augustus** ∞ (1) Servilia
(27 a. – 14 p.) (2) Clodia
(3) Scribonia
(4) Livia
(Iulia Augusta)

Iulia ∞ (1) Marcellus
(† 14 p.) (2) Agrippa
(3) Tiberius

Tibe
(14–

Gaius Caesar († 4 p.)

Lucius Caesar († 2 p.)

Agrippina maior († 33 p.)

Iulia minor († 28 p.)

Agrippa Postumus († 14 p.)

Iulia (Drusilla)
∞ (1) Nero
(2) Rubellius Blandus

Zeichenerklärung:

∞ = verheiratet mit
→ = Sohn oder Tochter von

Die Namen der Herrscher sind durch Fettdruck hervorgehoben

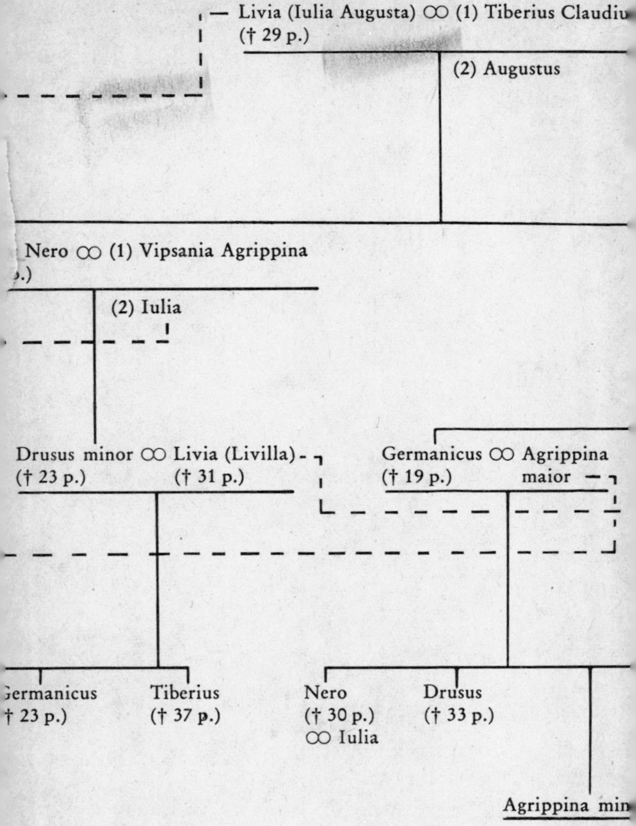
Livia (Iulia Augusta) ∞ (1) Tiberius Claudiu
(† 29 p.)
(2) Augustus
Nero ∞ (1) Vipsania Agrippina
.)
(2) Iulia
Drusus minor ∞ Livia (Livilla)
(† 23 p.) († 31 p.)
Germanicus ∞ Agrippina
(† 19 p.) maior
ermanicus
† 23 p.)
Tiberius
(† 37 p.)
Nero
(† 30 p.)
∞ Iulia
Drusus
(† 33 p.)
Agrippina min

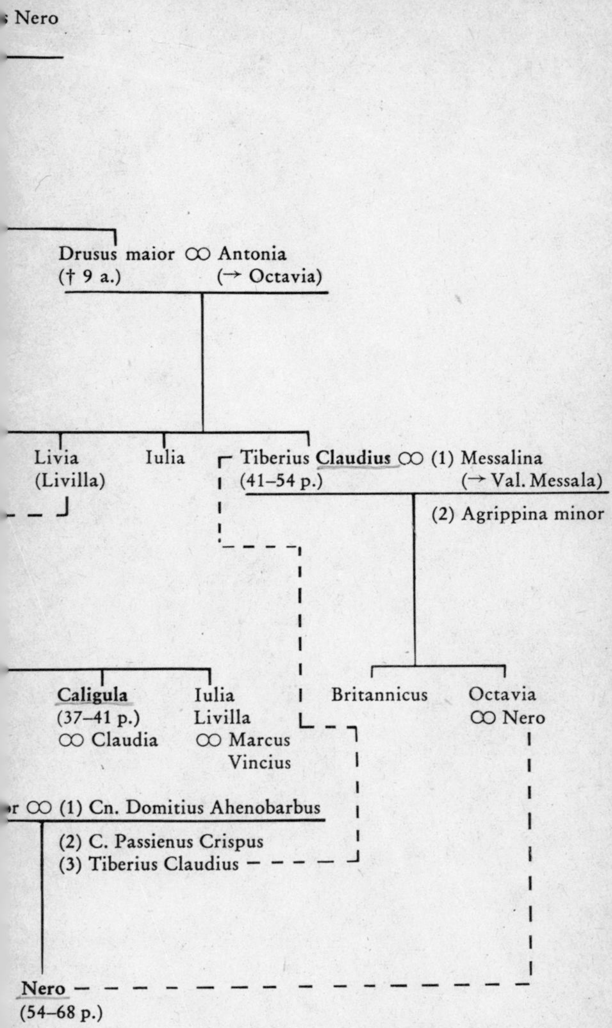
Nero
Drusus maior ∞ Antonia
(† 9 a.)
(→ Octavia)
Livia
(Livilla)
Iulia
Tiberius Claudius ∞ (1) Messalina
(41–54 p.)
(→ Val. Messala)
(2) Agrippina minor
Caligula
(37–41 p.)
∞ Claudia
Iulia
Livilla
∞ Marcus
Vincius
Britannicus
Octavia
∞ Nero
∞ (1) Cn. Domitius Ahenobarbus
(2) C. Passienus Crispus
(3) Tiberius Claudius
Nero
(54–68 p.)